艺术鉴藏丛书

范景中 主编

# 吴湖帆师友书札 下册

梁颖 整理

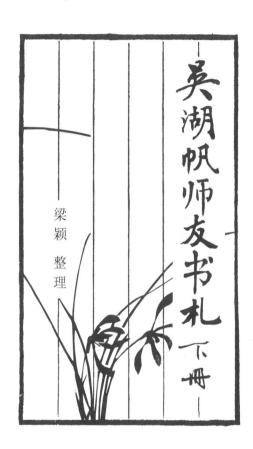

中国美术学院出版社
CHINA ACADEMY OF ART PRESS

# 目录

CONTENTS

冒广生（1873—1959）

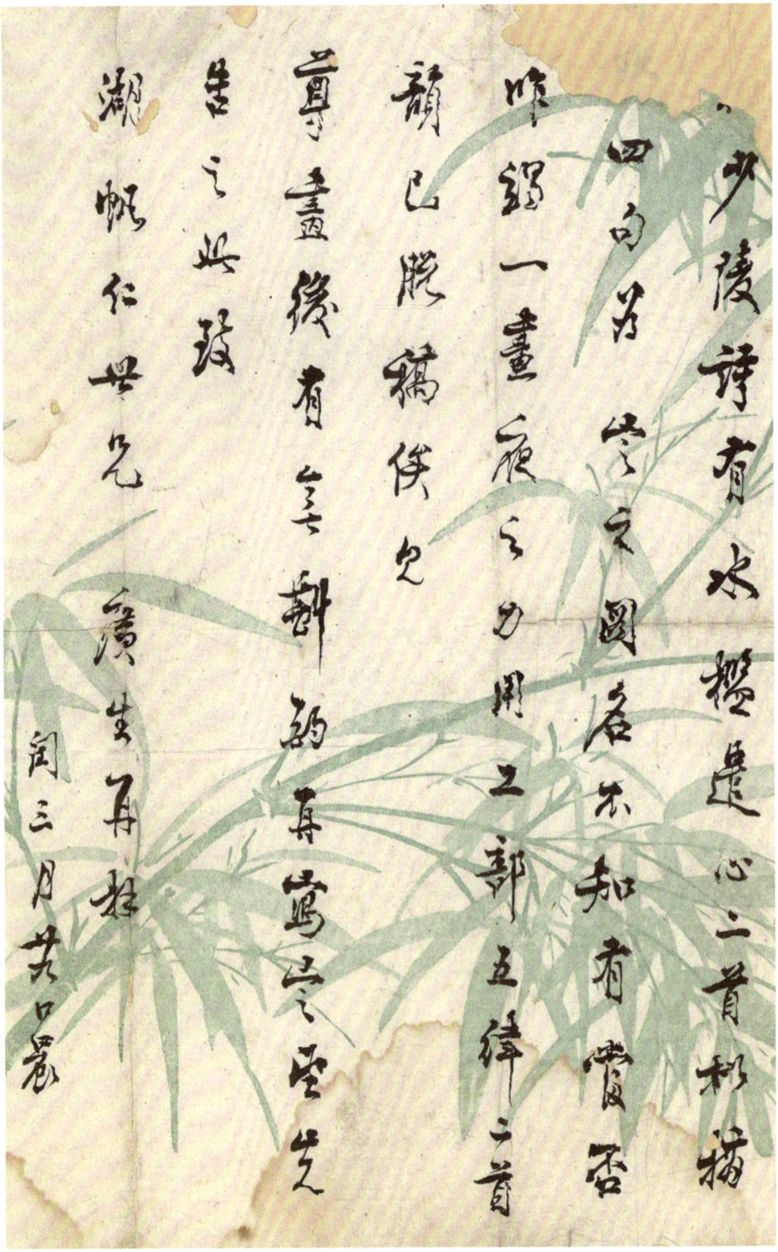

少陵詩有水檻遣心二首，移摘四句為寫[illegible]圖，君未知有暇否。昨錄一畫夜，夜力用工部五律二首韻，已脫稿，俟之。尊畫後有[illegible]對，[illegible]再寫[illegible]先生之此段。

湖帆仁世兄

廣生再拜

閏三月廿四日晨

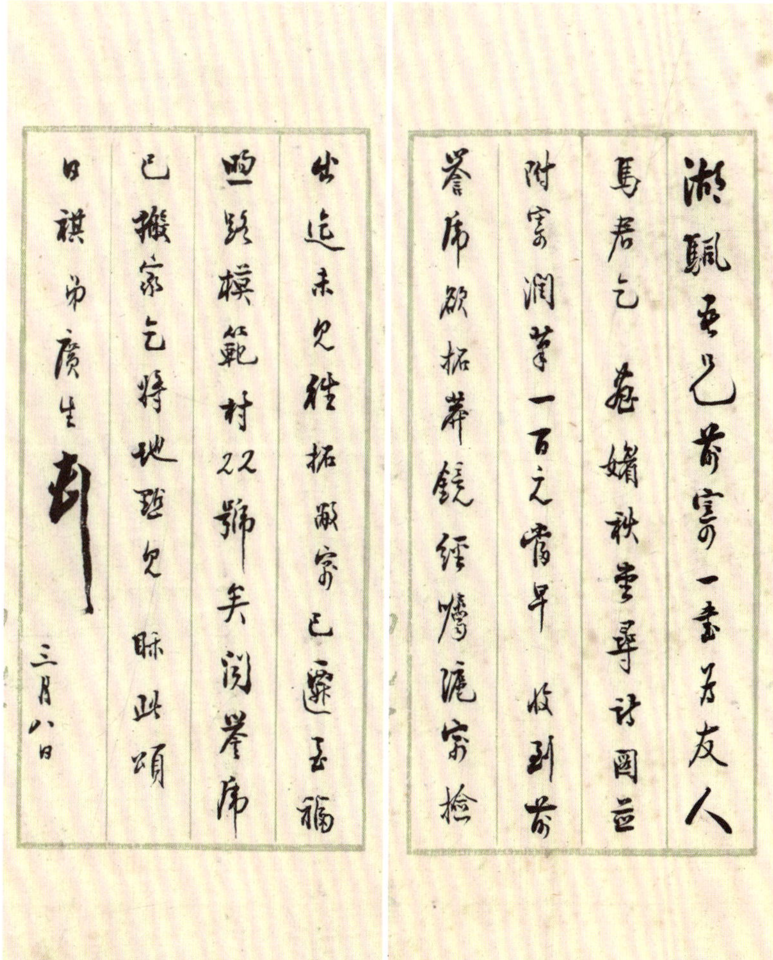
澂颿吾兄：前寄一函，及友人馬君乞　蓉娟秋雲尋詩圖，並附寄潤筆一百元，當早收到否？譽席欲拓華嚴經幢，滬寄檢出，迄未見往拓。敝寓已遷玉福四路模範村二二號矣。閱譽席已搬家，乞將地址見賜。此頌日祺。弟廣生　三月八日

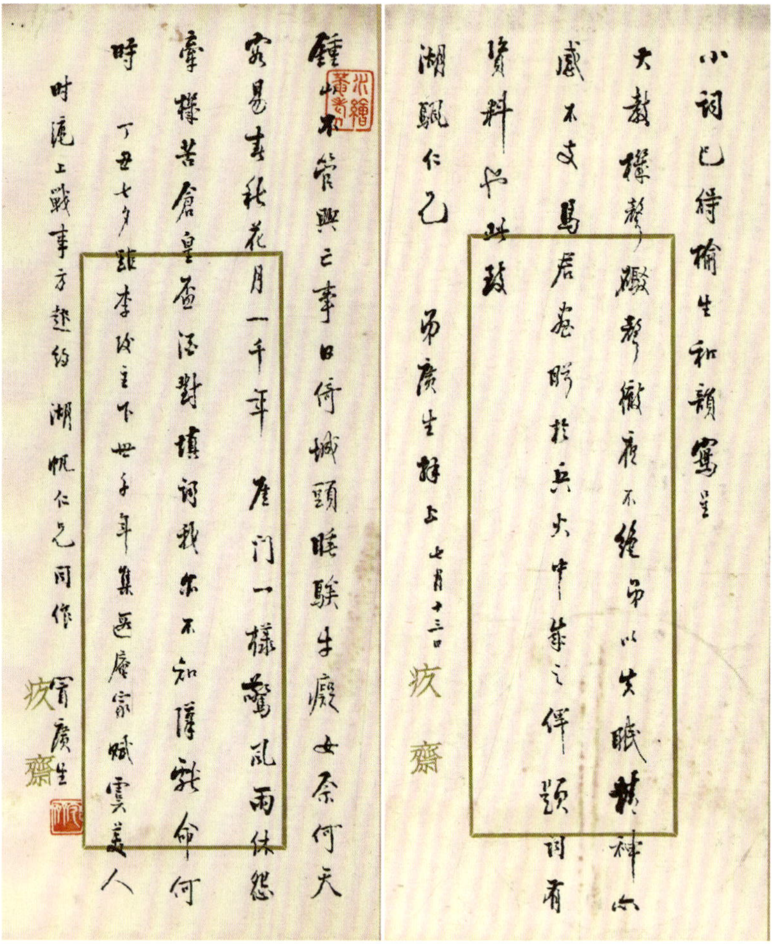
小詞已得榆生和韻寫呈
大教機聲礮聲徹夜不絕弟以失眠精神亦
感不支島居恐聆於兵火中並之俾題詞有
資料也此致
湖帆仁兄
弟廣生拜上 七月十三日

鍾山不管興亡事日倚城頭睡駭生癡女奈何天
容易春秋花月一千年 唐門一樣驚亂雨休怨
高樓苦倉皇無語對填詞我亦不知傳歌命何
時
丁丑七夕値李後主下世千年集延慶宗賦虞美人
時滬上戰事方逖約湖帆仁兄同作
冒廣生

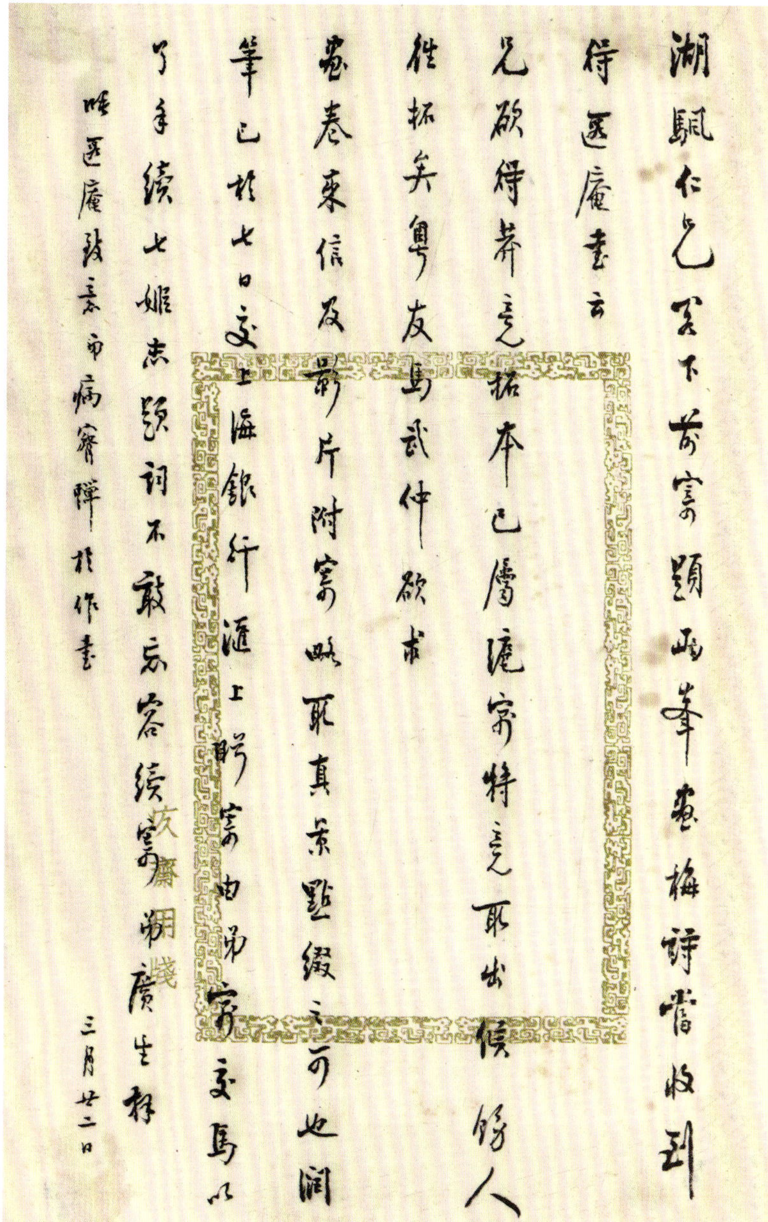
湖颿仁兄足下：前寄題畫牛、畫梅詩，當收到。
待退庵畫云
兄欲得莽之拓本，已屬滬寓特意取出，候妥人
往拓矣。粵友馬武仲欲求
畫卷，來信及影片附寄，略取真景點綴之可也。潤
筆已於七日交上海銀行匯上，照寄由弟寄交馬，以
了手續。七姬志題詞不敢忘，容續寄。弟廣生拜
晤退庵致意。奈亦病齋禪，於作畫
三月廿二日

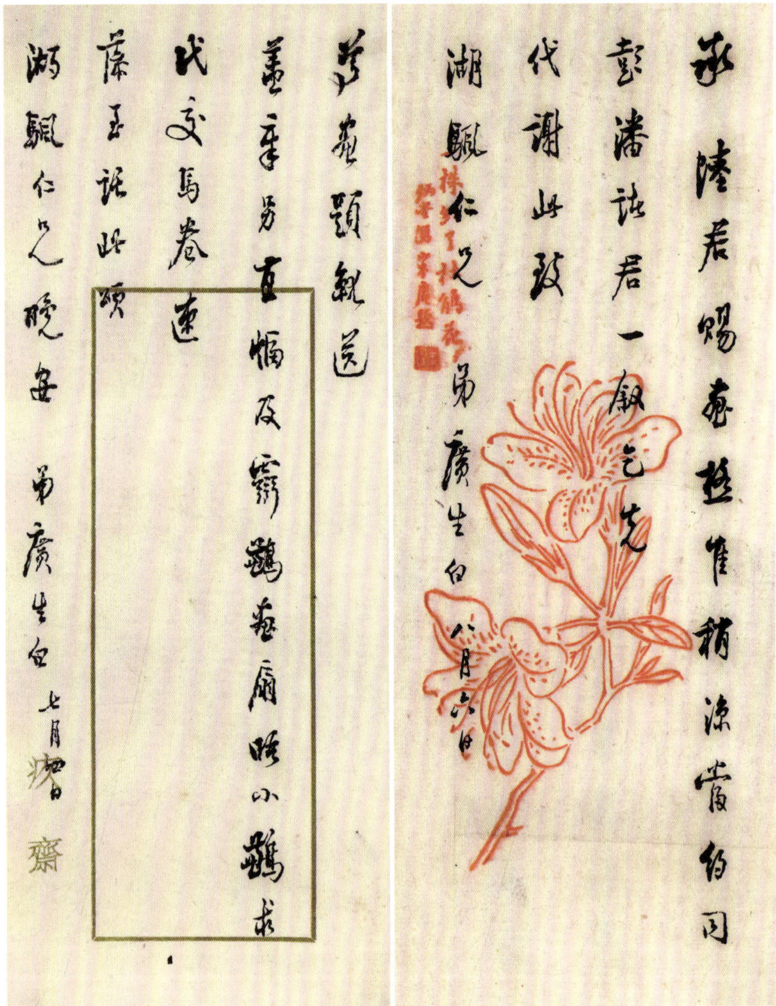

承陵君賜畫題佳作，稍涼當約同
彭潘諸君一叙，乞先
代謝。此致
湖颿仁兄
弟廣生白 八月六日

尊畫題就送
並乞再勞直幅及齋鶴畫扇，昨小鶴求
代交馬卷，速
篠玉諸此頌
湖颿仁兄晚安
弟廣生白 七月四日
齋

陳子康兄有箋面求
畫竹石　竹譜雙鈎墨色希
速ゝ添　附潤廿元哂納　王滕老畫請再催餘一
齋兄交了弟一經手尤感荷矣墨色卷
題詞已筆不忘ゝ此致
湖颿仁兄　廣生白　八月二日

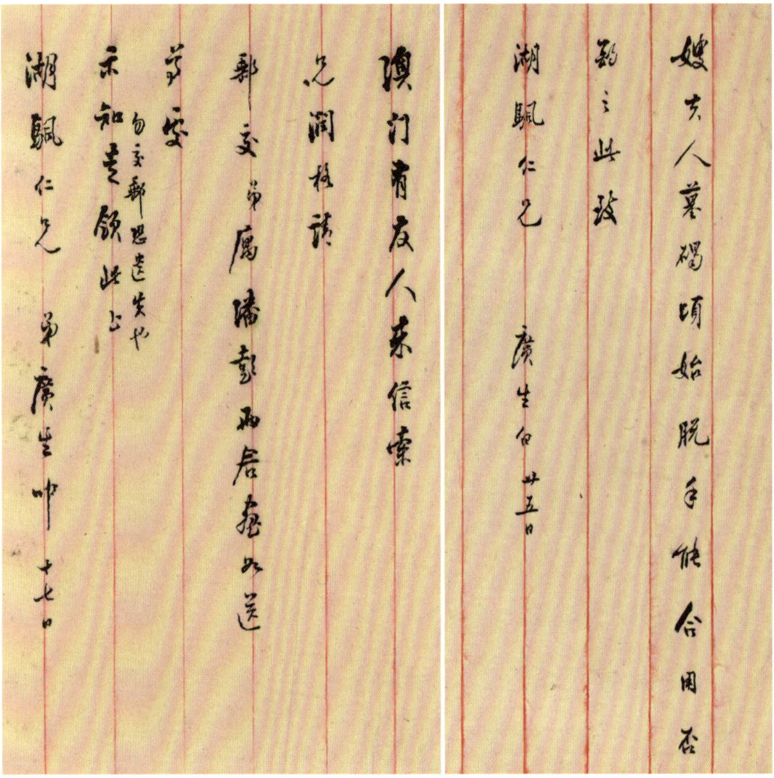
嫂夫人墓碣顷始脱手，能合用否
酌之，此致
湖颿仁兄
广生白 廿五日

顷门有友人来信索
乞润格，请
郑文弟属潘彭两君录以送
著安
示知壹领此上 旬至郑照送失也
湖颿仁兄 弟广生叩 十七日

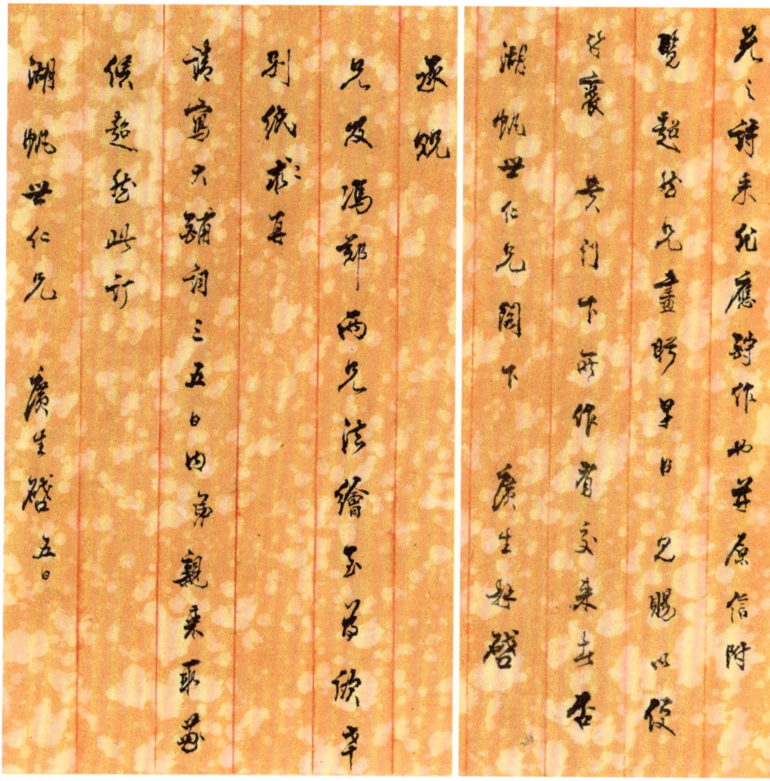

先之詩來紀應酬作也並原信附
覽 題昔兄畫囑早日允賜以便
昔裒 貴門下所作省交來去否
湖帆世仁兄閣下 廣生拜啓

承貺
兄及馮鄰両兄法繪至爲欣幸
別紙求再
請寫大鋪首三五日內弟親來取畫
候題昔此订
湖帆世仁兄 廣生啓 五日

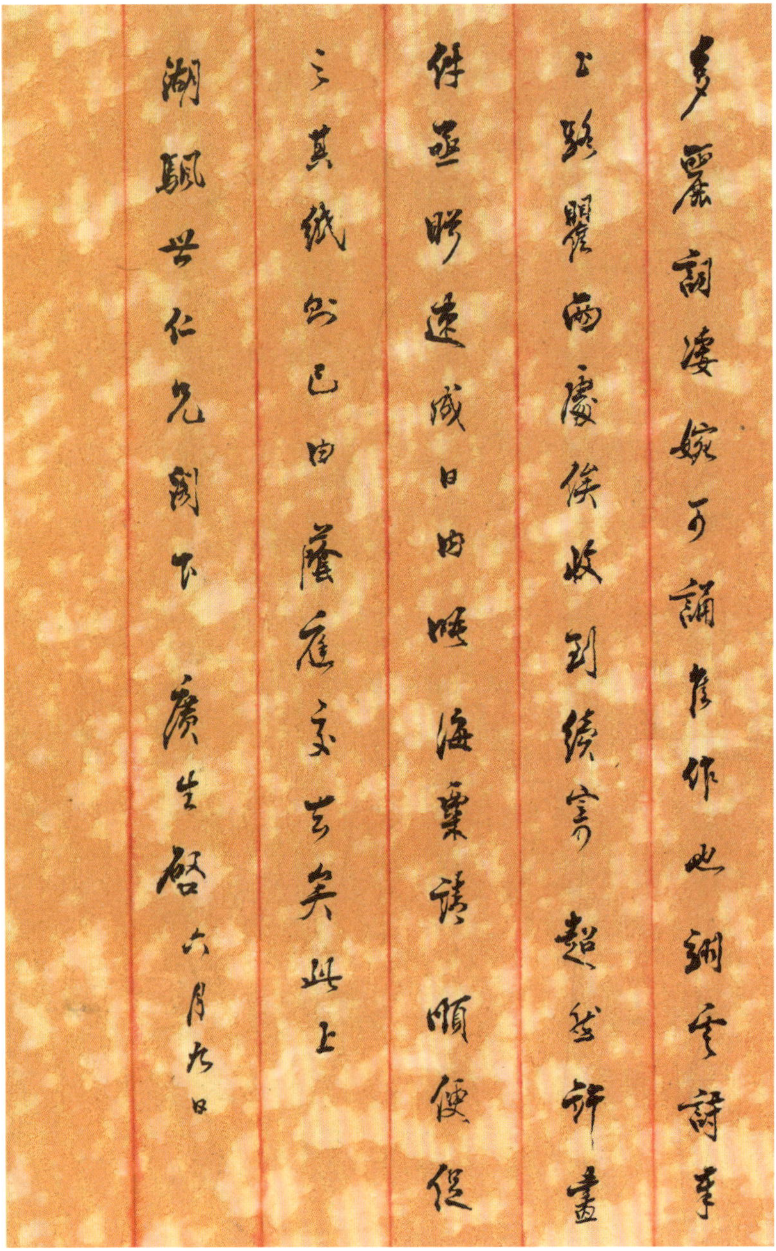
多麗詞淒婉可誦，詹作也。綱秀詩李
公與瞿兩處候收到續寄。超然許畫
件亟盼速成，日內晤海粟，請順便促
之。其紙想已由蘧庵交去矣。此上
湖帆吾仁兄閣下 廣生啟 六月九日

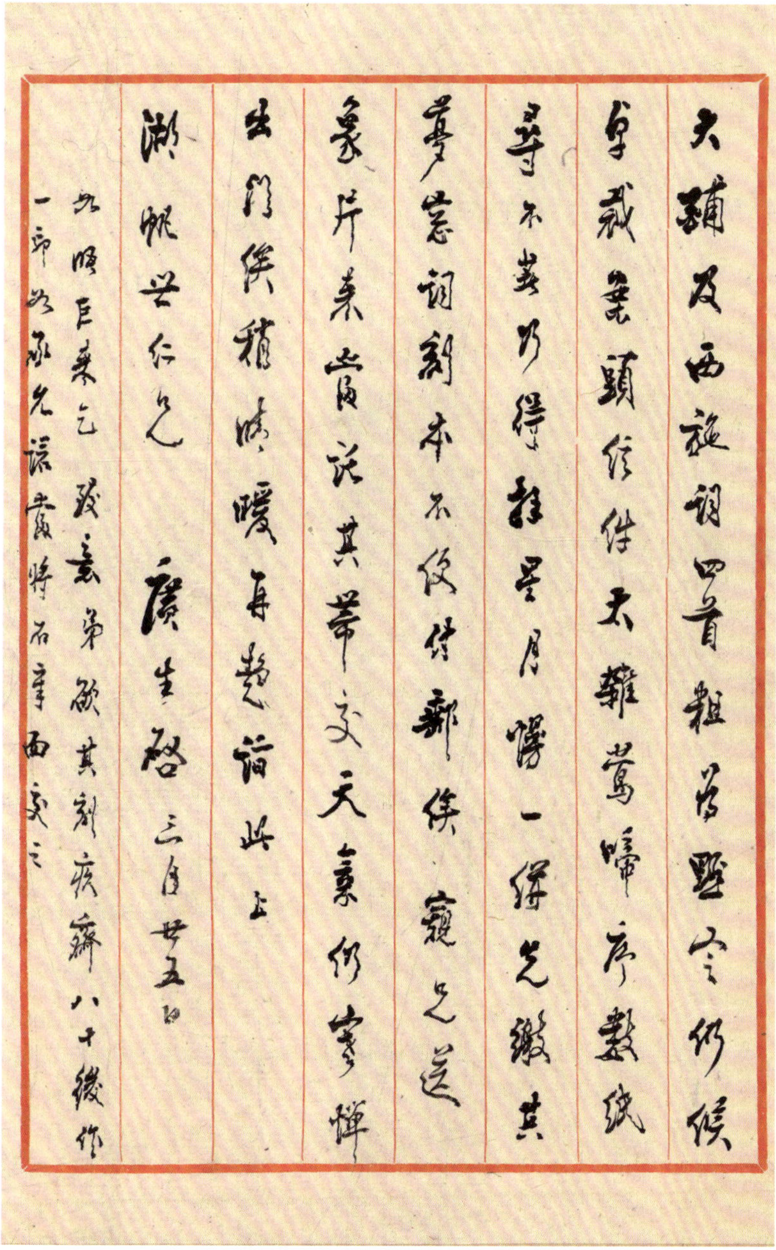
大鋪及西施詞四首粗爲點定仍候
卓裁。虞美人頭結作件太雜，鶯啼序數紙
尋不安，乃得離星月得一語足繳其
夢窗詞刻本不佞從鄭侯處見之，送
象片來，嘗試其筆意天真似宗禪
出門候積時暖再趨詣。此上
瀨帆吾仁兄　廣生啟　三月廿五日
又晚巨來兄致意。弟欲其刻疚齋八十後作
一印，如承允諾，當將石章面交之。

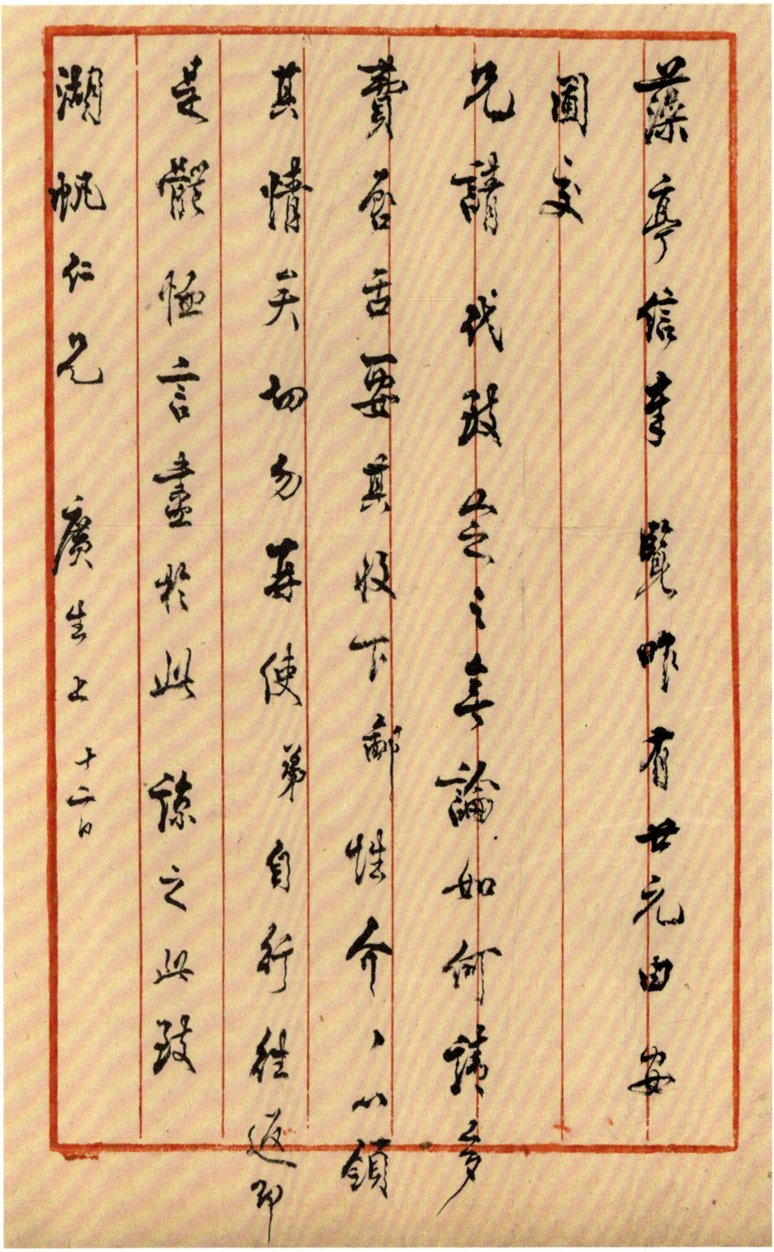

藻亭信業覽，昨有廿元由安
圖交
兄，請代跋楚之孝論如何，請多
費唇舌，要其收下。郵件介入以鎖
其情矣。切勿再使弟自行往返耶
是禱。極言盡於此，餘之與跋
湖帆仁兄 廣生上 十二日

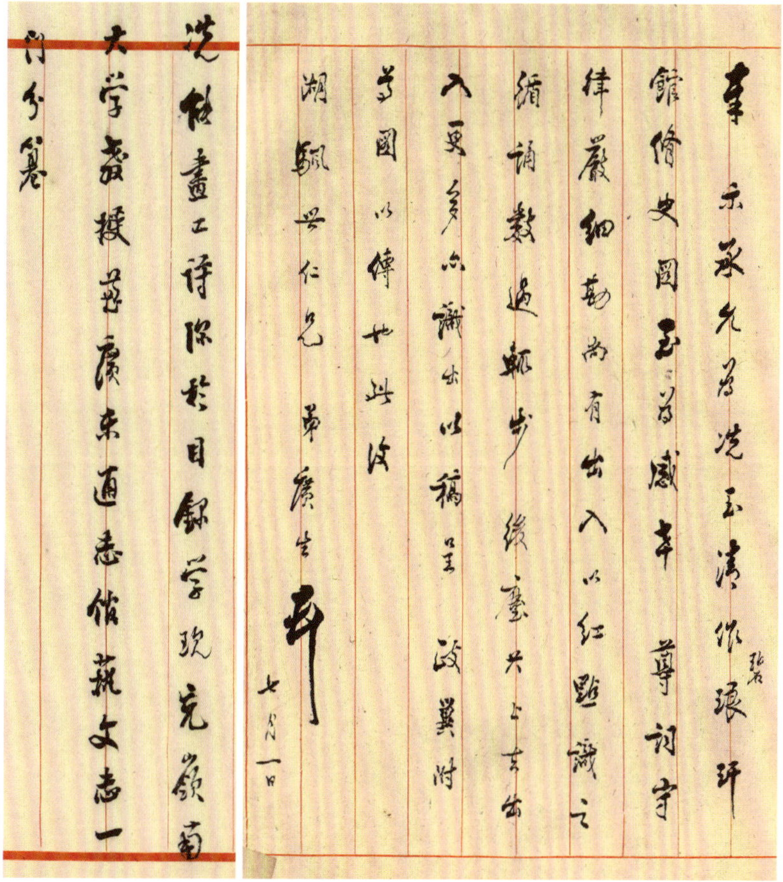
奉示承允為冼玉清作碧瑯玕
館修史圖至為感幸尊詞守
律嚴細動尚有出入以紅點識之
循誦數過輒步後塵共上去出
入一處亦識出以稿呈政冀附
尊圖以傳世此復
湘颿吾仁兄 弟廣生頓首
七月一日
冼校書畫工詩除於目錄學研究嶺南
大學教授並廣東通志館藝文志一
門分纂

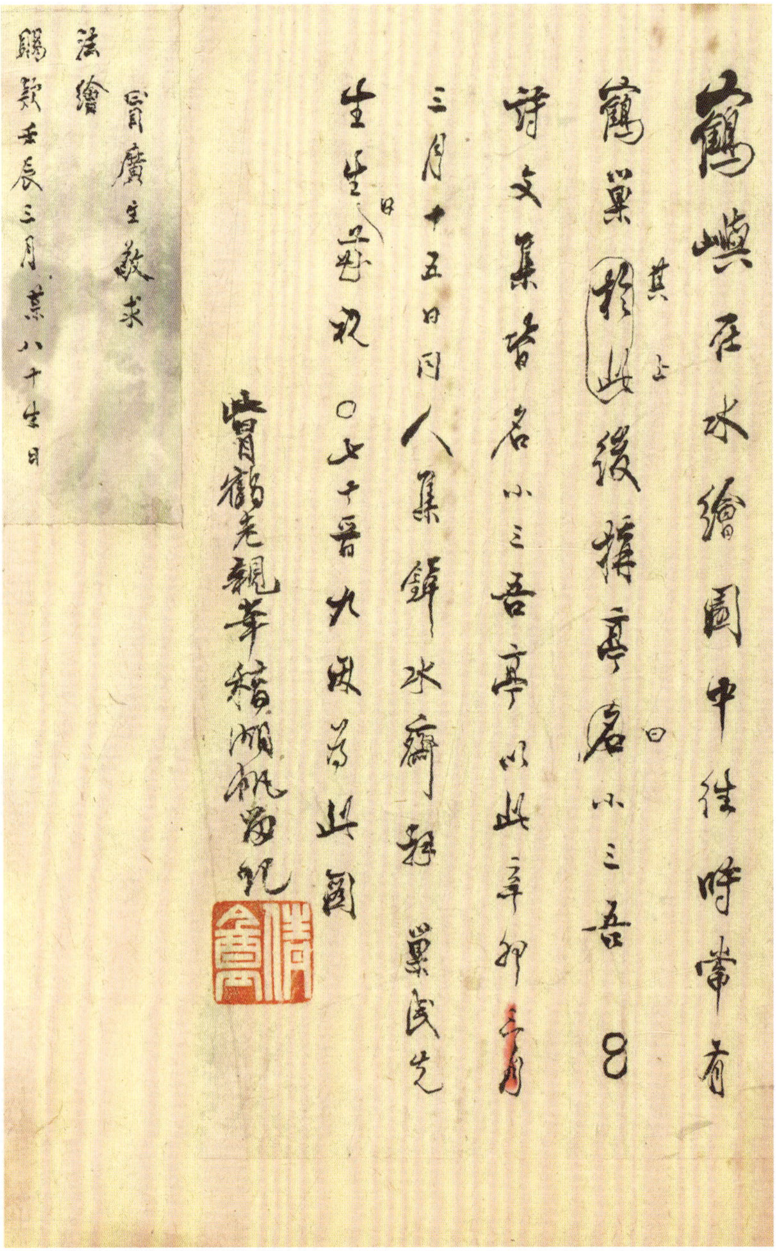

鶴嶼在水繪園中往時常有
鶴巢其上於此後據亭名曰小三吾
詩文集皆名小三吾亭以此辛卯三月
三月十五日同人集錦水齋祝巢民先
生生日壬戌祝〇七十晉九因為此圖
冒鶴老親家屬湖帆學紀

冒廣生敬求
法繪
賜款壬辰三月棠八十生日

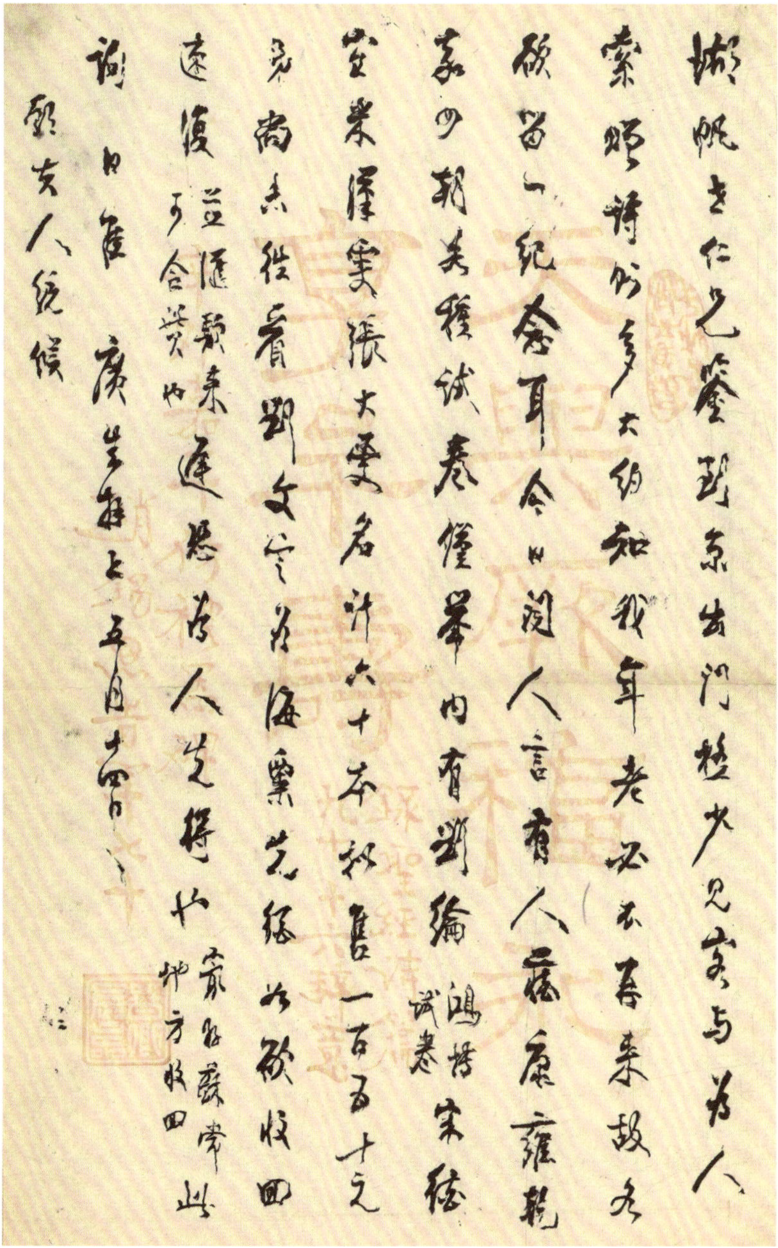
𨚫帆老仁兄鑒：到京出門極少，見客與為人
索聯詩紛多，大約知我年老必不喜來，故不
敢留一紙奉耳。今日閱人言，有人藏康雍龍
家少穎美樣試卷，僅舉內有劉綸、鴻博宋緒試卷
堂業澤雯張大受名，計六十本，秋集一百五十元
元尚未從前劉文定公為海棠花縣，欲收回
速復，並匯款來，遲恐為人先得也。於合否也 蘇常此 地方收回
謝。即候 廣生拜上 五月十四日
頤夫人統候

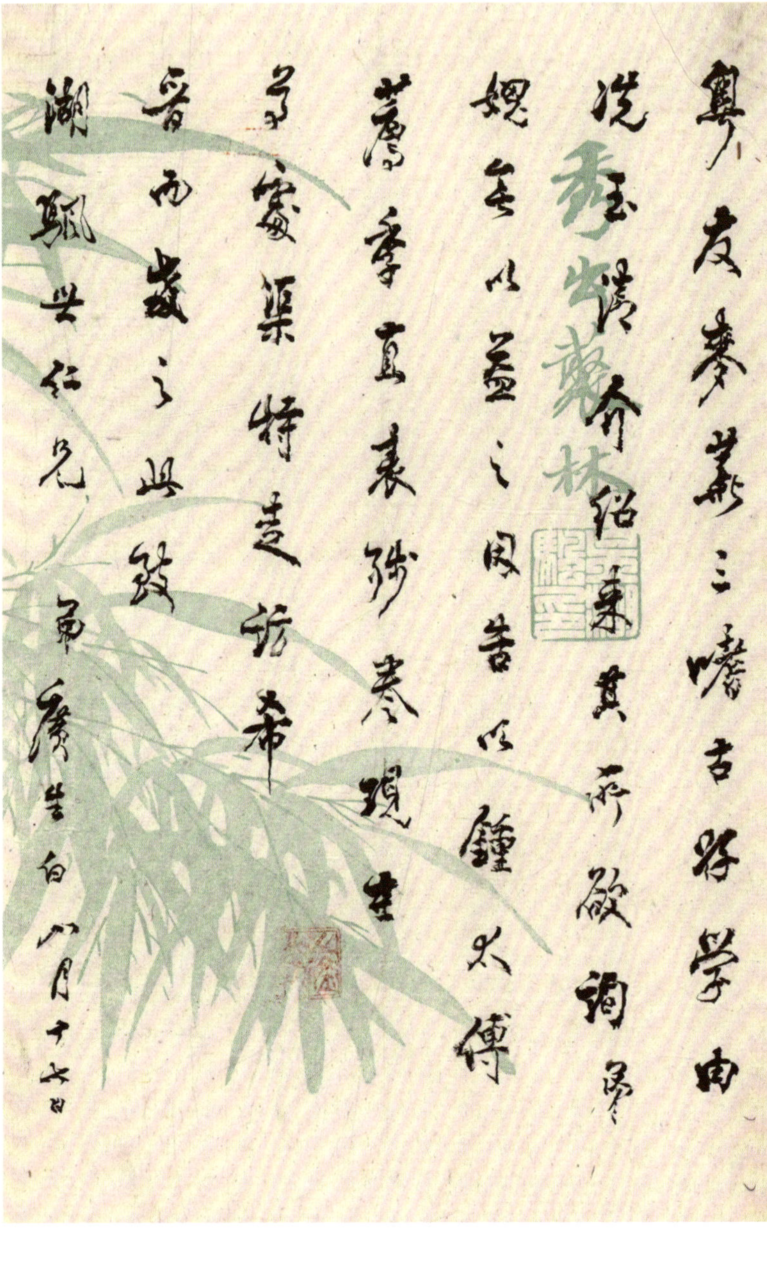
冀友孝慕三嗜古好學由
洗玉清介紹來其所欲詢吾
媿無以益之因告以鍾太傅
薦季直表殘卷現在
尊處渠將造訪希
晉而教之此致
湖颿吾仁兄
弟廣告白 八月十七日

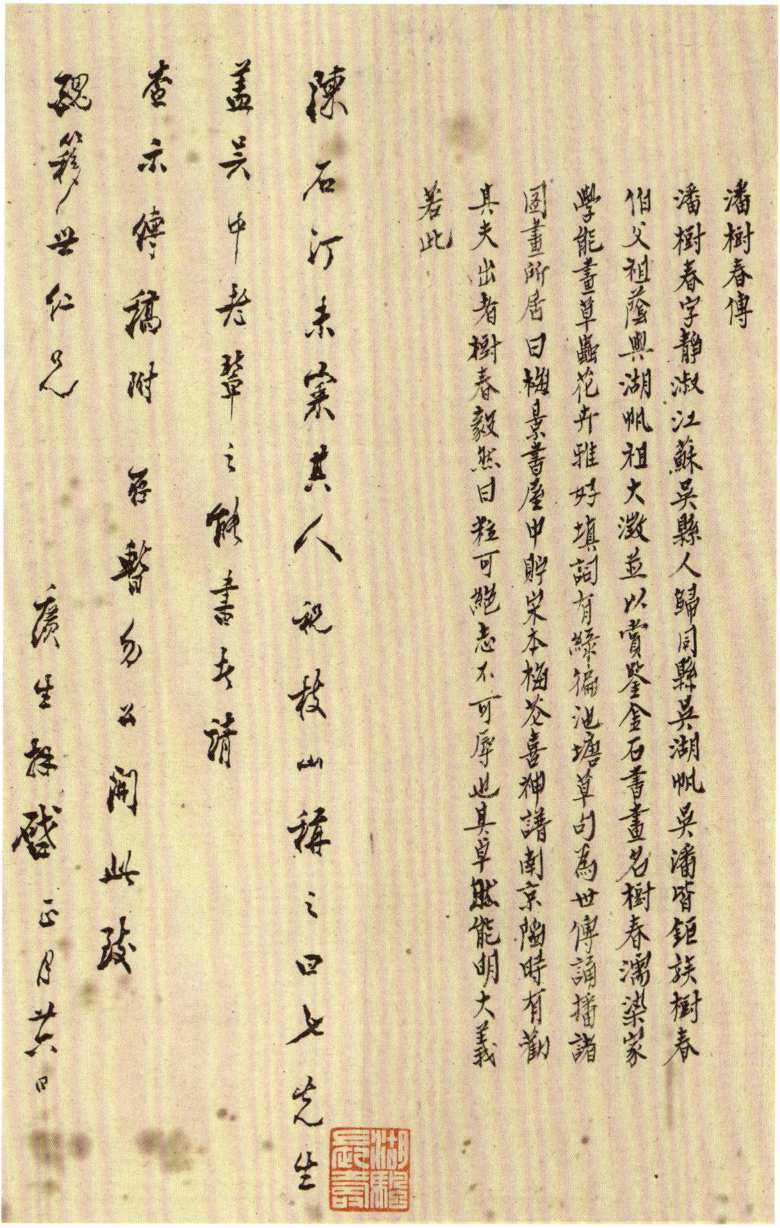

潘樹春傳

潘樹春字靜淑江蘇吳縣人歸同縣吳湖帆吳潘皆鉅族樹春伯父祖蔭與湖帆祖大澂並以賞鑒金石書畫名樹春濡染家學能畫草蟲花卉雅好填詞有綠遍池塘草句為世傳誦播諸圖畫所居曰梅景書屋中貯宋本梅花喜神譜南京陷時有勸其夫出者樹春毅然曰粒可絕志不可辱也其卓然能明大義若此

陳石汀未審其人祝枝山稱之曰老先生蓋吳中老輩之能書者請

查示傳稿附呈暫勿公開此段

觀察世仁兄

廣生拜啓 正月廿六日

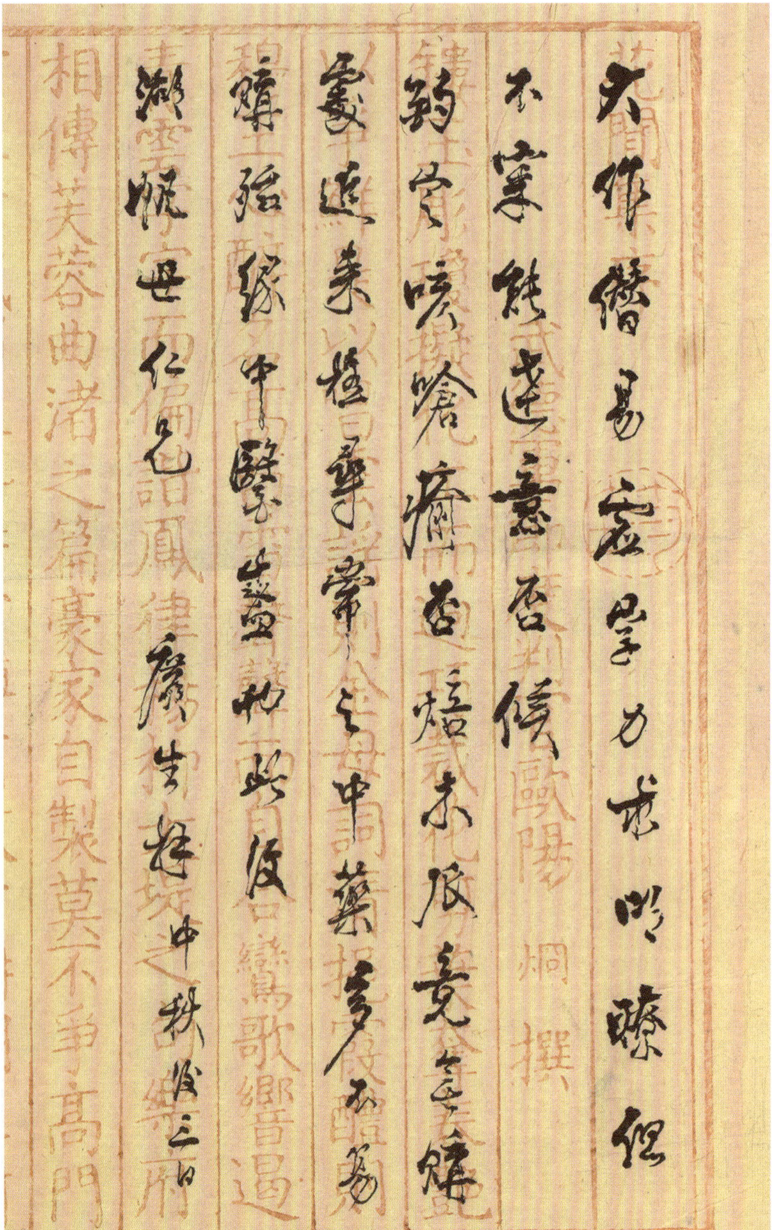

大作借易安居學力求明瞭，但
不審能達意否？候
鈞覽。咳唫濟若焙未展，竟無緣
鑒遠來，摧尋常之中藥，多不爲
贖，弦緣中醫，益增此疾。
湖帆世仁兄 廣生拜 中秋後三日

今日
壽誕足疾未能趨賀爲此
代函敬賀
倩庵世仁兄千秋　廣生拜
七月二日

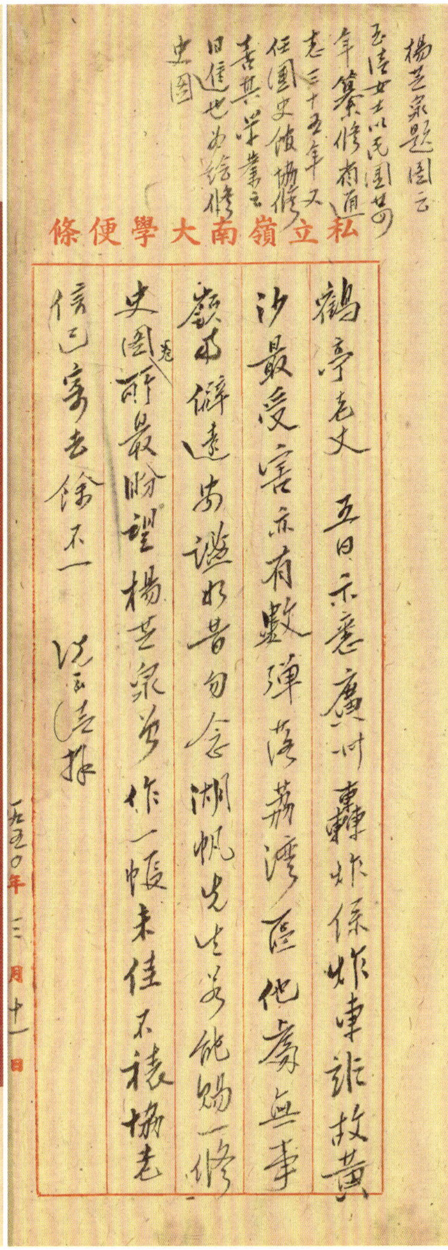
楊芝泉題圖云
玉清女士以民國廿四年纂修南道志三十五年又任國史館協修嘉興學業云日佳世爲繪修史圖

私立嶺南大學便條

鶴亭老丈　五日示悉　廣州東郊北係炸東郊故黃沙最受害亦有數彈落荔灣區他處無事
嶺南僻遠安謐如昔句念湖帆先生若能賜一幀修史圖所最盼望楊芝泉爲作一幀未佳不裱協志
信已寄去餘不一
冼玉清拜
一九五〇年三月十一日

冒效鲁（1909—1988）

江　庸（1878—1960）

夏敬观（1875—1953）

刘成禺（1876—1953）

释一乘

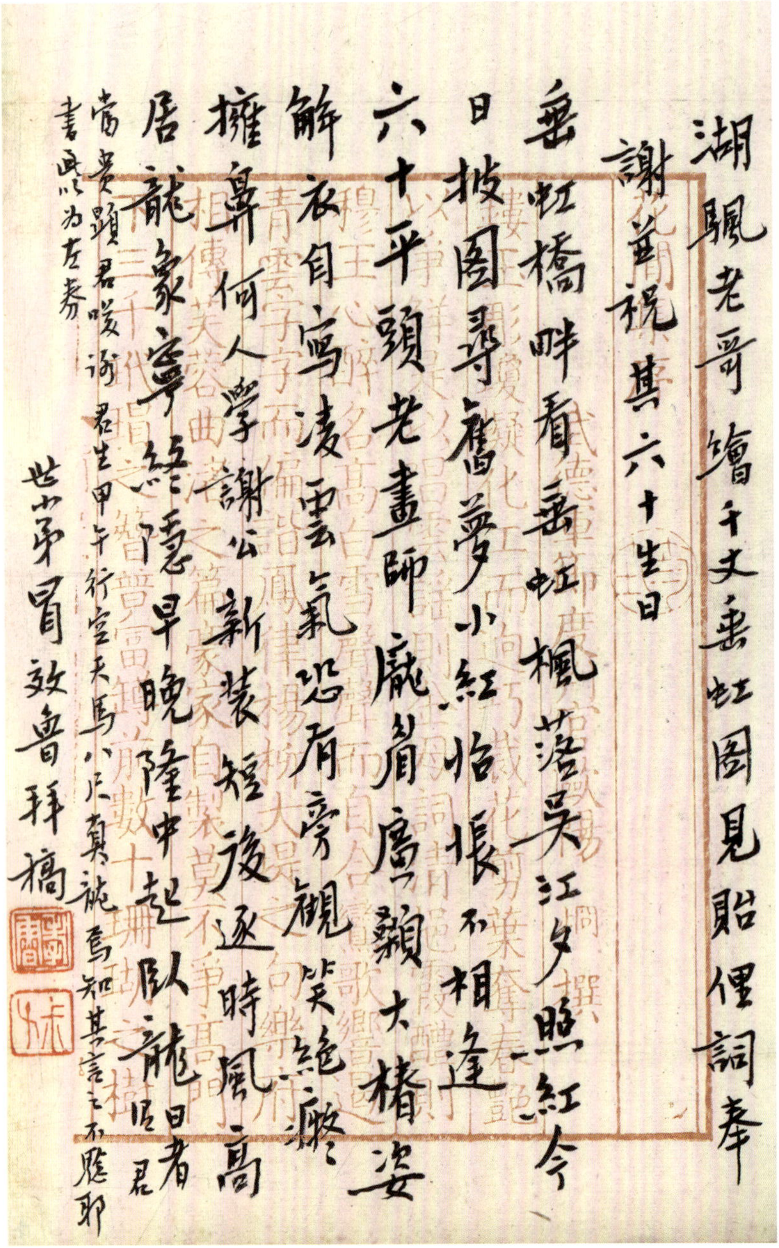
湖颿老哥繪千丈垂虹圖見貽俚詞奉
謝並祝其六十生日
垂虹橋畔看垂虹楓落吳江夕照紅今
日披圖尋舊夢小紅惆悵不相逢
六十平頭老畫師龐眉廣顙大椿姿
解衣自寫凌雲氣恐有旁觀笑絕癡
擁鼻何人學謝公新裝短後逐時風高
居龍象寧無隱早晚隆中起臥龍日者言君
嘗爲題君嘆詠君生甲午行空天馬八尺爲龍焉知其言之不驗耶
書此以爲左券
世小弟冒效魯拜稿

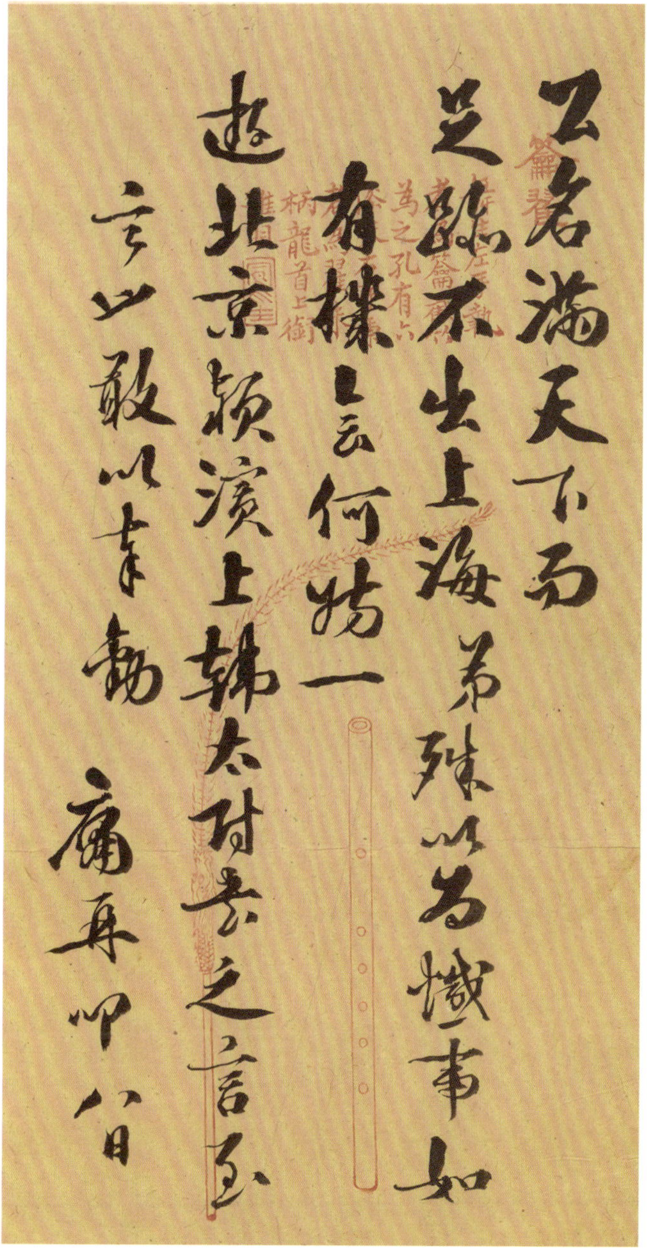

公名满天下，而足迹不出上海，弟殊以为憾事。如有暇，云何精一游北京。潁濱上韓太尉書之言，至言此，敬以奉勸。

庸再叩

八日

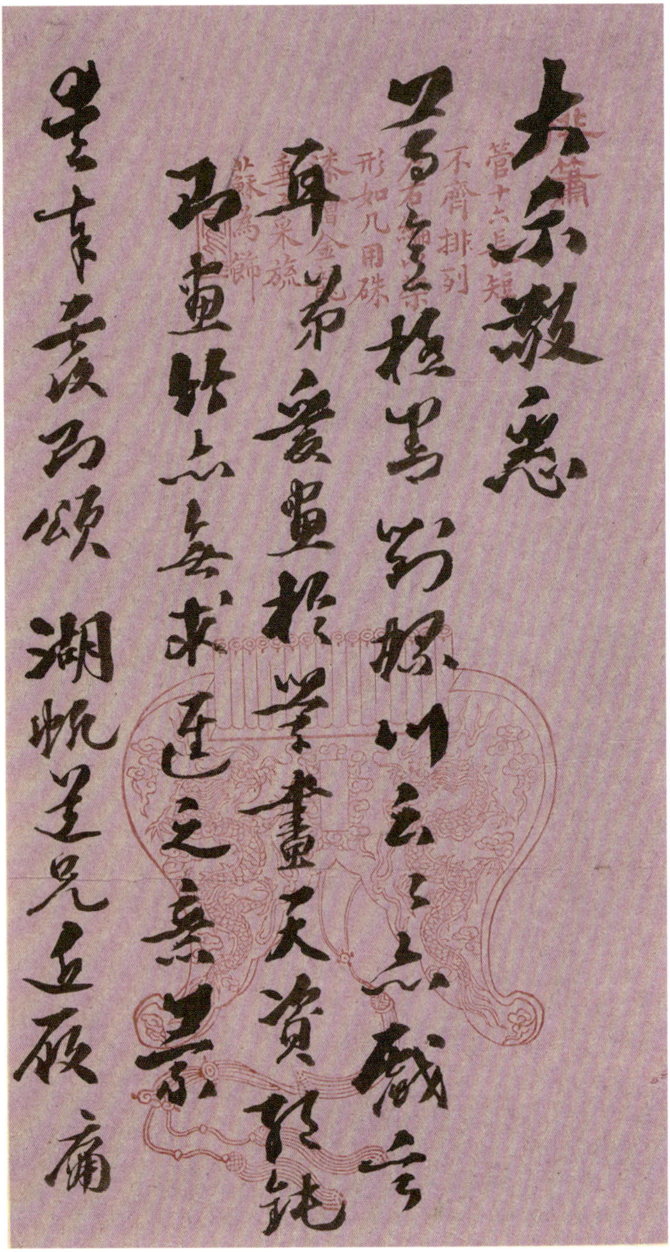

大示敬悉。承寄名繪，極為對探，以去乙乙之歲矣。尊弟處當於業畫，天資頗鈍，所畫性亦無求進之意，甚宗是幸。專復，即頌
湖帆學兄道履。庸

庸

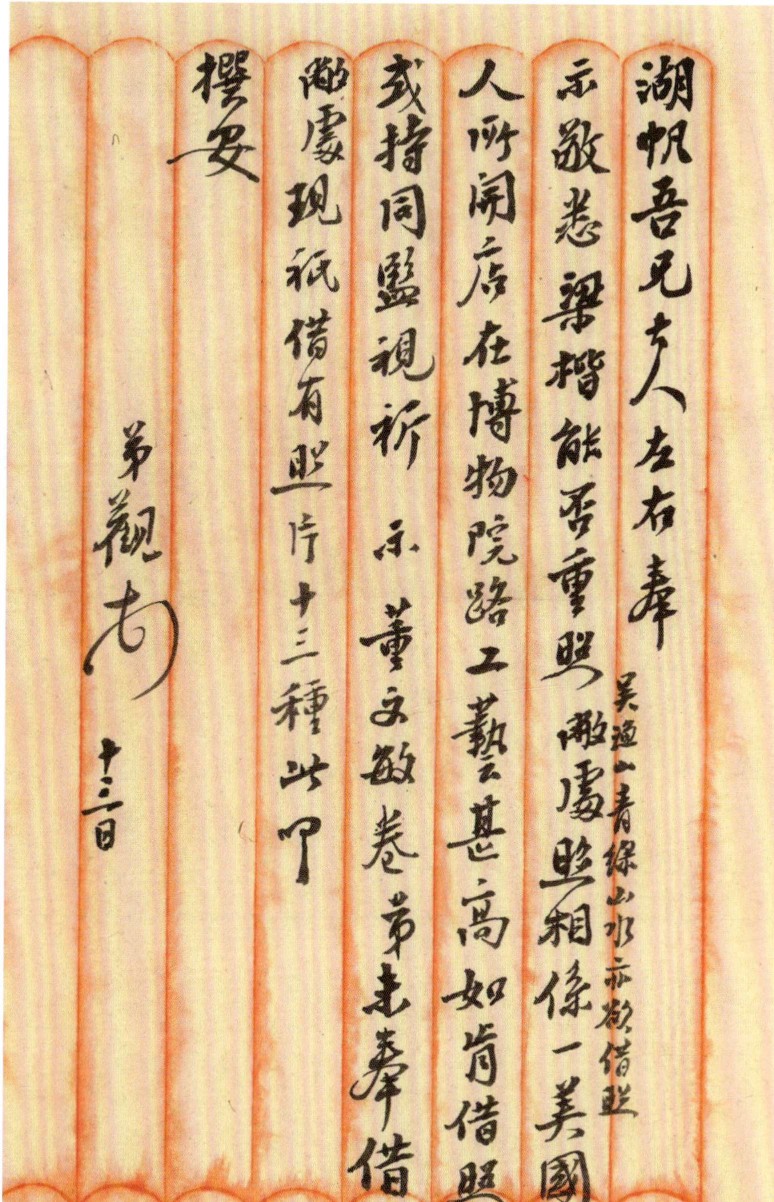

湖帆吾兄大人左右：奉
示敬悉。翠楷能否重照（吴道子青緑山水亦欲借照）。敝處照相係一美國
人所開，亦居在博物院路，工藝甚高，如肯借照
或特同監視，祈示。董文敏卷弟走奉借
敝處，現祇借有照片十三種。此叩
撰安
弟觀也
十二日

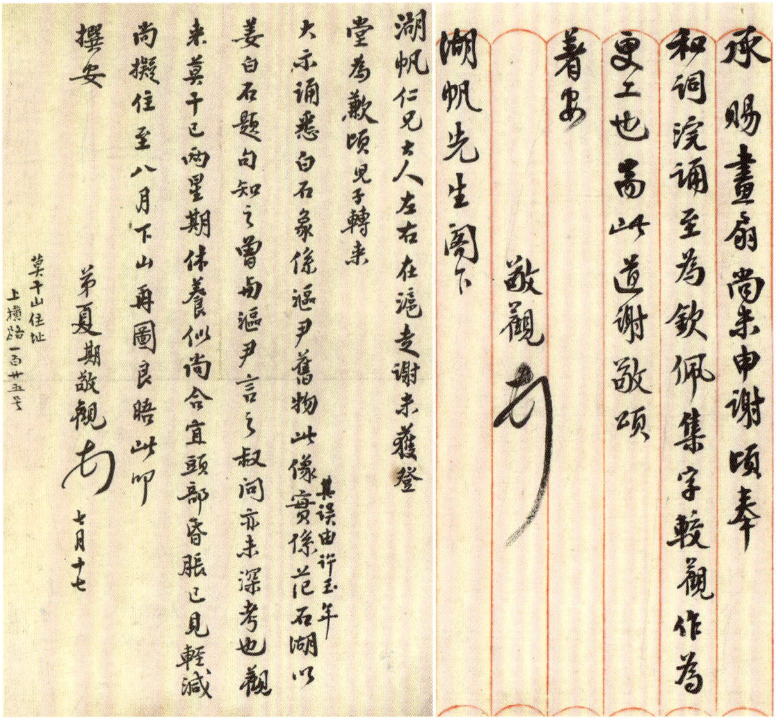
承賜畫扇尚未申謝頃奉
和詞浣誦至爲欽佩集字較觀作爲
更工也耑此道謝敬頌
著安
湖帆先生閣下
敬觀

湖帆仁兄大人左右在滬走謝未獲登
堂爲歉頃兒子轉來
大示誦悉白石象係滬尹舊物此像實係范石湖以
其誤由許玉年
姜白石題句知之曾與滬尹言之叔問亦未深考也觀
來莫干已兩星期休養似尚合宜頭部昏脹已見輕減
尚擬住至八月下山再圖良晤此叩
撰安
弟夏期敬觀
七月十七
莫干山住址
上横路一百廿五号

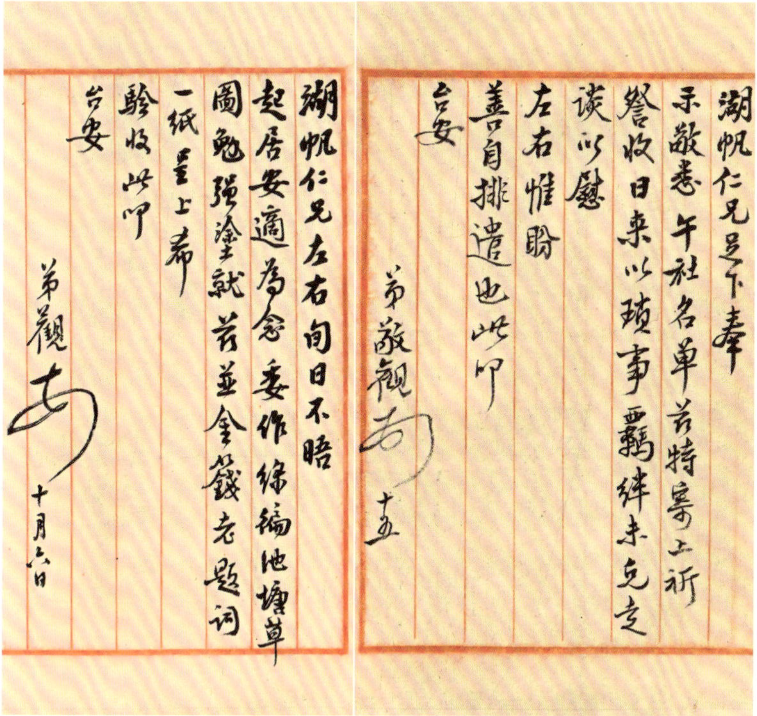
湖帆仁兄左右 旬日不晤
起居安適為念 委作綠遍池塘草
圖勉強塗就 茲並金箋老題詞
一紙呈上希
驗收此叩
台安
弟觀 十月六日

湖帆仁兄足下奉
示敬悉 午社名單茲特寄上祈
詧收 日來以瑣事羈絆未克走
談 以歉
左右惟盼
善自排遣也 此叩
台安
弟敬觀 十五

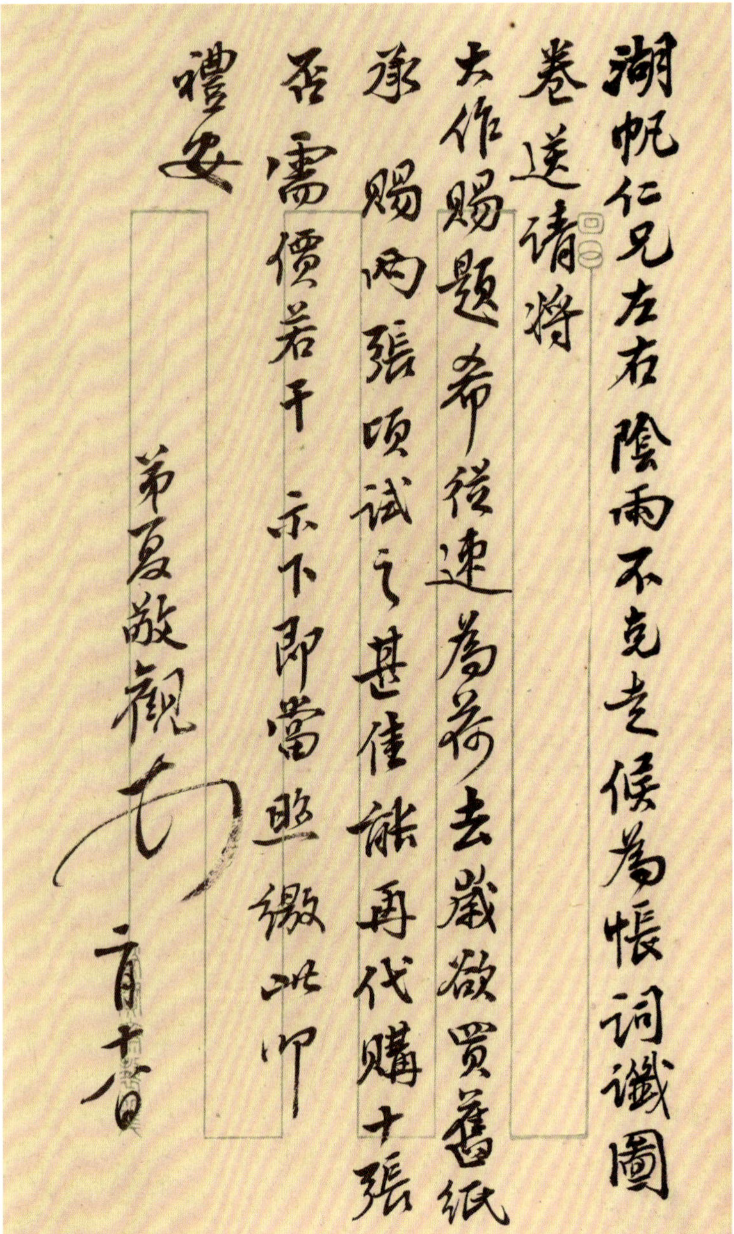
湖帆仁兄左右 陰雨不克走候 爲帳詞識圖
卷送請 將
大作賜題 希從速爲荷 去歲欲買舊紙
承 賜兩張 頃試之 甚佳 能再代購十張
否 需價若干 示下即當照繳 此叩
禮安
弟夏敬觀 七月十八日

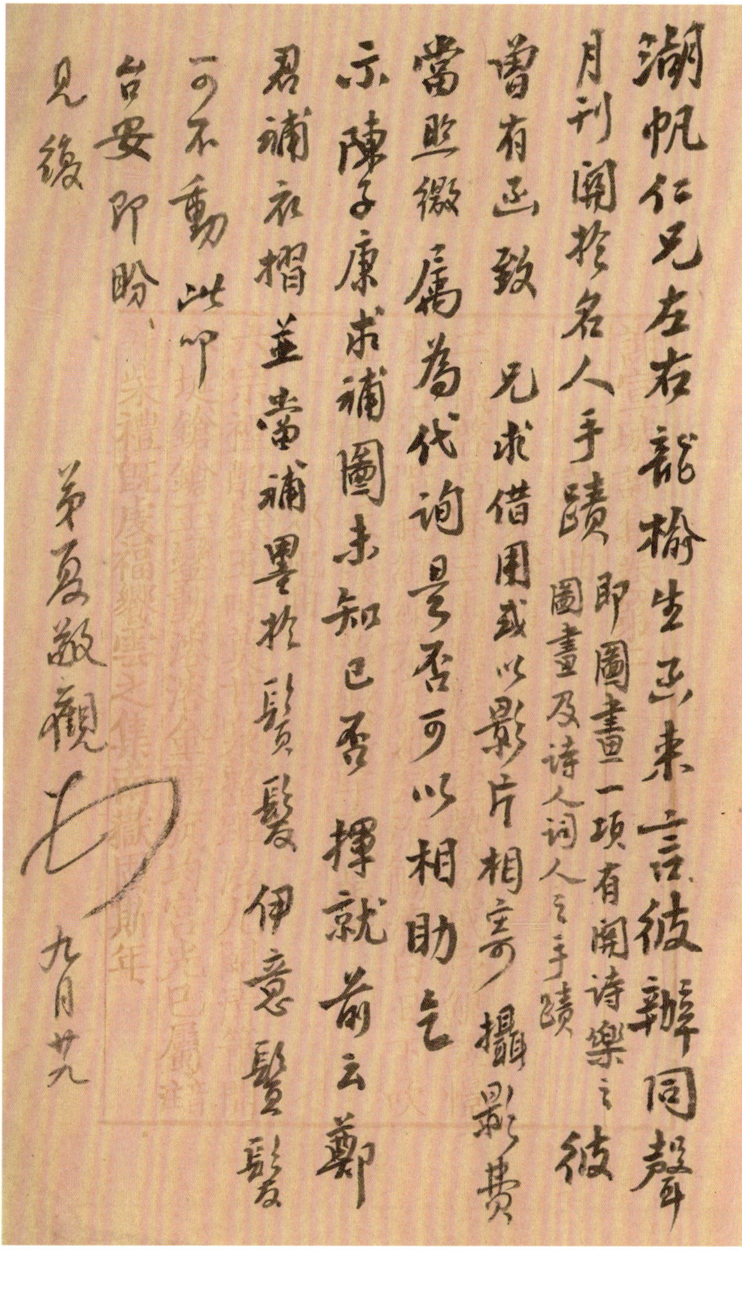
湖帆仁兄左右：龍榆生函來，言彼辦同聲
月刊，關於名人手蹟（即圖畫一項有關詩樂之
圖畫及詩人詞人之手蹟），彼
曾有函致 兄，求借圖或以影片相寄，攝影費
當照繳，屬為代詢是否可以相助之
示。陳子康求補圖，未知已否揮就？前云鄭
君補衣摺，並當補墨於鬚髮，伊意鬚髮
一仍不動。此叩
台安，即盼
見復。
弟夏敬觀 九月廿九

湖帆世仁兄左右 觀自去秋中風卧床已將一
年現雖稍有起色行動仍須有人扶持恐此
殘生不過若是不復能恢復舊狀矣自去冬為
金元券所害稍有存項可以為醫藥之資者一旦
俱罄遂忍而與病相抗不復延醫今則更慮及
餐食矣幸右手尚勉能書畫或寫文字時局如此
大家均在困苦中欲覓硯食充腹誠不可得茲擬口
訂潤例扇頭作畫銀幣三元作書銀幣一元冊頁一

尺幅之或不便取銷幣即依人民銀行牌價付以人民
券惟以不能立作書畫大件故謝絕不收作文日聘
委者之便可另相商無一定之例題圖幅之此種办法
實不能即貴潤例緣昔時潤例扇畫價廿元今日照價
通甚大實際相議可作口頭潤例俾朋友多便中
介紹風承
契爱闳切敬以奉煩此叩
台安
弟敬觀

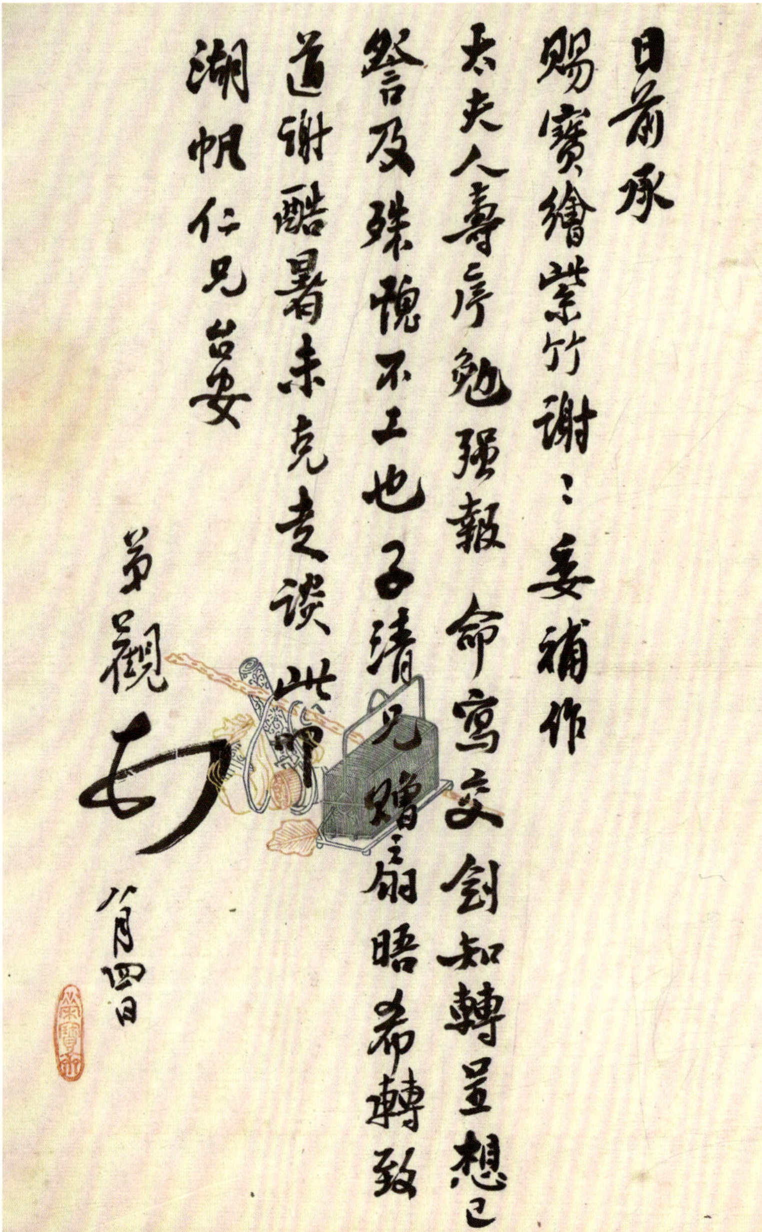
日前承
賜寶繪紫竹謝謝妥補作
太夫人壽序勉强報命寫交劍知轉呈想已
登及殊愧不工也子清兄贈之翎晤希轉致
道謝酷暑未克走談此叩
湖帆仁兄台安
弟觀
八月四日

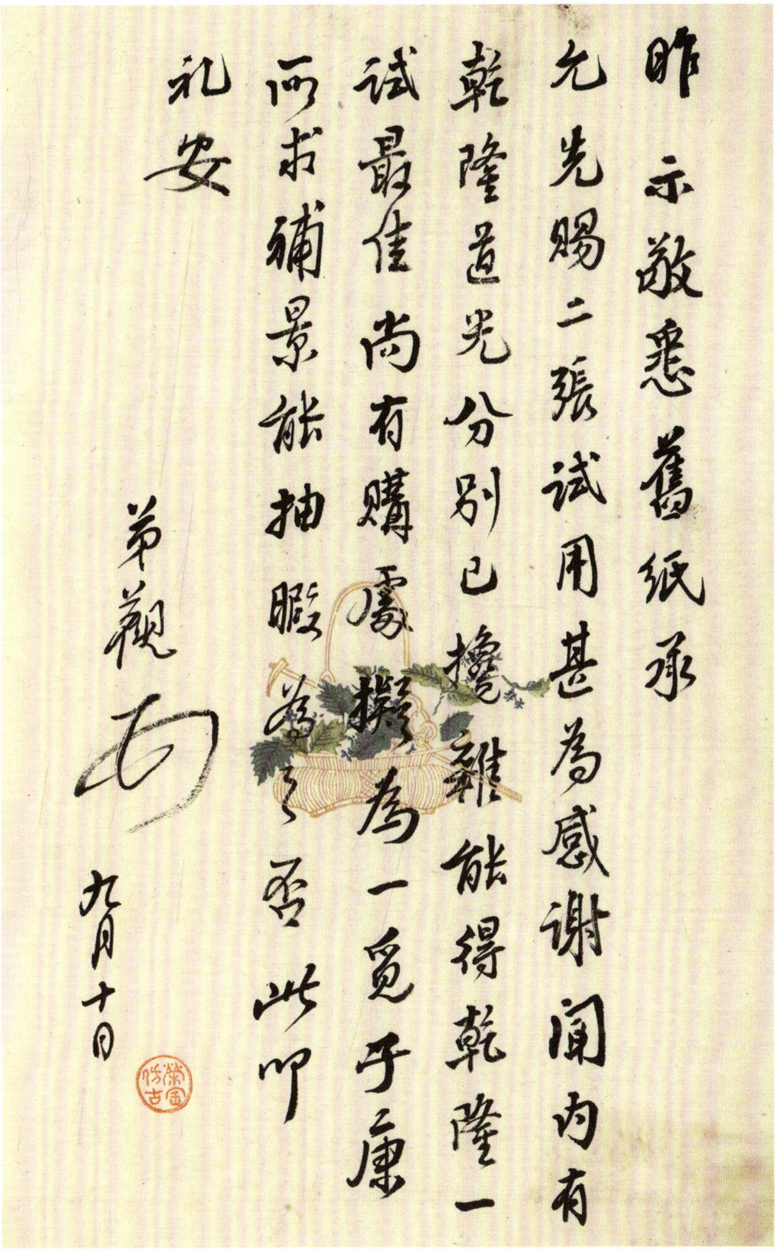
昨示敬悉舊紙承
允先賜二張試用甚為感謝聞內有
乾隆道光分別已檢雜能得乾隆一
試最佳尚有購處擬為一覓乎康
而求補景能抽暇為之否此叩
礼安
弟觀右
九月十日

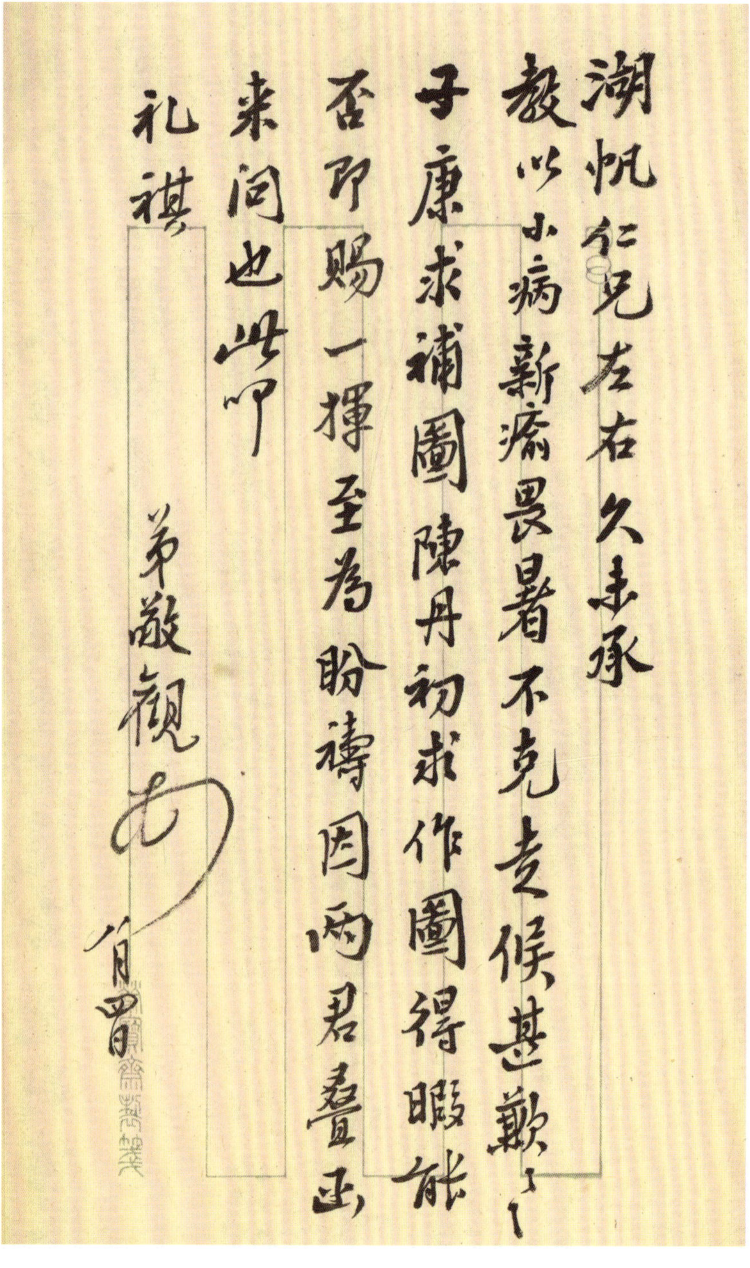

湖帆仁兄左右：久未承
教，以小病新瘉，畏暑不克走候，甚歉歉。
子康求補圖，陳丹初求作圖，得暇能
否即賜一揮，至為盼禱。因兩君疊函
来問也。此叩
禮祺。

弟敬觀頓首
八月晦

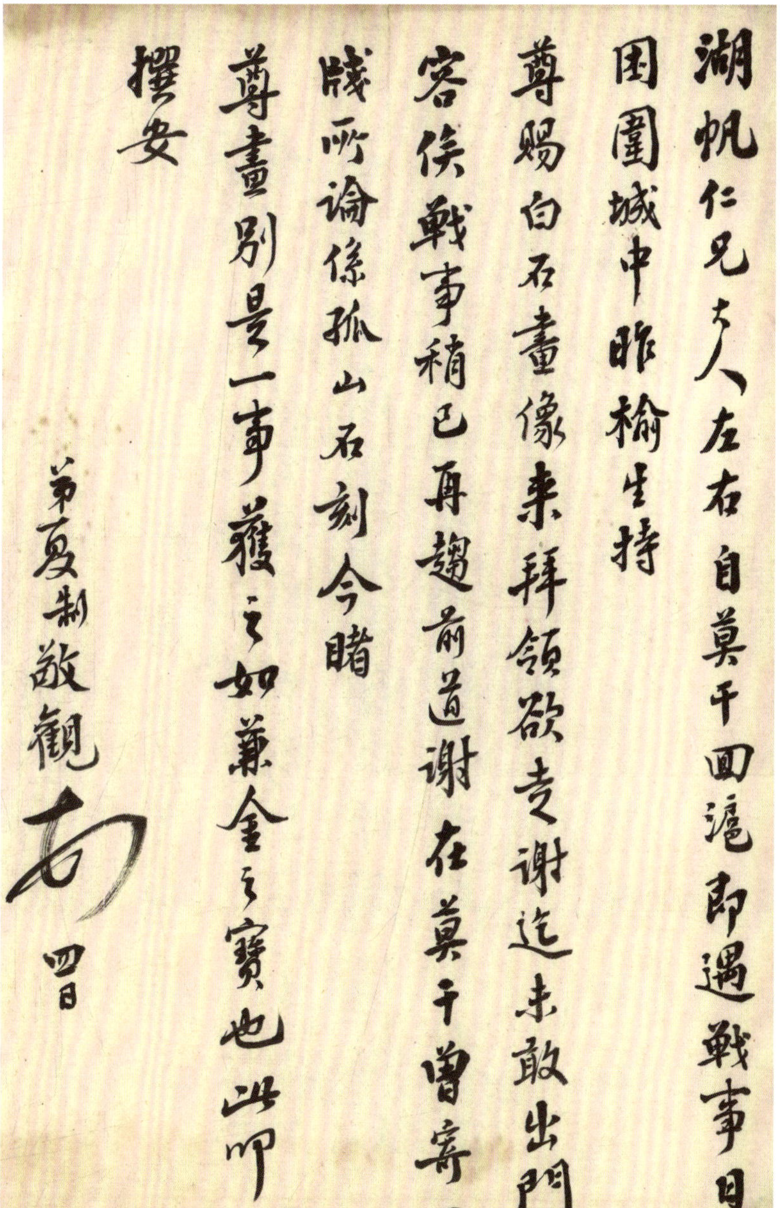

湖帆仁兄大人左右自莫干回滬即遇戰事日
困圍城中昨榆生持
尊賜白石畫像来拜領欲走謝迄未敢出門
容俟戰事稍已再趨前道謝在莫干曾寄一
牋所論係孤山石刻今睹
尊畫别是一事獲之如蒹金之寶也此叩
撰安
弟夏制敬觀
四日

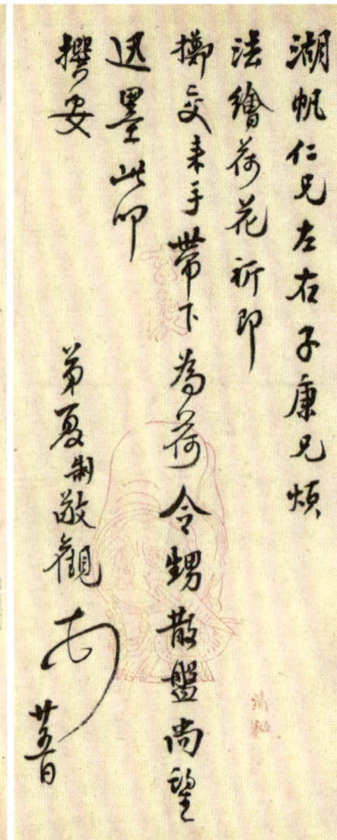

湖帆仁兄左右 子康兄煩
法繪荷花祈即
擲交來手 帶下為荷 令甥書盤尚望
送墨 此叩
撰安
弟夏敬觀 頓首 廿日

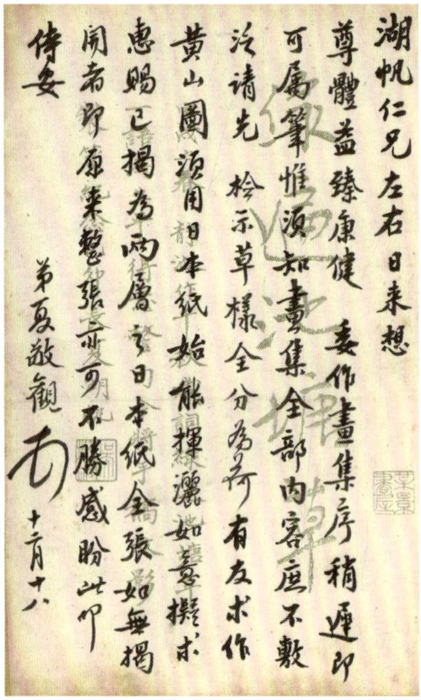

湖帆仁兄左右 日來想
尊體益臻康健 委作畫集序 稍遲即
可屬筆 惟須知畫集全部內容 庶不致
泛請先 檢示草樣全分為荷 有友求作
黃山圖 須用舊本紙 始能揮灑 如蒙撥求
惠賜已揭為兩層之日本紙全張 如無揭
開者 即原來整張亦可 不勝感盼 此叩
侍安
弟夏敬觀 頓首 十月十八

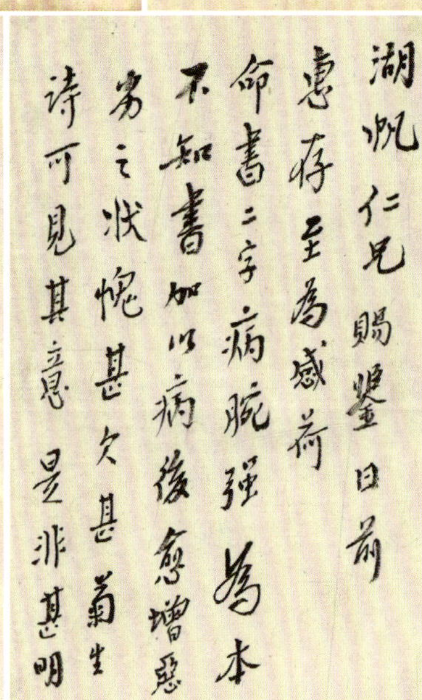

湖帆仁兄賜鑒 日前
惠存 至為感荷
命書二字 病腕強為 本
不知書 加以病後 愈增惡
劣之狀 愧甚 久甚 蕭生
詩可見其意 是非甚明

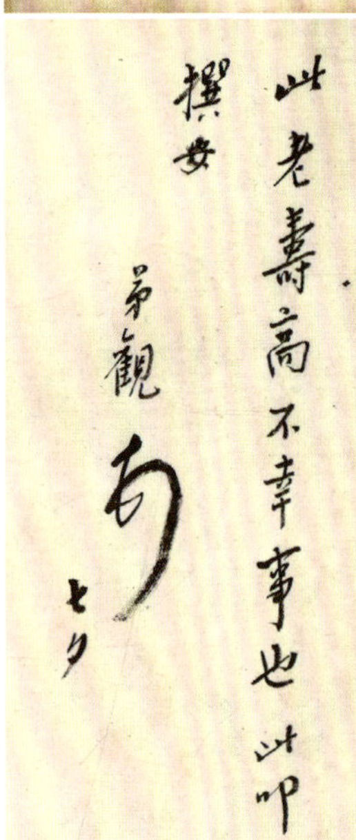

此老壽高 不幸事也 此叩
撰安
弟觀 頓首 七夕

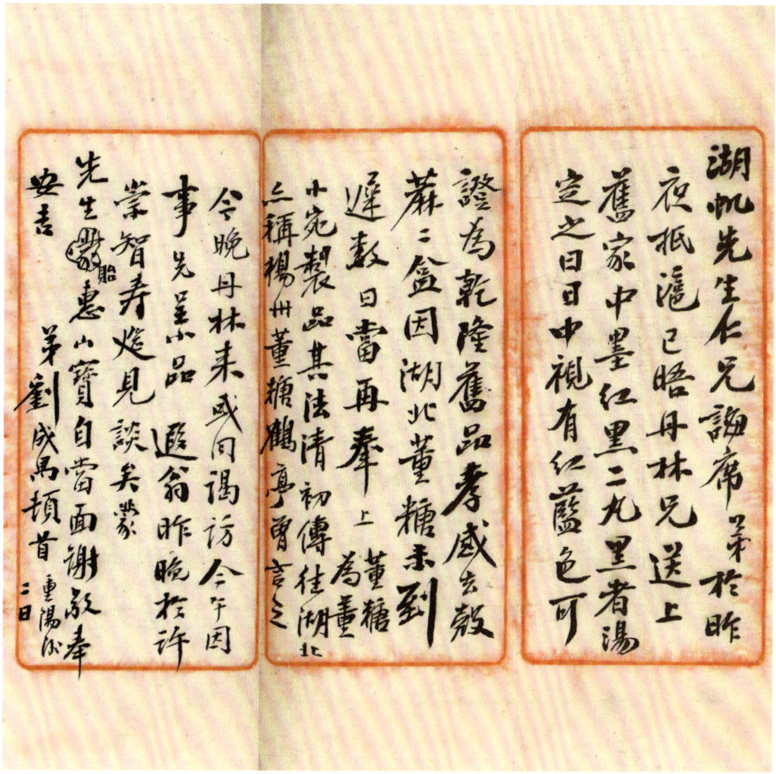
湖帆先生仁兄論席弟於昨
夜抵滬已晤丹林兄送上
舊家中墨紅黑二丸黑者湯
定之日日中視有紅藍色可
證為乾隆舊品孝感去款
蔴二盒因湖北董糖未到
遲數日當再奉上董糖
小宛製品其法清初傳往湖北
今稱揚州董糖鶴亭曾言之
今晚丹林來或同謁訪今午因
事先呈小品遐翁昨晚於許
崇智壽筵見談矣蒙
先生貽惠山寶自當面謝敬奉
安吉
弟劉成禺頓首重陽後二日

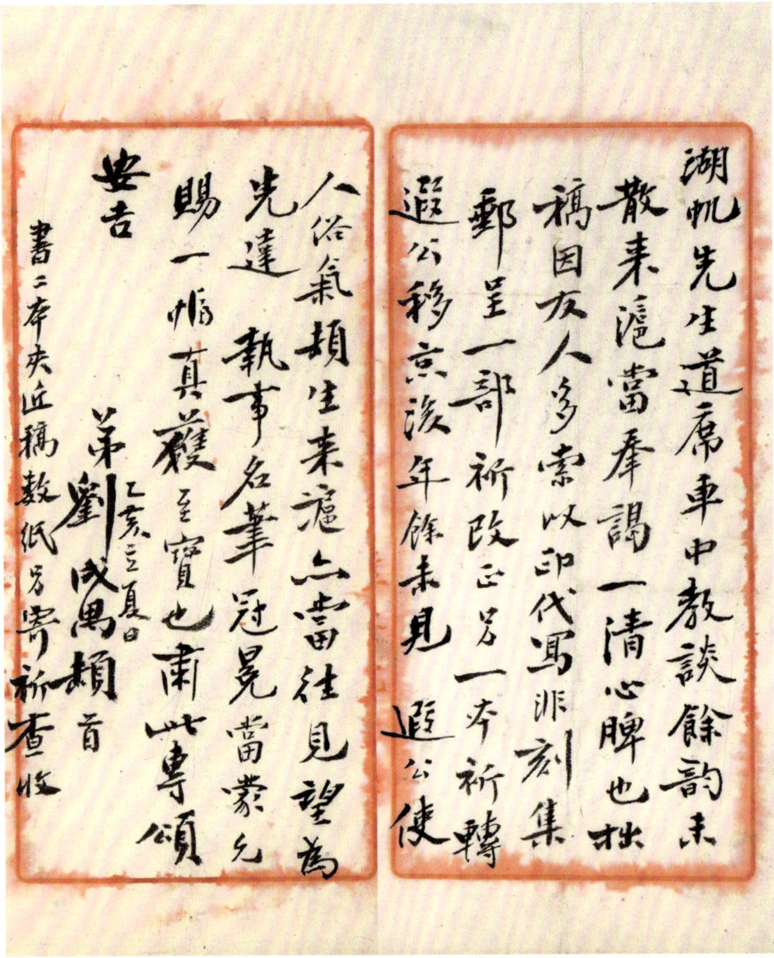
湖帆先生道席：車中教談，餘韻未
散。來滬當奉謁一清心脾也。拙
稿因友人多索，以印代寫，非刻集。
郵呈一部，祈政正。另一本祈轉
遐公。移京後年餘未見
遐公，使
人俗氣頓生。來滬亦當往見。望為
先達執事名筆冠冕，當蒙允
賜一幅，真蹟至寶也。肅此專頌
安吉。
弟劉成禺頓首 乙亥三夏日
書二本夾近稿數紙，另寄，祈查收。

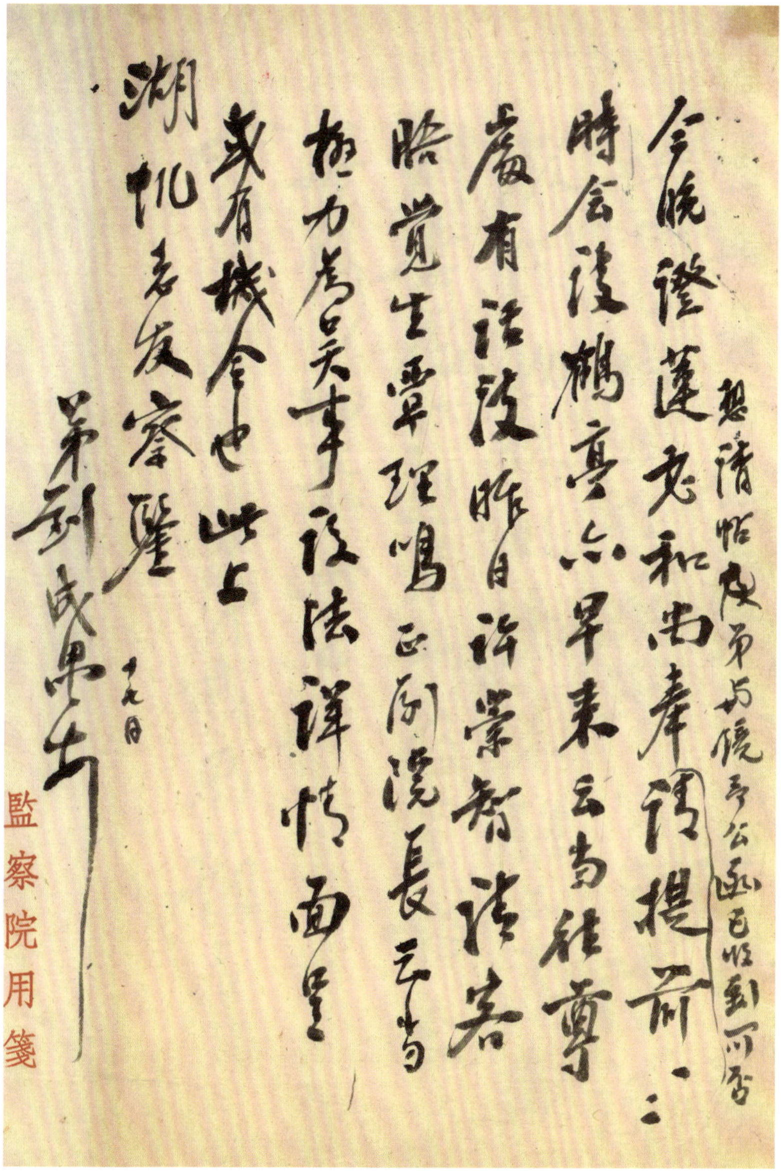
懇請帖後弟與鏡予公函已收到所否

今晚證蓮老和尚奉請提前一二時會談鶴亭亦早來云當往尊處有話談昨日許崇智請客聆覺生要理鳴正所謂長云當極力為之天下事設法詳情面呈或有機會也 此上

湖帆老友察鑒

弟劉成禺頓首 十九日

監察院用箋

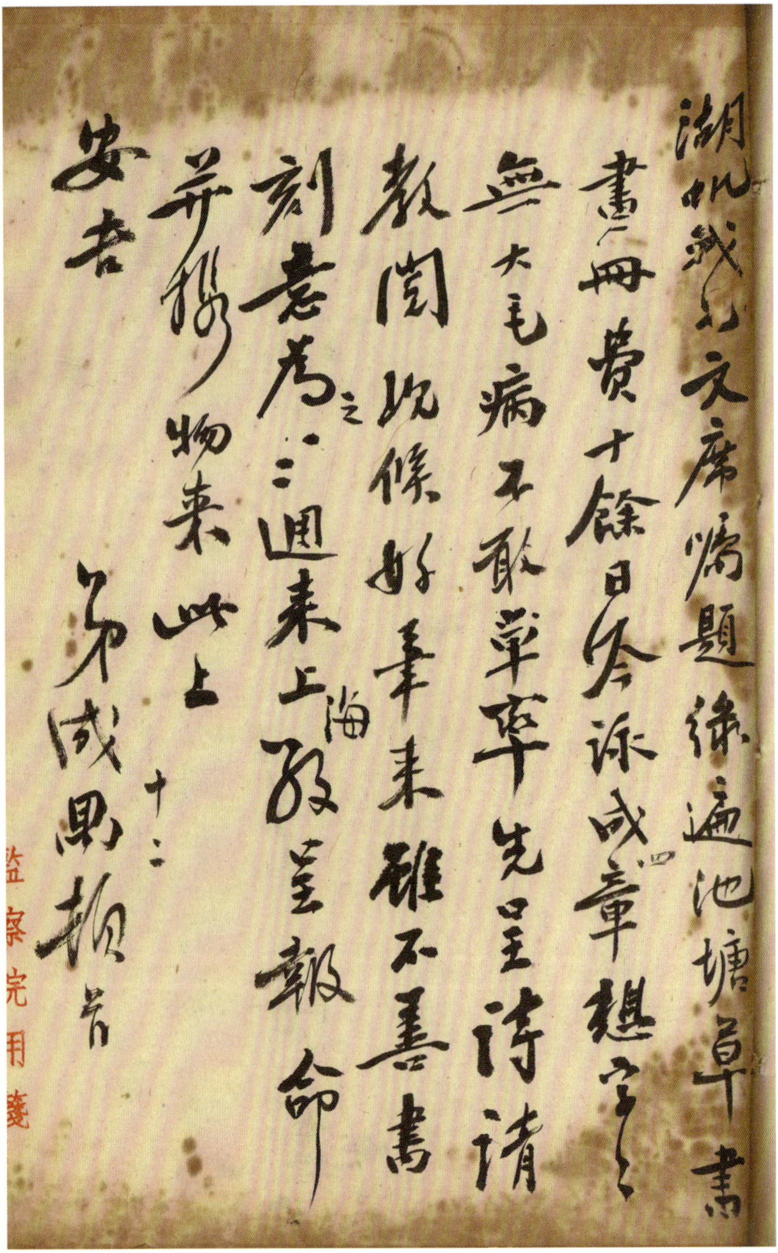
湖帆我兄文席：倩題綠遍池塘草畫
畫冊，費十餘日，尽今詠成四章，想定
無大毛病，不敢草率。先呈詩，請
教閱。此條好筆來，雖不善書
刻意為之。二週來上海，致羞報命。
并謝物來。此上　十二
安吉
弟成禺頓首

盐察完用箋

一乘

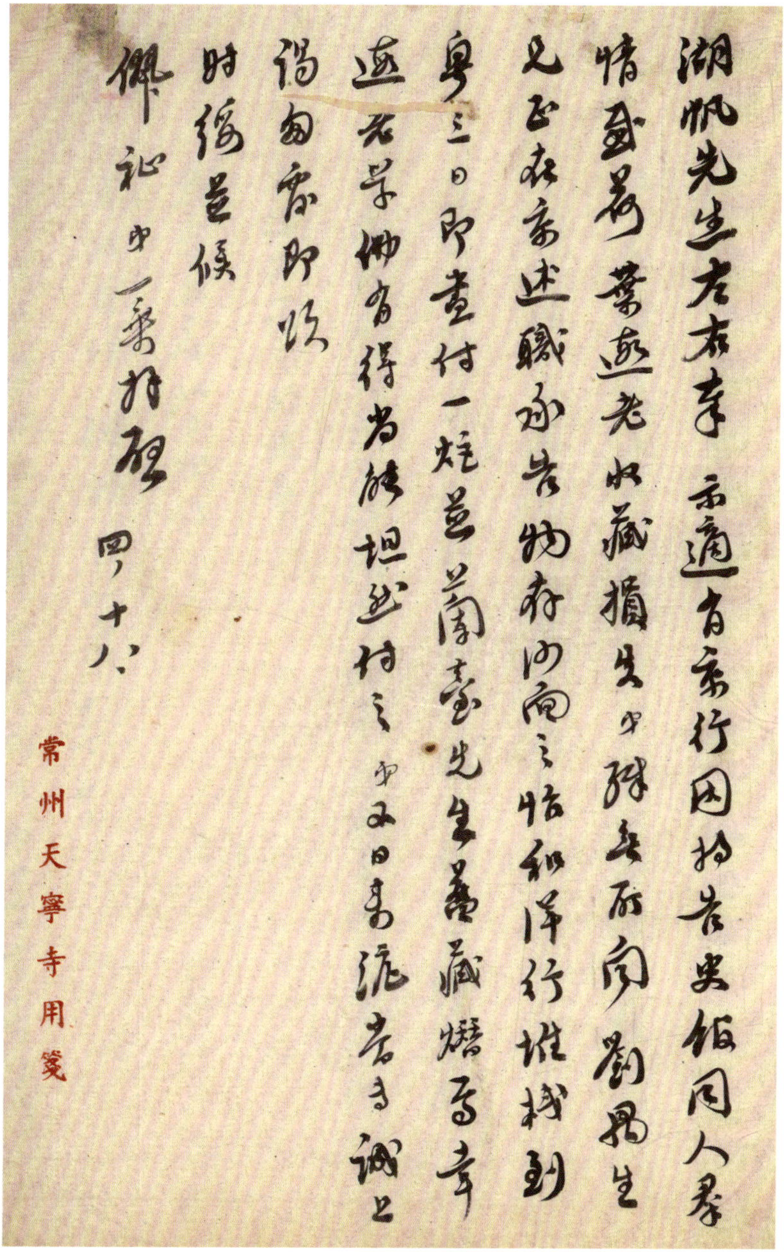
湖帆先生左右：示適有事行，因持告吳縣同人暑
情盛意。葉遐老收藏摺生少諸老所向，劉君生
見示，在家述職，承告物存何處之情，就擇行搓揉到
身三日，即查付一烓邑蘭臺先生舊藏精品年
遐老學佛有得，當能坦然付之。少又日事流產者誠上
謁，有寄即收。
時綏並候
禪祉。少一乘頓首　四月十八

常州天寧寺用箋

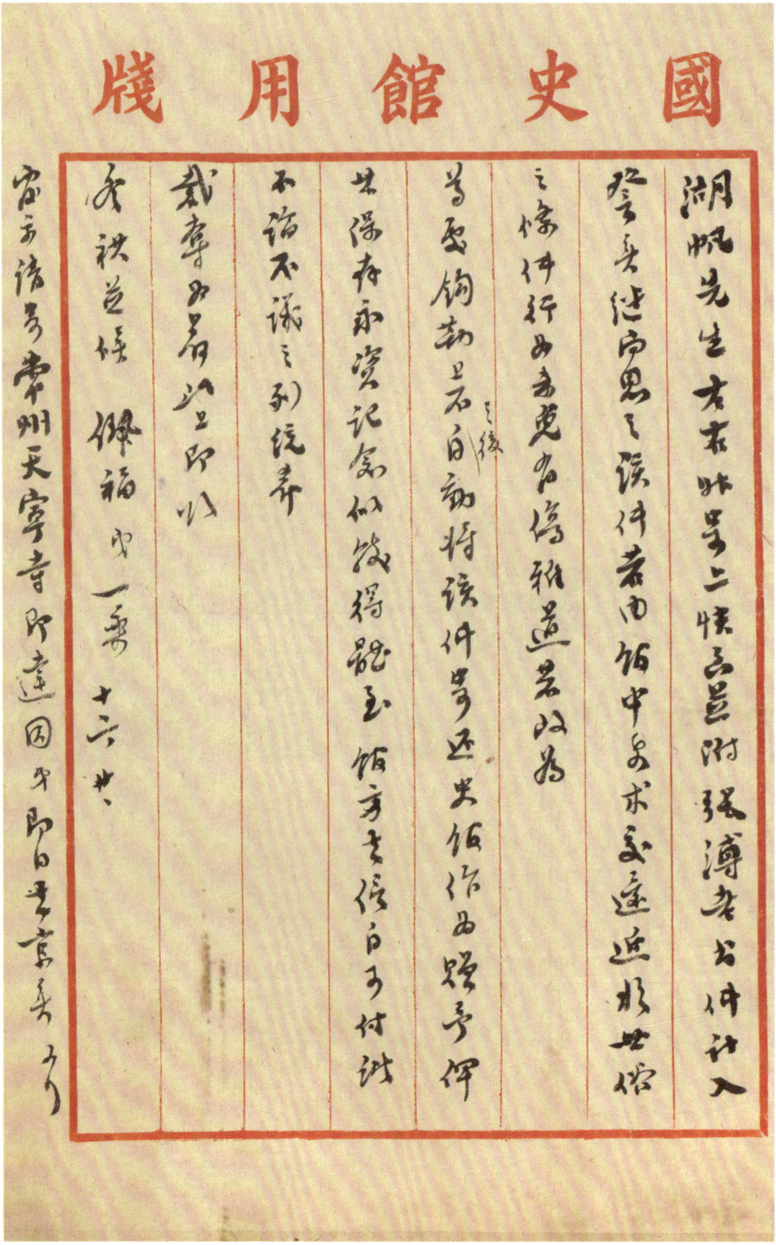
國史館用箋

湖帆先生有道：昨寄上一快函，並附張溥老書件，計入
覽矣。總之鄙意該件若由館中出求，並遠近於世俗
之條件行為，未免有傷雅道。若改為
尊處鈎勒上石之後，自動將該件寄還史館作為贈予，俾
其保存，永資記念，似較得體。至館方交信自可付識(?)
不論不議之列，統希
裁奪見示為盼。此上，即頌
文祺，並候
儷福。弟 一乘(?) 十六日

賜示請寄常州天寧寺即能達，因弟即日來京矣。又及

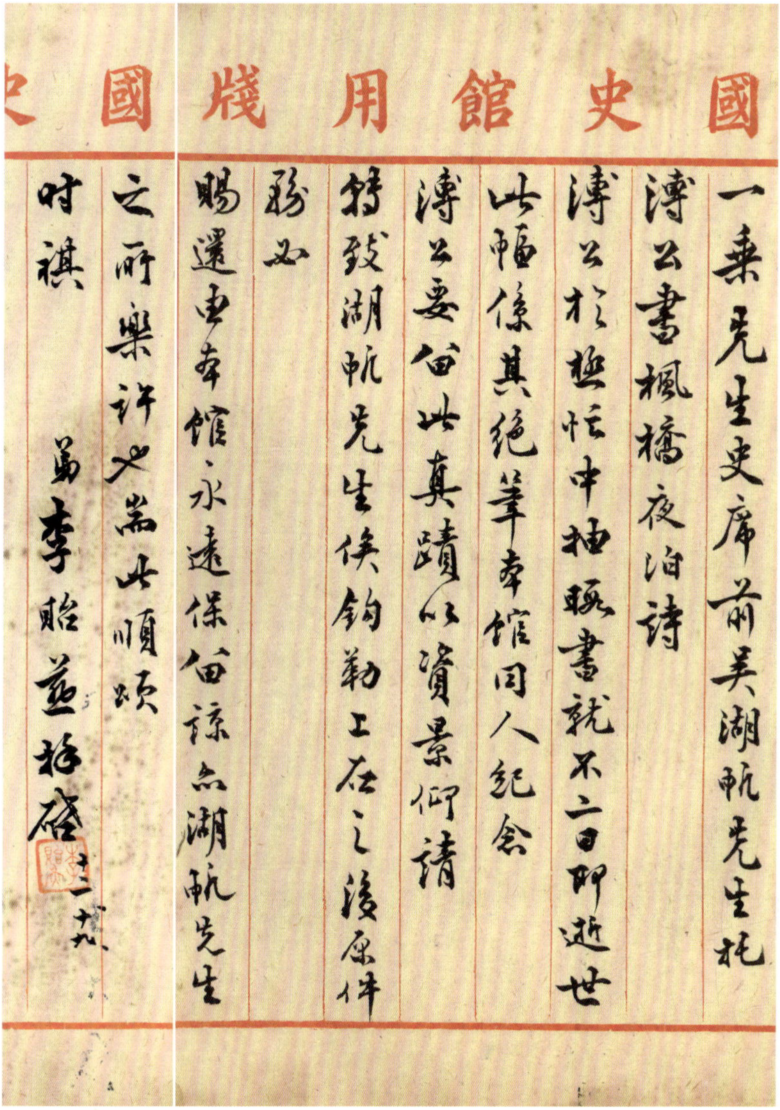

國史館用箋

一乘先生史席前奉湖帆先生托
溥公書楓橋夜泊詩
溥公於極忙中抽暇書就不二日即逝世
此幅係其絕筆本館同人紀念
溥公要留此真蹟以資景仰請
轉致湖帆先生俟鈎勒上石之後原件
務必
賜還本館永遠保留亦湖帆先生
之所樂許也肅此順頌
時祺
弟李貽燕拜啓 十二 十九

【吴湖帆师友书札】·下册·第七卷

# 书札释文

〇2

□少陵诗有《水槛》《遣心》二首，拟摘□四句为定之图名，不知有当否。昨竭一昼夜之力，用工部五律二首韵，已脱稿，俟见尊画后有无斟酌再写定，望先告之。此致湖帆仁世兄。

广生再拜。闰三月廿九日晨。

〇3

湖帆吾兄：前寄一书，为友人马君乞画《媚秋堂寻诗图》，并附寄润笔一百元，当早收到。前誉虎欲拓莽镜，经嘱沪寓检出，迄未见往拓。敝寓已迁至福煦路模范村22号矣，闻誉虎已搬家，乞将地点见示。此颂日祺。弟广生顿首。三月八日。

〇4

小词已得榆生和韵，写呈大教。机声炮声彻夜不绝，弟以失眠精神亦感不支。马君画盼于兵火中成之，俾题词有资料也。此致湖帆仁兄。弟广生拜上。七月十三日。

〇4

钟山不管兴亡事，日倚城头睡。駮牛痴女奈何天，容易春秋花月一千年。压门一样惊风雨，休怨牵机苦。仓皇杯栖对填词，我亦不知汉献命何时。丁丑七夕，距李后主下世千年，集遐庵家赋《虞美人》，时沪上战事方起，约湖帆仁兄同作。冒广生

〇5

湖帆仁兄阁下：前寄题两峰画梅诗当收到。得遐庵书云兄欲得莽镜拓本，已属沪寓将镜取出，候饬人往拓矣。粤友马武仲欲求画卷，来信及影片附寄，略取真景点缀之可也。润笔已于七日交上海银行汇上，盼寄由弟寓交马以了手续。《七姬志》题词不敢忘，容续寄。弟广生拜。三月廿二日。

晤遐庵致意，弟病腕，惮于作书。

〇6

尊画题就，送盖章。另直幅及灵鹣画扇晤小鹣求代交。马卷速藻，至托。此颂湖帆仁兄晚安。弟广生白。七月四日。

〇6

承陆君赐画，极佳。稍凉当约同彭、潘诸君一叙，乞先代谢。此致湖帆仁兄。弟广生白。八月六日。

〇7

陈子康兄有箑面求画竹石（竹请双钩著色），希速藻（附润廿元哂纳）。王胜老画请再催，能一齐见交，了弟一经手尤感。《旧京春色卷》题词已成否？念念。此致湖帆仁兄。广生白。八月二日。

〇8

澳门有友人来信索兄润格，请邮交弟寓。潘、彭两君画如送尊处，示知，走领（勿交邮，恐遗失也）。此上湖帆仁兄。弟广生叩。十七日。

〇8

嫂夫人墓碣顷始脱手，能合用否，酌之。此致湖帆仁兄。广生白。廿五日。

〇9 承贶兄及冯、郑两兄法绘，至为欣幸。别纸再请写《大酺》词，三五日内弟亲来取，兼候超然，此订。　湖帆世仁兄　广生启。　五日。

〇9 兑之诗来，非应酬作也，并原信附览。超然兄画盼早日见赐，以便付装。贵门下所作有交来者否？　湖帆世兄阁下　广生拜启。

〇10 《多丽》词凄婉可诵，佳作也。翊云诗奉上，骆、瞿两处俟收到续寄。超然许画件亟盼速成。日内晤海粟请顺便促之，其纸则已由荫庭交去矣。此上湖帆世仁兄阁下。　广生启。六月九日。

〇11 《大酺》及西施词四首粗为点定，仍候卓裁。案头信件太杂，《莺啼序》数纸寻不着，乃得《拜星月慢》，一并先缴。其《梦窗词》刻本不便付邮，俟窥兄送象片来，当托其带交。天气仍寒，惮出门。俟稍晴暖再趋诣。此上湖帆世仁兄。广生启。三月廿五日。　如晤巨来乞致意。弟欲其刻『疚斋八十后作』一印，如承允诺，当将石章面交之。

〇12 藻亭信奉览。昨有廿元由安圃交兄，请代致定之，无论如何请多费唇舌，要其收下。鄙性介介，心领其情矣，切勿再使弟自行往返，即是体恤，言尽于此，谅之。此致湖帆仁兄。广生上。　十二日。

〇13 奉示，承允为冼玉清作《碧琅玕馆修史图》，至为感幸。尊词守律严，细勘尚有出入，以红点识之。循诵数过，辄步后尘，其上、去出入更多，亦识出，以稿呈政，冀附尊图以传也。此致湖帆世仁兄。　弟广生顿首。　七月一日。

〇13 冼能画工诗，深于目录学，现充岭南大学教授，兼广东通志馆艺文志一门分纂。

〇14 鹤屿在水绘园中，往时常有鹤巢其上，后构亭曰『小三吾』，〇〇诗文集皆名『小三吾亭』以此。辛卯三月十五日同人集钵水斋，拜巢民先生生日，兼祝〇七十晋九，因为此图。

冒广生敬求法绘，赐款『壬辰三月某八十生日』。

15 湖帆世仁兄鉴：到京出门极少，见客及为人索赠诗则多，大约知我年老必不再来，故各欲留一纪念耳。今日闻人言，有人藏康、雍、乾、嘉四朝各种试卷，仅举内有刘纶（鸿博试卷）、宋德宜、米汉雯、张大受名，计六十本，拟售一百五十元，弟尚未往看。刘文定为海粟先德，如欲收回，速复（并汇款来，可合资也），迟恐为人先得也（最好苏常地方收回）。此询日佳。广生拜上。五月十四日。顾夫人统候。

16 粤人麦华三嗜古好学，由冼玉清介绍来。其所欲询弟愧无以益之，因告以钟太傅《荐季直表》残卷现在尊处，渠特走访，希晋而教之。此致湖帆世仁兄。弟广生白。八月十七日。

17 陈石汀未审其人，祝枝山称之曰『七先生』，盖吴中老辈之能书者，请查示。传稿附存，暂勿公开。此致丑簃世仁兄。广生拜启。正月廿六日。

潘树春传　潘树春字静淑，江苏吴县人，归同县吴湖帆。吴、潘皆钜族，树春伯父祖荫与湖帆祖大澂并以赏鉴金石书画名。树春濡染家学，能画草虫花卉，雅好填词，有『绿遍池塘草』句，为世传诵，播诸图画。所居曰『梅景书屋』，中贮宋本《梅花喜神谱》。南京陷，时有劝其夫出者，树春毅然曰：粒可绝，志不可辱也。其卓然能明大义若此。

18 大作借易虚字，力求明了，但不审能达意否，候酌定。咳呛愈否？焙木瓜竟无购处，近来极寻常之中药多不易购，殆缘中医盛也。此致湖帆世仁兄。广生拜。中秋后三日。

19 今日华诞，足疾未能赴贺，耑此代面，敬贺倩庵世仁兄千秋。广生拜。七月二日。

19 附：冼玉清致冒广生函

鹤亭老丈：五日示悉。广州轰炸系炸车站，故黄沙最受害，亦有数弹落荔湾区，他处无事。岭南僻远，安谧如昔，勿念。湖帆先生若能赐一《修史图卷》，所最盼望。杨芝泉曾作一幅，未佳，不禄。协老信已寄去，余不一。冼玉清拜。一九五〇年三月十一日。

杨芝泉题图云：『玉清女士以民国廿四年纂修省通志，三十五年又任国史馆协修，喜其学业之日进也，为绘《修史图》。』

22 湖帆老哥绘《千丈垂虹图》见贻，俚词奉谢，并祝其六十生日　垂虹桥畔看垂虹，枫落吴江夕照红。今日披图寻旧梦，小红怊怅不相逢。　六十平头老画师，庞眉广颡大椿姿。解衣自写凌云气，恐有旁观笑绝痴。　拥鼻何人学谢公，新装短后逐时风。高居龙象宁终隐，早晚隆中起卧龙。（日者谓君当贵显，君笑谢。君生甲午，行空天马，八尺真龙，焉知其言之不应耶。书此以为左券。）　世小弟冒效鲁拜稿

公名满天下，而足迹不出上海，弟殊以为憾事。如有机会，

○23 何妨一游北京。颍滨上韩太尉书之言，至言也，敢以奉劝。庸再叩。八日。

大示敬悉。尊意极对，刘螺川云云亦戏言耳。弟爱画，

○24 于学画天资绝钝，即画竹亦无求进之意。蒙爱奉覆，即颂湖帆道兄近履。 庸

○25 湖帆吾兄大人左右：奉示，敬悉。梁楷能否重照？（吴渔山青绿山水亦欲借照。）敝处照相系一美国人所开店，在博物院路，工艺甚高，如肯借照，或持同监视，祈示。董文敏卷弟未奉借，敝处现只借有照片十三种。此叩撰安。 弟观顿首。十三日。

○26 湖帆仁兄大人左右：在沪走谢，未获登堂为歉。顷儿子转来大示，诵悉。白石象系沤尹旧物，此像实系范石湖（其误由许玉年），以姜白石题句知之，曾与沤尹言之，叔问亦未深考也。观来莫干已两星期，修养似尚合宜，头部昏胀已见轻减，尚拟住至八月，下山再图良晤。此叩撰安。 弟夏期敬观顿首。七月十七。 莫干山地址：上横路一百廿五号。

承赐画扇，尚未申谢。顷奉和词，浣诵，至为钦佩，『集』

○26 字较观作为更工也。耑此道谢，敬颂箸安。 敬观顿首。 湖帆先生阁下

○27 湖帆仁兄左右：旬日不晤，起居安适为念，委作《绿遍池塘草》图，勉强涂就，兹并金笺老题词一纸呈上，希验收。此叩台安。 弟观顿首。 十月六日。

○27 湖帆仁兄足下：奉示，敬悉。午社名单兹特寄上，祈詧收。日来以琐事羁绊，未克走谈，以慰左右，惟盼善自排遣也。此叩台安。 弟敬观顿首。 十五。

○28 湖帆仁兄左右：阴雨，不克走候为怅。《词谶图》卷送请将大作赐题，希从速为荷。去岁欲买旧纸，承赐两张，顷试之甚佳，能再代购十张否？需价若干，示下即当照缴。此叩礼安。弟夏敬观顿首。二月十八日。

○29 湖帆仁兄左右：龙榆生函来，言彼办《同声》月刊，关于名人手迹（即『图画』一项，有关诗乐之图画及诗人词人之手迹），彼曾有函致兄，求借用或以影片相寄，摄影费当照缴，属为代询是否可以相助，乞示。陈子康求补图未知已否挥就？前云郑君补衣折并当补墨于须发，伊意须发可不动。此叩台安，即盼见复。 弟夏敬观顿首。 九月廿九。

○ 30 / 31

湖帆世仁兄左右：观自去秋中风，卧床已将一年，现虽稍有起色，行动仍须有人扶持，恐此残生不过若是，不复能恢复前状矣。自去冬为金元券所害，稍有存项可以为医药之资者，一旦俱罄，遂忍而与病相抗，不复延医，今则更虑及餐食矣。幸右手尚勉能书画或写文字，时局如此，大众均在困苦中，欲觅砚食充腴，诚不可得。兹拟口订润例，扇头作画银币三元，作书银币一元，册页一尺如之，或不便取银币，即依人民银行牌价付以人民券。惟以不能立作，书画大件均谢绝不收，作文则听委者之便，事前相商，无一定之例，题图如之，此种办法，实不能印发润例，缘昔时润例扇画须廿元，今日贬价过甚，太露穷相，只可作口头润例，浼朋友为便中介绍。夙承契爱关切，敬以奉烦。此叩台安。　弟敬观顿首。

○ 32

日前承赐宝绘《紫竹》，谢谢。委补作太夫人寿序，勉强报命，交剑知转呈，想已詧及，殊愧不工也。子清兄赠扇，晤希转致道谢。酷暑未克走谈，此叩湖帆仁兄台安。　弟观顿首。　八月四日。

○ 33

昨示敬悉。旧纸承允先赐二张试用，甚为感谢。闻内有乾隆、道光分别，已掺杂，能得乾隆一试最佳。尚有购处，拟为一觅。子康所求补景能抽暇为之否？此叩礼安。　弟观顿首。　九月十日。

○ 34

湖帆仁兄左右：久未承教，以小病新愈，畏暑不克走候，甚歉甚歉。子康求补图、陈丹初求作图，得暇能否即赐一挥，至为盼祷，因两君叠函来问也。此叩礼祺。　弟敬观顿首。　八月四日。

○ 35

湖帆仁兄大人左右：自莫干回沪即遇战事，日困围城中。昨榆生持尊赐白石画像来，拜领欲走谢，迄未敢出门，容俟战事稍已，再趋前道谢。在莫干曾寄一笺，所论系孤山石刻，今睹尊画，别是一事，获之如兼金之宝也。此叩撰安。　弟夏制敬观顿首。　四日。

○ 36

湖帆仁兄左右：日来想尊体益臻康健。委作画集序稍迟即可属笔，惟须知画集全部内容，庶不敷衍，请先检示草样全分为荷。有友求作《黄山图》，须用日本纸始能挥洒如意，拟求惠赐已揭为两层之日本纸全张，如无揭开者即原来整张亦可。不胜感盼。此叩侍安。　弟夏敬观顿首。　十二月十八。

○ 36

湖帆仁兄左右：子康兄烦法绘荷花，祈即掷交来手带下为荷。令甥散盘尚望迅墨。此叩撰安。　弟夏制敬观顿首。　廿五日。

36

湖帆仁兄赐鉴：日前惠存，至为感荷。命书二字，病腕强为。本不知书，加以病后，愈增恶劣之状，愧甚欠甚。菊生诗可见其意，是非甚明，此老寿高，不幸事也。此叩撰安。　弟观顿首。　七夕。

37

湖帆先生仁兄诲席：弟于昨夜抵沪，已晤丹林兄。送上旧家中墨红、黑二丸，黑者汤定之曰日中视有红蓝色，可证为乾隆旧品；孝感去壳麻二盒。因湖北董糖未到，迟数日当再奉上。（董糖为董小宛制品，其法清初传往湖北，亦称扬州董糖，鹤亭曾言之。）今晚丹林来，或同谒访。今午因事，先呈小品。遐翁昨晚于许崇智寿筵见谈矣。蒙先生贻惠山宝，自当面谢。敬奉安吉。　弟刘成禺顿首。　重阳后二日。

38

湖帆先生道席：车中教谈，余韵未散，来沪当奉谒，一清心脾也。拙稿因友人多索，以印代写，非刻集。邮呈一部，祈改正，另一本祈转遐公。移京后年余未见遐公，使人俗气顿生，来沪亦当往见，望为先达。执事名笔冠冕，当蒙允赐一幅，真获至宝也。肃此，专颂安吉。　弟刘成禺顿首。　乙亥立夏日。　书二本夹近稿数纸另寄，祈查收。

39

今晚证莲老和尚奉请，想请帖及弟与镜予公函已收到，可否提前一二时会谈？鹤亭亦早来，云当往尊处有话谈。昨日许崇智请客，晤觉生、覃理鸣正、副院长，云当极力为吴事设法，详情面呈，或有机会也。此上湖帆老友察鉴。　弟刘成禺顿首。　十七日。

40

湖帆我兄文席：嘱题《绿遍池塘草》书画册，费十余日吟咏成章，想字字无大毛病，不敢草率，先呈诗请教。阅次候好笔来，虽不善书，刻意为之，一二周来上海敬呈报命，并携物来。此上安吉。　弟成禺顿首。　十二。

41

湖帆先生左右：奉示，适有京行，因持告史馆同人，群情感荷。叶遐老收藏损失弟殊无所闻，刘禺生兄正在京述职，承告物存沙面之怡和洋行堆栈，到粤三日即尽付一炬，并兰台先生旧藏熸焉。幸遐老学佛有得，尚能坦然付之。弟不日来沪，当专诚上谒。匆覆，即颂时绥，并候俪祉。　弟一乘拜启。　四、十八。

○
42

湖帆先生左右：昨寄上快函，并附张溥老书件，计入簪矣。继而思之，该件若由馆中要求交还，近于世俗之条件行为，未免有伤雅道，若改为尊处钩勒上石之后自动将该件寄还史馆，作为赠予，俾其保存永资纪念，似较得体。至馆方来信，自可付诸不论不议之列。统希裁夺为荷。此上，即颂冬祺，并候俪福。　弟一乘。　十二，廿。　覆示请寄常州天宁寺即达，因弟即日去京矣。又拜。

○
43

附：李贻燕致一乘函

一乘先生史席：前吴湖帆先生托溥公书《枫桥夜泊》诗，溥公于极忙中抽暇书就，不二日即逝世，此幅系其绝笔。本馆同人纪念溥公，要留此真迹以资景仰，请转致湖帆先生，候钩勒上石之后，原件务必赐还，由本馆永远保留，谅亦湖帆先生之所乐许也。耑此，顺颂时祺。　弟李贻燕拜启。　十二、十九。

吴　梅（1884—1939）

张茂炯（1875—1936）

潘承谋（1874—1934）

吴九珠

湖帆兄鉴：辛词取归后，至昨日方读毕，忽发现一大问题。自七
卷四犯玲珑起，全非辛作，八卷亦然。末后附诗六十四首，皆绝句。中
有为柯九思代作，又同柯丹邱作二十首。案丹邱是元人，不应与稼轩唱和。又
四册中长调不多见，即最著名之哨遍、永遇乐、摸鱼子等词，此本皆无之。
窃恐並非辛本，或元刻本有羼杂他人之作，樊榭未加详覈，即据以迻录，是以
首尾完备，全无割补之痕，而词数减少，大有商量之处。如已与卿兄商酌，请
其向前途退书退款。未识
兄谓何如？望速赐覆，以便遵办。卅上目录一纸，即希
酌夺。此上，即请
大安。弟霜厓
四月廿六

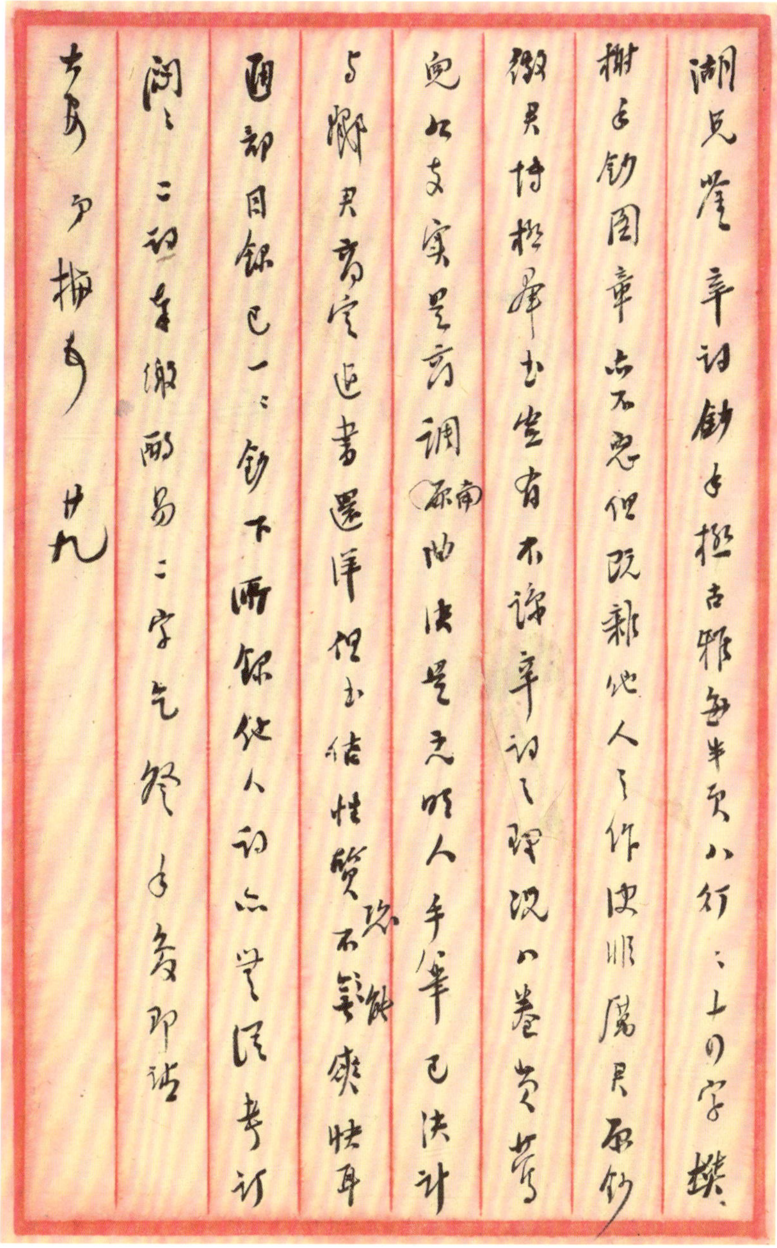

湖兄鑒：辛詞鈔本極古雅，每半頁八行，行十四字，樸

樹本鈔同章，亦不惡，但既錄他人之作，使非屬君原鈔

徵君詩稿卷之先有不詳辛詞之理，況以卷首葉

題如支實是前調，原（南）陶洪是元明人手筆，已決計

與樹君商定，述書還汗，但其佳，性質恐不能爽快耳。

面部目錄已一一鈔下，所錄他人詞亦當隨意訂

閱。二詞本徵所易二字，乞擬本為印證。

大安　弟梅頓首　廿九

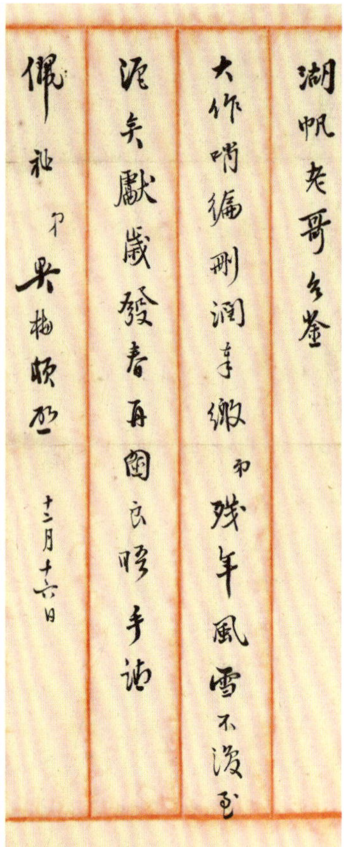
湖帆老哥台鑒
大作嘯編删潤事繳，即
殘年風雪不復可泥矣。獻歲發春，再圖良晤。手請
儷祉
弟吳梅頓首
十二月十六日

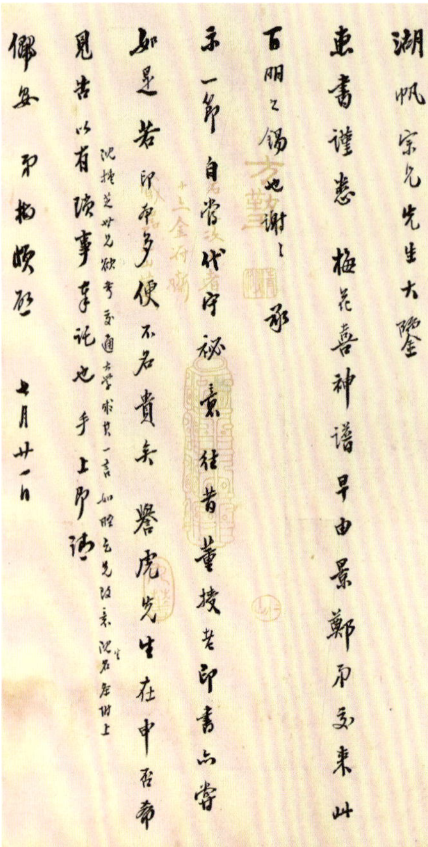
湖帆宗兄先生大鑒：
惠書謹悉。梅花喜神譜早由景鄭兄送來，此
百朋之錫也，謝謝。所
示一節，自當代守秘密。往昔董授老印書亦嘗
如是，若印本多便不名貴矣。謇虎先生在申否？希
見告，以有瑣事奉託也。手上，即請
儷安
弟梅頓首
七月廿一日
沈搏芝世兄欲考交通大學，求兄一言，如照允，兄請來沈君名在上

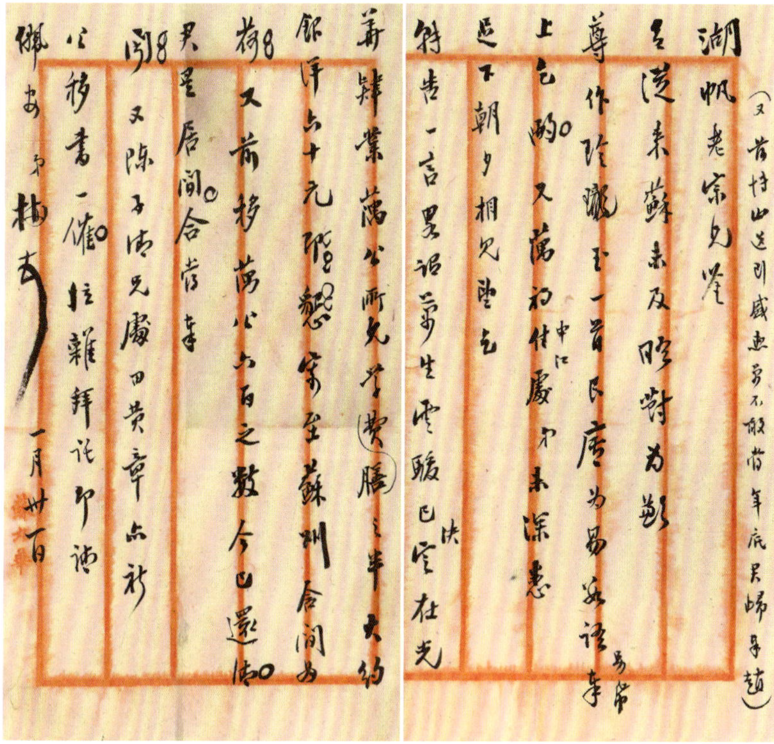

湖帆老宗兄鉴（又昔寄出送到感画多不敢当年底吴归寄赵）

日前来苏未及晤对为歉

尊作珍藏至一首已属为易安语等

上乞酌。又菊初（中江）付处尔未除患

近不朝夕相见坐乞

转告一言，男诏生电骏已决定在光

华肆业，菊公所允学费膳之半，大约

银洋六十元，陪恳宋至苏州合同为

荷。又前移菊公六百之数今已还清。

吴星居间合者等

阅。又陈子清兄处四黄章六种

代移青一催，拉杂拜托，即请

俪安　弟梅来　一月廿日

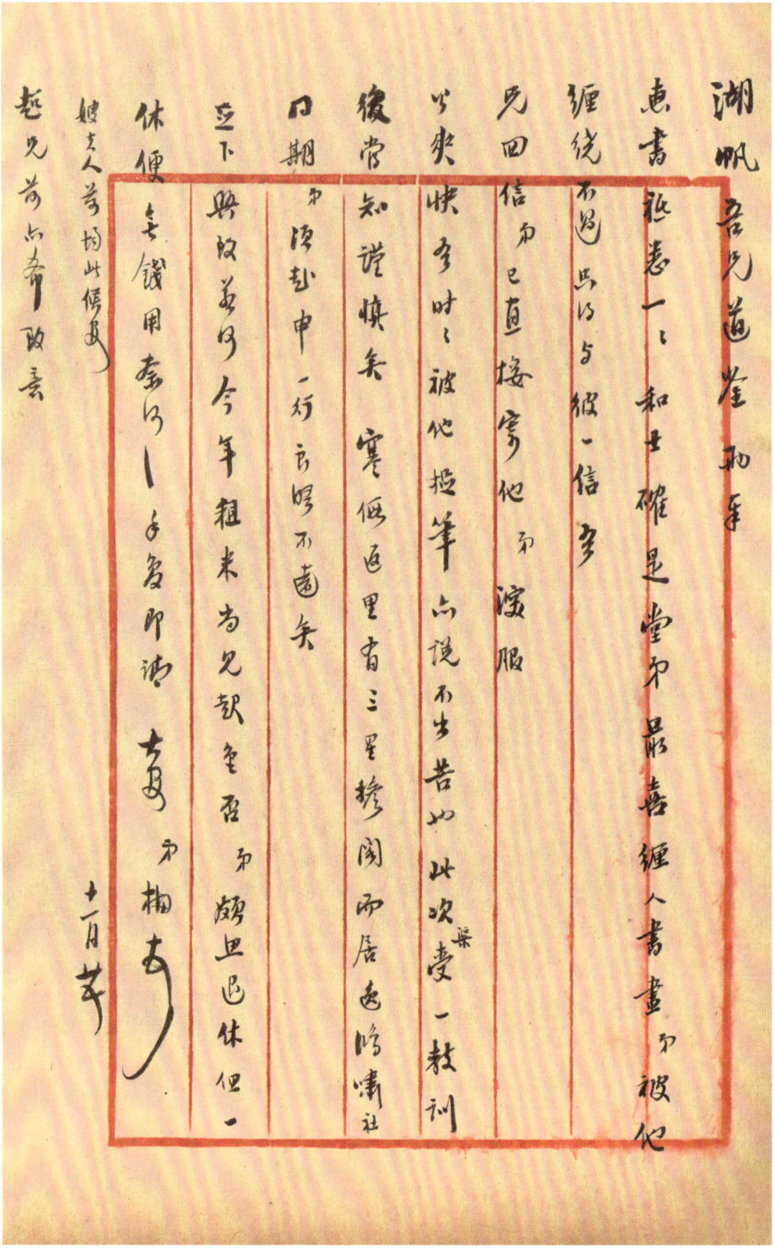
湖帆吾兄道席 和年
惠书祗悉一一。和士确是当代最喜缠人书画，而被他
缠绕不过，只得与彼一信，多
兄回信，而已直接寄他，而深服
其爽快。多时被他提笔亦说不出，昔如此次受梁一教训，
后当知谨慎矣。寒俪近里有三星楼阁，而居近临啸社
日期，而须赴申一行，言明不远矣。
近下与故旧好，今年粗来为兄劝全否，而颇想退休，但一
休便无钱用，奈何奈何。手复即请 大安 弟楠友
嫂夫人并均此候安
十一月廿
题兄前亦希政云

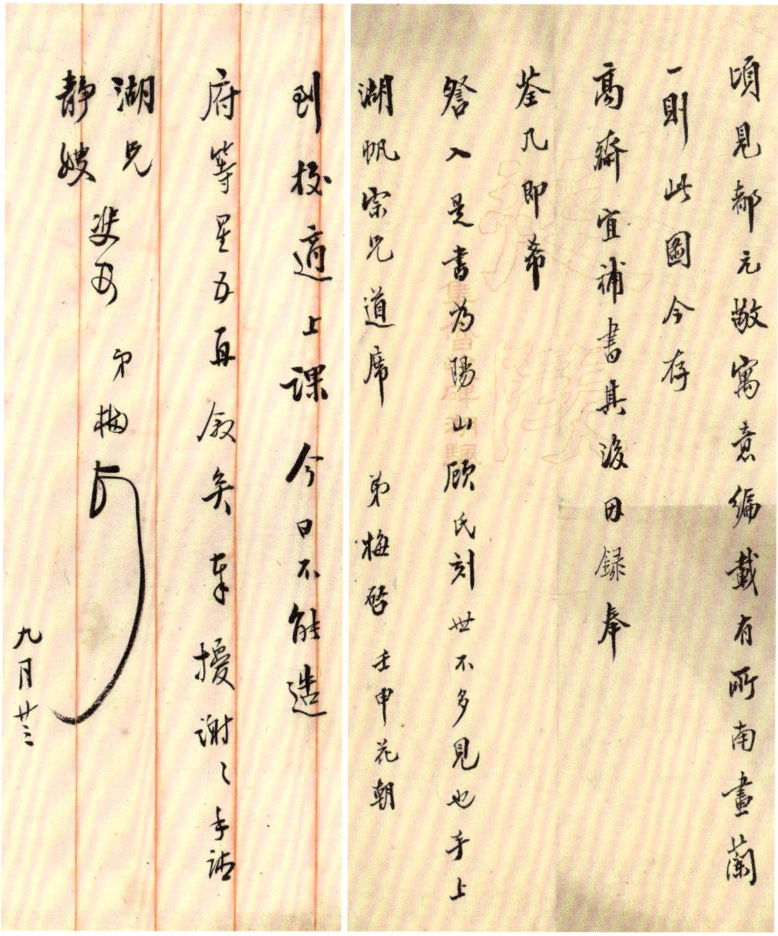

頃見郁元敬寫意編載有所南畫蘭一則此圖今存
高齋宜補書其後因錄奉
荃几即希
詧入是書為陽山顧氏刻世不多見也手上
湖帆宗兄道席　弟梅啓　壬申花朝

到校適上課今日不能造
府等星五再敘矣手擾謝謝手諭
湖兄
静娛嫂母　弟梅
九月廿三

鄭所南墨蘭自題詩云一國之香一國之殤懷彼懷王於楚有光所南宋太學生而不仕元其畫蘭獨不畫土人問其故答曰土為番人奪去近朱堯民陪余觀於夏侯橋沈氏堯民云是韓夢庵家物 録厲意編

據此則此卷本蘇州故物所南住調豐巷見所撰心史中或即寫贈蘇人歟

霜厓再啓

湖見凄涼犯調夢窗與白石同惟毛刻有誤遂至分作二體實則塵襪上脫一字（杜刻要句已先加字格）。臨風下歛一字。非二句皆六字也。下數句仍五字。恨字不當屬下句。所異者末句而已。末句作仄仄平平●仄仄仄張玉田平沙萬里盡是月句且有作平平仄仄者可知宋人于此句頗有異同惟吾輩則不能隨便耳中素學白石格則末句用「入上去上去去上」學梦窗格则用「入去平平去去入」，第四格则用「平平去上上上入」，如此亦有所本，不敢偭越矣。尊作下半为声律所缚，而未自然，小改得尤顺适，君谓何如？前次沪上之行（与旋小偕），当日往返，故不及造高斋。今下半年宁返（申往）亦有半月勾留，可以常至尊处矣。惟痔疾又发，偃卧一周，苦极苦极。复请

佩祉。

弟拙杏

八月廿八日

填词图行述藻滌兄处希一催，柳如是像（老）卷已收到，即日动笔。

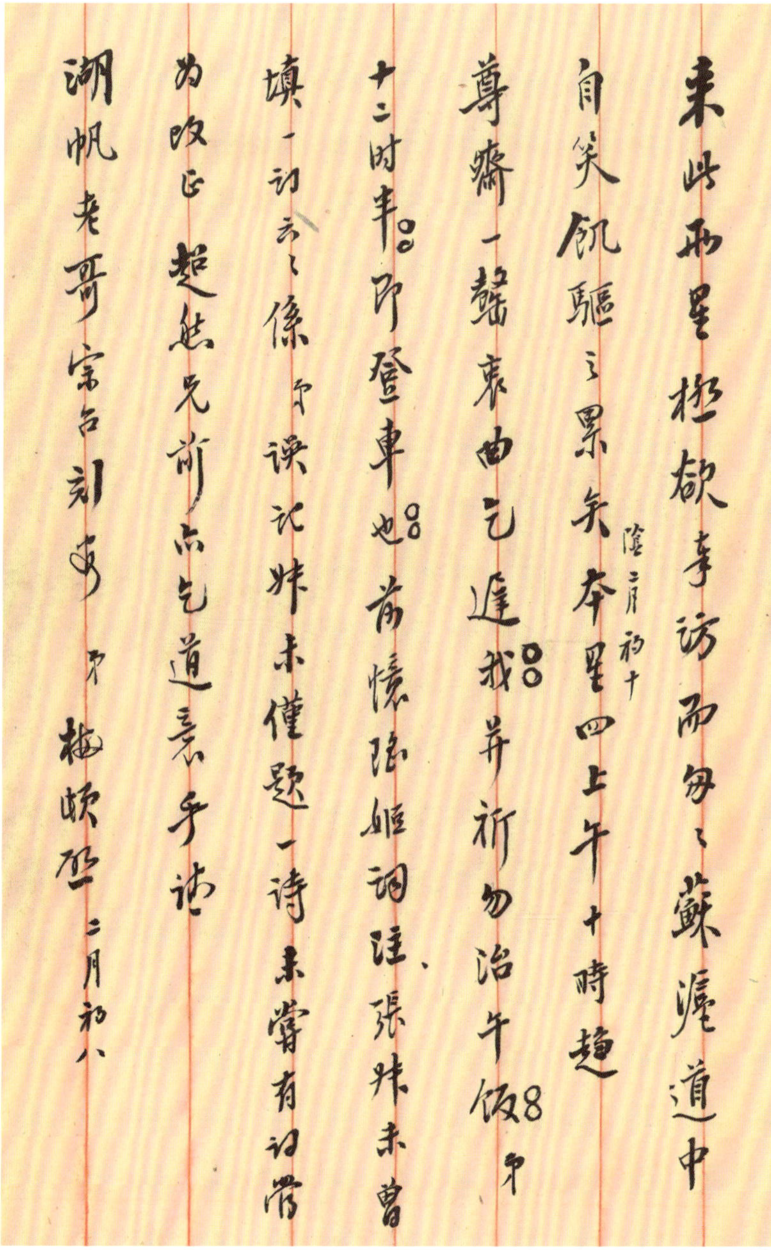
來此兩星期欲專訪而匆匆蘇滬道中
自笑飢驅之累矣本星四上午十時趨（陰二月初十）
尊齋一罄衷曲乞遲我並祈勿治午飯弟
十二時半即登車也前懷張姬詞注張姝未曾
填一詞云云係弟誤記姝未僅題一詩未嘗有詞帶
為改正超然兄前亦乞道意手請
湖帆老哥宗台刻安 弟梅畹啓 二月初八

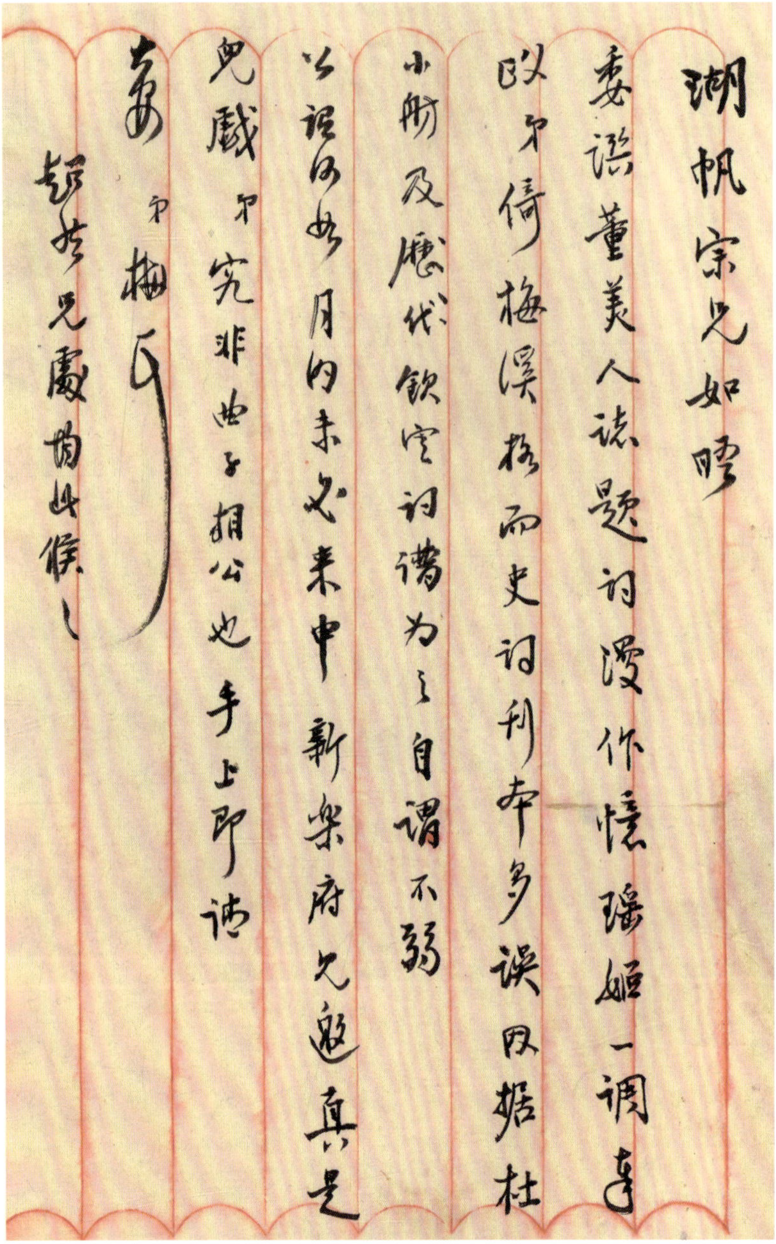

湖帆宗兄如晤：委譔董美人誌題詞，謾作憶瑤姬一調寄以。弟倚梅溪格，而史詞刊本多誤，因據杜小舫及歷代欽定詞譜為之，自謂不弱，以謂何如。月內未必來申，新樂府兄邀，真是兒戲，弟究非曲子相公也。手上即請大安。弟梅

鏡如兄處均此候候

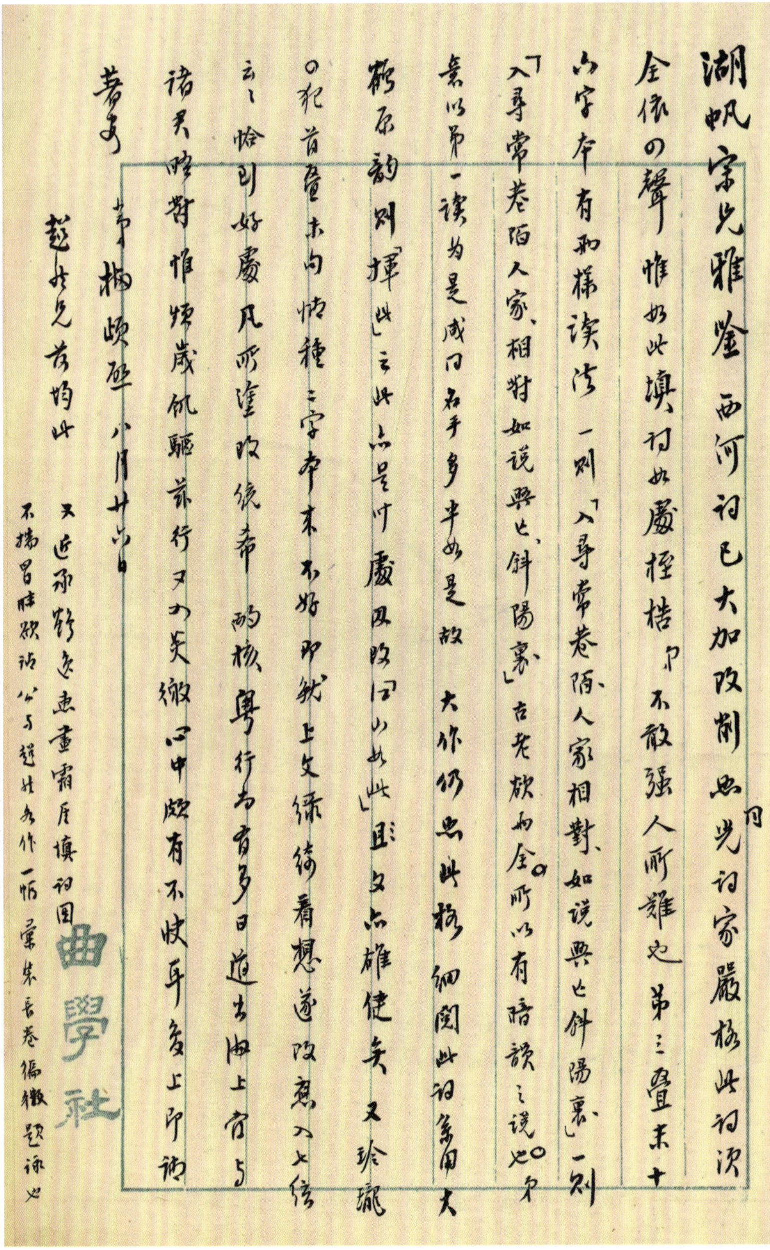

湖帆宗兄雅鉴：西河词已大加改削，出光词家严格，此词次
全依四声，惟如此填词，如历桎梏，尔不敢强人所难也。第三叠末十
六字本有两样读法，一则「入寻常巷陌人家，相对如说兴亡，斜阳里」，一则
「入寻常巷陌人家，相对如说兴亡，斜阳里」，古老欲两全，所以有暗韵之说也。尔
意以第一读为是，成同名手多半如是，故大作仍出此格。细阅此词气甚大，
称原韵，则「挥此」之此亦是叶处，因改「回山如此」，且文亦雄健矣。又玲珑
四犯首叠末句「怯种种」字本来不好，即就上文缥缈看，想遂改为入七结
云云，恰到好处。凡所涂改，统希酌核。粤行尚有多日，道出沪上，当与
诸君晤对，惟炼岁饥驱，前行又加[illegible]，心中殊有不快耳。匆上，即请
著安
弟梅顿首 八月廿六日
赵叔兄前均此
又近承舒[illegible]画霜厓填词图，
不揣冒昧，欲请公于赵叔处作一帧，盖朱长卷偏徵题咏也。

曲學社

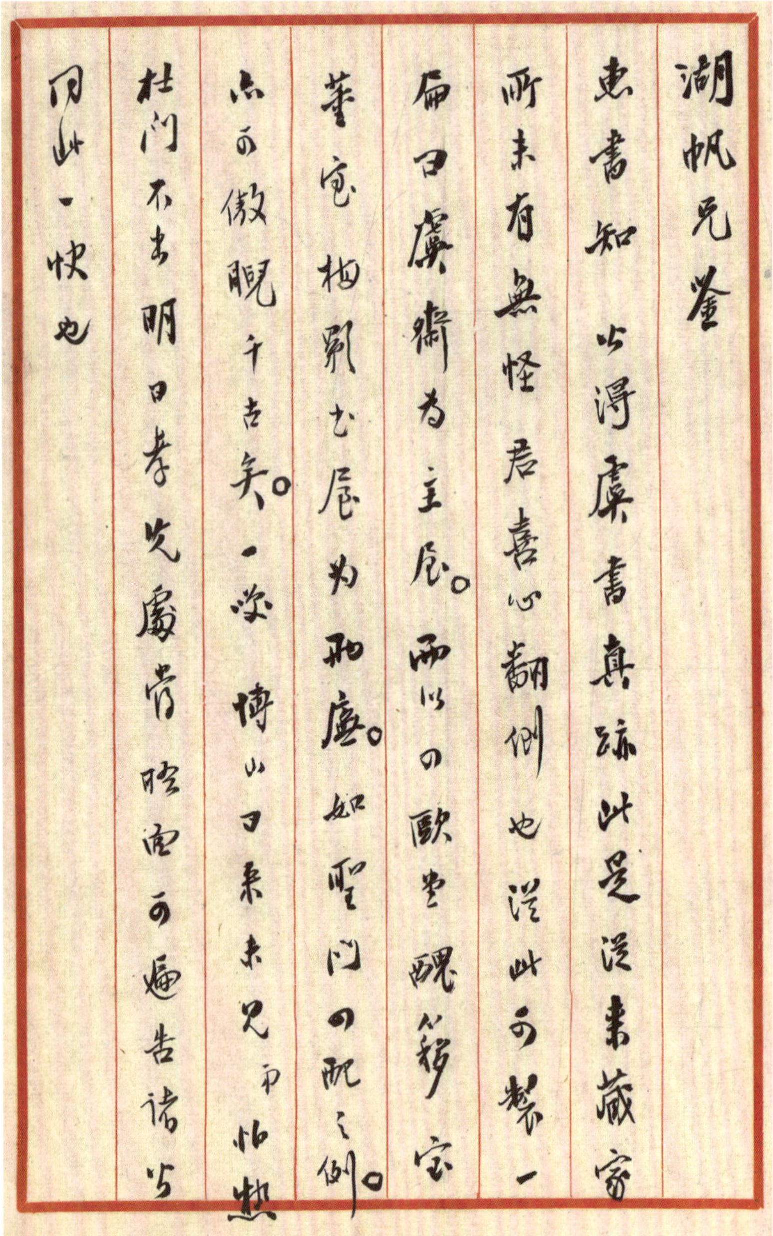
湖帆兄鑒
惠書知公得虞書真跡此是從來藏家所未有無怪君喜心翻倒也從此可繫一命曰虞齋為主屋。而以四歐堂醜簃寶華亭梅影書屋為配廡。如聖門四配之例。亦可傲睨千古矣。一笑。博山日來未見，亦怕熱杜門不出明日孝先處當晤面可遍告諸公同此一快也

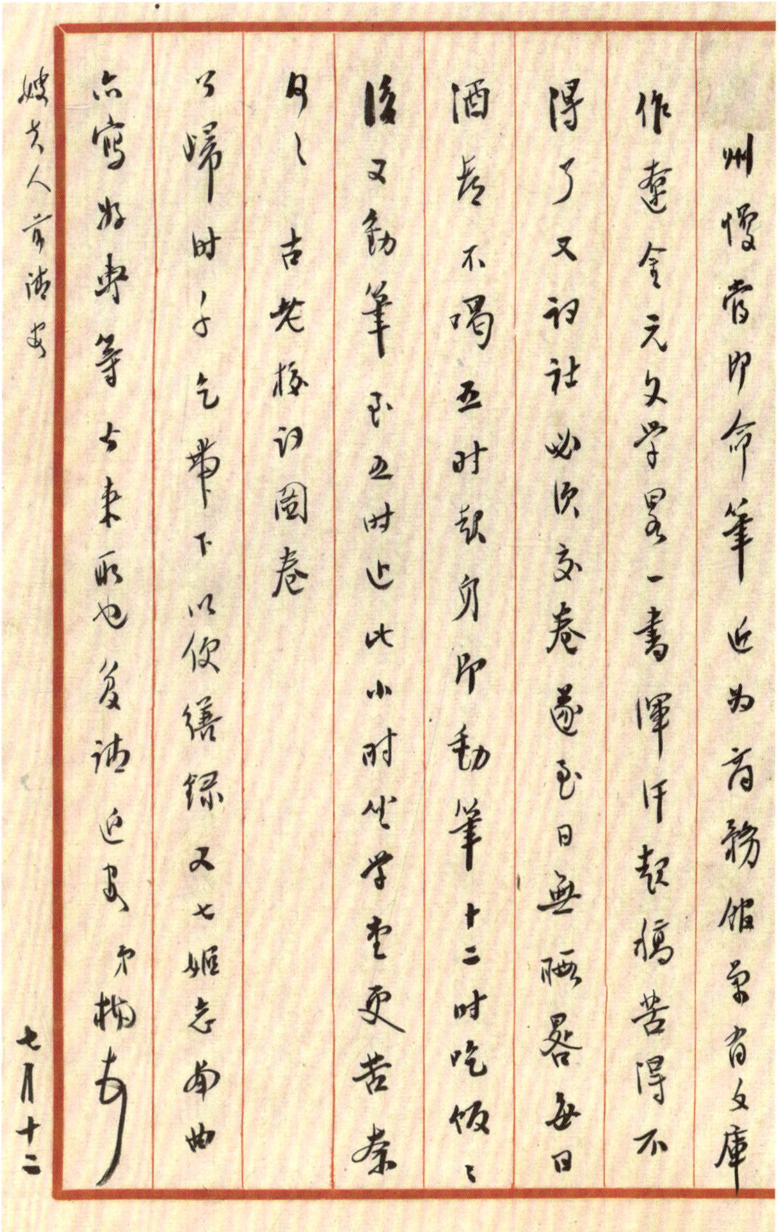

州慢省印命筆近为商務館東省文庫
作蓮舍元文學略一書揮汗執稿苦得不
得了又詞社必須交卷遂至日無暇晷每日
酒卷不喝五时就舁印動筆十二时吃饭饭
後又動筆至五时止比小时代学堂更苦矣
月月古老梅詞圖卷
不歸时乞帶下以便繕録又七姐志南曲
六齣准寄等未来酌也匆請近安　弟梅上
嫂夫人前請安
七月十二

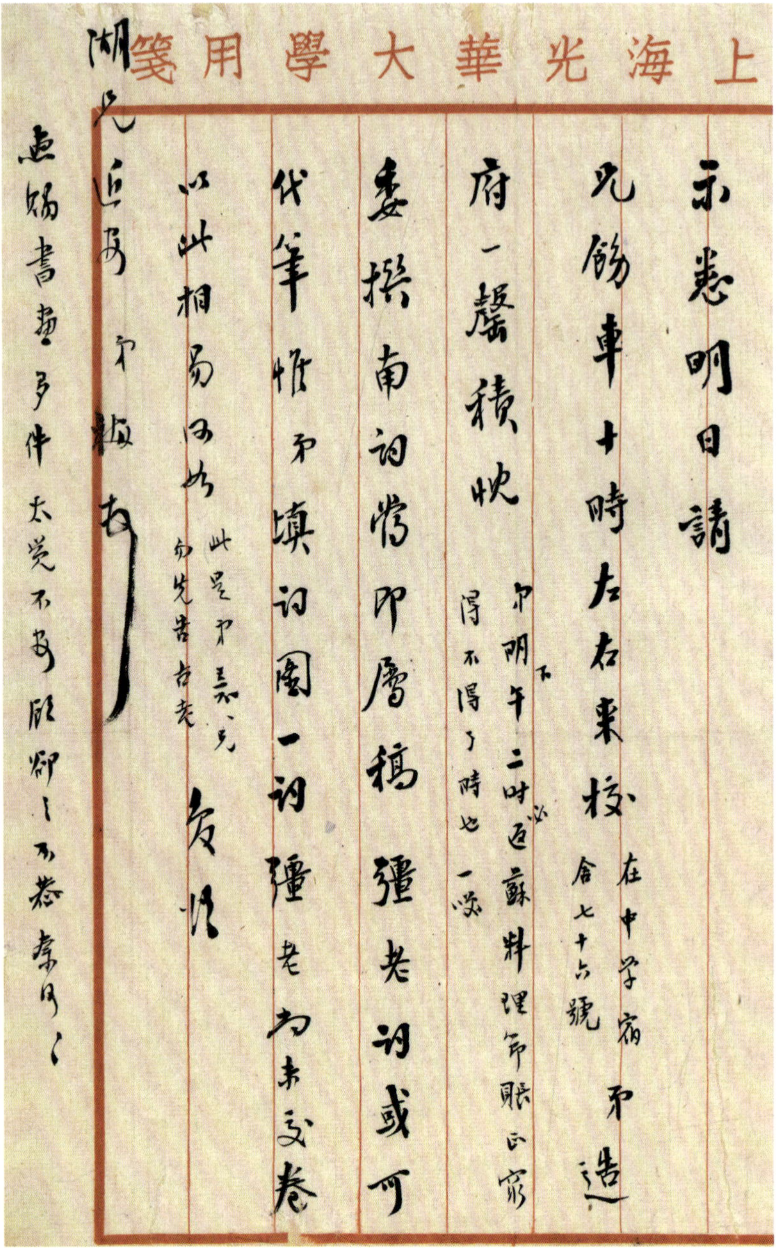
上海光華大學用箋

示悉明日請

兄飭車十時左右來校在中學宿舍七十六號弟造

府一罄積悃弟明午下二時必返蘇料理節賬正窮得不得了時也一嘆

委撰南詞當即屬稿彊老詞或可

代筆惟弟填詞圖一詞彊老尚未交卷

以此相易何如此是弟嘉之兄勿先告古老受頃

湖兄近安弟穎叔

惠賜書畫多件太覺不安既卻之不恭拜領之

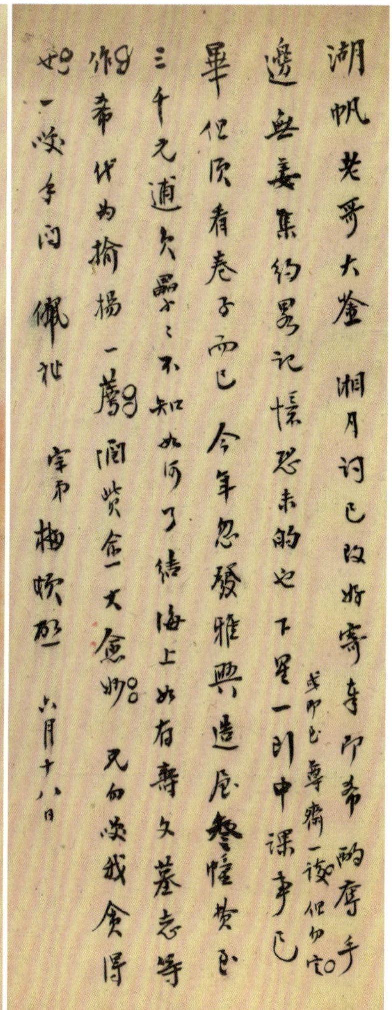

湖帆老哥大鑒：湘月詞已改好，寄奉即希酌席。手邊無姜集，約略記憶，恐未的也。下星一則中課事已畢，但須看卷子而已。（武印已𡬶齋一談，但勿定。）今年忽發雅興，造屋蔘帷，費已三千元，適欠要不知如何了結。海上如有壽文墓志等作，希代為揄揚一聲。聞樊公一文愈妙。兄自然我食得好一些。手問
佩祉
弟 梅頓首
六月十八日

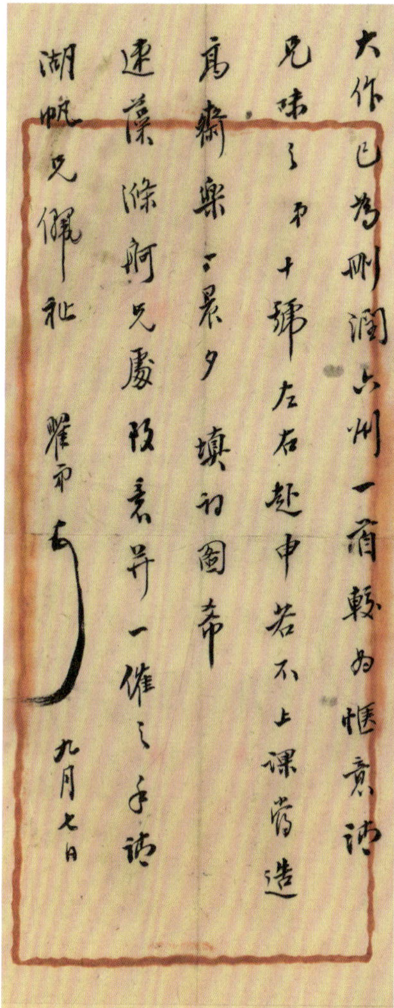

大作已為刪潤，六州一首較為愜意，請
兄味之。弟十歸左右赴申，若不上課，當造
高齋樂晨夕。填詞圖希
速藻除商兄處改意异一催之。手請
湖帆兄佩祉
瞿弟 梅
九月七日

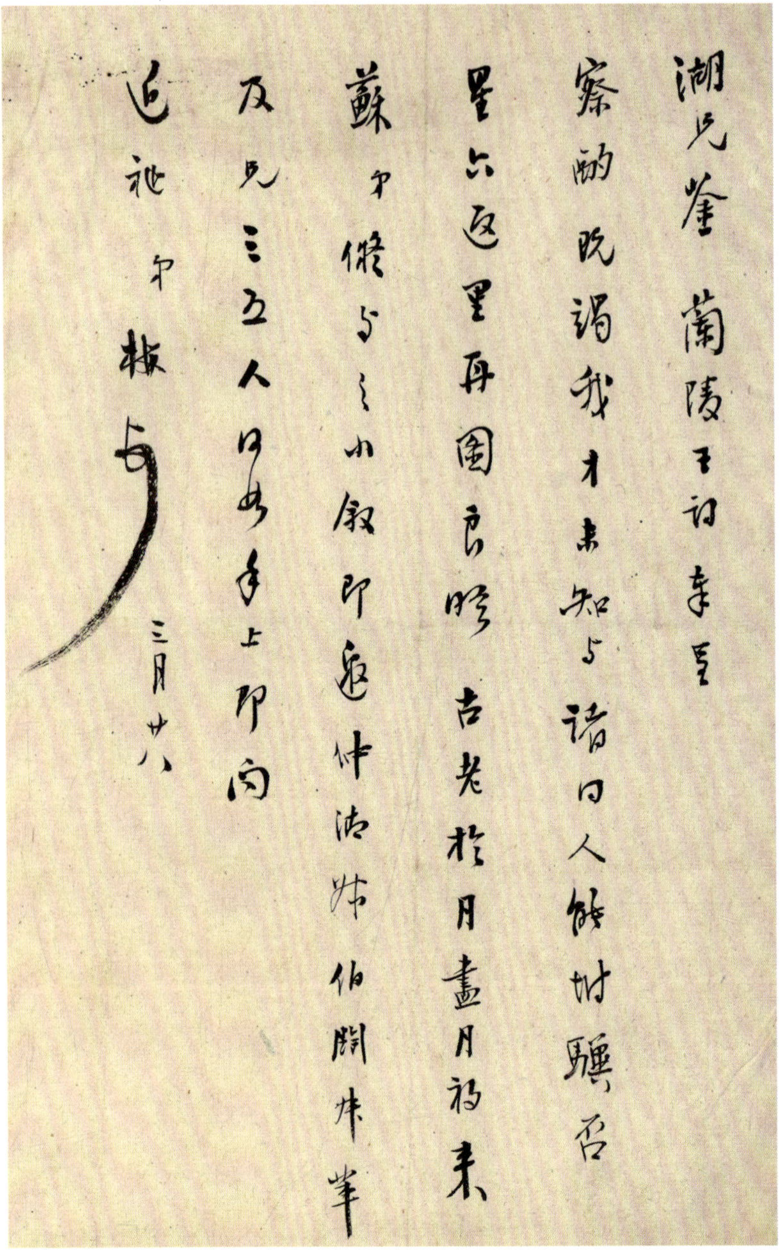
湖兄峯 蘭陵王詞幸呈
察酌既謂我才未知與諸同人能斟聽否
量亦送星再圖良晤 吉老於月盡月初來
蘇 尔條與之小敘即送仲清姊伯聞朱筆
及兄三五人同好手上即向
近祉 弟[illegible]與
三月廿八

湖帆老宗兄道鑒
惠示並陌上花金縷曲二詞俱到金縷詞無懈可擊
不妨作定稿陌上花雨結疆村作不過稍加流走於本
律無傷也
尊作畧易數語即以奉呈
所寄示袁駁據兩韻最難出色改處仍未愜意盡
請疆老再訂乎至
委題一詞當稍緩交卷日內正對一班猢猻開打鬧場

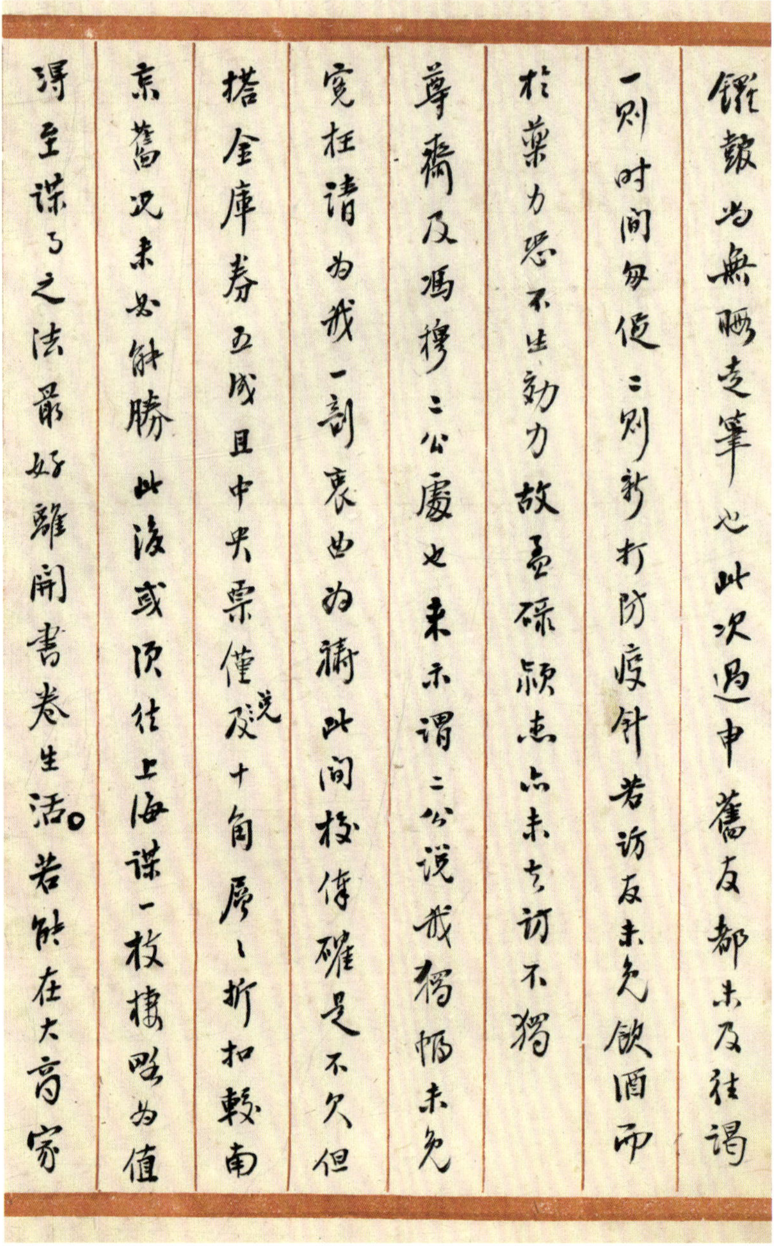

鑼鼓也無勝老筆也此次過申舊友都未及往謁一則時間匆促二則新打防疫針若訪友未免飲酒而於藥力恐不生効力故無論親友亦未去訪不獨尊齋及馮穆二公處也來示謂二公說我獨悵未免寬枉請為我一剖衷曲為禱此間校傳確是不久但搭金庫券五成且中央票僅兌十角價亦折扣較南京舊況未必能勝此後或須往上海謀一枝棲殊為值得至謀乃之法最好離開書卷生活。若能在大商家

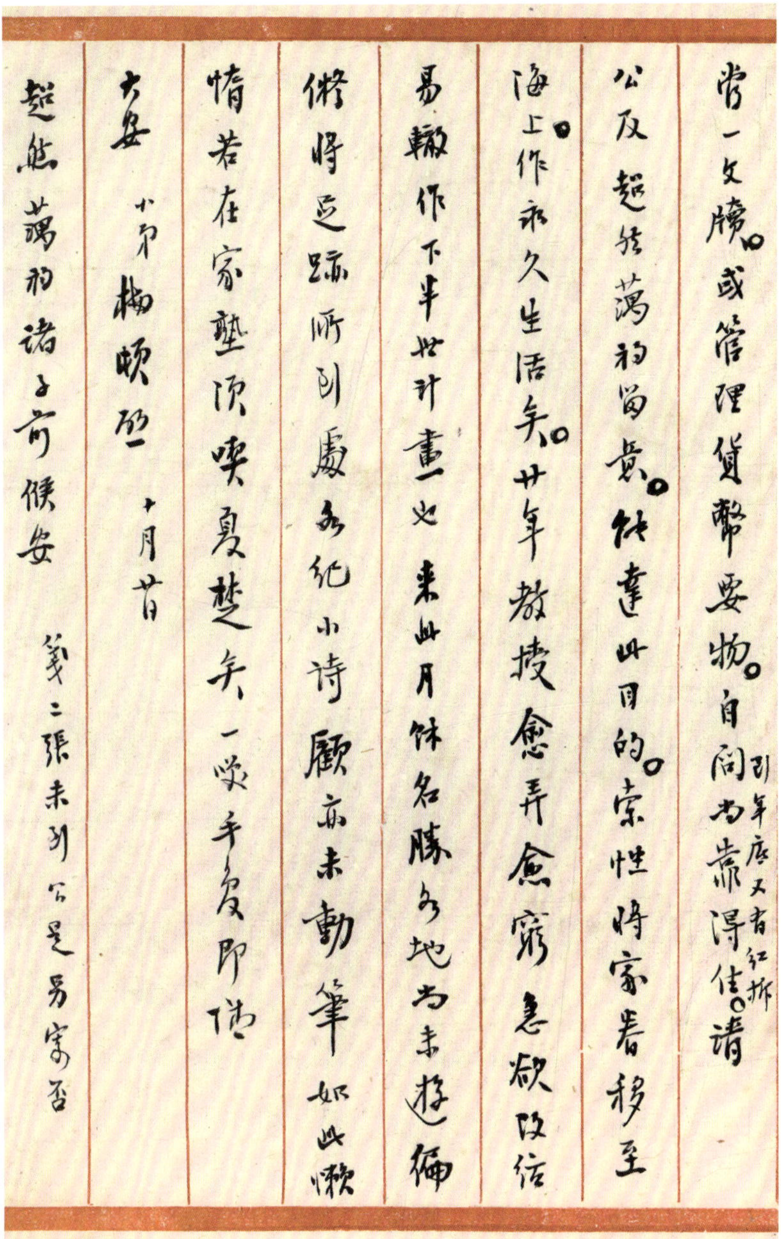
當一文牘。或管理貨幣要物。自問尚靠得住。請 到年底又有紅折
公及超然蔣翁留意。能達此目的。宗性將家眷移至
海上。作永久生活矣。廿年教授愈弄愈窮。急欲改絃
易轍。作下半世計畫也。來此月餘名勝各地尚未游遍
將足跡所到處各紀小詩。顧亦未動筆。如此懶
惰若在家塾。須吃夏楚矣。一笑。手復即候
大安 小弟 梅頓首 十月廿
超然蔣翁諸子前候安
箋二張未到 公是另寄否

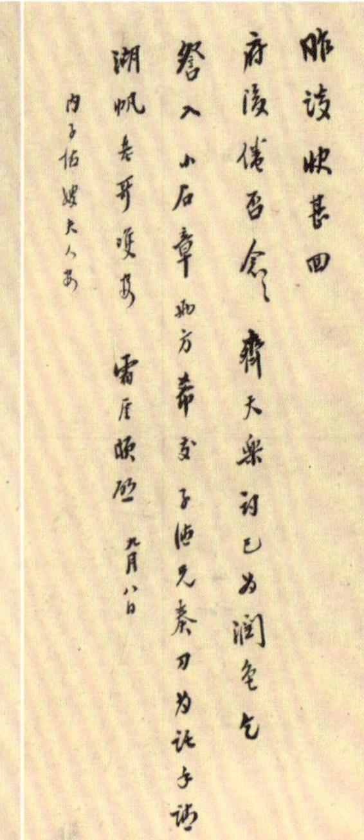

昨读快甚。回
府后偶吾念念。齐天乐词已为润色，乞
登入。小石章如方希交子涵兄，秦刀为沚子诗
湖帆吾哥吸安 雷厓顿首 九月八日
内子佑媛大人安

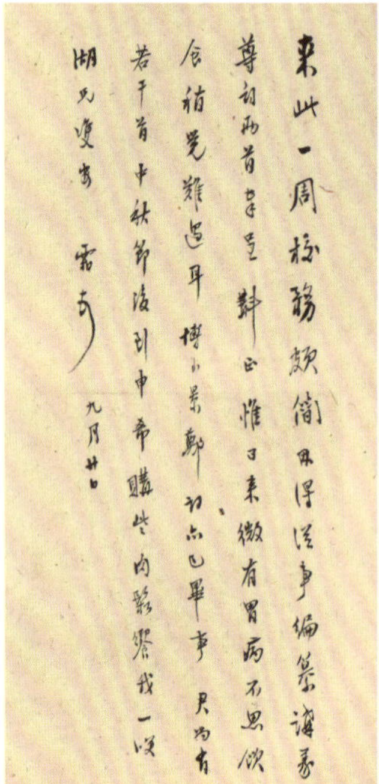

来此一周，极忙。频简因溥从事编纂讲义。
尊词两首早呈
静正。惟日来微有胃病，不思饮
食，稍觉难过耳。博小景即初亦已毕事，只为有
若干首中秋节后到中希瞻，些肉彩察我一读
湖兄复安 雷顿首 九月廿日

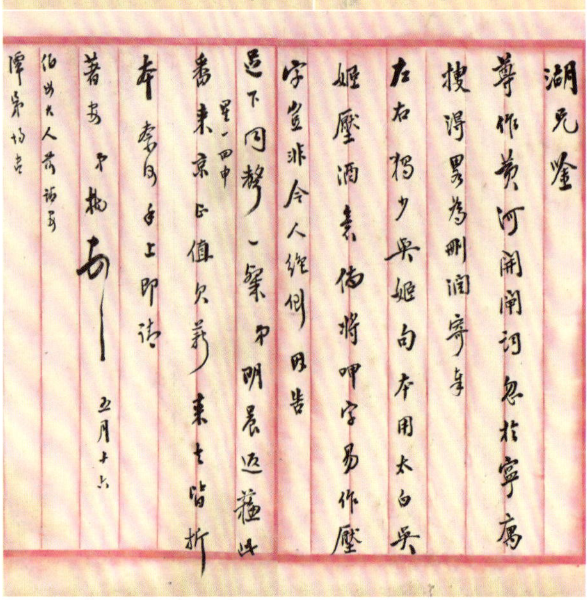

湖兄鉴：
尊作黄河开闸词，忽于宁庐
搜得，果为删润寄上。
左右独少吴姬句，本用太白吴
姬压酒意，倘将押字易作压
字，岂非令人绝倒。因告
足下同声一笑。中明晨返苏，此
番来京（星一回中）正值只兼，来去皆折
奉寄手上即请
著安 中拙安 五月十六
佑如大人前请安
潭弟均吉

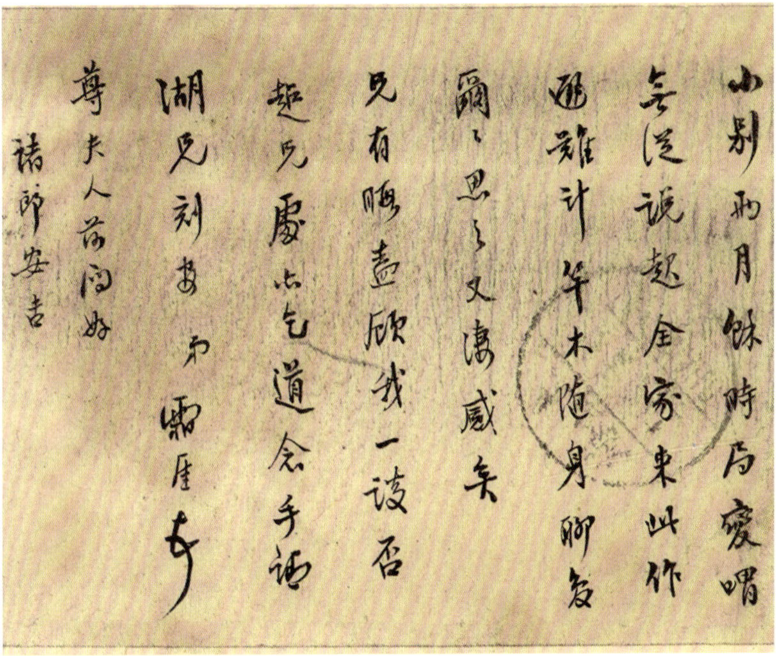

小別兩月餘時爲變喟
無從說起全家來此作
避難計筆木隨身聊復
爾爾思之又淒感矣
兄有暇盡顧我一談否
超兄處亦乞道念手語
湖兄刻安　弟霜厓手
尊夫人前問好
請郎安吉

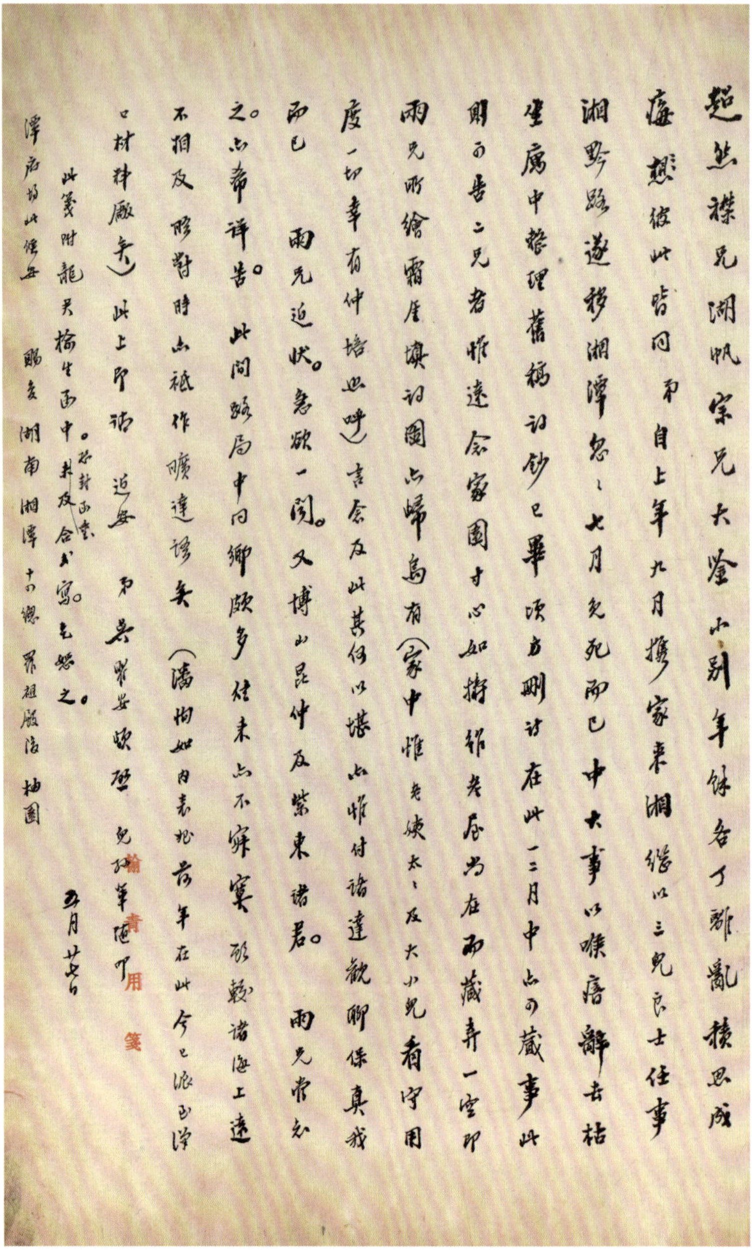

超然襟兄、湖帆宗兄大鉴：小别年余，各了鄙乱，积思成痗。想彼此皆同。弟自上年九月携家来湘，继以三儿良士任事湘黔路，遂移湘潭。忽忽七月，儿死而已，中大事以喉痞辞去，枯坐房中，整理旧稿，诗钞已毕，词方删订，在此一二月中亦可藏事。此则可告二兄者。惟远念家园，寸心如捣，锦老屋尚在，而藏弃一空，即两兄所绘霜厓填词图亦归乌有（家中惟老姨太太及大小儿看守，用度一切幸有仲培照呼）。言念及此，其何以堪。亦惟付诸达观，聊保真我而已。两兄近状，急欲一闻。又博山昆仲及紫东诸君，两兄常见之，亦希详告。此间虽局中同乡颇多，往来亦不寂寞，顾较诸海上远不相及。形对时亦祗作旷达语矣（潘构如内表侄，当年在此，今已派至湘口材料厂矣）。此上，即请近安。弟吴梅顿首。儿孙辈随叩。

此笺附龙君榆生函中（不封函费），并及令弟宾，去照之。五月廿二日

湘潭寓如此，惟每赐复湖南湘潭十四总界祖殿后柚园。

榆青用笺

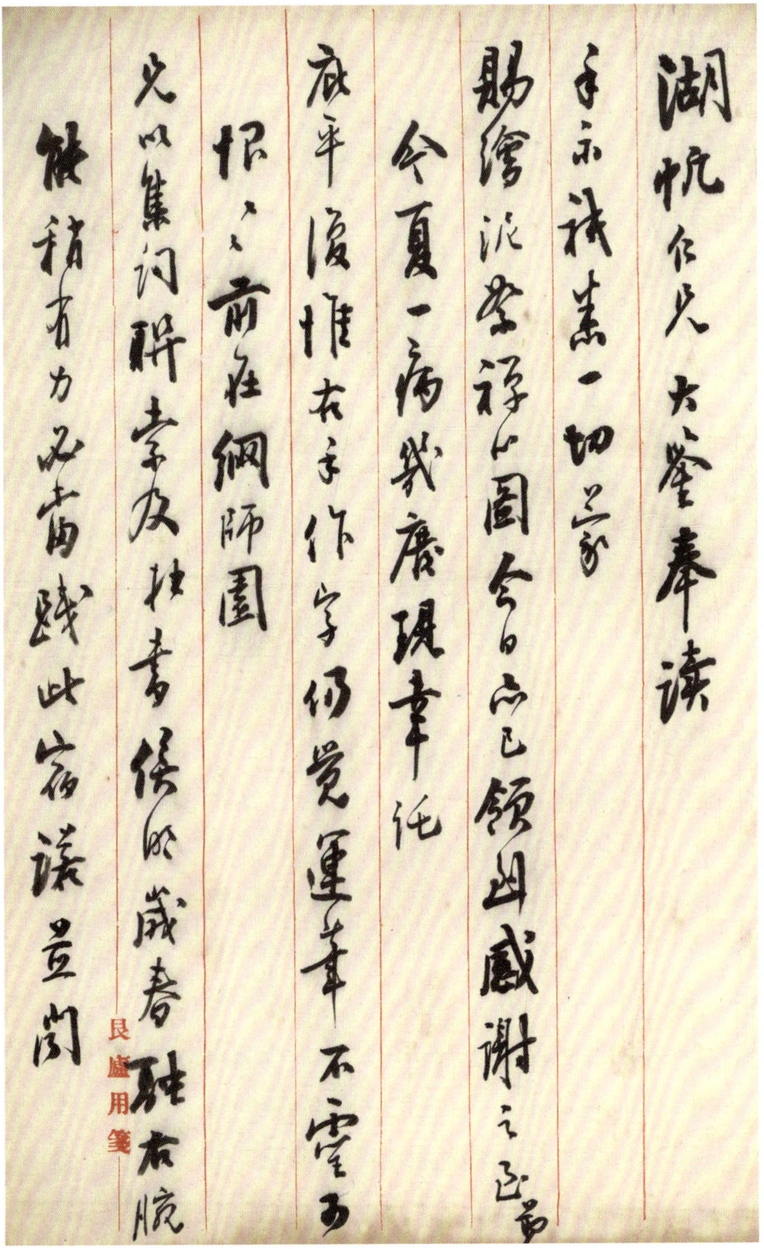
湖帆仁兄大鉴：奉读
手示拜悉一切。又蒙
赐绘泥金[illegible]图，今日亦已领出，感谢之至。[illegible]
今夏一病几殆，现幸能
康平。复惟衣手作字仍觉运笔不灵，至
恨恨。前在網師園
兄以集词联索及拙书，俟明岁春暖，右腕
能稍有力，必当践此宿诺，並闻。

艮廬用箋

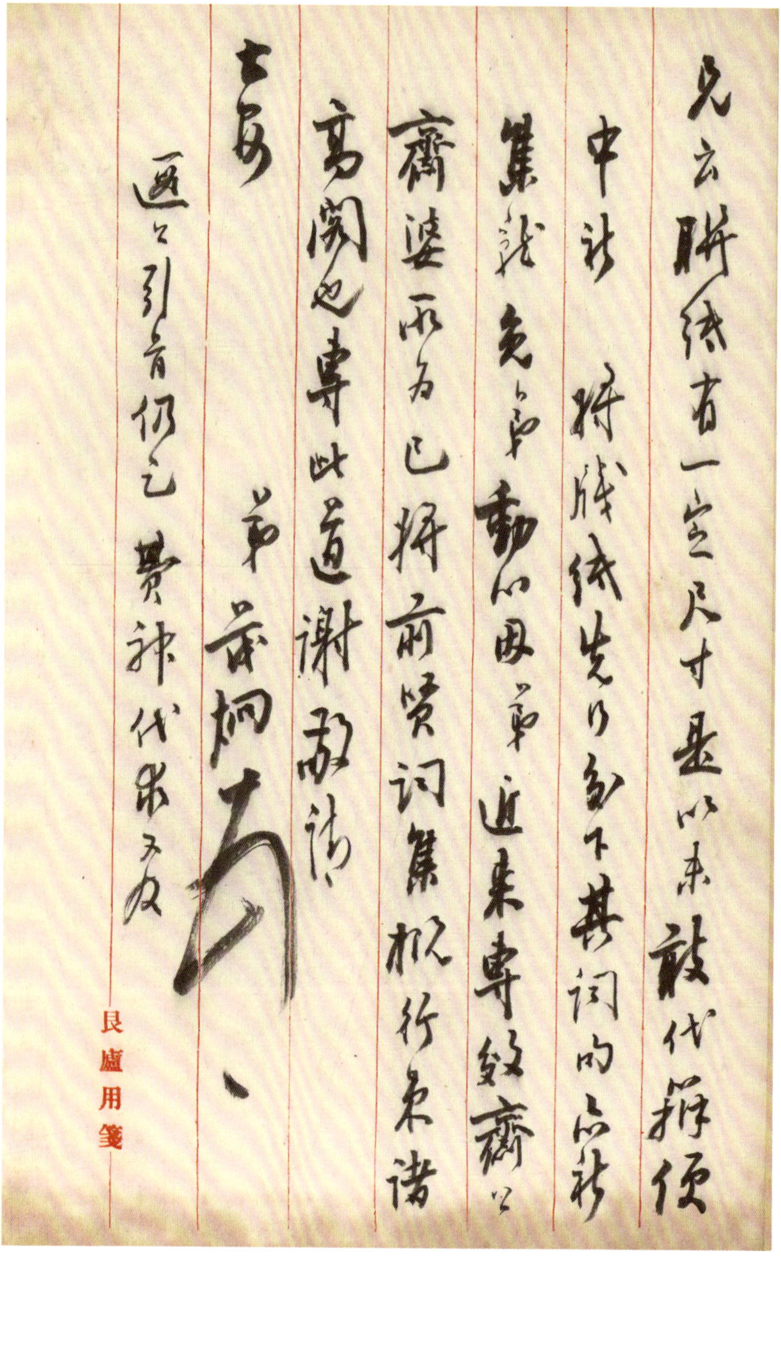

兄云聯緒有一定尺寸，是以未敢代擬，便中請將聯緒先行寄下，其詞尚何集語。兄々卑勤以回卑卑近來專致齋以齋婆兩為已將前賢詞集抄行束諸高閣也。專此道謝，敬請

大安

弟 梁炯 頓首

題引首仍乞 費神代求 又及

艮廬用箋

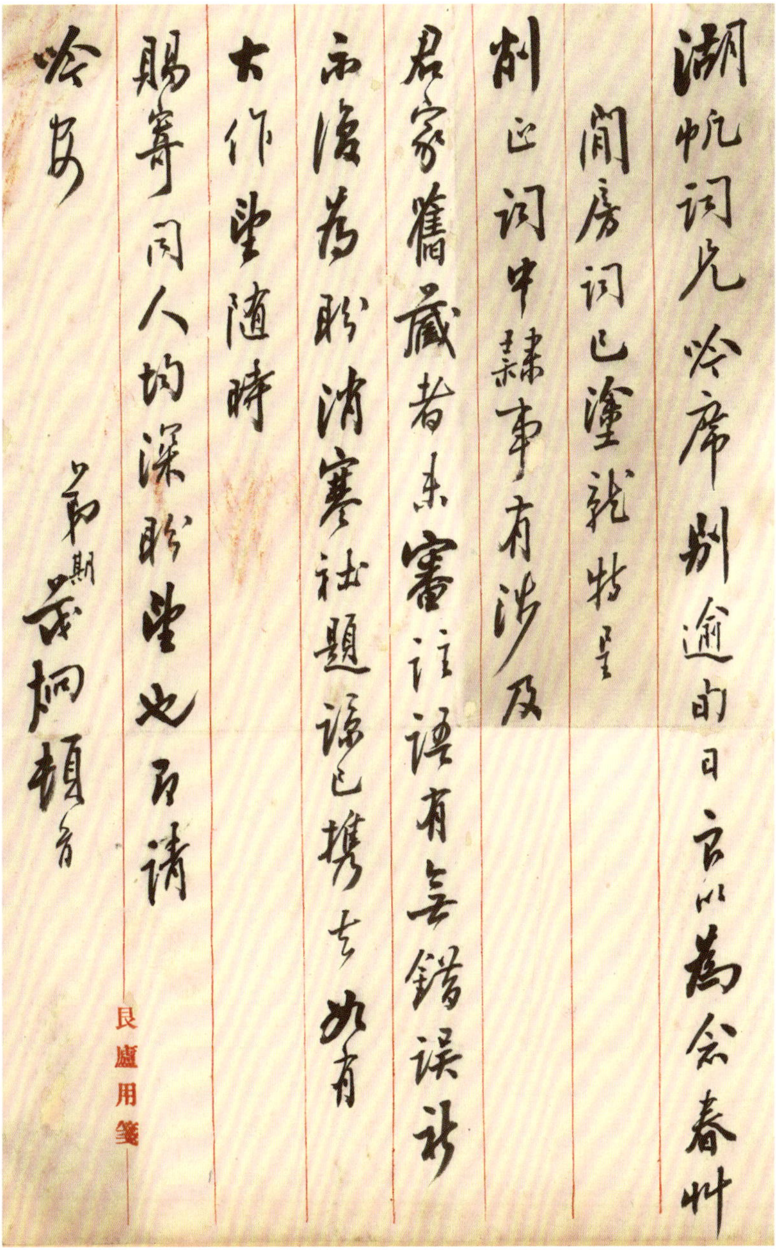

湖帆詞兄吟席：別逾旬日，良以為念。春草
閒房詞已塗就，特呈
削正。詞中隸事有涉及
君家舊藏者，未審注語有無錯誤，祈
示復為盼。清寒社題詠已攜去，如有
大作，望隨時
賜寄同人，均深盼望也。即請
吟安。
弟期[illegible]炯頓首

艮廬用箋

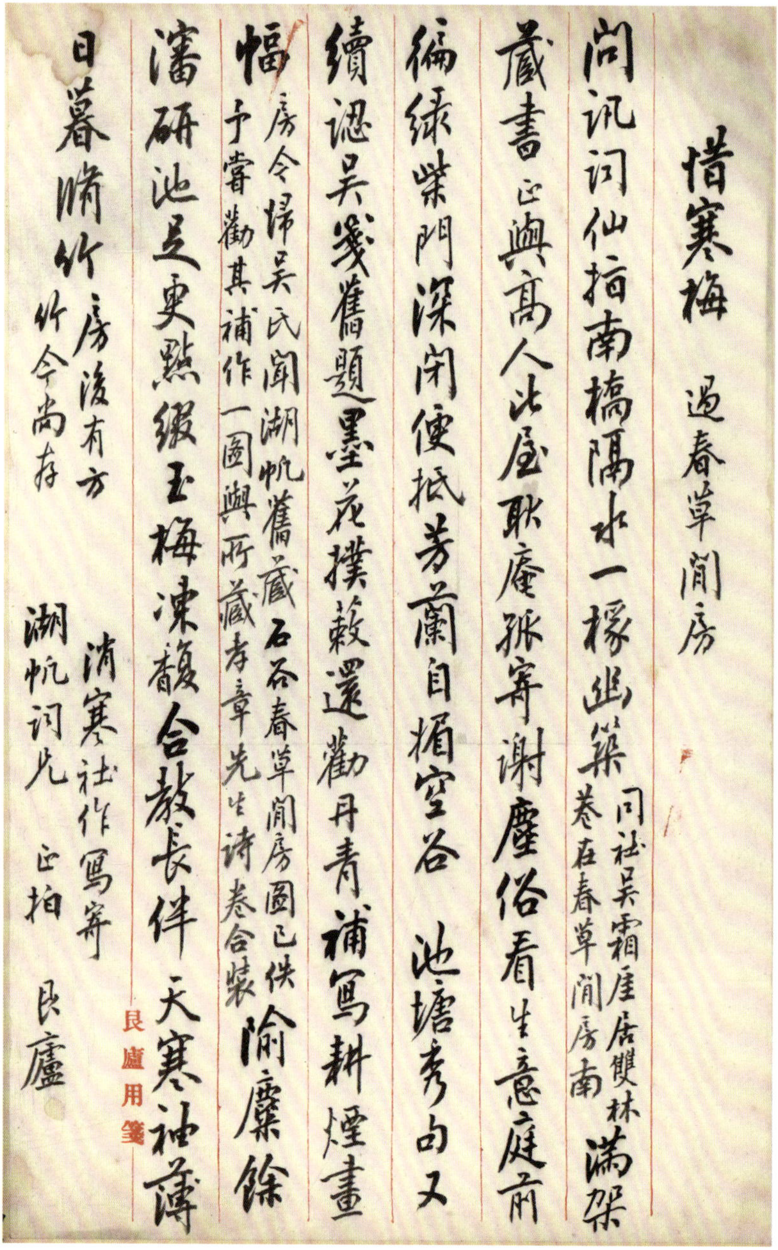

惜寒梅　過春草閒房

問訊詞仙指南橋隔水一椽幽築同社吳霜厓居雙林卷在春草閒房南滿架藏書正與高人比屋耽庵張寄謝塵俗看生意庭前徧綠柴門深閉便抵芳蘭自媚空谷　池塘秀句又續遜吳箋舊題墨花撲簌還勸丹青補寫耕煙畫幅房今歸吳氏聞湖帆舊藏石谷春草閒房圖已佚予嘗勸其補作一圖與所藏孝章先生詩卷合裝隃麋餘瀋研池足更點綴玉梅凍馥合教長伴　天寒袖薄日暮倚竹房後有方竹今尚存

清寒社作寫寄
湖帆詞兄　正拍　艮廬

艮廬用箋

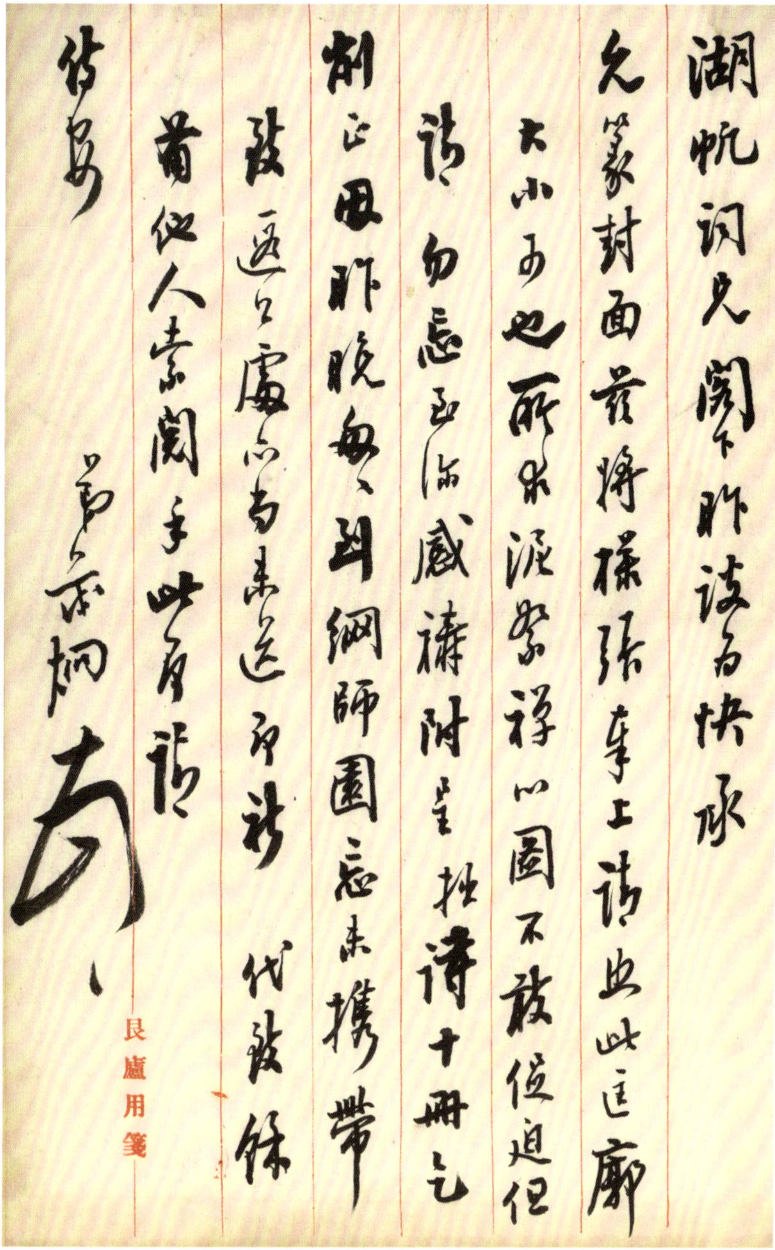
湖帆詞兄閣下：昨讀手書，快承
允篆封面，并將樣張寄上，請照此匡廓
大小爲之。所示泥金樣以圖，不致促迫，但
請勿忘爲感。濤附呈拙詩十冊，乞
削正。因昨晚與叔網師園，忘未攜帶
致返寓而有未送印詩，代致餘
前從人索閱。手此肅請
箸安
弟秉炯頓首
艮廬用箋

劫火齋雲樓燼土花苔繡腥問往
蹟沁水園林蹲獅怒吼憤怒難平 城 宋
獅子林舊爲張吳
駙馬潘元紹別業
能教蛾眉殉國知
夫壻擐甲能將兵欲逝騅淚落虞
歌英雄死賊妾何用生 謁徧翠
珉舊銘秋螢露蔓飄零似訴淒

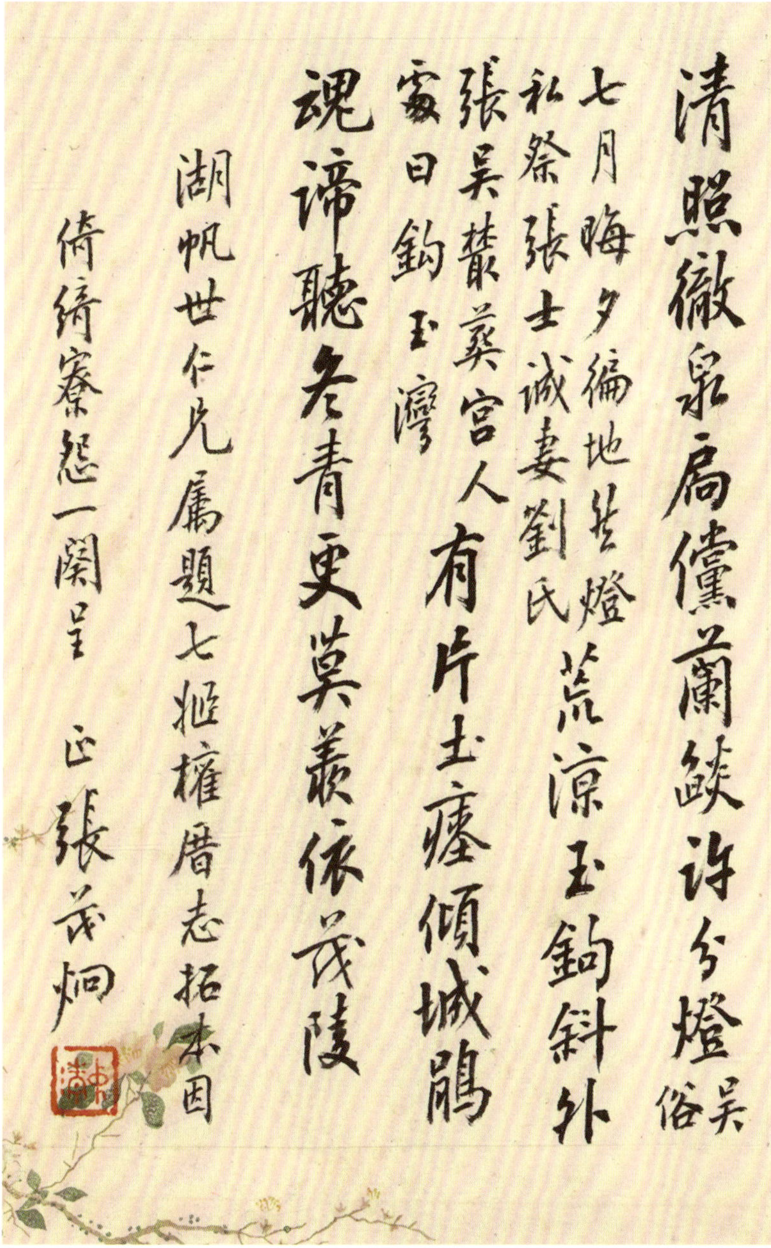

清照微泉扃儻蘭鋏許分燈吳俗
七月晦夕徧地然燈荒涼玉鉤斜外
私祭張士誠妻劉氏
張吳藂葬宮人
冢曰鉤玉灣有片土瘞傾城鵑
魂啼聽冬青更莫叢依茂陵
湖帆世仁兄屬題七姬權厝志拓本因
倚綺寮怨一闋呈 正 張茂炯

義延陵啓古富拓本琳琅褎集坡家舊
藏芳馨流麝墨插架生色試認銘幽字翠
珉朱管注寧官華澤椎氈定向伽藍辟石舊在興平縣崇寍寺辟間今佚
瘦比銀鈎道逾鐵上畫人間
僅存孤蹟恨滄桑劫換難問殘石　摩
挲珍刻妙鋒棱秀出細審當時體論氣
息歐虞意境初闢漸毫端悅化六朝南
北知惟有美人傾國從一地攜取開皇

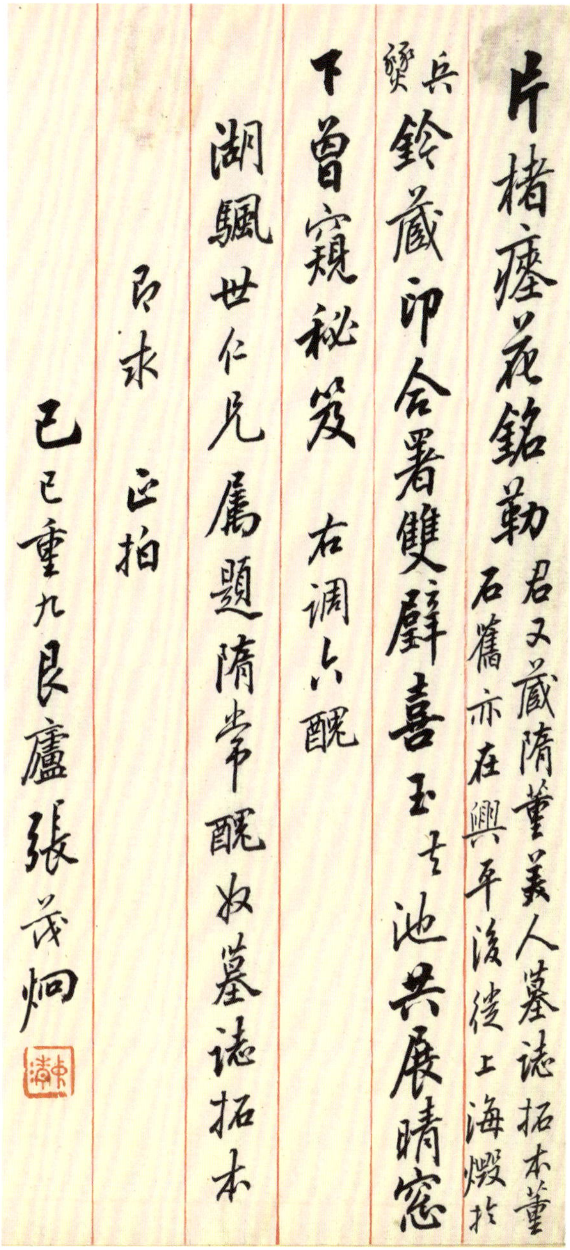
片楮瘞花銘勒（君又藏隋董美人墓誌拓本董石舊亦在興平後徙上海燬於兵燹）鈴藏印合署雙辟喜玉〻池共展晴窗下曾窺秘笈 右調小醜

湖飆世仁兄屬題隋常醜奴墓誌拓本

以求 正拍

己巳重九艮廬張茂炯

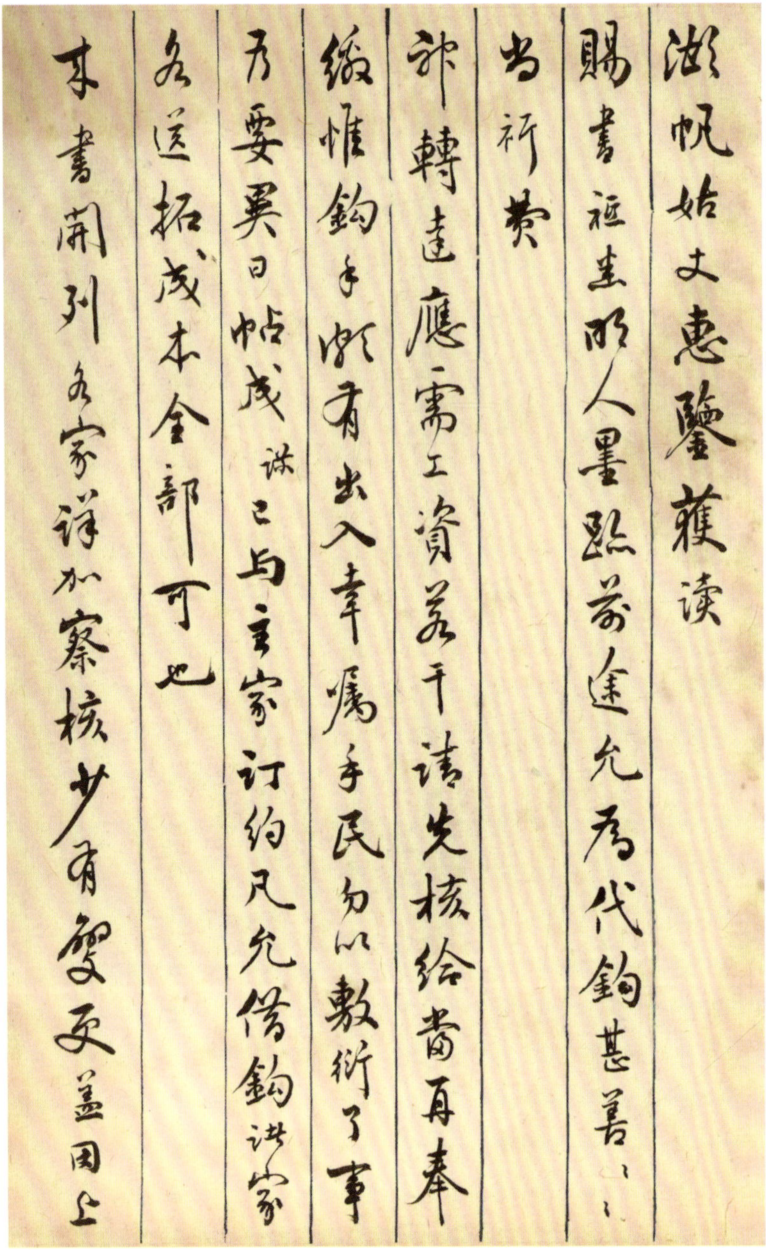
湖帆姑丈惠鑒：獲讀
賜書，祗悉明人墨跡，前途允為代鉤，甚善甚善。
尚祈贊
許轉達。應需工資若干，請先核給，當再奉
繳。惟鉤手澂有出入，幸屬手民勿以敷衍了事，
乃要。異日帖成，諸已與各家訂約，凡允借鉤諸家，
各送拓成本全部可也。
來書開列各家詳加察核，如有變更，蓋因上

年鈎成者已達九十七家而少祇三家耳而開
卷鮮垂鎮劉青田方正學不可得得徐中山宋
金華以對待倪文正瞿常熟庶免頭輕腳重之
弊以姚少師爲勁接于戚南少保爲中權故此數
家似不可少王高胡爲解四家支配條石尺寸或抽
換若鈎而未刻諸家總之以足成百家爲率無可
安置者祇得割愛謙居續補修葺之職其困難甚
於開拓也布 方家教之 承謙啓 十二月十六

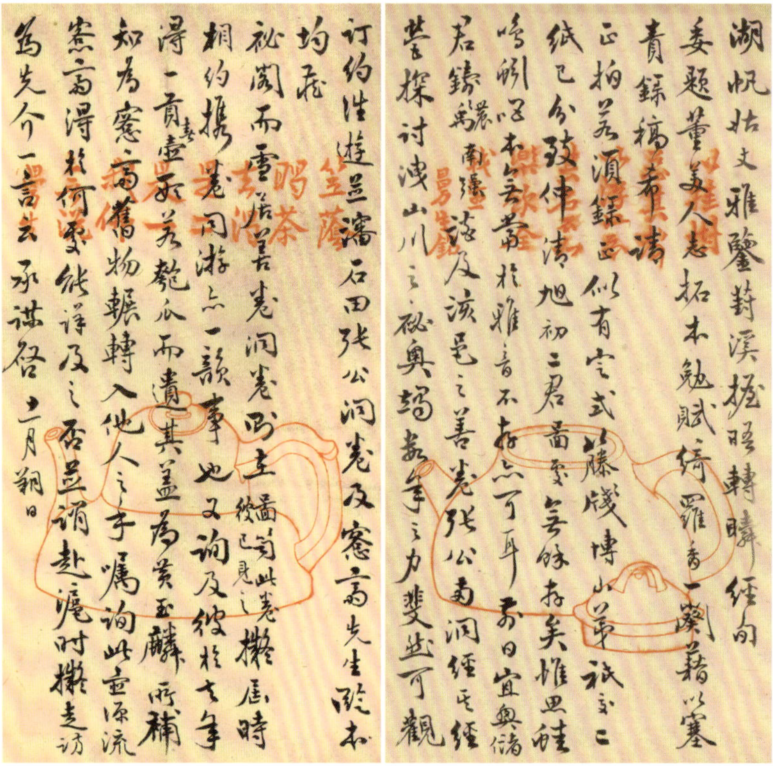

湖帆姑丈雅鑒：對溪握晤，轉瞬經旬。委題董美人誌拓本，勉賦綺羅香一闋，藉以塞責，録稿希清正。拍箋須録正，似有定式，以藤箋博山第一祇之二紙已分致伊、清旭初二君，當蒙吳餘杭矣。惟思龢吟侶以本公嘗於雅音不（?）亦可耳。前日宜興儲君鑄農（南強）談及該邑之善卷、張公兩洞，經其探討，洩山川之秘奧，竭數年之力，斐然可觀。訂約偕遊，並潘石田張公洞卷及寒齋先生跋本均在秘閣，而雪巖善卷洞卷所主（彼已見之），此卷擬屆時相約攜卷同游，亦一韻事也。又詢及彼於去年得一貢春壺，並款而遺其蓋，為黃玉麟所補，知為寒齋舊物，輾轉入他人之手，囑詢此壺源流，寒齋得於何處，能詳及之否，並謂赴滬時擬走訪，爲先介一言云。承谌启 十二月朔日

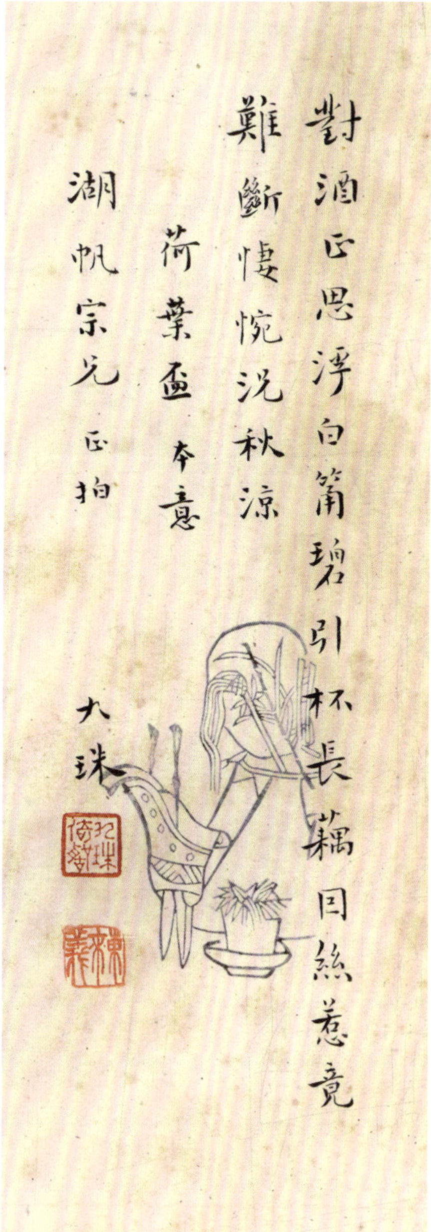
對酒正思浮白筩碧引杯長藕因絲惹竟
難斷悽惋況秋涼
荷葉盃本意
湖帆宗兄正拍
大珠

【吴湖帆师友书札】·下册·第八卷

# 书札释文

○ 54

湖帆兄鉴：辛词取归后至昨日方读毕，忽发现一大问题：自七卷《四犯玲珑》起全非辛作，八卷亦然，末后附诗六十四首皆绝句，中有为柯九思代作，又同柯丹邱作二十首。案丹邱是元人，不应与稼轩唱和。又四册中长调不多见，即最著名之《哨编》《永遇乐》《摸鱼子》等词此本皆无之，窃恐并非足本，或元刻本有羼杂他人之作。樊榭未加详核，即据以迻录，是以首尾完备，全无割补之痕，而词数减少，大有商量之处。弟已与邓君商酌，请其向前途退书追款，未识兄谓何如？望速速赐复，以便遵办。附上目录一纸，即希酌夺。此上，即请大安。　弟霜顿首。　四月廿六。

○ 55

湖兄鉴：辛词钞手极古雅，每半页八行，行十四字，樊榭手钞，图章亦不恶，但既杂他人之作，决非厉君原钞。徵君博极群书，岂有不识辛词之理，况八卷《黄莺儿》九支实是商调南曲，决是元明人手笔，已决计与邓君商定退书还洋，但书估性质，恐不能爽快耳。通部目录已一一钞下，所录他人词亦无从考订，闷闷。二词奉缴，酌易二字，乞督。手复，即请大安。

弟梅顿首。　廿九。

○ 56

湖帆宗兄先生大鉴：惠书谨悉。《梅花喜神谱》早由景郑弟交来，此百朋之锡也，谢谢。承示一节，自当代守秘。意往昔董授老印书亦尝如是，若印本多便不名贵矣。誉虎先生在申否，希见告，以有琐事奉托也（沈挹之世兄欲考交通大学，求其一言，如晤乞先致意。沈生名条附上）。手上，即请俪安。

弟梅顿启。　七月廿一日。

○ 56

湖帆老哥台鉴：大作《哨编》删润奉缴。弟残年风雪，不复至沪矣。献岁发春，再图良晤。手请俪祉。　弟吴梅顿启。

十二月十六日。

○ 57

湖帆老宗兄鉴：台从来苏，未及晤对为歉。尊作《玲珑玉》一首，艮庐为易数语，另纸奉上乞酌。又藕初申江住处弟未深悉，足下朝夕相见，望乞转告一言，略谓万生云骏已决定在光华肄业，藕公所允学膳费之半大约银洋六十元，即恳寄至苏州舍间为荷。又前移藕公六百之数今已还清，君是居间，合当奉闻。又陈子清兄处田黄章亦祈公移书一催。拉杂拜托，即请俪安。　弟梅顿首。　一月卅一日。

又，荷博山送到盛惠，万不敢当，年底君归奉赵。

○ 58

湖帆吾兄道鉴：两奉惠书，祇悉一一。和士确是堂弟，最喜缠人书画，弟被他缠绕不过，只得与彼一信，吾兄回信弟已直接寄他。弟深服公爽快，吾时时被他捉笔，亦说不出苦也。此次渠受一教训，后当知谨慎矣。寒假返里，有三星担阁，而居逸鸿啸社，同期弟须赴申一行，良晤不远矣。足下兴致若何，今年租米尚见起色否？弟颇思退休，但一休便无钱用，奈何奈何。手复，即请大安。　弟梅顿首。　十一月廿五。

嫂夫人前均此候安。超兄前亦希致意。

59

到校适上课，今日不能造府，等星五再叙矣。奉扰，谢谢。手请湖兄、静嫂双安。　弟梅顿首。　九月廿三。

59

顷见都元敬《寓意编》载有《所南画兰》一则。此图今存高斋，宜补书其后，因录奉荃几，即希詧入。是书为阳山顾氏刻，世不多见也。手上湖帆宗兄道席。　弟梅启。　壬申花朝。

60

郑所南《墨兰》自题诗云：『一国之香，一国之殇。怀彼怀王，于楚有光』。所南宋太学生而不仕元，其画兰独不画土，人问其故，答曰：『土为番人夺去』。近朱尧民陪余观于夏侯桥沈氏，尧民云是韩蒙庵家物。（录《寓意编》）据此则此卷本苏州故物。所南住调丰巷，见所撰《心史》中，或即写赠苏人欤。　霜厓再启。

61 / 62

湖兄鉴：《凄凉犯》调梦窗与白石同，惟毛刻有误，遂至分作二体。实则『尘袜』上脱一字（杜刻吴词已各加空格），『临风』下敚一字，非二句皆六字也。『玉奴』句仍五字，『恨』字不当属下句，所异者末句而已（末句作仄仄平平仄仄仄）。然玉田『平沙万里尽是月』句且有平平仄仄者，可知宋人于此句颇有异同，惟吾辈则不能随便耳。弟意学白石格则末句用『入上去上去去上』，学梦窗格则用『入去平平去去入』，学玉田格则用『平平去上上上入』，如此各有所本，不改偭越矣。尊作下半为声律所缚，尚未自然，弟改语尚顺适，君谓何如？前次沪上之行（与族弟偕），当日往还，故不及造高斋。今下半年宁、申往返，各有半月勾留，可以常至尊处矣。惟痔疾又发，偃卧一周，苦极苦极。复请俪祉。　弟梅顿首。八月廿八日。　《填词图》祈速藻，涤兄处希一催。《柳如是像》卷已收到，即日动笔。

63

来此两星，极欲奉访，而匆匆苏沪道中，自笑饥驱之累矣。本星四（阴二月初十）上午十时趋尊斋一罄衷曲，乞迟我并祈勿治午饭，弟十二时半即登车也。前《忆瑶姬》词注『张叔未曾填一词』云云，系弟误记，叔未谨题一诗，未尝有词，当为改正。超然兄前亦乞道意。手请湖帆老哥宗台刻安。弟梅顿启。　二月初八。

64

湖帆宗兄如晤：委撰《董美人志》题词，漫作《忆瑶姬》一调奉政。弟倚梅溪格而史词刊本多误，因据杜小舫及《钦定词谱》为之，自谓不弱，公谓何如？月内未必来申，新乐府见邀，真是儿戏，弟究非曲子相公也。手上，即请大安。弟梅顿首。　超然兄处均此候候。

65

湖帆宗兄雅鉴：《西河》词已大加改削。照同、光词家严格，此词须全依四声，惟如此填词，如处桎梏，弟不敢强人所难也。第三叠末十六字本有两样读法，一则『入寻常巷陌，人家相对，如说兴亡斜阳里』，一则『入寻常巷陌人家，相对如说兴亡，斜阳里』，古老欲两全，所以有暗韵之说也。弟意以第一读为是，咸同名手多半如是，故大作仍照此格。细阅此词，系用大鹤原韵，则『挥此』之『此』亦是叶处，因改『江山如此』，文亦雄健矣。又《玲珑〇犯》首叠末句『情种』二字本来不好即就上文『绿绮』着想，遂改『应入七弦』云云，恰到好处。凡所涂改，统希酌核。粤行尚有多日，道出海上，当与诸君晤对。惟频岁饥驱，兹行又入炎徼，心中颇有不快耳。复上，即请著安。　弟梅顿启。　八月廿六日。　超然兄均此。　又，近承鹤逸惠画《霜厓填词图》，不揣冒昧，欲请公与超然各作一幅，汇装长卷，遍征题咏也。

66 / 67

湖帆兄鉴：惠书，知公得虞书真迹，此是从来藏家所未有，无怪君喜心翻倒也。从此可制一扁曰『虞斋』，为主屋，而以『四欧堂』『丑簃』『宝董室』，『梅影书屋』为两庑，如圣门四配之例，亦可傲睨千古矣，一笑。博山日来未见，弟怕热，杜门不出，明日孝先处当晤面，可遍告诸公，同此一快也。《□州慢》当即命笔。近为商务馆《万有文库》作《辽金元文学略》一书，挥汗起稿，苦得不得了，又词社必须交卷，遂至日无暇晷，每日酒都不喝，五时起身即动笔，十二时吃饭，饭后又动笔，至五时止，比小时坐学堂更苦，奈何奈何。古老《校词图卷》公归时千乞带下，以便缮录。又《七姬志》南曲亦写好，专等公来取也。复请近安。　弟梅顿首。　嫂夫人前请安。　七月十二。

68

示悉。明日请兄饬车十时左右来校（在中学宿舍七十六号），弟造府一罄积忱（弟明下午二时必返苏料理节账，正穷得不得了时也，一笑）。委撰南词当即属稿。彊老词或可代笔，惟弟《填词图》一词彊老尚未交卷，以此相易何如（此是弟意，兄勿先告古老）？复请湖兄近安。　弟梅顿首。
惠赐书画多件，太觉不安，顾却之不恭，奈何奈何。

69

大作已为删润，《六州》一首较为惬意，请兄味之。弟十号左右赴申，若不上课，当造高斋乐一晨夕。《填词图》希速藻，涤舸兄处致意并一催之。手请湖帆兄俪祉。　瞿弟顿首。　九月七日。

69

湖帆老哥大鉴：《湘月》词已改好寄奉，即希酌夺。手边无姜集，约略记忆，恐未的也。下星一到申（或即至尊斋一谈，但勿定），课事已毕，但须看卷子而已。今年忽发雅兴，造屋三幢，费至三千元，逋欠累累，不知如何了结。海上如有寿文、墓志等作，希代为揄扬一荐，酒赀愈大愈妙。兄勿笑我贪得也，一笑。手问俪祉。　宗弟梅顿启。　六月十八日。

70

湖兄鉴：《兰陵王》词奉呈察酌，既竭我才，未知与诸同人能附骥否。星六返里，再图良晤。古老于月尽月初来苏，弟拟与之小叙，即邀仲清叔、伯渊叔辈及兄三五人何如？手上，即问近祉。　弟梅顿首。　三月廿八。

71 / 73

湖帆老宗兄道鉴：惠示并《陌上花》《金缕曲》二词俱到。《金缕》词无懈可击，不妨作定稿。《陌上花》两结彊村作，不过稍加流走，于本律无伤也。尊作略易数语，即以奉呈酌夺。弟意驭、据两韵最难出色，改处仍未惬意，盍请彊老再订乎？至委题一词，当稍缓交卷。日内正对一班猢狲打闹场锣鼓，尚无暇走笔也。此次过申，旧友都未及往谒，一则时间匆促，二则新打防疫针，若访友未免饮酒，而于药力恐不生效力，故孟禄、颍杰亦未走访，不独尊斋及冯、穆二公处也。来示谓二公说我独幅，未免冤枉，请为我一剖衷曲为祷。此间校俸确是不欠，但搭金库券五成，且中央票仅兑十角，层层折扣，较南京旧况未必能胜，此后或须往上海谋一枝栖，略为值得。至谋事之法，最好离开书卷生活，若能在大商家当一文牍，或管理货币要物，自问尚靠得住（到年底又有红拆），请公及超然、藕初留意。能达此目的，索性将家眷移至海上，作永久生活矣。廿年教授，愈弄愈穷，急欲改弦易辙，作下半世计画也。来此月余，名胜各地尚未游遍，拟将足迹所到处各纪小诗，顾亦未动笔。如此懒惰，若在家塾，须吃夏楚矣，一笑。手复，即请大安。　小弟梅顿启。　十月廿日。

超然、藕初诸子前候安。第二张未到，公是另寄否？

○74

昨谈快甚。回府后倦否？念念。《齐天乐》词已为润色，乞署入。小石章两方希交子渔兄奏刀为托。手请湖帆老哥双安。　霜厓顿启。　九月八日。　内子请嫂夫人安。

○74

来此一周，校务颇简，因得从事编纂讲义。尊词两首奉呈斠正，惟日来微有胃病，不思饮食，稍觉难过耳。博山、景郑词亦已毕事，君尚有若干首。中秋节后到申，希购些肉松飨我，一笑。　湖兄双安。　霜顿首。　九月廿日。

○74

湖兄鉴：尊作《黄河开闸》词忽于宁寓搜得，略为删润，寄奉左右。『独少吴姬』句本用太白『吴姬压酒』意，倘将『呷』字易作『压』字，岂非令人绝倒，因告足下同声一粲。弟明晨返苏。此番来京（星一回申），正值欠薪，来去皆折本，奈何。手上，即请著安。　弟梅顿首。　五月十六。　伯母大人前请安。潭第均吉。

○75

小别两月余，时局变喟，无从说起。全家来此作避难计，竿木随身，聊复尔尔，思之又凄感矣。兄有暇盍顾我一谈否？超兄处亦乞道念。手请吴兄刻安。　弟霜厓顿首。　尊夫人前问好。诸郎安吉。

○76

超然襟兄、湖帆宗兄大鉴：小别年余，各丁离乱，积思成痗，彼此皆同。弟自上年九月携家来湘，继以三儿良士任事湘黔路，遂移湘潭。忽忽七月，免死而已。中大事以喉瘖辞去，枯坐寓中，整理旧稿，词钞已毕，顷方删诗，在此一二月中亦可蒇事，此则可告二兄者。惟远念家园，寸心如捣，虽老屋尚在，而藏弆一空，即两兄所绘《霜厓填词图》亦归乌有。（家中惟老姨太太及大小儿看守，用度一切幸有仲培照呼。）言念及此，其何以堪，亦惟付诸达观，聊保真我而已。两兄近状急欲一闻，又博山昆仲及紫东诸君两兄当知之，亦希详告。此间路局中有同乡，颇多往来，亦不寂寞，顾较诸海上，远不相及，晤对时亦只作旷达语矣。（潘恂如内表侄前年在此，今已派至汉口材料厂矣。）此上，即请近安。弟吴瞿安顿启。儿孙辈随叩。　五月廿七。　此笺附龙君榆生函中，恐封函重，未及合式写，乞恕之。潭府均此候安。　赐复湖南湘潭十四总罗祖殿后柚园。

○77 / ○78

湖帆仁兄大鉴：奉读手示，祗悉一切。蒙赐绘《泥絮禅心图》，今日亦已领到，感谢之至。弟今夏一病几废，现幸〻托庇平复，惟右手作字仍觉运笔不灵，可恨可恨。前在网师园兄以集词联索及拙书，侯明岁春融，右腕能稍有力，必当践此宿诺。并闻兄云联纸有一定尺寸，是以未敢代办，便中祈将笺纸先行交下，其词句亦祈集就，免弟动心。因弟近来专效斋公斋婆所为，已将前贤词集概行束诸高阁也。专此道谢，敬请大安。弟茂炯顿首。　遐公引首仍乞费神代求，又及。

○○
79 / 80

湖帆词兄吟席：别逾旬日，良以为念。《春草闲房词》已涂就，特呈削正。词中隶事有涉及君家旧藏者，未审注语有无错误，祈示复为盼。消寒社题谅已携去，如有大作，望随时赐寄，同人均深盼望也。即请吟安。　弟期茂炯顿首。

惜寒梅　过春草闲房　问讯词仙，指南桥、隔水一椽幽筑。（同社吴霜厓居双林巷，在春草闲房南。）满架藏书，正与高人比屋，耿庵孤寄谢尘俗。看生意、庭前遍绿，柴门深闭，便抵芳兰，自媚空谷。　池塘秀句又续，认吴笺旧题，墨花扑簌。还劝丹青，补写耕烟画幅。（房今归吴氏。闻湖帆旧藏石谷《春草闲房图》已佚，予尝劝其补作一图，与所藏孝章先生诗卷合装。）喻麋余渖研池足，更点缀、玉梅冻馥。合教长伴，天寒袖薄，日暮修竹。（房后有方竹，今尚存。）

消寒社作，写寄湖帆词兄正拍。　艮庐

○
81

湖帆词兄阁下：昨谈为快。承允篆封面，兹将样张奉上，请照此匡廓大小可也。所求《泥絮禅心图》不敢促迫，但请勿忘，至深感祷。附呈拙诗十册，乞削正。因昨晚匆匆到网师园，忘未携带，致遐公处亦尚未送，即祈代致，余备他人索阅。手此，即请侍安。　弟茂炯顿首。

○○
82 / 83

劫火齐云，楼烬土花苔绣腥。问往迹，沁水园林，蹲狮吼、愤怒难平。（城东狮子林旧为张吴驸马潘元绍别业。）能教蛾眉殉国知夫婿，擐甲能将兵。叹逝骓、泪落虞歌，英雄死、贱妾何用生。　认遍翠珉旧铭，秋萤露蔓，飘零似诉凄清。照彻泉扃，傥兰焰、许分灯。（吴俗七月晦夕遍地然灯私祭张士诚妻刘氏。）荒凉玉钩斜外，（张吴从葬宫人处曰『钩玉湾』。）有片玉、瘗倾城。鹃魂谛听，冬青更莫羡、依茂陵。

湖帆世仁兄属题《七姬权厝志》拓本，因倚《绮寮怨》一阕呈正。　张茂炯

○○
84 / 85

羡延陵嗜古，富拓本、琳琅裒集。故家旧藏，芳馨流麝墨，插架生色。试认铭幽字、翠珉朱管，志宰官荥泽。椎毡定向伽蓝壁，（石旧在兴平县崇宁寺壁间，今佚。）瘦比银钩，遒逾铁（上）画人间仅存孤迹，恨沧桑劫换，难问残石。

摩挲珍刻，妙锋棱秀出。细审当时体，论气息，欧虞意境初辟。渐毫端蜕化，六朝南北。知惟有、美人倾国。从一地，搨取开皇片楮，瘗花铭勒。（君又藏《隋董美人墓志》拓本。董石旧亦在兴平，后徙上海，毁于兵燹。）钤藏印、合署双璧，喜玉（去）池、共展晴窗下，曾窥秘笈。

右调《六丑》湖帆世仁兄属题《隋常丑奴墓志》拓本，即求正拍。　己巳重九艮庐张茂炯。

86 / 87

湖帆姑丈惠鉴：获读赐书，祇悉明人墨迹前途允为代钩，甚善甚善，尚祈费神转达。应需工资若干请先核给，当再奉缴。惟钩手颇有出入，幸嘱手民勿以敷衍了事为要。异日帖成，谋已与主家订约，凡允借钩诸家，各送拓成本全部可也。来书开列各家，详加察核，少有变更，盖因上年钩成者已达九十七家，所少只三家耳。而开卷鲜重镇，刘青田、方正学不可得，得徐中山、宋金华，以对待倪文正、瞿常熟，庶免头轻脚重之弊。以姚少师为劲，接于、戚两少保为中权，故此数家似不可少。至高、胡、曾、解四家，支配条石尺寸，或抽换前钩而未刻诸家，总之以足成百家为率，无可安置者只得割爱。谋居续补修葺之职，其困难甚于开始也，希方家教之。　承谋启。　十一月十六日。

89

湖帆姑丈雅鉴：葑溪握晤，转瞬经旬。委题《董美人志》拓本，勉赋《绮罗香》一阕，藉以塞责，录稿希请正拍。若须录正，似有定式藤笺，博山小弟只交二纸，已分致仲清、旭初二君，鄙处无余存矣。惟思蛙鸣蚓唱，本无当于雅音，不存亦可耳。前日宜兴储君铸农南强谈及该邑之善卷、张公两洞，经其经营探讨，洩山川之秘奥，竭数年之力，斐然可观，订约往游。并沈石田《张公洞卷》及愙斋先生临本均藏秘阁，而雪居《善卷词卷》则在鄙笥（此卷彼已见之），拟届时相约携卷同游，亦一韵事也。又询及彼于去年得一贡春壶，形若匏瓜而遗其盖，为黄玉麟所补，知为愙斋旧物，辗转入他人之手，嘱询此壶源流，愙斋得于何处，能详及之否？并谓赴沪时拟走访，为先介一言云。承谋启。十一月朔日。

88

对酒正思浮白，篛碧，引杯长。藕因丝惹竟难断，凄婉，况秋凉。《荷叶杯》本意　湖帆宗兄正拍。　九珠

## 汪东（1890—1963）

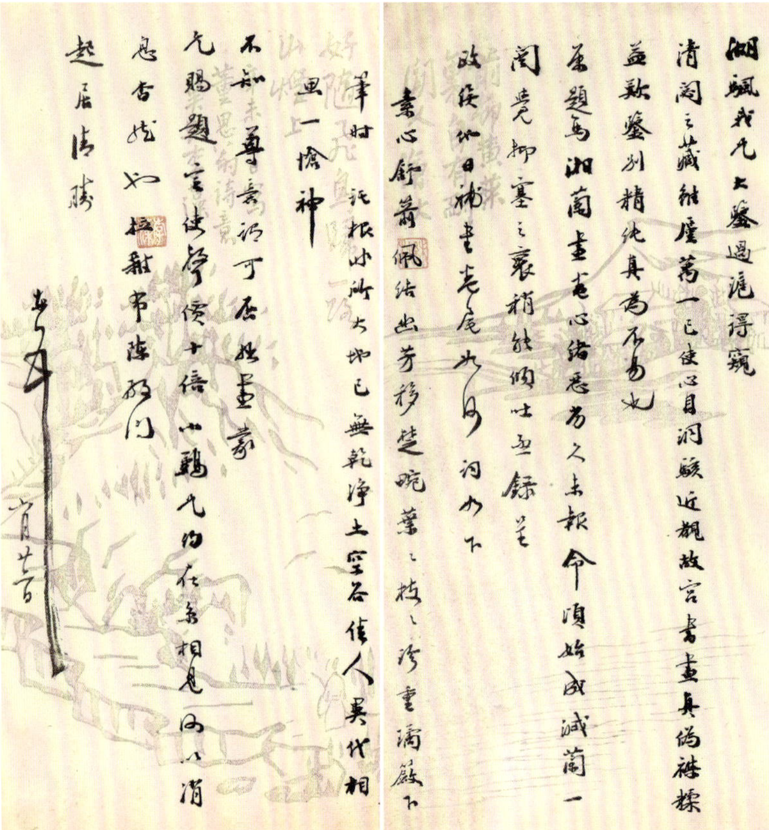

湖颿我兄大鑒：過滬得窺
清閟之藏，紬歷萬一，已使心目洞駭。近覩故宮書畫真偽雜糅，
益歎鑒别精絶，真爲不易也。
承題爲湘蘭畫卷，心緒惡劣，久未報命，頃始成減蘭一
闋，並兄抑塞之懷，稍能爲吐，兹錄呈
政，俟他日補書卷尾，如何？詞如下：
素心舒萼，佩結幽芳移楚畹。葉葉枝枝，淒雲濡簌下
筆端。託根此所，大地已無乾淨土。空谷佳人，異代相
思一愴神。
不知尊意何可否？然畫蒙
允賜題字，使寒價十倍。心鶴兄均在吳，相見時以消
息告之也。枕謝市陳，敬問
起居。
[illegible]
月廿四

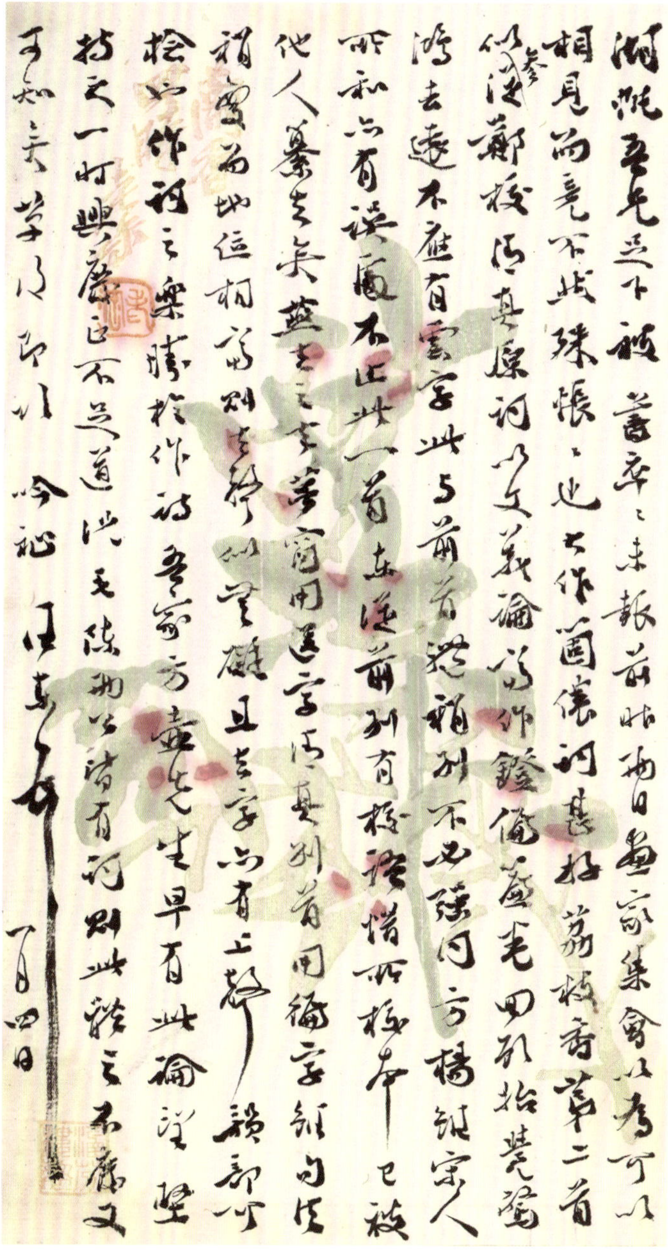

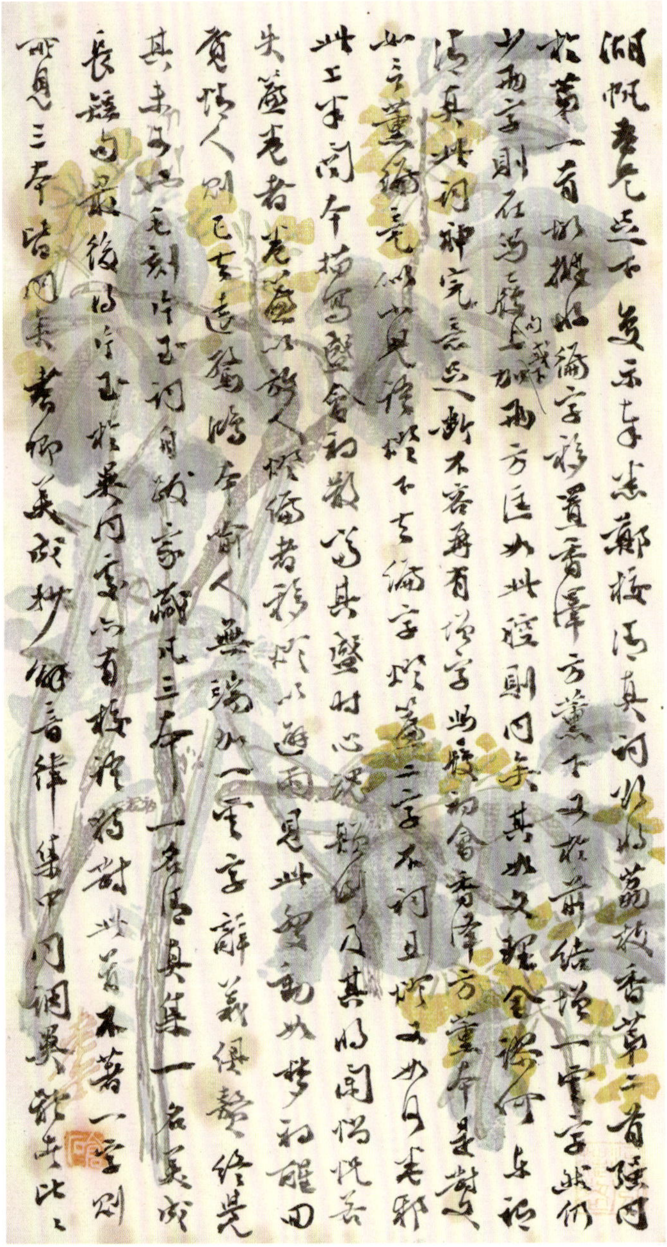

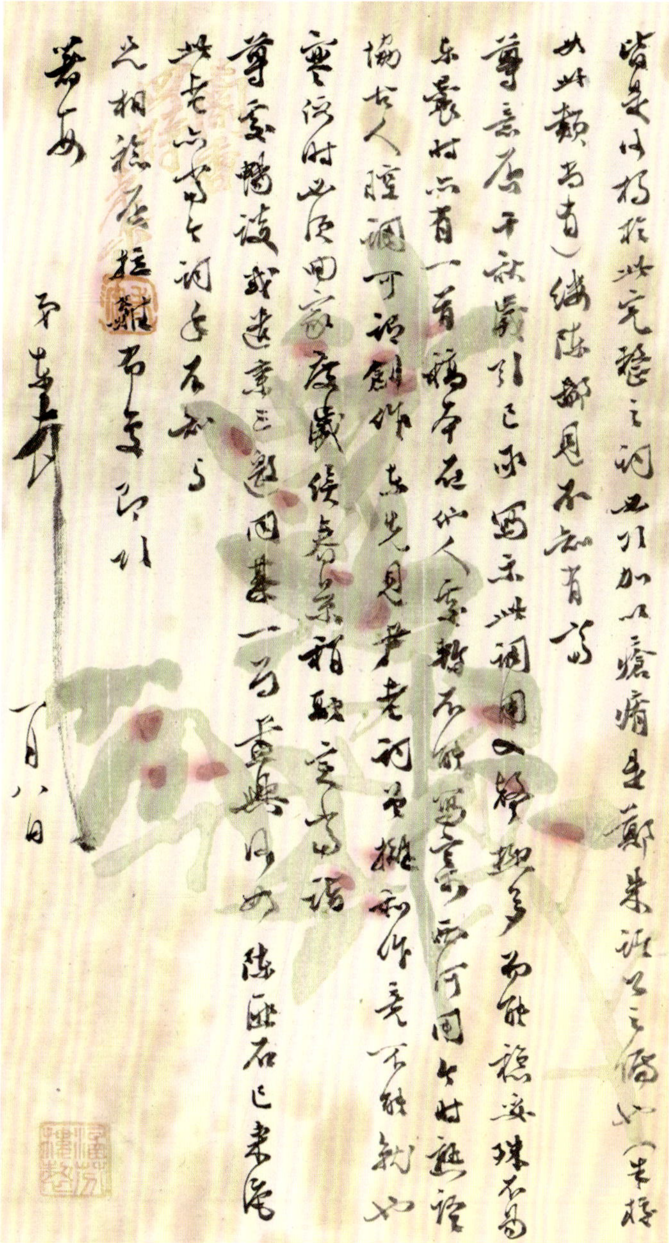

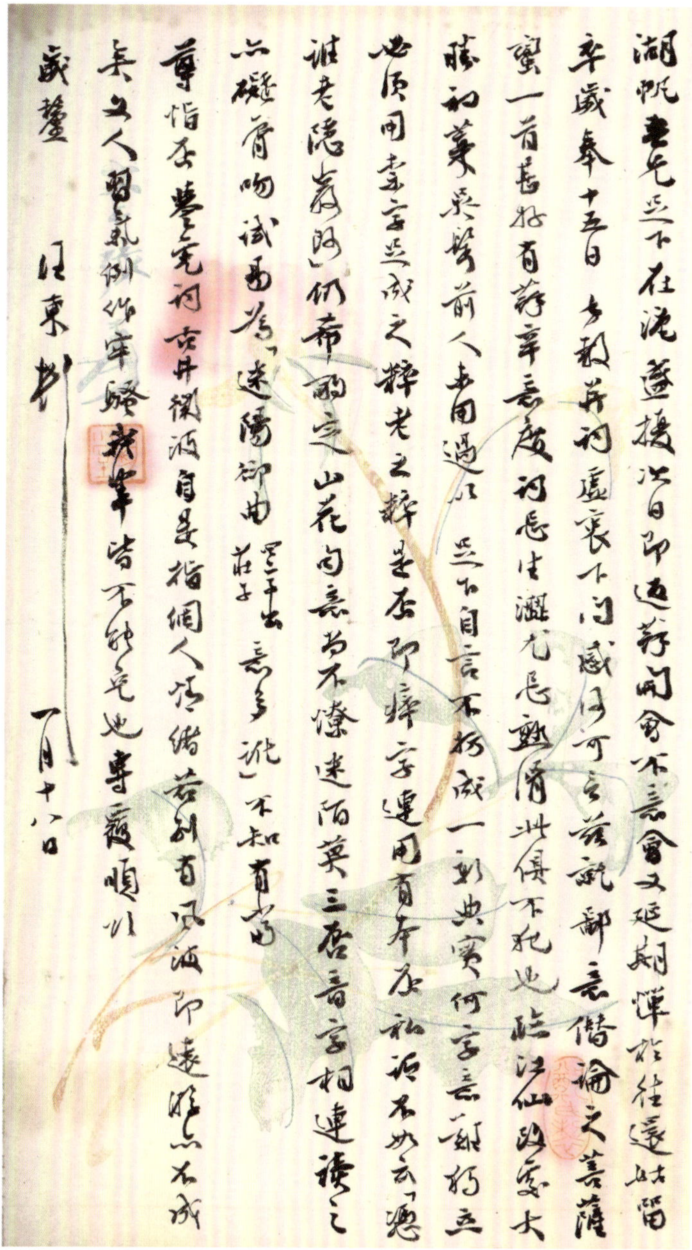

湖帆老兄左右：在蘇得手示，適逢遠客來游，寄寓敝宅，農曆初四冒
雪同遊上海，新市紛擾，裁答稽遲為罪。承示養拙出晉書拙，蓋
拙義之意，養拙猶云作繞蓀真，似未可單用拙字，拙老二字仍
宜酌。鶯啼序一調，南宋人作者頗多，句法實有參差，夢窗各家
字律較嚴，然亦不必拘泥。五字句以一領四者，有時或作上二領三，在詞
中常有，但不可自我作古耳。以疑古人，則又未然。彦有摘魚美，正与
水鄉尚寄旅一律，皆以二領三。如魚美，蓋暗用詩南有嘉魚意，以魚
美三字記亦見杜詩。此處實以主人好客，比其詩盤飧之美，若改為
有魚猶美，則所指從本殊矣。且調字未免猶重了。潑墨滄塵
土句，簾隱其詞，當時曾題敗壁，蛛絲罥後，墨苔暈青，胧化而來。
墨字入聲，潑字上聲，以音律言，皆不協，由歌者融入平聲。如大抵詞
中四聲有寬處，有嚴處，其嚴時誤之，無論詞曲，合律必需字字皆有
通融之理，亦見其一字不可通融之理，正要從寬處見嚴，乃知嚴處
是真不可通融處。如鶯啼序五字句，或是寬處，如望代本雄橋，以辭
轍改，新見如此。希更教之。專此 敬頌 吟祺 弟 肯堂

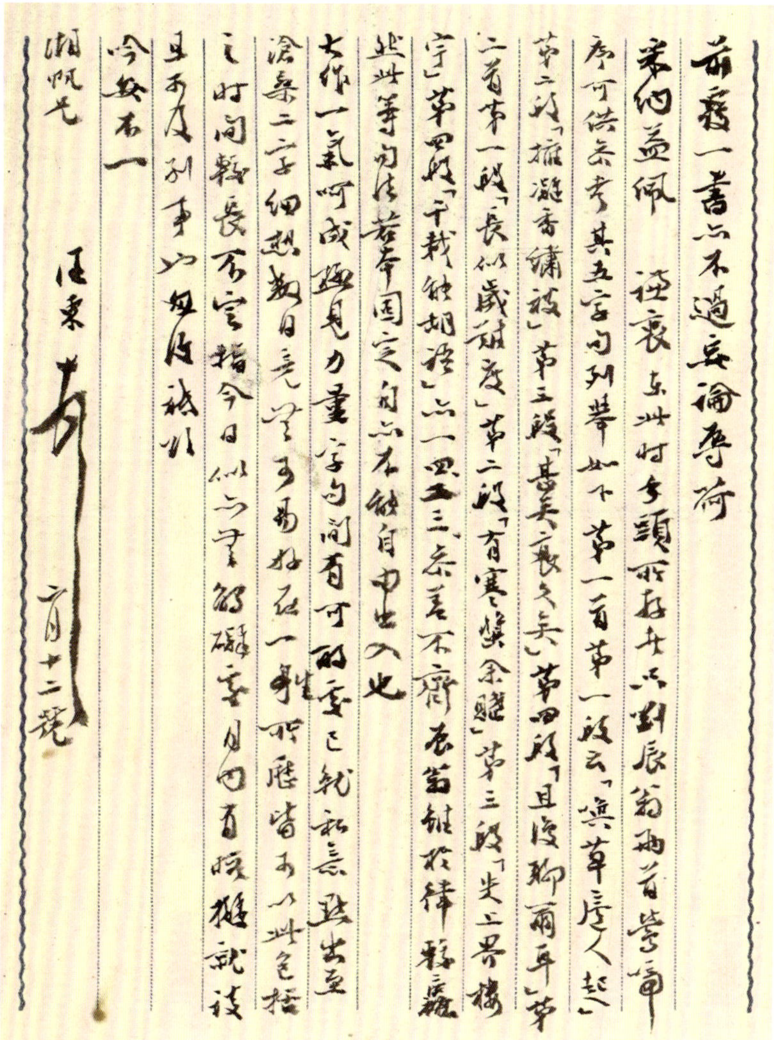
前發一書亦不過妄論學詞
承納益佩。拙製東此時手頭所存者只對辰翁兩首學宙
序可供參考。其五字句列舉如下：第一首第一段云「漁草屋人起」，
第二段「擁凝香繡被」，第三段「甚矣衰久矣」，第四段「且從聊爾耳」。第
二首第一段「長似歲華度」，第二段「有寒螿嘆余」，第三段「尖上翠樓
字」，第四段「千載繼胡孫」。亦一四五三，參差不齊，若當能於律稍疏
此些等句法若本固定，自亦不能自由出入也。
大作一氣呵成，極見力量。字句間有可酌處，已就私意臆出。至
「滄桑」二字細想數日，竟無可易，姑存一說，所歷諸事已此包括
之。時間較長，不宜指今日，似亦無甚關礙。至日內有擬就彼
且再及別事，以無限稍以
吟安不一
湘帆兄
汪東 頓首 六月十二號

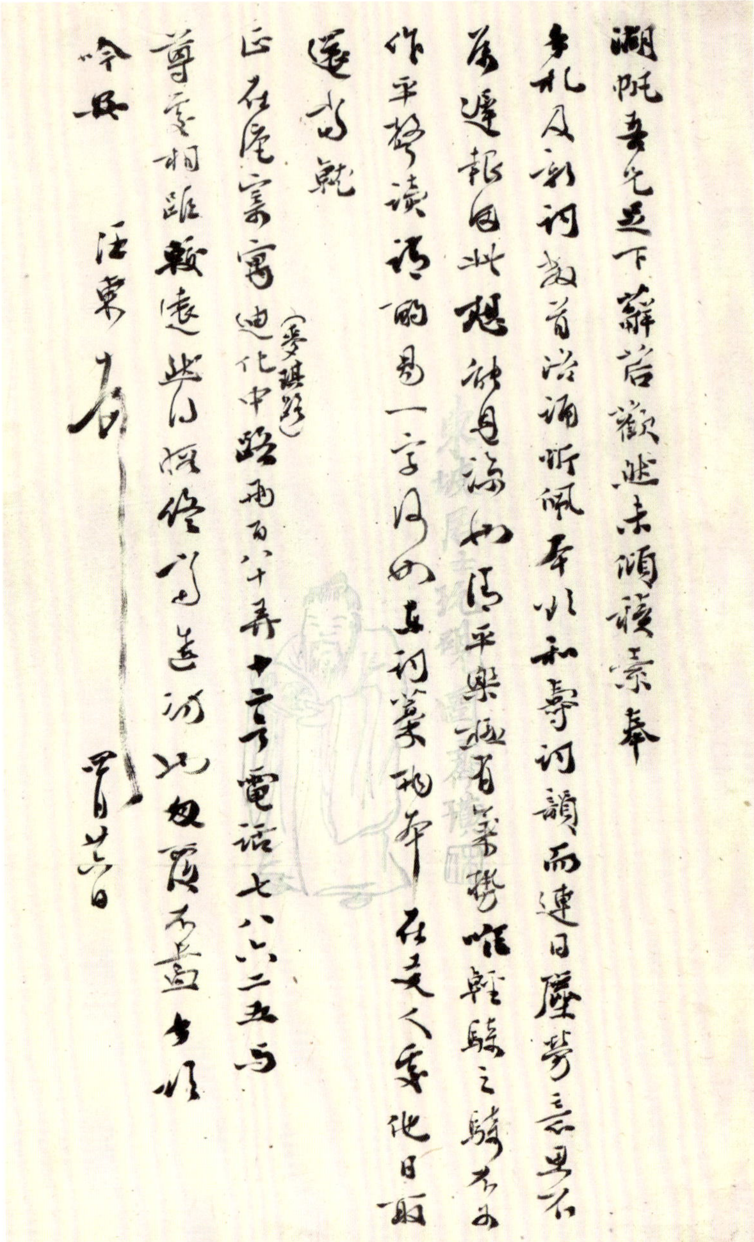

湖帆吾兄足下：蘇莒歡迓未頒頃奉
手札及新詞數首，諷誦忻佩。本以和壽詞韻，而連日壓勞忘卻不
及遑報。頃此想神因諷如得平樂極首尾勢，唯輕騎之騎不必
作平擬讀，譜明易一字，收如吾詞兼拜希，在吳人手，他日取
還為就
正。在尾寓寓迪化中路（麥琪路）兩百八十弄十六號，電話七八六二五，與
尊處相距頗遠，然可經修觀甚訪，此頌，不盡欲言。
吟安
汪東啓
四月廿日

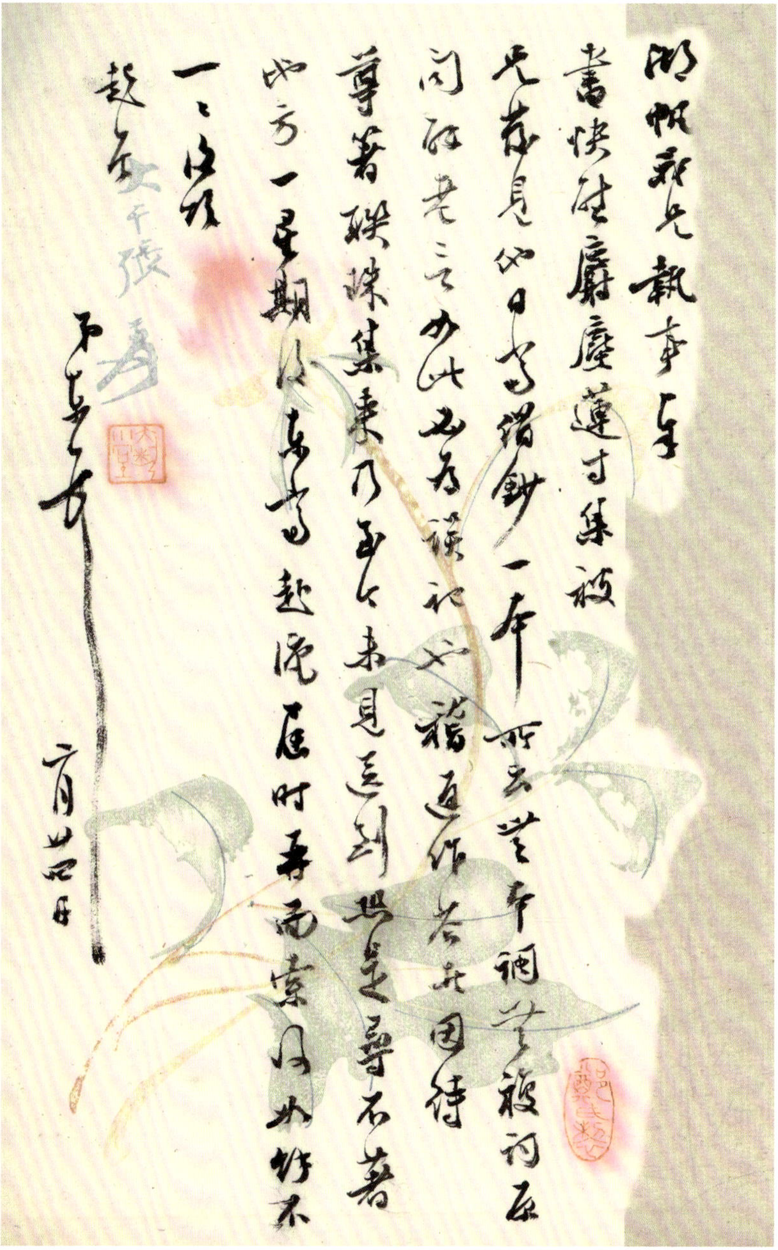

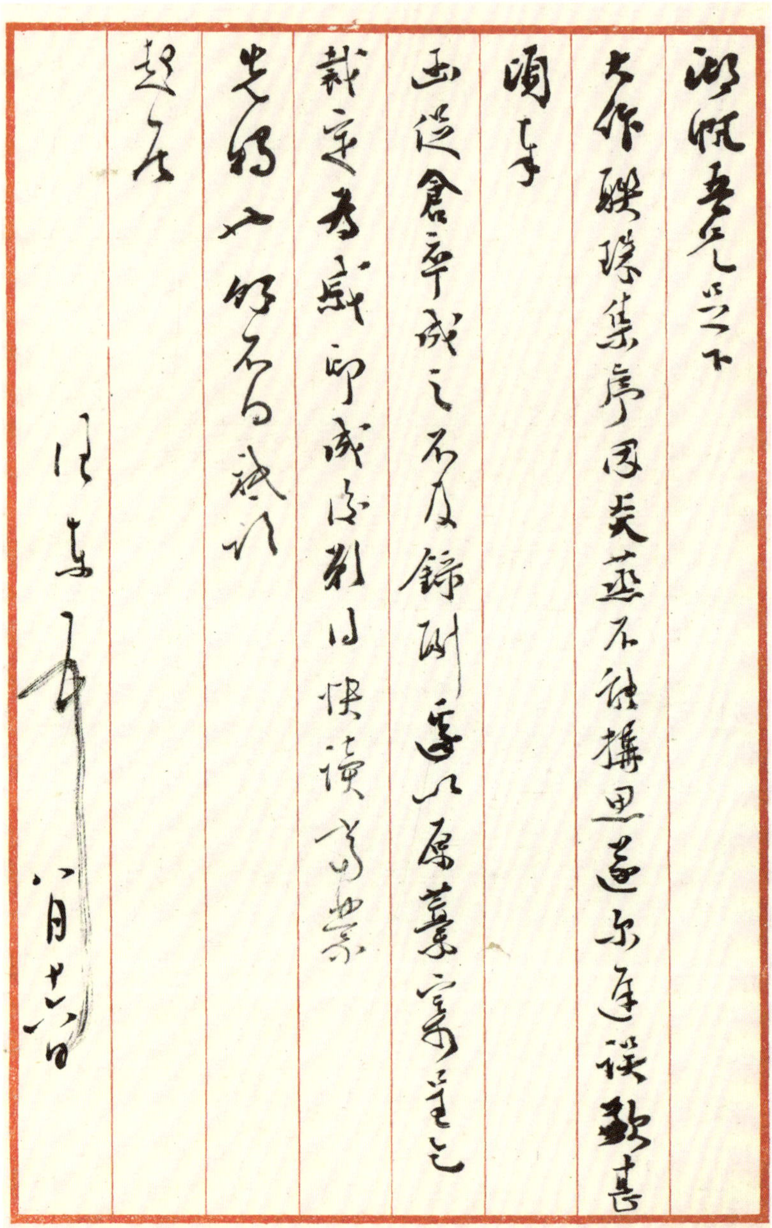

湖帆先生：令作小詞一首録請
裡正。彊村宋詞三百首稿本並批校宋元人詞七
八種，原在陳仁先令嗣手，頃因窮困，列出小
開來詞價五百萬元（各種全包括在內），不知
兄有意否？若現款，可自先通函，或去看，或由東
寄到尊覽，均可。惟須速決，因舊年甚急迫也。
專此，即頌
吟安。
汪東頓首 二十二

蒨甫手正造象箋格

恐致齋主人造箋

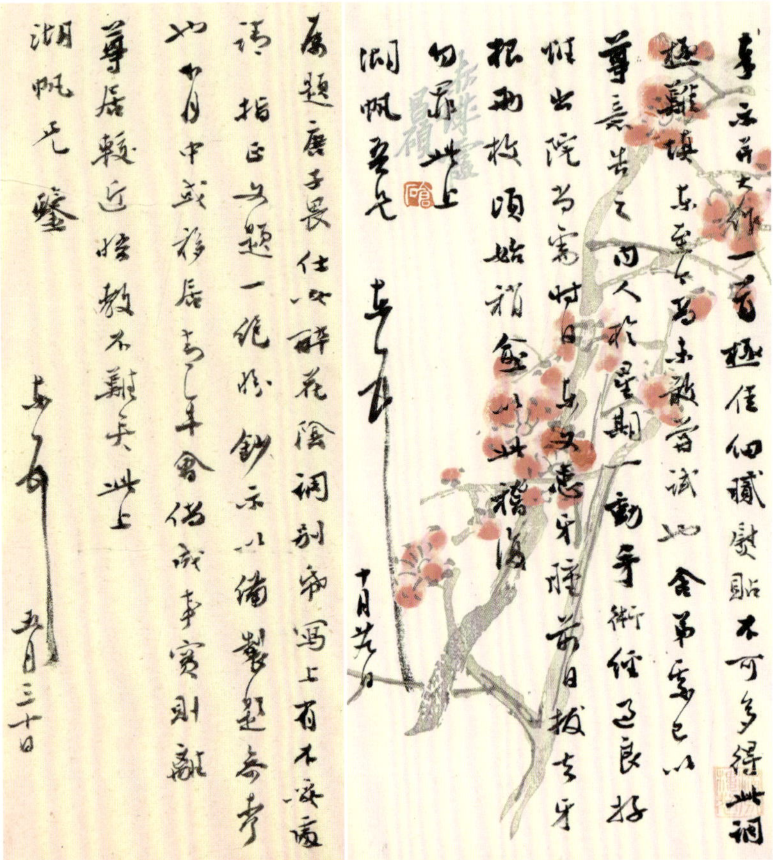
來示并大作一首極佳 佃藏錄貼不可多得 此詞極難填 東坡之詞為之未敢嘗試也 令弟處已以尊意告之 內人於星期一動手術 經過良好 惟出院尚需時日 弟日前拔去牙根兩枚 須始稍愈 此此特復 勿罪 此上
湖帆吾兄
十月廿日

屬題庚子畏仕女醉花陰詞別紙寫上 有不妥處 請指正 又題一絕 將鈔示以備鑒定 如弟月中或移居 ……
尊居較近 請教不難矣 此上
湖帆兄鑒
五月三十日

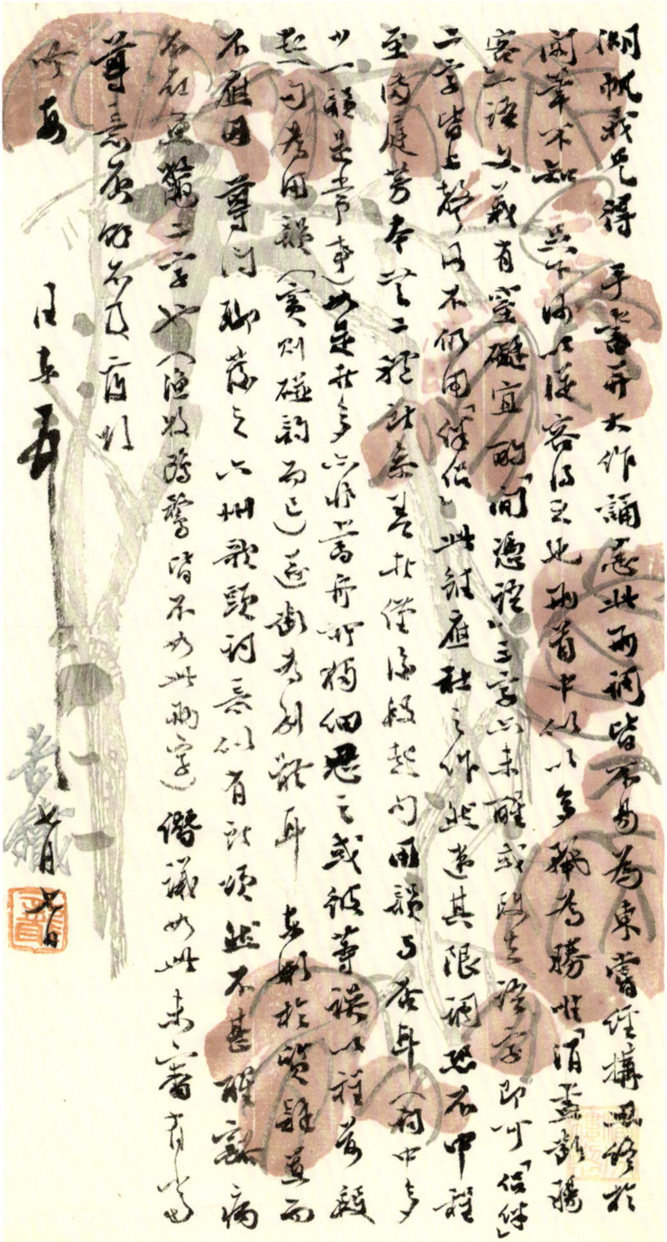

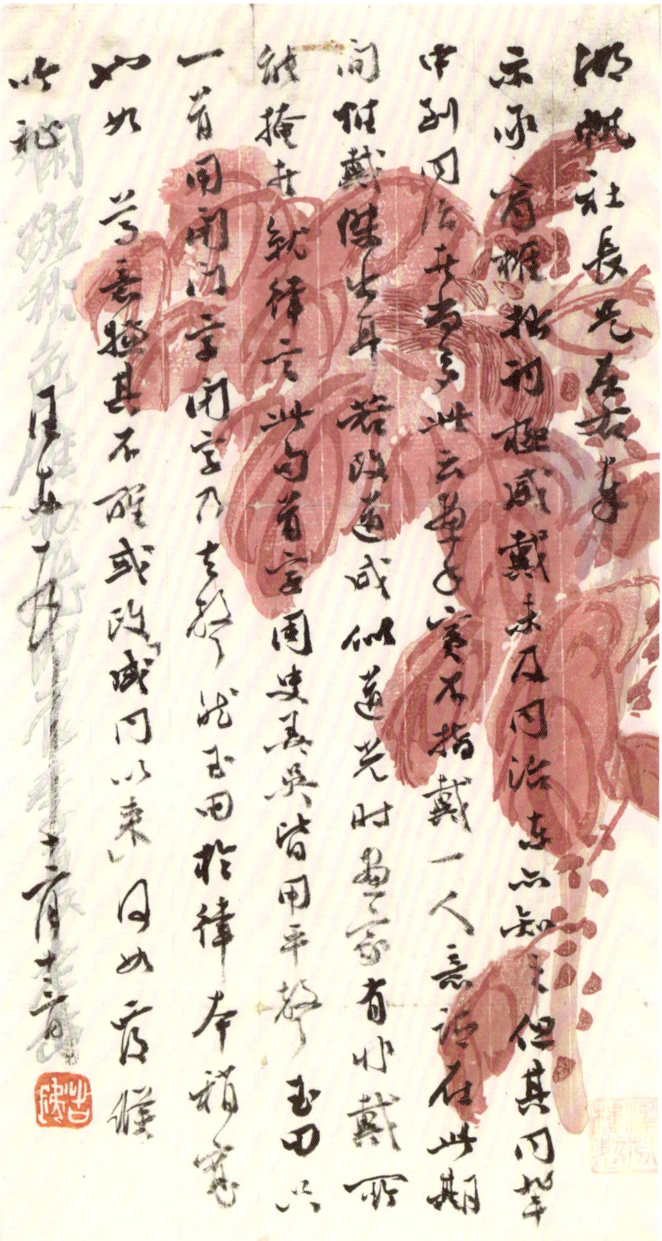
湖帆社長先生左右奉

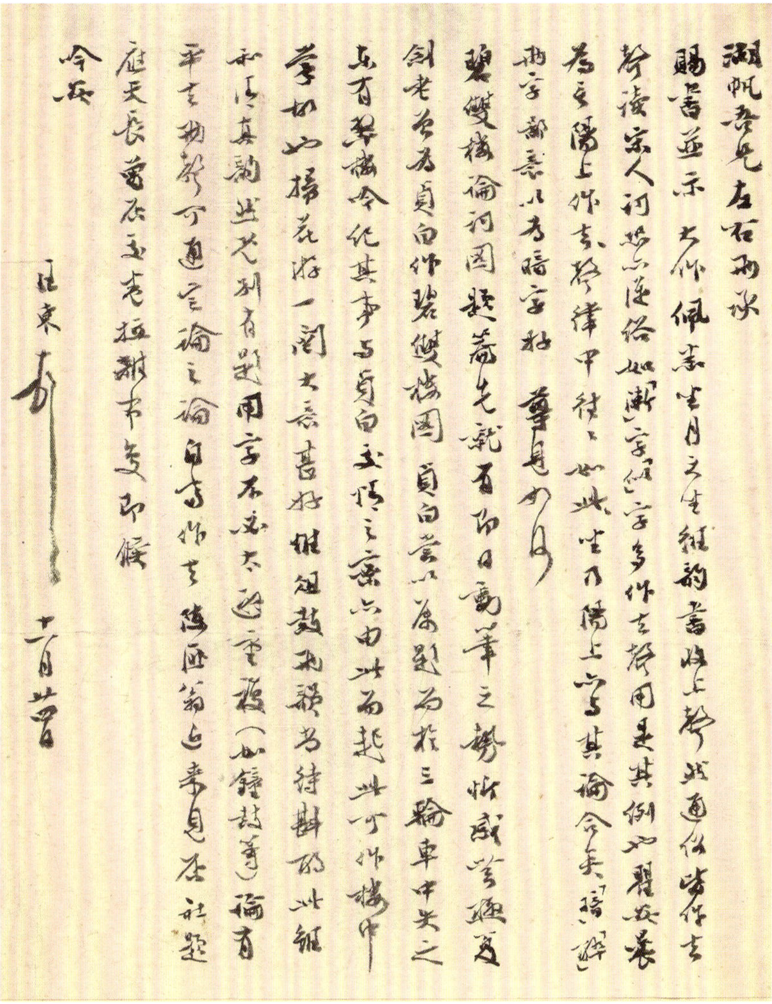

湖帆吾兄左右：兩承
賜書並示 大作，佩甚。惟月之生韻，韻書收上聲，此通假作去
聲讀。宋人詞亦從俗，如「漸」字「似」字多作去聲用，是其例也。瞿安最
為主陽上作去，聲律中往往如此，惟陽上字其論今矣。「指」「辟」
兩字，鄙意以暗字好， 尊見如何？
碧雙樓論詞圖題識先就，有印日寫畢之勢，比成當極爽。
劍老前為貞白作碧雙樓圖，貞白嘗以為題，為於三輪車中失之，
亦有碧樓今憶其事，與貞白並惜之，索亦由此而起，此可作樓中
第故事也。楊花落一闋大意甚好，祗個數字稍為待斟酌，此類
和清真韻，此前則有是兩字，不必太過重複（如鐘鼓等）。論有
平去均於可通之論之論，自當作去。陳匪翁近來見否？社題
庭天長當俟立老拈糊布定，即候
吟安

汪東 頓首
十一月廿四

昨孫君來講詞

手翰奉到。和清真丹鳳吟之念，而尊詞已至，信是捷才，且

好句自然，可謂超艷生巧矣。下闋有可商者，如清真原詞「弄粉

調朱柔素手，問何時重握」，今和詞「漫想當初，念纖柔荑指」，似

就三字無補。「等閒」「始殺風雨愁」，「等」字「雨」字上聲，然原詞「望」字「渚」

字皆是陽上作去 凡詞曲中陽上聲往往作去，昔用去聲家禮效夢窗

手此二句作「暮山港著城外色」，似可參考也。來本難備，前用詞再勁

筆。因大作惹起舊遊之念，遂成一首，錄請 指疵

丹鳳吟　和清真韻

凝向秦淮住處，鏡展流波，雲襟花高閣，新來多病，朝暮自無憀。

幕迴思舊事，倚肩同笑，步步屐音俊，草衣寒薄，剩有箋分鳳

叙字隱鸞釵，想花猶滿閣角。世事忽飄遷，越去來漸識情

味。愁絲綫，付沉在恁青燈讖，口恩共金鐶，啼珠勻面，悄悄背

燈雙落，新蘭神色難製，錦但纏綿，盡從此寫，怨訴無聞人

問著

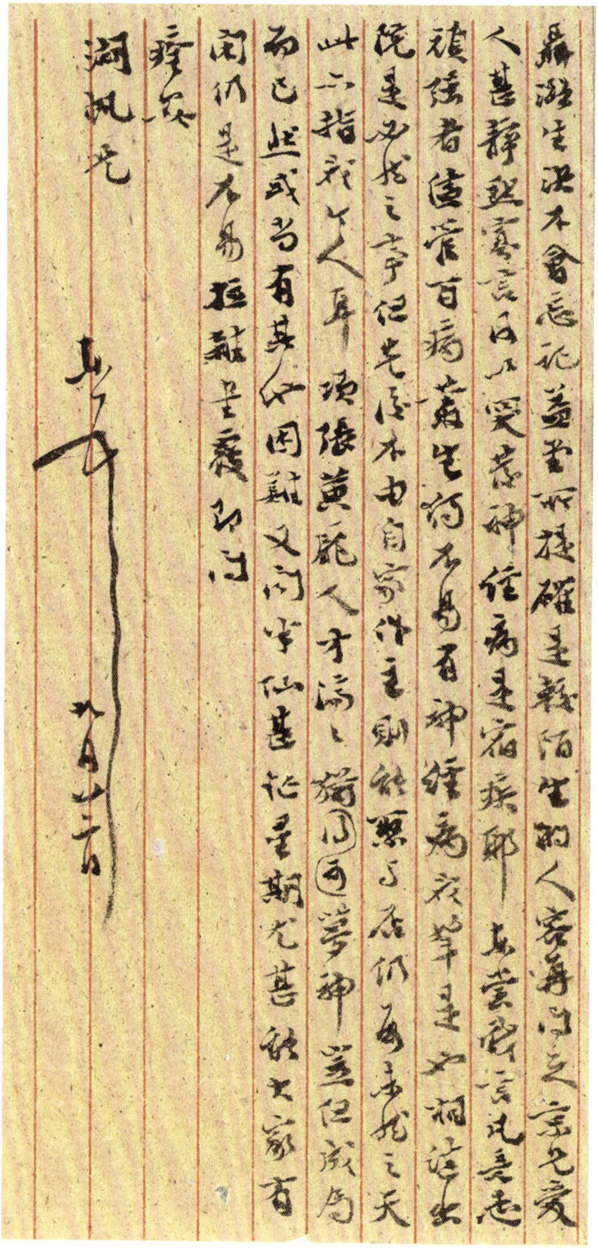

珍珠簾

湖帆示七調詞不能和也作此以廣其意

綠陰原比花時好。無人解，杜牧傷春懷抱。清露滴珠簾，正綺筵開了。事往情牽煩寄語，驚燕子、音書誰到。慈懷覺。想寒衾數枕，不覺催曉。紅豆擲取相思，問盈筐何似珍珠環繞。照庭月初三，伴玉人歡笑。瘦減腰圍秋多起恨，未斟翠杯同醉。休說。詩客憐春回。花間遍訪。

時節巧合故

尊詞一意兩用而兩首句第二三字連圈則是兩第三首二字入頭以文章截搭題不勝意外之感 一笑此

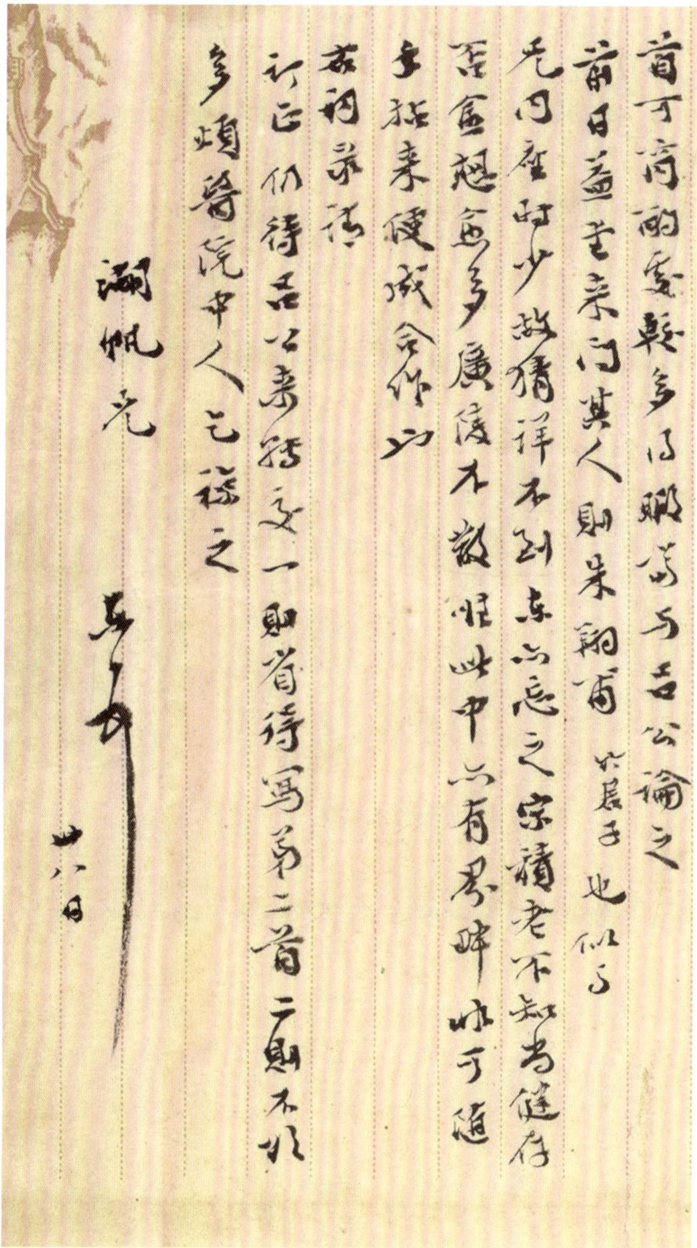
首可商酌處頗多以聊奉吾公論之
前日並董來問其人則朱翊清 以晨手也 似可
先問座時少游猜詳不到亦亦忘之宗積老不知為誰存
至金題無多廣陵不敢惟此中亦有界碑亦可隨
手拈來便成合作也
茲附錄詩
行正仍待吾公素稿又一則首待寫第二首二則不收
多焰尊院中人已移之
瀾帆兄
廿八日

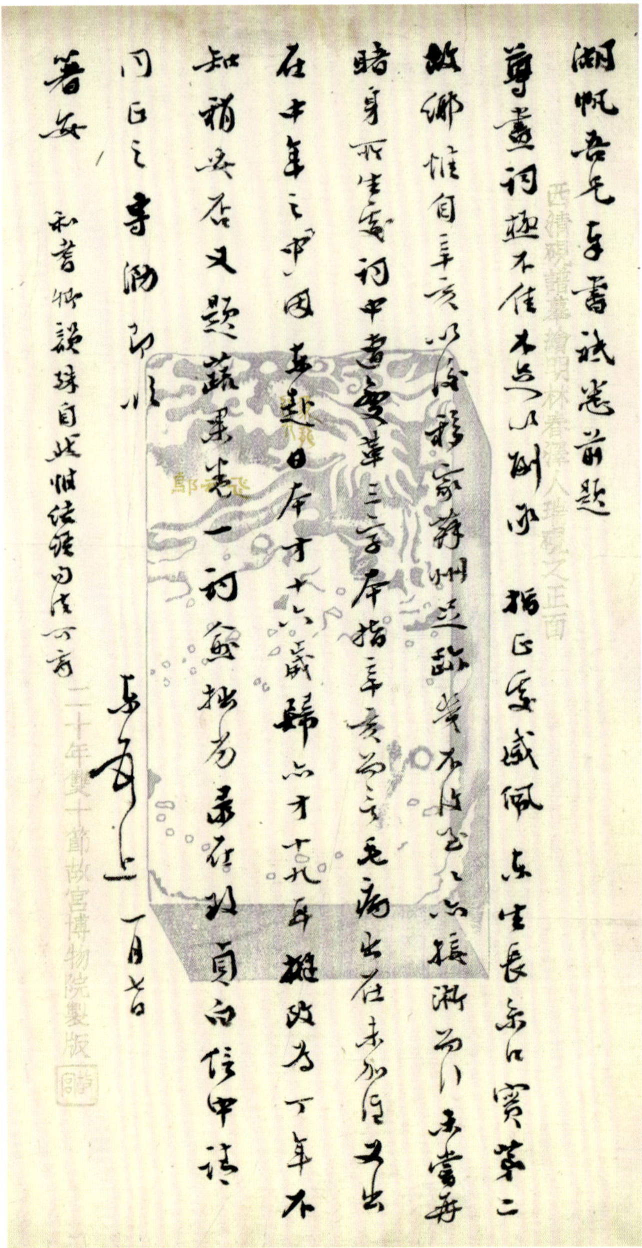
湖帆吾兄先生書襟卷前題
尊書詞趣不佳，未有以副命。指正處感佩。東生長於[illegible]第二
故鄉，惟自辛亥以後移家蘇州，[illegible]。今[illegible]浙，而[illegible]未嘗再
踏身。所生處詞中書夢華三字，本指辛亥前[illegible]，[illegible]
在中年之前。因[illegible]日本時才十六歲，歸亦才十九耳。擬改為少年不
知[illegible]，又題蘇[illegible]卷一詞，[illegible]
[illegible]。專此即頌
著安
[illegible]上　一月廿[illegible]

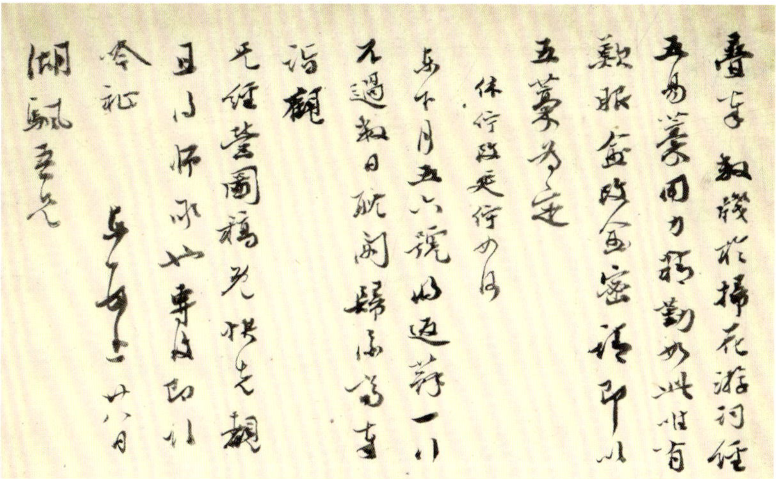

叠奉數箋於掃花游詞經
五易藁因力弱勸如此此有
歎服無改無密語即以
五藁為定
依佇改愛佇如何
兵下月五六號內返蘇一小
不過數日耽閣歸后當奉
謁觀
先經營圖稿充供先觀
且小帰承如專奉即頌
吟祉　兵手上　廿八日
湖颿吾兄

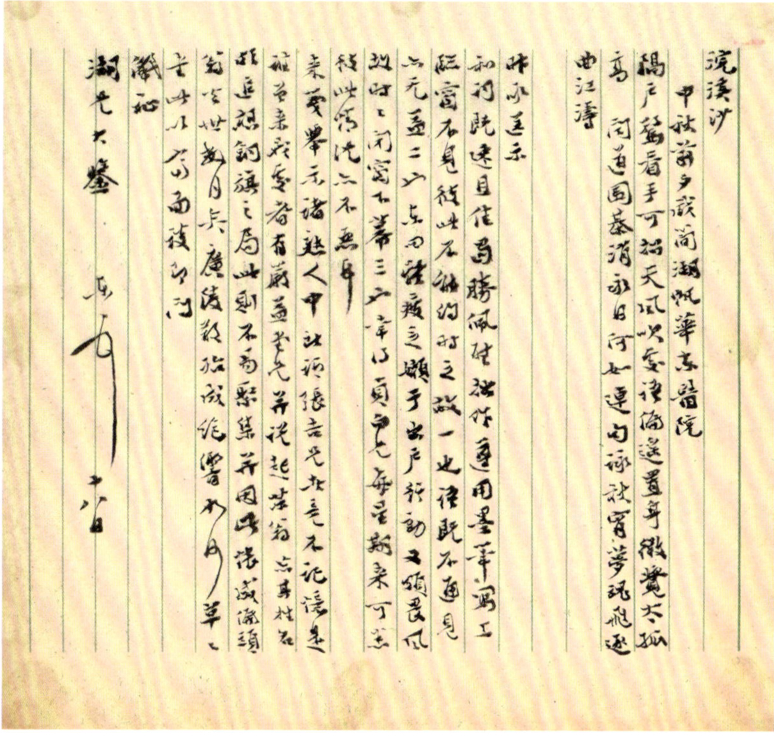

浣溪沙
中秋前夕戲簡湖颿華東醫院
揭户翁看手可招天風吹夢上遙遙置身微覺太孤
高　閑道圓蟾消永夕何如蓮月詠秋宵夢魂飛逐
曲江濤
昨承遠示
和詞既速且佳高勝佩甚拙作專用墨華潤工
[illegible]
湖颿大鑒
[illegible]

湖帆道兄長
書并和夢窗自度腔七調迥為欽佩和夢窗即似夢
窗精鍊之中不失流麗此境不易到也其中江南春
似稍澀竹葉可疵其胃病纏繞轉思無極徐語
梅香慢一闋寓語直白描是正拍題日內也已兄
之後宋詞痕為來動筆尤其為
先作甚真是奇而練之何不得不稍寬時日以
致擬之心毋使勉到
春祉并賀新喜
弟[illegible]
一月廿日

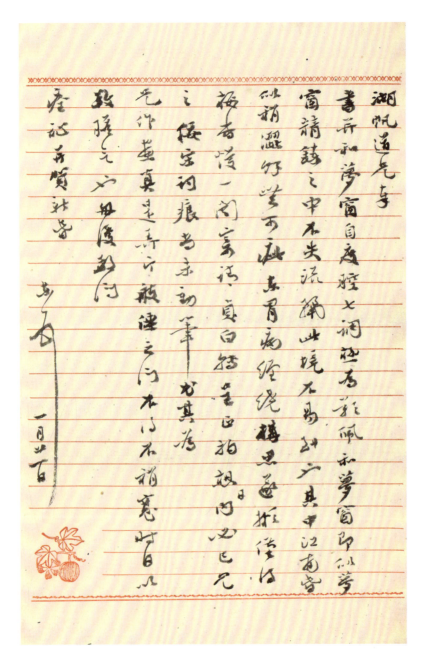

疊奉兩書於社散詞句一字不苟如此焉能作佩海音
漫然勝于前無可指摘弟雖依東山四聲不敢和詞
而無必韻律無訛何其勇也夢窗之詞從前亦都
作過此和韻者祇一調耳（此）有畏難之心故之請
湛之思後勞於此事也　亦云閒日養病不知病豈
嘗理不敢耶　脈識之味或亦有絕迹東針灸無效似
以往多步此討食的覺興趣若甚毋復乎此
起居無恙　春節
湖帆詞兄
弟[illegible]
頓首

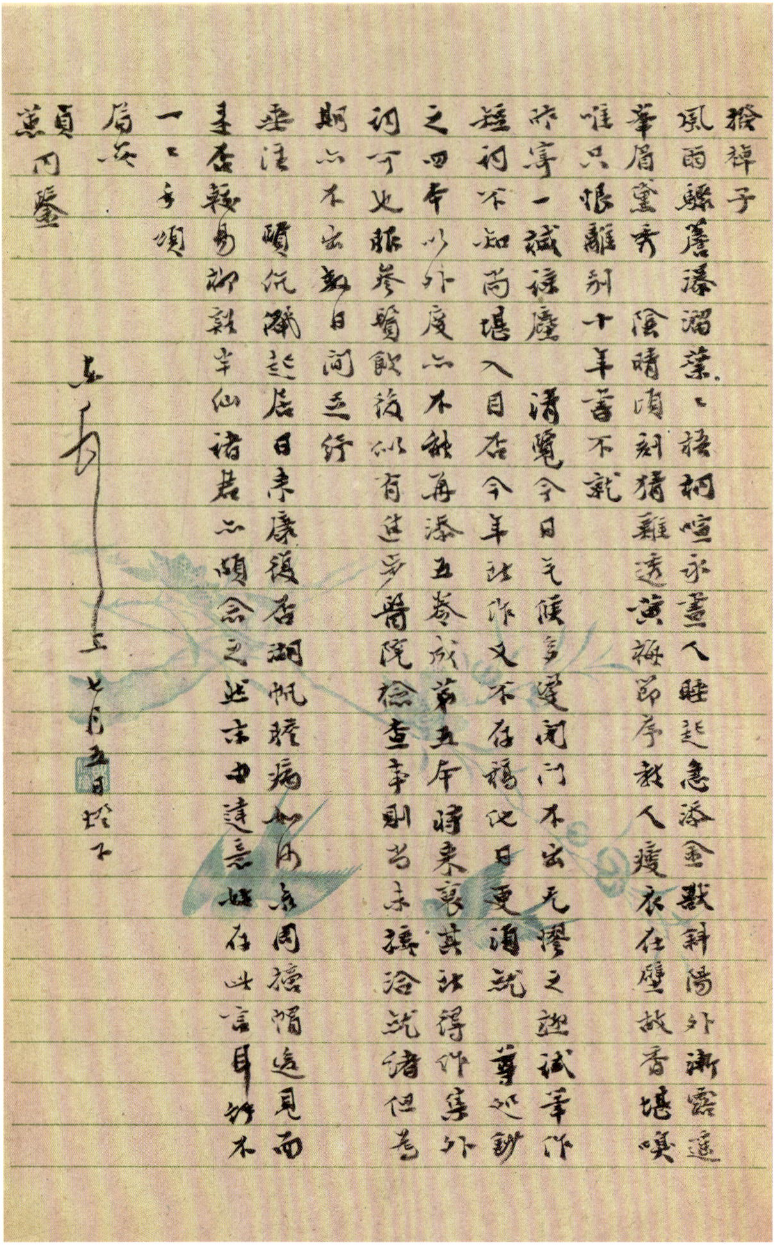

揆禅子
風雨驟蕉濤溜葉。々樓閣喧永晝人睡起急添金獸斜陽外漸露遠
華眉黛秀　陰晴誰料猶難透黃梅節序教人瘦衣在壁故香堪嘆
唯只恨離別十年蓄不就
詩寫一識綠塵　清覽今日氣候多變閉門不出無聊之極試筆作
短詞不知尚堪入目否今年此作文不存稿他日更消説　尊處鈔
之四本以外度亦不能再添五卷成第五本時來裒其此得作集外
詞可也　旅蓉贈飲後以有近多晉院陰查章刪芍未據拾遺諸但卷
期亦不出數日間當行
垂注　頃從滌近居日來康復否湖帆頗病如何亦同德帽追見面
未否穎易御劉半仙諸君亦頗念之此詩未違意盼存此信目擊不
一一　手頌
居安
貞
蕙同鑒
[illegible]上　七月五日燈下

貞
惠函鑒手二日手書藉悉。湖帆柳腰輕一詞甚好，乐話
亦能為矣。閬老扇面已揮就，寄近切寄，香節了出
家兩日全把工夫花在書齋上，詠以也不空，元等如何
消遣。森老過見，著春風杖履，更勝往年，請代致
賀。煥道有賀詩來，亦能亭亭，遂謝然否考閱。
拙詞廿卷，茲錄得一千三百六十一首，其為他日九稿
即近人文氣，為供選擇也。匆匆即頌
儷安

安存
二月六日

壬寅年二月初二日

金鍇兄 湖帆得況石田蔬果長卷

入韞湊物昌懿莫中瓦土底清時新蔬盡、方充圖嘉寶

纍纍又滿枝 擘箋墨纖瓏脂都來收拾畫中宜石田

本自君家出 石田畫師吳仲圭 風味南田亦可思

前從潘伯鄰處見以不託儲舊易段為四十五元並多此

一查既舊先增煩又使饒君覺其賤、欲仄寘以供贊子

詞承湖帆指出疵瑕已為識發之甚是本不能改姑且實鈎

勒本傳耳若加謹則不可當從四換意此孤調四聲亦

拘恐非食辛即能改定結語願君之「既」庭那平聲請改

「悠」字而詞筆流率乃是老境又以忙故未能細細推

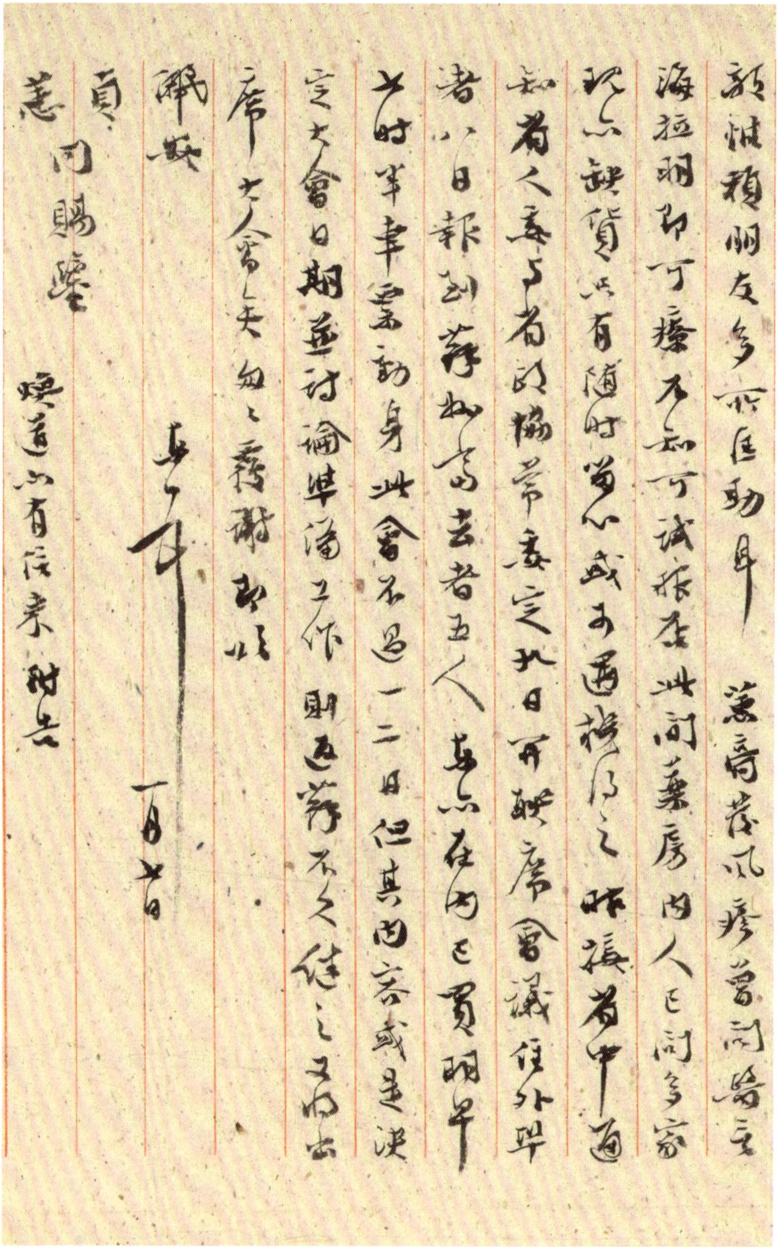

新城積朋友多，亦匡助耳。蕙哥患風疹，曾詢醫生
海拉明即可據，不知可試服否？此間藥房內人已詢多家
現亦缺貨，此有隨時留心，或可遇購得之。昨接省中通
知，省人委與省政協常委定九日開聯席會議，往外埠
者六日報到，蘇州去者五人，良亦在內，已買明早
七時半車票動身。此會不過一二日，但其內容或是決
定大會日期，並討論準備工作，則返蘇不久，佳之又須出
席人大會也。天氣已涼，務請珍攝。此頌
儷安　長年　頓首
貞、
蕙同賜鑒
煥道亦有信來，附告

【吴湖帆师友书札】·下册·第九卷

# 书札释文

100

湖帆我兄大鉴：过沪得窥清閟之藏，虽仅万一，已使心目洞骇。近观故宫书画，真伪杂糅，益叹鉴别精纯真为不易也。属题马湘兰画卷，心绪恶劣，久未报命，顷始成《减兰》一阕，觉抑塞之怀稍能倾吐，亟录呈政，俟他日补书卷尾如何？词如下：素心舒箭，佩结幽芳移楚畹，叶叶枝枝，珍重璚籢下笔时。托根非所，大地已无干净土。空谷佳人，异代相思一怆神。不知尊意谓可否。拙画蒙允赐题言，使声价十倍。小鹣兄约在京相见，何以消息杳然也？拉杂布陈，敬问起居清胜。东顿首。六月廿二日。

101

湖帆吾兄足下：被书，卒卒未报。前、昨两日画家集会以为可以相见，而竟不然，殊怅怅也。大作《个农》词甚好。《荔枝香》第二首似参从郑校清真原词，以文义论，当做『灯偏帘卷，回顾始觉惊鸿去远』，不应有『云』字。此与前首体稍别，不必强同。方、杨虽宋人，所和亦有误处，不止此一首。东从前别有校语，惜所校本已被他人纂去矣。『燕去』之『去』，梦窗用『送』字，清真别首用『遍』字，虽句法稍变，而地位相当，则去声似无疑，且『去』字亦有上声，韵部可检也，作词之乐胜于作诗，吾家方壶先生早有此论，望坚持之。一时兴废正不足道，况毛、陈两公皆有词，则此体之不废又可知矣。草复，即颂吟祉。汪东顿首。一月四日。

102/103

湖帆吾兄足下：复示奉悉。郑校《清真词》欲将《荔枝香》第二首强同于第一首，故拟将『遍』字移置『香泽方薰』下，又于前结增一『云』字，然仍少两字，则在『舄履』句上或下加两方匡，如此腔则同矣，其如文理全谬何。东谓清真此词神完意足，断不容再有增字。『舄履初会』『香泽方薰』本是对文，如言『熏遍』，竟似小儿语。『灯』下去『遍』字，『灯帘』二字不词，且灯又如何卷邪。此上半阕本描写盛会初散，当其盛时，心魂颠倒，及其将阑，惝恍若失。『帘卷』者，卷帘以放人，『灯遍』者，移灯以避雨，见此变动，如梦初醒，回觅情人，则已去远。『惊鸿』本喻人，无端加一『云』字，辞义俱赘，终觉其未可也。毛刻《片玉词》自跋『家藏凡三本』，一名《清真集》，一名《美成长短句》，最后得《片玉》，于异同处亦有校语，独对此首不着一字，则所见三本皆同矣。耆卿、美成妙解音律，集中同调异体者。比比皆是，何独于此完整之词必欲加以疮痏？是郑、朱诸公之偏也（朱校如此类尚有）。缕陈鄙见，不知有当尊意否。《千秋岁引》已承写示，此词用入声极多，而能稳妥，殊不易。东曩时亦有一首，稿本在他人处，暂不能写寄。《西河》用今时熟语协古人腔调，可谓创作。东先见尹老词，曾拟和作，竟不能就也。寒假时必须回家度岁，俟春景稍融，定当诣尊处畅谈，或遣秉三邀同棋一局，尽兴何如？陈匪石已来沪，此老亦当今词手，不知与兄相稔否？拉杂布复，即颂箸安。弟东顿首。一月八日。

○ 104

大作丽而不纤，曲而不晦，《琵琶仙》一词尤为佳构，唯用类似韵改押，词中无此先例。鹤老之说，未敢苟同，仍以用荚韵为是。『狼藉』与『藉甚』本是一字，且亦本是一意，《汉书》『声名藉甚』颜注『谓狼藉而甚』，古人美恶不嫌同词也。义捐书即将结束，东拟廿一号再去一次（最后一次），已与心如丈约定，盼兄此日午后亦能来。相晤不易，借此畅叙，甚可乐也。专复，即颂吟祉。湖帆社兄大鉴。　东顿首。十二月十九号。

○ 105

湖帆吾兄足下：在沪盛扰，次日即返苏开会，不意会又延期，惮于往还，姑留卒岁。奉十五日手教并词，虚衷下问，感何可言。兹就鄙意借论之。《菩萨蛮》一首甚好，有苏、辛意度。词忌生涩，尤忌熟滑，此俱不犯也。《临江仙》改处大胜初稿。吴髩前人未用过，以足下自言，不妨成一新典实。『何』字意难独立，必须用『奈』字足成之。『粹老』之『粹』是否即『瘁』字，连用有本否？私谓不如云『凭谁老隐岩阿』，仍希酌定。『山花』句意尚不憭。『迷、陌、莫』三唇音字相连，读之亦碍唇吻，试易为『迷阳却曲（四字出《庄子》）意多讹』，不知有当尊指否。誉虎词古井微波，自是指个人情绪，若别有风波，即远游亦不成矣。文人习气，例作牢骚，我辈皆不能免也。专覆，顺颂岁釐。　汪东顿首。一月十八日。

○ 106

湖帆吾兄左右：在苏得手示，适远客来游，寄寓敝宅，农正初四冒雪同返上海，杂事纷扰，裁复稽迟为罪。承示，『养粹』出《晋书》『粹』盖粹美之意，『养粹』犹云修德葆真，似未可单用『粹』字，『粹老』二字仍宜酌。《莺啼序》一词，南宋人作者颇多，句法实有参差处。梦窗名家，定律较严，然亦不必拘泥。五字句以一领四者，有时或作以二领三，在词中常有，但不可自我作古耳。以疑古人则又未然，『座有诵鱼美』，正与『水乡尚寄旅』一律，皆以二领三也。『鱼美』盖暗用《诗》『南有嘉鱼』意（『江鱼美』三字，记亦见杜诗），此处实颂主人好客，非真夸盘飧之美，若改为『有鱼诵美』则所指仅为微物，且『诵』字未免嫌重了。『泪墨惨澹尘土』句亦从清真词『当时曾题败壁，蛛丝罩，淡墨苔晕青』脱化而来。『墨』字入声，『澹』字上声，以音律言，皆不妨由歌者融入平声也。大抵词中四声，有宽处有严处，东曩时语学者，谓词曲合律，必无字字皆可通融之理，亦必无一字不可通融之理，正要从宽处见严，乃知严处是真不可通融处也。《莺啼序》五字句或是宽处，如无他本确据，似难辄改。鄙见如此，希更教之。专颂新福。　东顿首。　二月四日。

107

前覆一书，亦不过妄论，辱荷采纳，益佩谦衷。东此时手头所存者，只刘辰翁两首《莺啼序》可供参考，其五字句列举如下：第一首第一段云『唤草庐人起』，第二段『拥凝香绣被』，第三段『甚矣衰久矣』，第四段『且复聊尔耳』；第二首第一段『长似岁难度』，第二段『有寒奖余赋』，第三段『失上界楼宇』，第四段『千载能胡语』，亦一、四、二、三，参差不齐。辰翁虽于律较粗，然此等句法若本固定，自亦不能自由出入也。大作一气呵成，极见力量，字句间有可酌处，已就私意点出。至『沧桑』二字，细想数日，竟无可易，好在一生所历皆可以此包括之，时间较长，不定指今日，似亦无触碍处。月内有暇拟就谈，且不及别事也。匆复，祇颂吟安，不一。　湖帆兄　汪东顿首。　二月十二号。

108

湖帆吾兄足下：薢茩欢然，未倾积素。奉手札及新词数首，洛诵忻佩。本欲和寿词韵而连日尘劳，意思不属，迟报因此，想能见谅也。《清平乐》极有气势，唯『轻骑』之『骑』不可作平声读，请酌易一字何如。东词稿两本在友人处，他日取还，当就正。在沪寄寓迪化中路（麦琪路）两百八十弄十二号，电话七八六二五。与尊处相距较远，然得暇终当造访也。匆覆，不尽。手颂吟安。　汪东顿首。　四月廿六日。

109

湖帆我兄执事：奉书快慰。麝尘《莲寸集》被兄发现，他日当借钞一本。所云无本调无复词原闻辟老言，如此必为误记也。稽迟作答者，因待尊著《联珠集》来，乃至今未见送到，恐是寻不着地方。一星期后东当赴沪，届时再面索何如。余不一一。复颂起居。　弟东顿首。　二月廿四日。

110

湖帆吾兄足下：大作《联珠集》序因炎蒸不能构思，遂尔迟误，歉甚。顷奉函促，仓卒成之，不及录副，遂以原稿寄呈，乞裁定为感。印成后欲得快读，当蒙先赐也。余不白。祇请起居。汪东顿首。　八月十六日。

111

湖帆兄：承令作小词一首，录请諟正。彊村《宋词三百首》稿本并批校宋元人词七八种原在陈仁先令嗣手，顷因穷困，愿出以易米，讨价两百万元（各种全包括在内），不知兄有意否？书现交贞白兄处，或去看或由东带到尊处均可，唯须速决，因前途甚急迫也。手颂吟安。　汪东顿首。　六月二号。

112

属题唐子畏《仕女》《醉花阴》调，别纸写上，有不妥处请指正。文题一绝盼钞示，以备制题参考也。下月中或移居青年会，倘成事实则离尊处较近，晤教不难矣。此上湖帆兄鉴。　东顿首。　五月三十日。

112

奉示并大作一首，极佳，细腻熨贴，不可多得。此词极难填，东至今尚未敢尝试也。舍弟处已以尊意告之。内人于星期一动手术，经过良好，惟出院尚需时日。东又患牙肿，前日拔去牙根两枚，顷始稍愈，以此稽复，勿罪。此上湖帆吾兄。东顿首。　十月廿九日。

113

湖帆我兄：得手书并大作，诵悉。此两调皆不易为，东尝经构思，，终于阁笔，不知足下何以从容得之也。两首中似以《多丽》为胜，唯『消尽断肠客』一语，文义有窒碍，宜酌。『闲凭语』三字亦未醒，或改去『语』字即可。『侣伴』二字皆上声，何不仍用『伴侣』？此虽应社之作，然违其限调，恐不中程。至《满庭芳》，本无二体，所参差者，仅后段起句用韵与否耳（词中多少一韵是常事），如是者多，亦非书舟所独，细思之或彼等误以程前段起句为用韵（实则碰韵而已），遂断为别体耳。东懒于质疑，置而不应，因尊问聊发之。《六州歌头》词意似有所颂，然不甚醒豁，病不在『鱼鳖』二字也（『鱼牧』『鸥鹭』皆不如此两字）。僭议如此，未审有当尊意否。余不及。覆颂吟安。　汪东顿首。　七月七日。

114

湖帆社长兄左右：奉示，承商榷拙词，极感。戴未及同治，东亦知之，但其同辈中到同治者尚多，此云画手，实不指戴一人，意谓在此期间唯戴杰出耳，若改『道咸』，似道光时画家有非戴所能掩者。就律言，此句首字周、史、姜、吴皆用平声，玉田只一首，用『闭门』字，『闭』字乃去声，然玉田于律本稍宽也。如尊意嫌其不醒，或改『咸同以来』何如？覆候吟祉。　汪东顿首。　十二月十三日。

115

湖帆吾兄左右：两承赐书，并示大作，佩悉。『坐月』之『坐』，虽韵书收上声，然通俗皆作去声，读宋人词恐亦从俗，如『渐』字、『似』字多作去声用，是其例也。瞿安曩为言阳上作去声，律中往往如此，『坐』乃阳上，亦与其论合矣。『暗』『醉』两字，鄙意以为『暗』字好，尊见如何？《碧双楼论词图》题篇先就，有即日动笔之势，忻感无极。夏剑老曾为贞白作《碧双楼图》，贞白尝以属题，而于三轮车中失之，东有《翠楼吟》纪其事，与贞白交情之密，亦由此而起，此可作楼中掌故也。《扫花游》一阕，大意甚好，惟俎、鼓两韵尚待斟酌。此虽和清真韵，然既别有题，用字不必太避重复（如钟、鼓等）。『论』有平、去两声可通，『言论』自当作去。陈匪翁近来见否？社题《应天长》曾否交卷？拉杂布复，即候吟安。　汪东顿首。十一月廿四日。

116/117

昨孙君来，携到手翰，东刚动和清真《丹凤吟》之念，而尊词已至，信是捷才，且好句自然，可谓熟能生巧矣。下阕有可商者。记清真原词『弄粉调朱柔素手，问何时重握』，今和谓『漫想当初，念纤柔曾握』，似脱三字，应补。『等闲妬杀风雨恶』，『等』字、『雨』字上声，然原词『坐』字、『诸』字恐是阳上作去（凡词曲中阳上声往往作去声用，是君家瞿安语），故梦窗于此句作『暮山澹若城外色』，似可参考也。东本拟借到周词再动笔，因大作启发，遂亦仓促成一首，录请指疵：丹凤吟　和清真韵　疑向秦淮佳处，镜展流波，云飞高阁。新来多病，朝暮自垂轻幕。回思旧事，倚肩同笑，步覆苔侵，单衣寒薄。剩有笺分凤纸，字隐鸾钗，题记犹满阑角。　世事忽睹变态，去来渐识情味恶。纵使丹忱在，怨青蝇诡口，思共金铄。啼珠匀面，悒悒背镫双落。靳茧抽丝难制锦，但缠绵盈握。此冤怎诉，无个人问着。聂路生决不会忘记，益堂所提确是较陌生的人，容再问之。京兄爱人甚静默寡言，何以突发神经病，是宿疾耶。东尝戏言，凡意志顽强者，尽管百病丛生，独不易有神经病，我辈是也。相继出院，是必然之事，但先后不由自家作主，则能聚与否，仍属未然之天，此亦指我个人耳。项、张、黄、庞人才济济，犹可得梦神器，但成局而已，然或尚有其他困难。又闻半仙甚忙，星期尤甚，能大家有闲，仍是不易。拉杂书覆，即问痊安。　湖帆兄　东顿首。　九月廿二日。

118/119

珍珠帘　湖帆示《大酺》词，不能和也，作此以广其意

绿阴原比花时好，无人解，杜牧伤春怀抱。清露滴珠盘，正绮筵开了。事往情牵烦寄语。系燕足，音书谁到。愁觉。想寒衾欹枕，不觉催晓。　红豆撷取相思。问盈筐何似，珍珠环绕。照座月初三，伴玉人歌笑。瘦减腰围新病起，怅未斟螺杯同醽。休恼。待客馆春回，花间遇巧。

时节巧合，故尊词一意两用，而将首句第二、三字连圈，则又将第三者牵入，颇似文章截搭题，不胜意外之感，一笑。此首可商酌处较多，得暇当与吕公论之。前日益堂来，问其人，则朱翔甫（竹君子）也，似与兄同座时少，故猜详不到，东亦忘之。宋绩老不知尚健存否，愈想愈多，广陵不散，唯此中亦有界畔，非可随手拈来便成合作也。右词录请订正，仍待吕公来转交，一则省得写第二首，一则不欲多烦医院中人，乞谅之。　湖帆兄　东顿首。　廿八日。

120

湖帆吾兄：奉书祗悉。前题尊画词极不佳，不足以副，承指正处，感佩。东生长京口，实第二故乡，惟自辛亥以后移家苏州，足迹几不复至，至亦接淅而行，未尝再睹身所生处。词中『遭变革』三字，本指辛亥而言，毛病出在未加注，又出在『中年』之『中』，因东赴日本才十六岁，归亦才十九耳。拟改为『丁年』，不知稍安否。又题蔬果卷一词愈拙劣，录在致贞白信中，请同正之。专泐，即颂箸安。　东顿首上。一月七日。　和耆卿韵殊自然，惟结语句法可商。

○121

叠奉数笺，于《扫花游》词经五易稿，用力精勤如此，唯有叹服。愈改愈密，请即以五稿为定。『休伫』改『延伫』如何？东下月五六号将返苏一行，不过数日耽搁，归后当奉诣，观兄经营图稿，既快先睹，且得师承也。专复，即颂吟祉。

东顿首上。 廿八日。 湖帆吾兄

○121

浣溪沙　中秋前夕戏简湖帆华东医院

隔户惊看手可招，天风吹处语偏遥。置身微觉太孤高。　闻道围棋消永日，何如连句咏秋霄。梦魂飞逐曲江涛。

昨承送示和词，既速且佳，曷胜佩慰。拙作遵用墨笔写上。临窗不见彼此，不能约时之故一也；语既不通，见亦无益二也；东四体疲乏，懒于出户行动，又颇畏风，故时时闭窗下幕三也。幸得贞白兄每星期来，可悉彼此情况，亦不恶耳。来笺举示诸熟人中所谓张吉兄者竟不记忆是谁。曾来我处者有严益堂兄，并说起某翁（忘其姓名），颇追想铜旗之局，此则不易聚集，并因此怅感偏头翁去世数月矣，《广陵散》殆成绝响，如何。草草书此，以当面谈，即问俪祉。　湖兄大鉴。　东顿首。　十八日。

○122

湖帆道兄：奉书并《和梦窗自度腔》七调，极为叹佩。和梦窗即似梦窗，精炼之中不失流丽，此境不易到也。其中《江南春》似稍涩，余无可疵。东胃病缠绕，构思遂拟，仅得《梅香慢》一阕，寄请贞白转呈正拍，想日内必已见之。《佞宋词痕》尚未动笔，尤其为兄作画，真是弄斤般倕之门，不得不稍宽时日，以养胆气也。匆复，敬问痊祉，并贺新春。　东顿首。

一月廿一日。

○123

叠奉两书，于推敲词句一字不苟如此，曷胜钦佩。《梅香慢》后胜于前，无可指摘。东虽依东山四声，不敢和韵，而兄必韵律兼顾，何其勇也。梦窗七调记从前亦都作过，然和韵者只一调耳。（泚）。有畏难之心，故乏精湛之思，优劣于此可见。示云间日发病，不知何病，岂尝胆不效邪？肥脓之味或当缓进。东针灸兼施，似小进步，然对食仍无兴趣，苦甚。匆复，手颂起居，并贺春节。　湖帆词兄　东顿首。　一月三日。

## 124

附：汪东致吕贞白、罗慧高函

拨棹子　风雨骤，檐瀑溜，叶叶梧桐喧永昼。人睡起，急添金兽。斜阳外，渐露遥峰眉黛秀。　阴晴顷刻猜难透，黄梅节序教人瘦。衣在壁，故香堪嗅，唯只恨、离别十年香不就。

昨寄一械，谅尘清览。今日气候多变，闭门不出，无憀之极，试笔作短词，不知尚堪入目否。今年所作又不存稿，他日更须就尊处钞之。四本以外度亦不能再添五卷成第五本，将来衰其所得，作集外词可也。服参须饮后似有进步，医院检查事则尚未接洽就绪。但为期亦不出数日间，足纾垂注。贤伉俪起居日来康复否，湖帆胆病如何，京周摘帽后见面是否较易？柳溪、半仙诸君亦颇念之，然末由达意，姑存此言耳。余不一一，手颂局安。贞、蕙同鉴。　东顿首上。七月五日灯下。

## 125

贞、蕙同鉴：奉二日手书，祇悉。湖帆《柳腰轻》一词甚好，东所不能为矣。阆老扇面已挥就，当照地址寄。春节得在家两日，全把工夫花在书画上，所以也不空。兄等如何消遣？森老想见着，春风杖履，更胜往年，请代致贺。焕道有贺片来，亦盼寄声道谢，恕不专函。拙词廿卷，总结得一千三百六十一首，书局他日如提倡印近人文艺，当供选择也。匆上，即颂俪安。　东顿首。　二月六日，壬寅正月初二日。

## 126/127

金错刀　湖帆仿沈石田蔬果长卷　人辐凑，畅昌熙，吴中风土应清时。新蔬盎盎方充圃，嘉实累累又满枝。　研黛墨，缀胭脂，都来收拾画中宜。石田本自君家出（石田画师吴仲圭），风味南田亦可思。

前后两信都奉到，以不记储蓄券改为四十五元，遂多此一查。既累兄增烦，又使饶君觉其聩聩，歉仄奚似。《双声子》词承湖帆指出疵谬，已另笺覆之。东意本不指现在，实钩勒不清耳，若加注仍不可，当徐思换意，此孤调四声所拘，恐非仓卒即能改定。结语『愿君』之『愿』应作平声，请改『凭』字如何？词笔荒率，既是老境，又以忙故不能细细推敲，惟赖朋友多所匡助耳。蕙高发风疹，曾闻医言海拉明即可疗，不知可试服否？此间药房内人已问多家，现亦缺货，只有随时留心，或可遇机得之。昨接省中通知，省人委与省政协常委定九日开联席会议，住外埠者八日报到。苏州当去者五人，东亦在内，已买明早七时火车票动身。此会不过一二日，但其内容或是决定大会日期，并讨论准备工作，则返苏不久，继之又将出席大会矣。匆匆覆谢，即颂俪安。　东顿首。一月七日。　贞、蕙同鉴。　焕道亦有信来，附告。

叶恭绰（1881—1968）

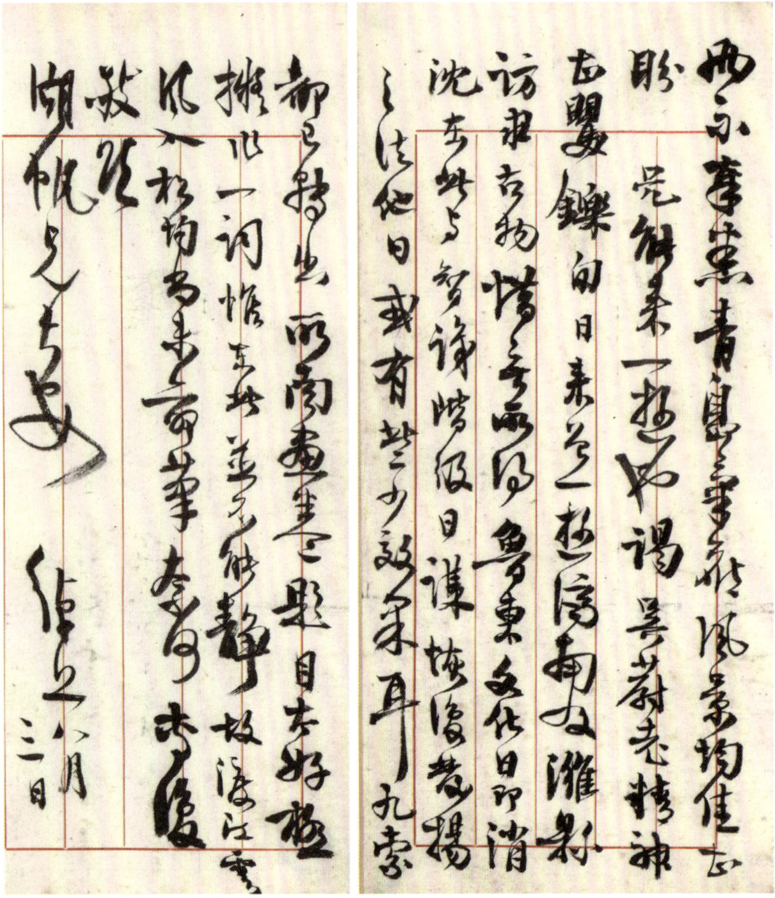

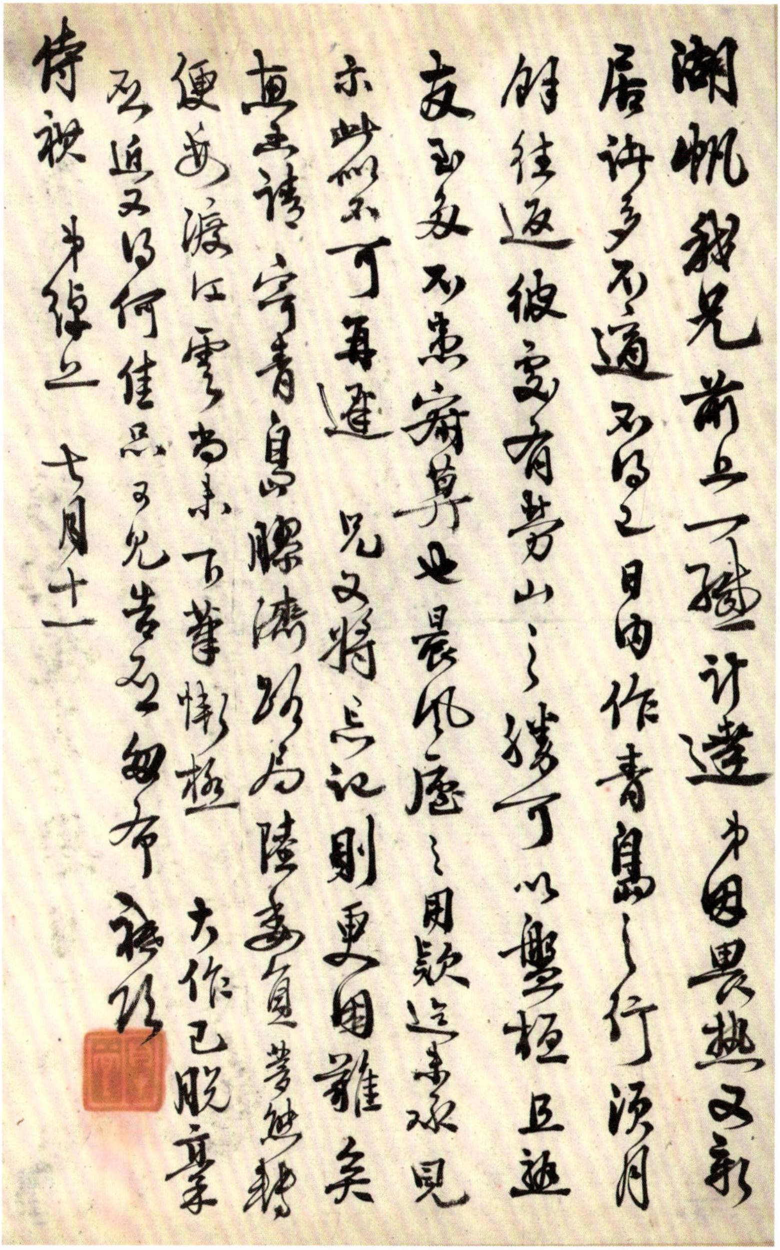

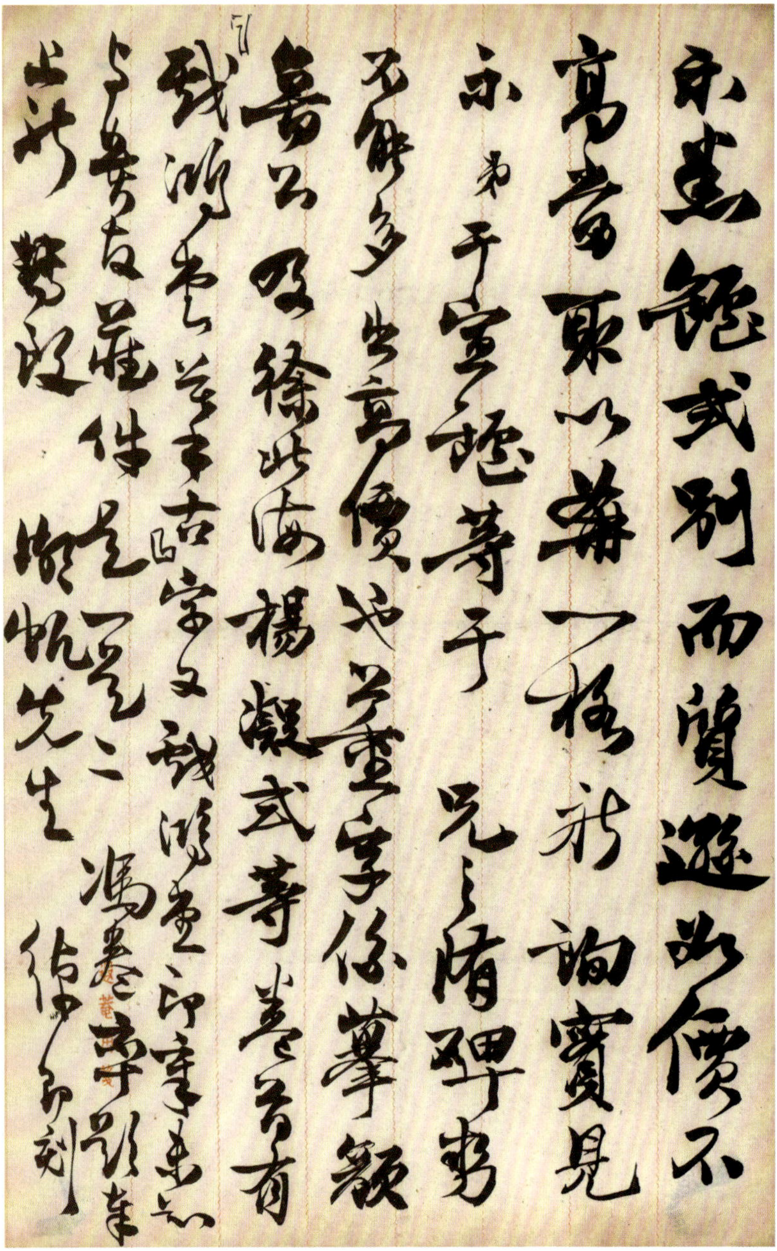

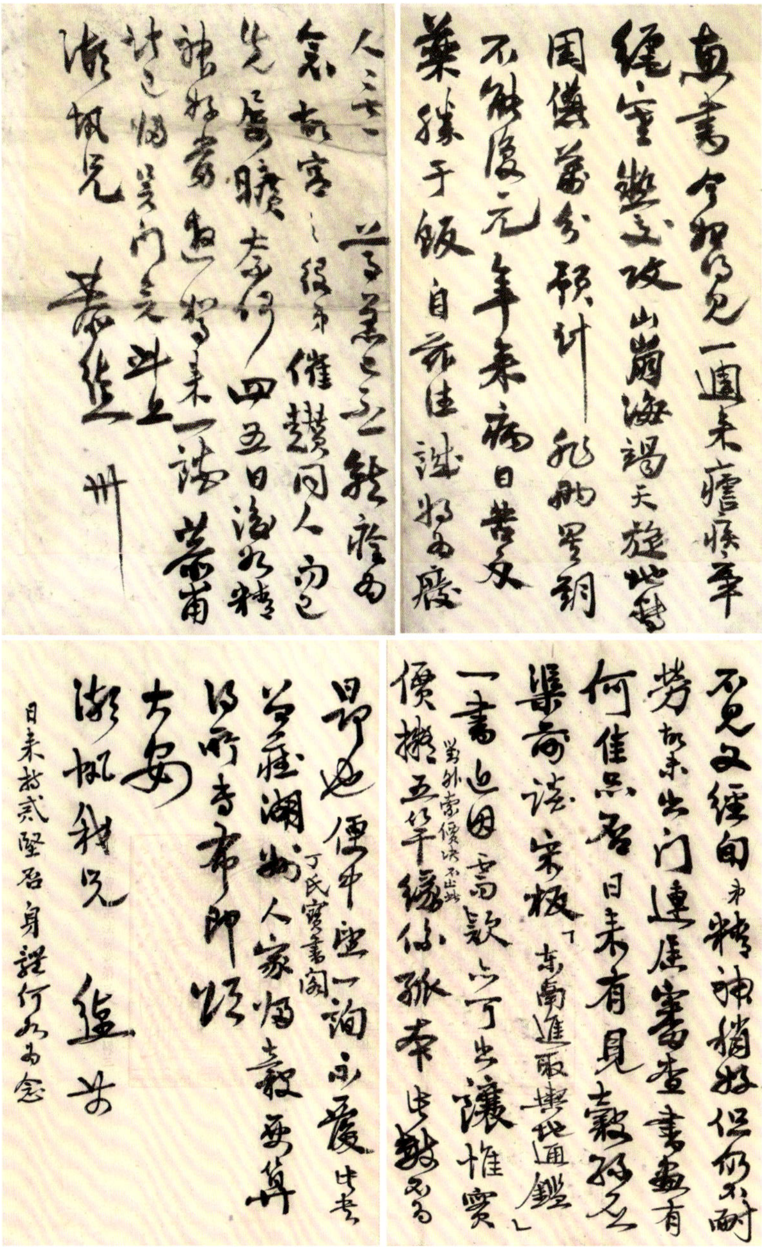

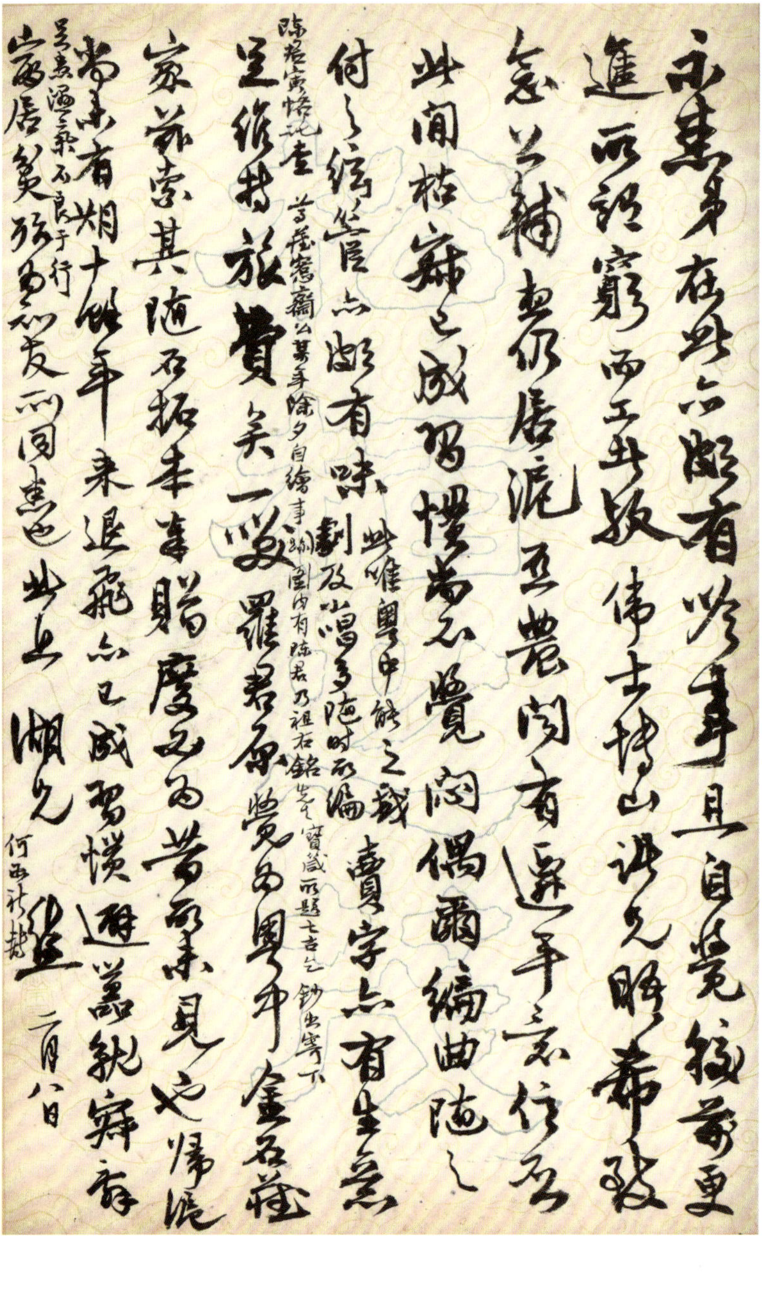

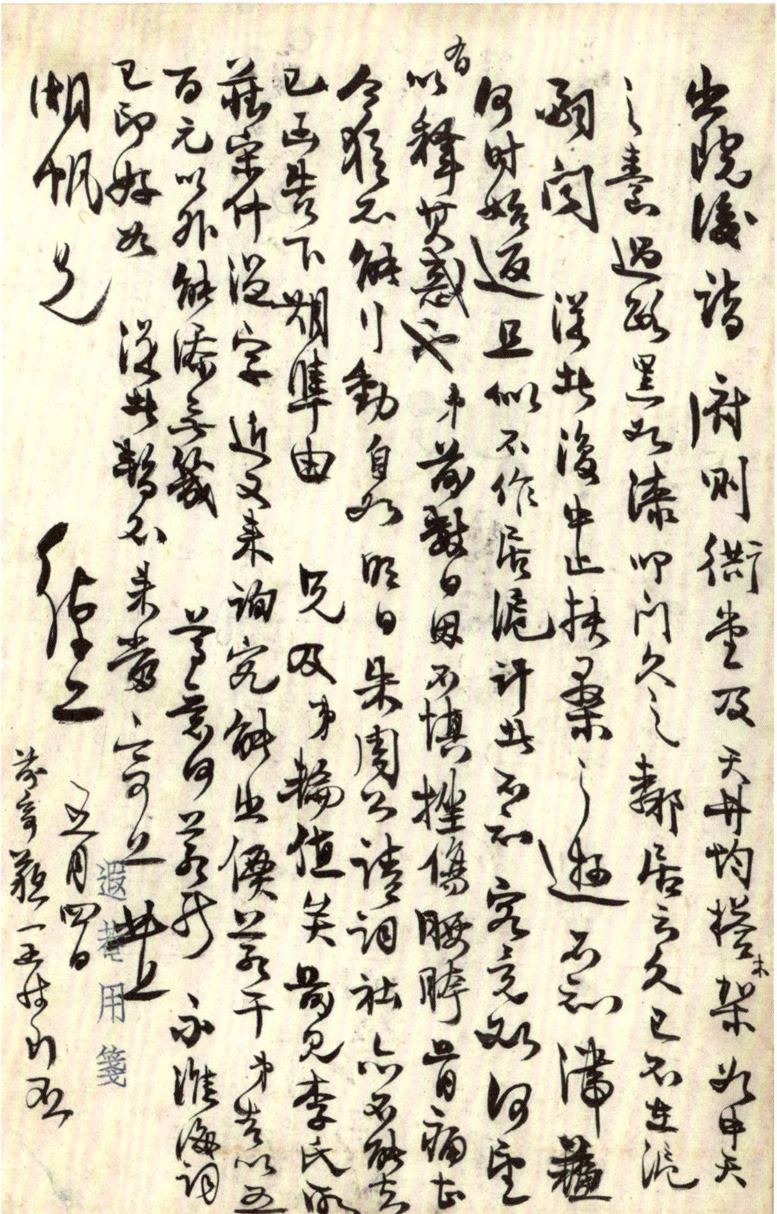
遐菴用箋

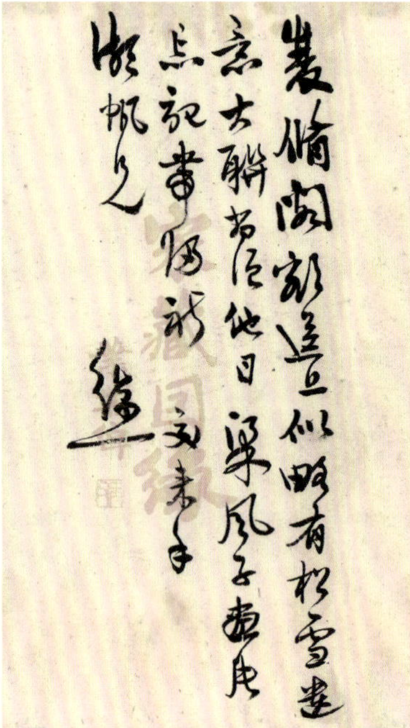

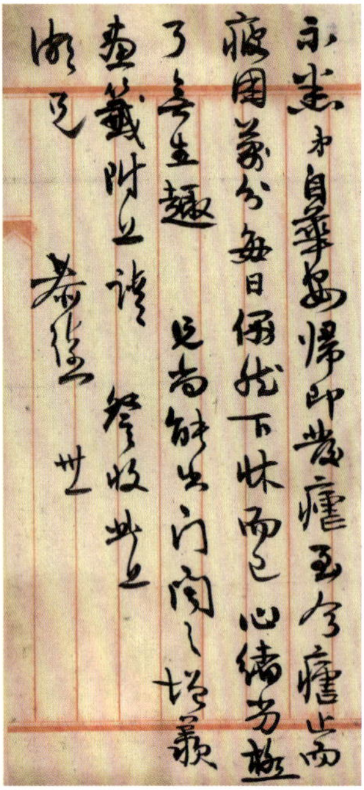

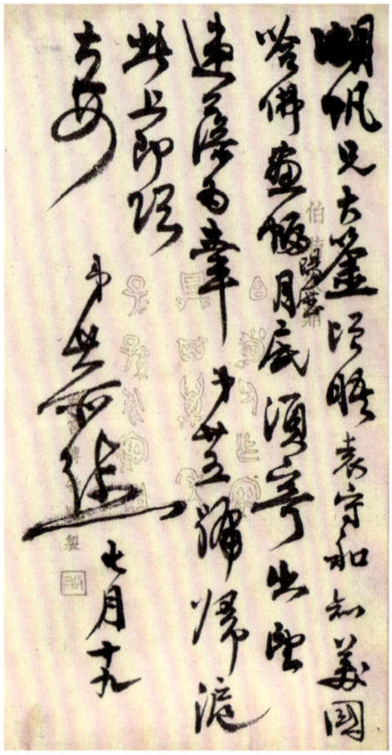

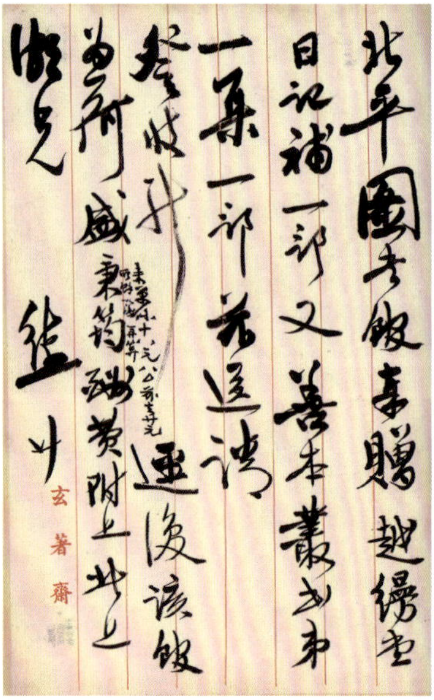

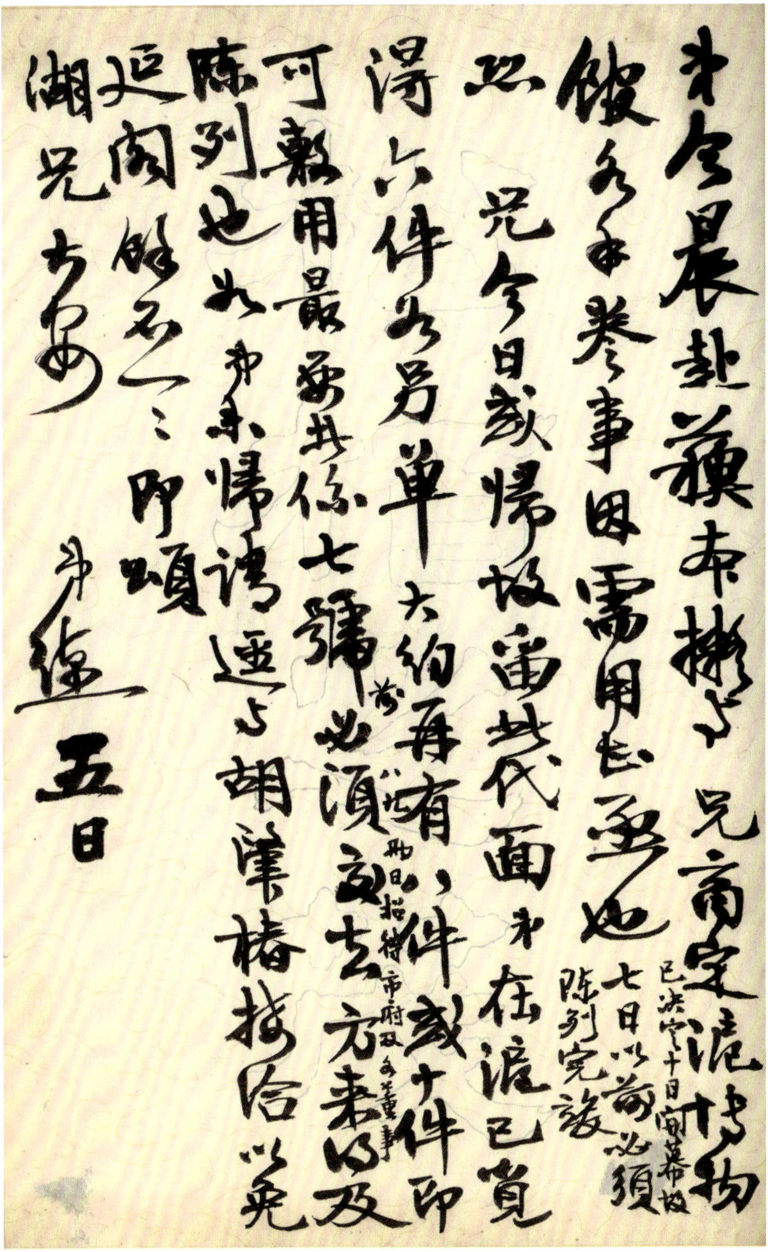
本日晨赴藩轅奉擲〻 兄商定滬博物館各件參事因需用長函也 已決定十日開幕布展 七日以前必須陳列完竣 兄今日或歸故留此代函 未在滬已覓得六件外另單 大約再有〻件或十件印 第八、九、卅日招待市府及各界董事 可數用最要者係七種必須交去方來得及陳列也 此事弟未歸請速〻胡肇椿持信以免延閣 能否〻〻 即頌
湖兄大安
弟 緒 五日

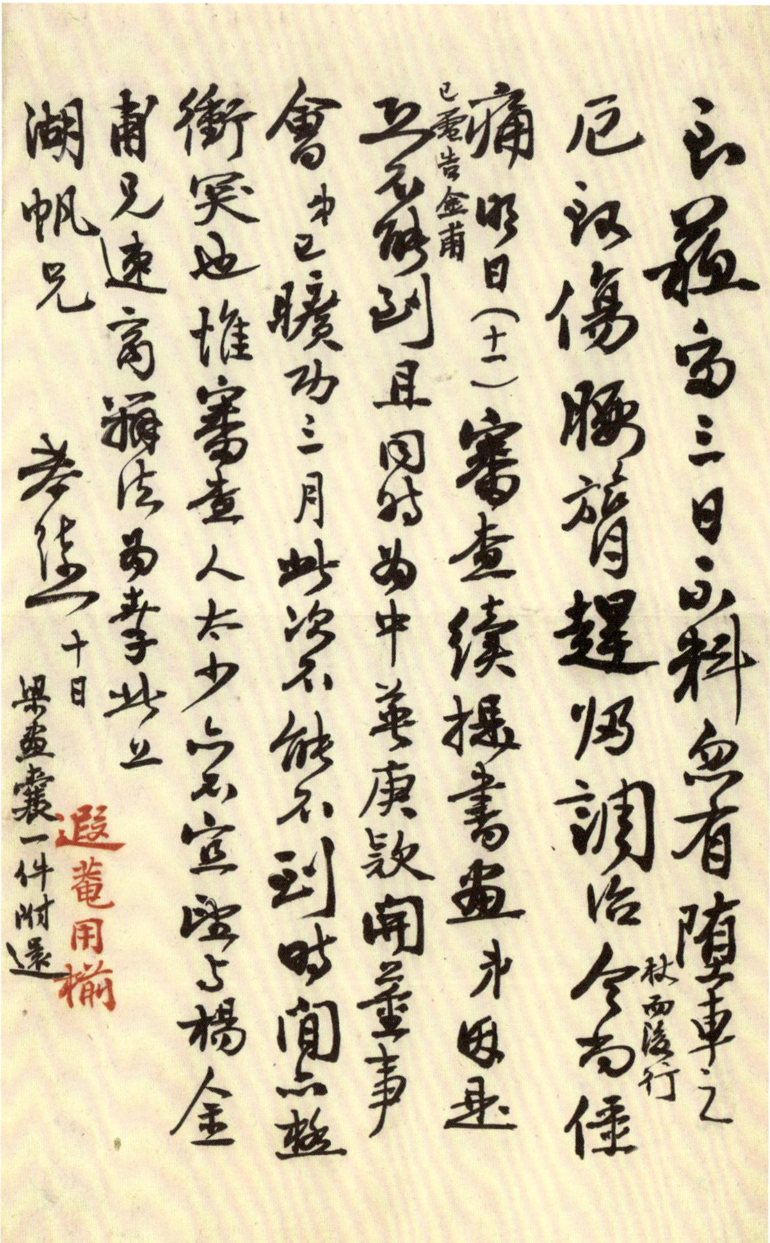

正擬留三日，正料無有隨車之（秋西後行）
厄，頭傷腳脫，趕快調治，今尚僂
痛，明日（十二）審查續提書畫，亦因是（已屬告金甫）
正名辭到，且同時為中華慶款開會董事
會中已讀功三月，此次決不能不到，時間亦極
衝突也。惟審查人太少，亦宜陪與楊金
甫兄還商稱法為幸。此上
湖帆兄
恭綽上 十日
吳畫囊一件附還
遐菴用牋

送函計達 玉展已定舊曆新年初二又得聆早日到安便帶港 黃玉麟兄尤所欣盼 命題跋語由由弟口呈殊不足為 先生名繪增重也 此畫近百十年流傳之緒雖查出叙明以更有價值 至如最近係由何方變戰出度或尚未便宣布然祇叙以前經過可也 此上
湘帆我兄

[illegible] 一月廿

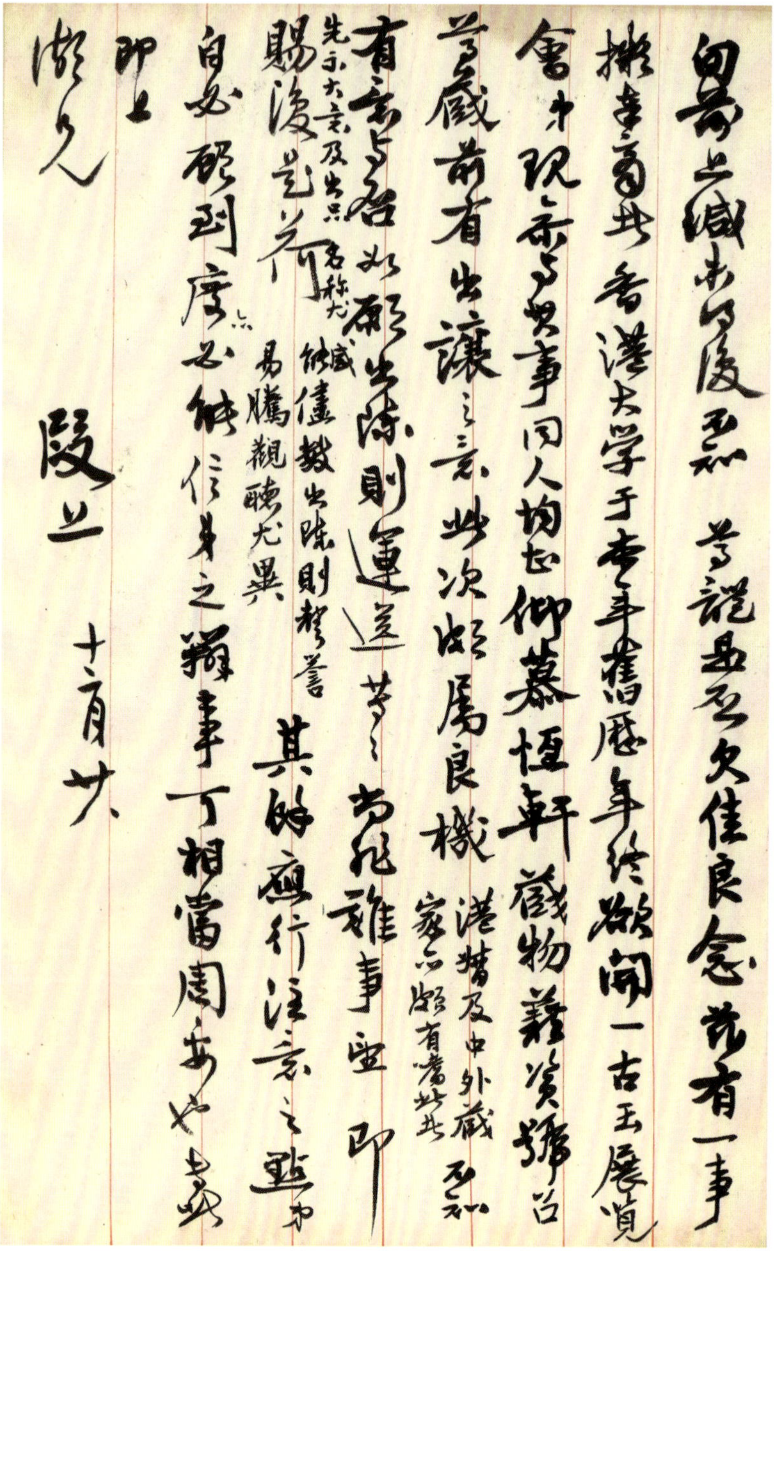

自吾兄處出後，想 尊況安吉佳良念念。茲有一事擬奉商者：香港大學于本年舊曆年終欲開一古玉展覽會，中現亦已覓事同人均甚仰慕恒軒藏物，擬資號召。吾兄藏前有出讓之意，此次將為良機。港埠及中外藏家亦將有意購者也，恐知。有意與否？如願出陳，則運送等等尚能雜事照即賜復，並先示大意及出品名稱，尤紛儀繳出陳則榮譽，易騰觀聽尤異。其餘應行注意之點亦自必照到，庶不致仍有之觸事，可相當周安也。專此

即頌

潮久

陵上

十月廿

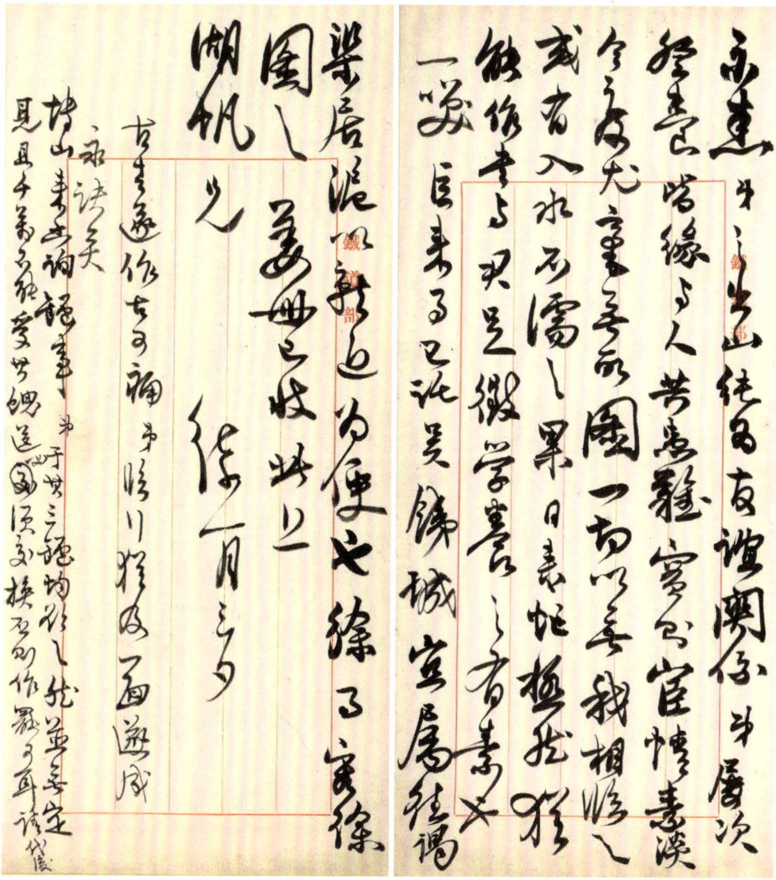

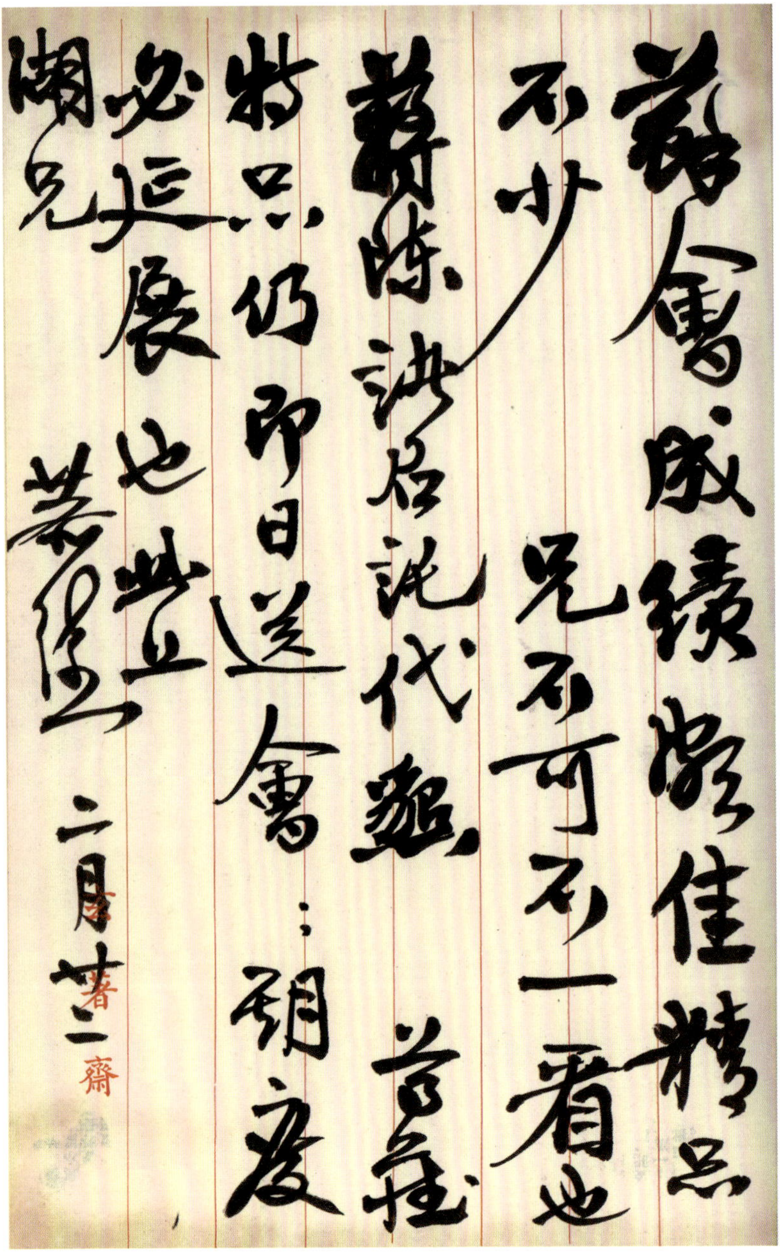
龢會成績燦佳精品不少兄不可不一看也
靜陳洪君諸代邀黄羅
特只仍即日送會：朝度
必足像也然
湖兄
芙纃之
二月廿二

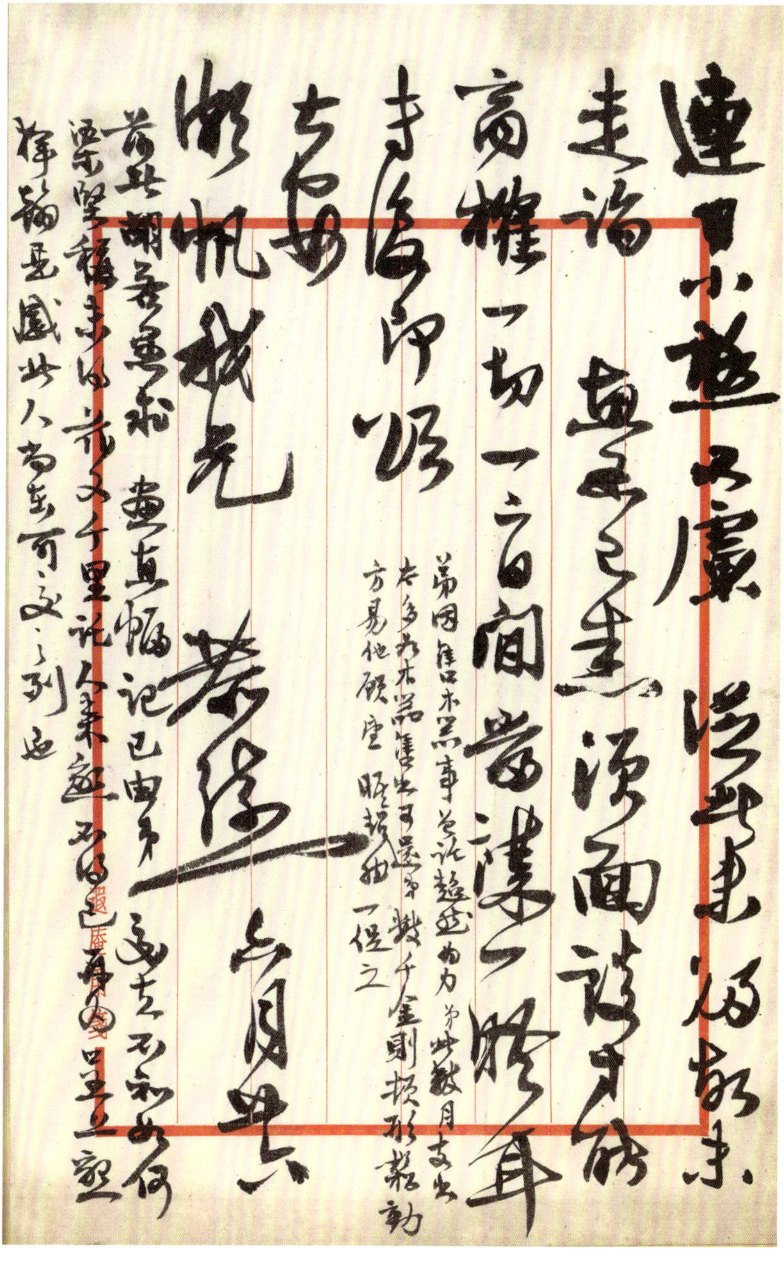

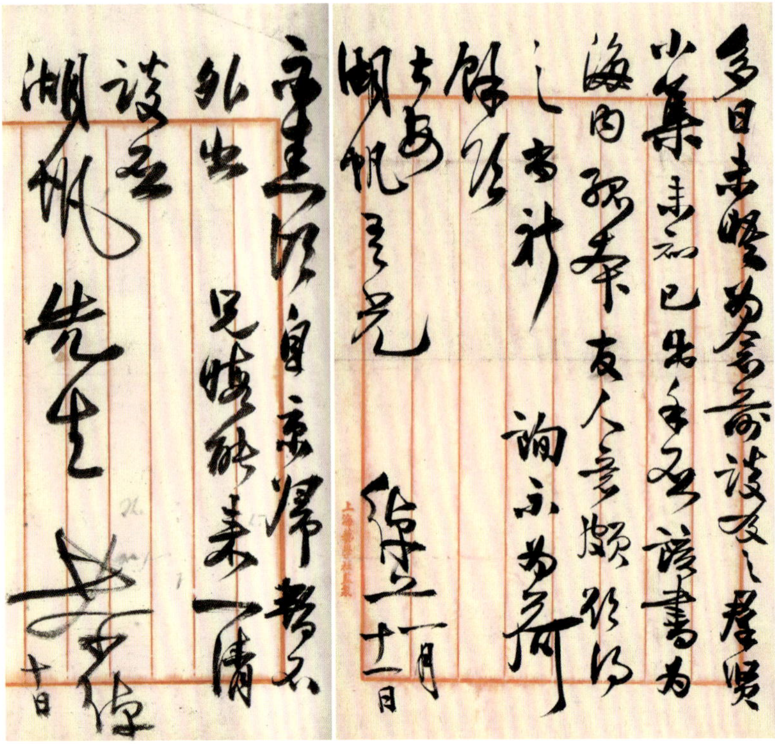

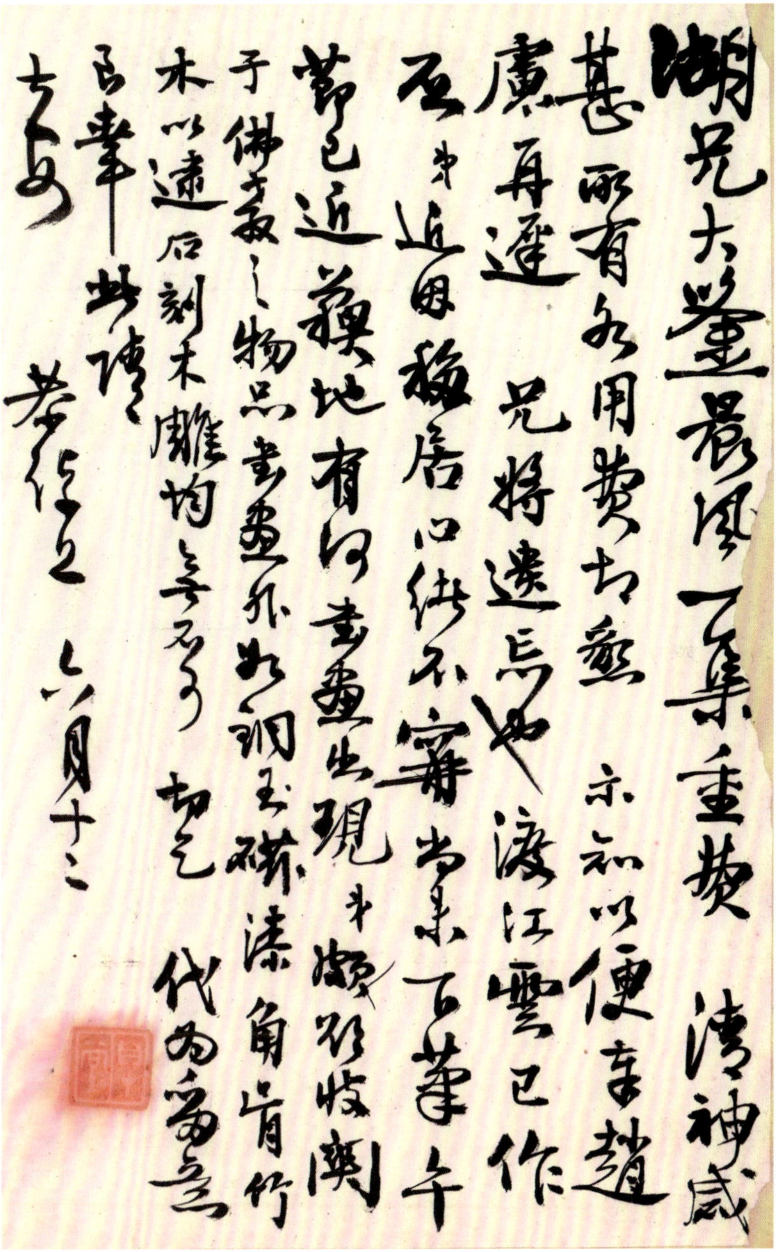

湖兄大鉴：晨风下集，重携清神，感
甚。所有各用费等款，亦知以便查道
虞再迟。兄将远去也，渡江云已作
否？弟近因移居，口猶不宁，尚未下笔。今
節已近，蘇地有何古画出现，弟嘱代收購
于佛象之物品，古画外如铜玉器、漆角骨竹
木以远石刻木雕均无不可，切乞代为留意
至幸。此请
大安。黄質上 六月十二

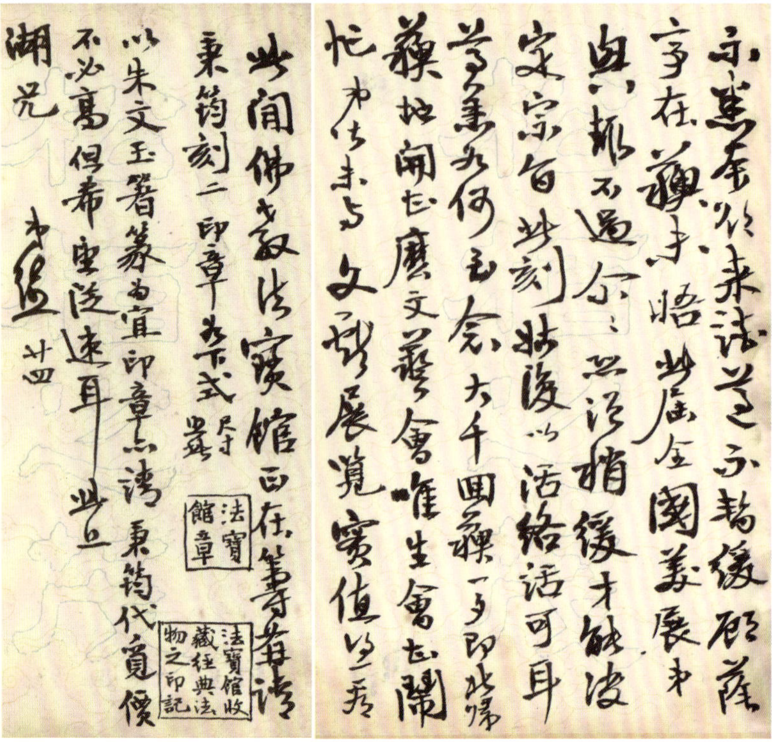

示悉。奉以来谈并之，示鹤缘所藏
章在苏州。晤此届全国美展中
画，颇不过尔尔。然须稍缓才能波
及宗旨，此刻北后以活络话可耳。
商之美展何日开会，大千因藩一旦即北归
苏地开过广文艺会，唯生会在开
忙，弟未与文之谈展览，实值得一看。

此间佛教法宝馆在筹备，请
秉钧刻二印章，如下式，尺寸照样
法寶館章
法寶館收藏經典法物之印記
以朱文玉箸篆为宜，印章亦请秉钧代觅便
不必高，但希望速耳。此上
湖兄
弟□□ 廿四

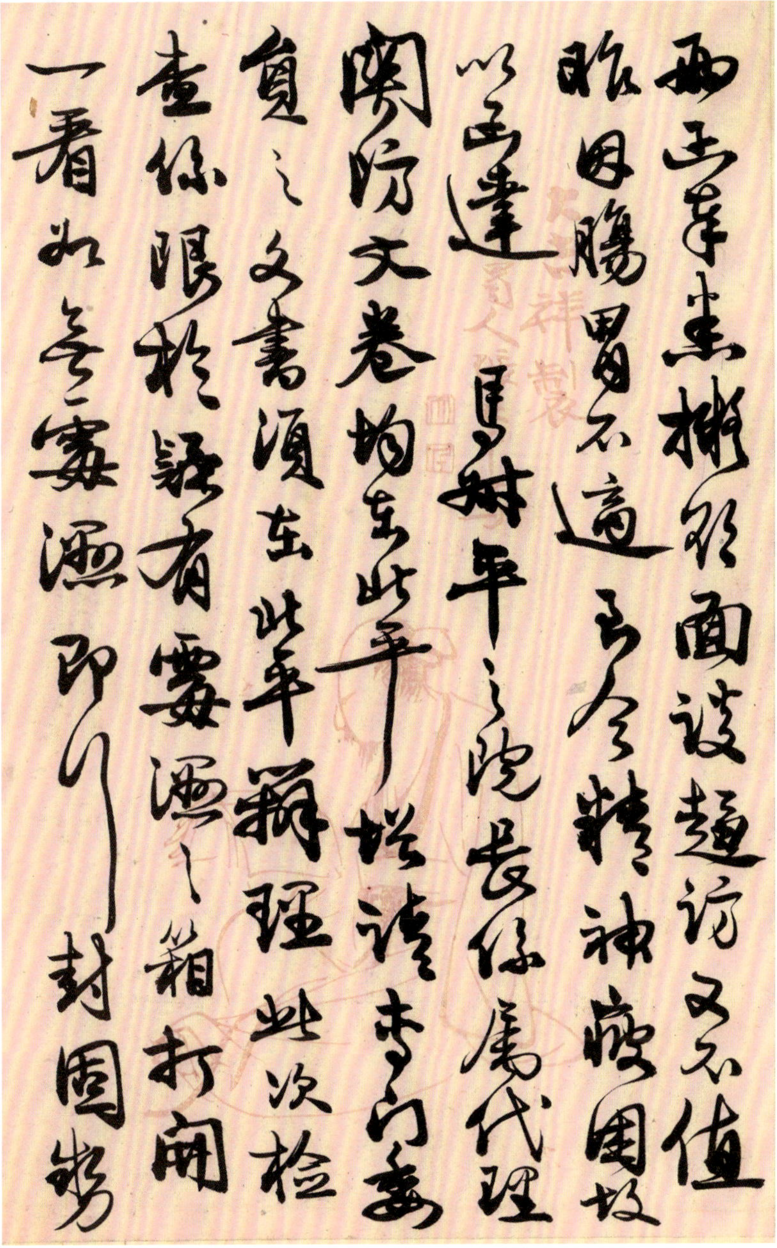

兩正寄來撕開面談趙訪文不值
耽因腸胃不適今精神殊困乏
以是遲遲目射年之說長孫屬代理
閱所文卷均在此乎據請李丙委
負之之文書須在此年籍理此次檢
查條限頗有零灑箱打開
一看如蒙灑即行封固好

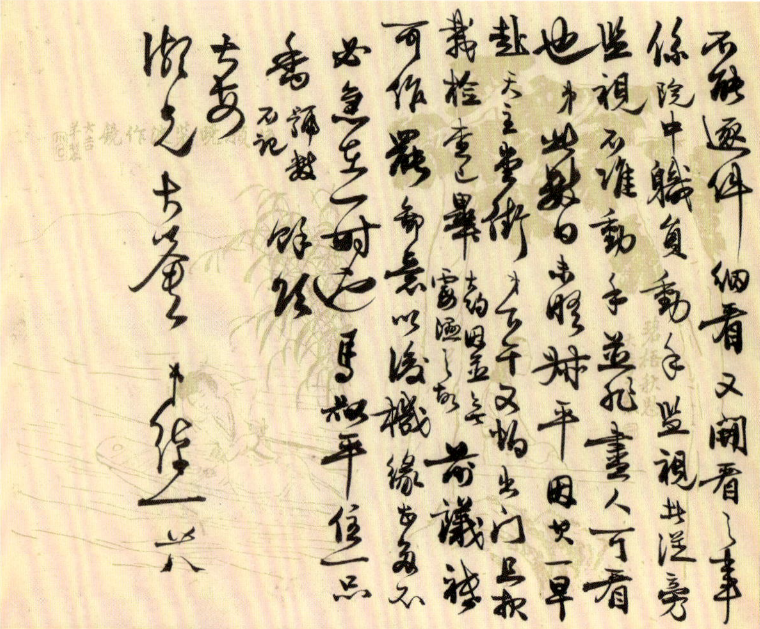

不能逐件细看，又闻看了事
系院中职员动手，监视者从旁
监视，不准动手，并非画人可看
也。弟此数日来殊烦忙，平因欠一早
赴天主堂街，弟下午又须出门，且报
载检查已毕，韵因且妥，密迺了故，前议种种
可从缓。弟意以后机缘甚多，不
必急急于一时也。即颂平适。只
寄谭数 石记 好俗
大安
湖兄大鉴 弟绍之 兴

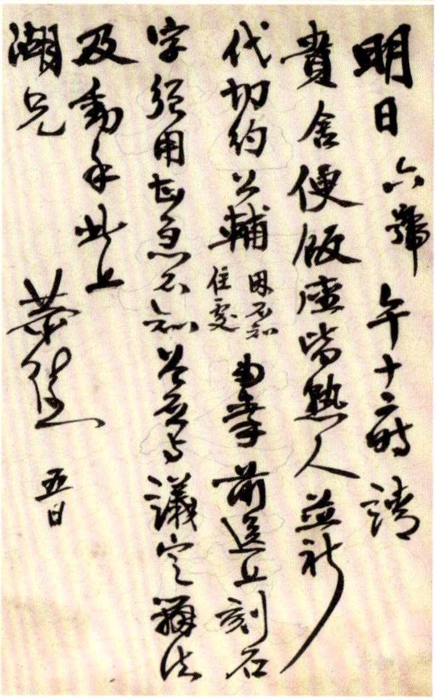

明日六时午十时请
贵舍便饭，座皆熟人，并请
代约兰辅，因不知其住处。前说之刻石
字须用君原名不知兰意如何，议定务请
及弟动手。此上
湖兄 恭绰 五日

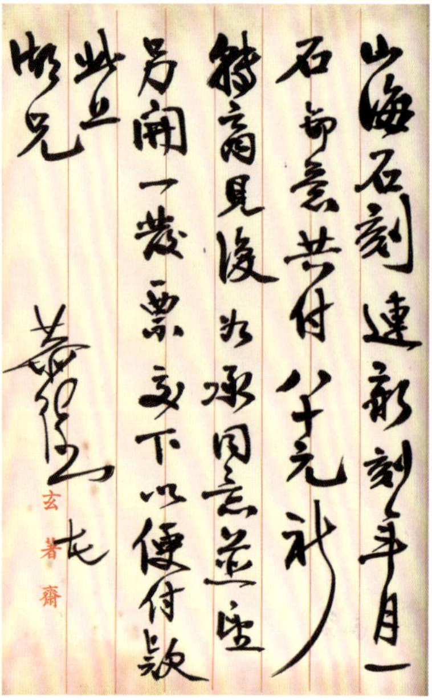

山海石刻，连新刻半月一
石，弟意共付八千元，请
转商见复为荷。因兰意甚坚，
另开一发票交下，以便付款。
此上
湖兄 恭绰 廿七

玄著斋

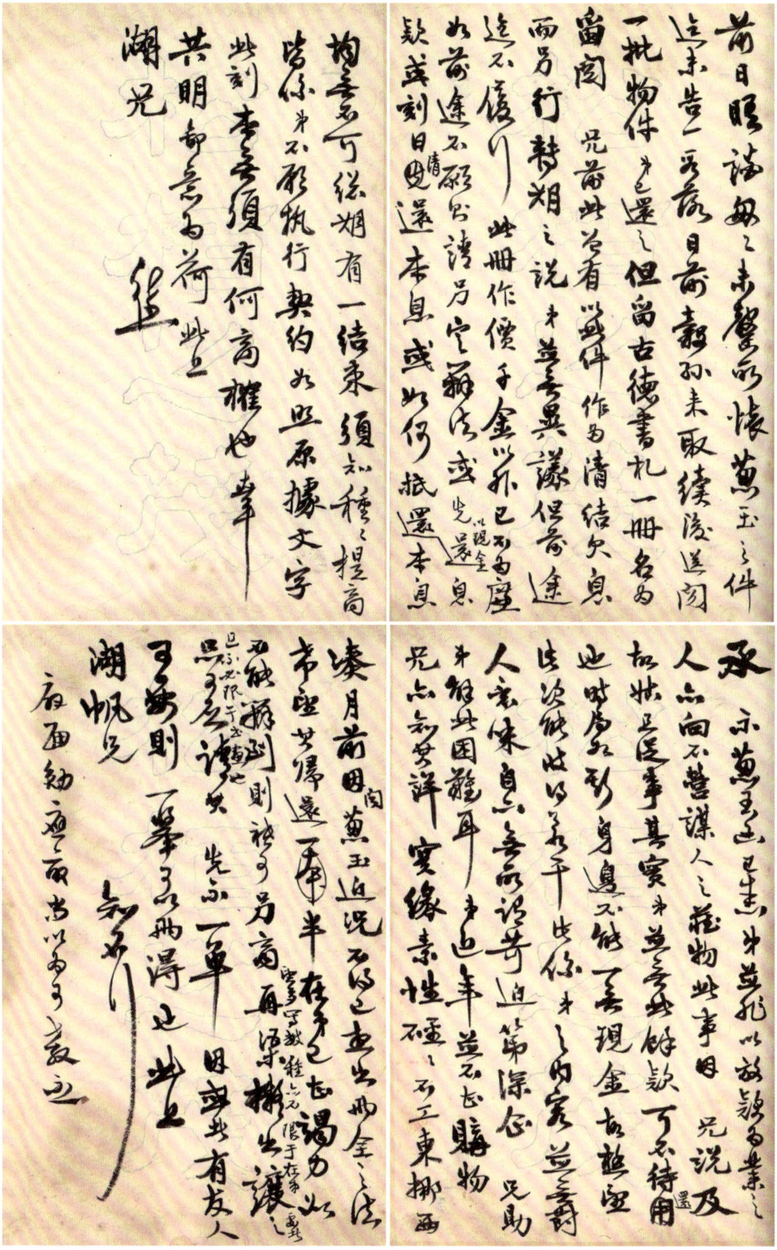
前日晤談，如之赤壁所懷蕙玉之件
送來告之，兩簽目前敬孫未取，續後送閱
一批物件，弟已還之，但留古德書札一册，名為
留閱。兄前此另有一件作為清結欠息
而另行對消之說，弟並無異議，但前途
退不復行。此册作價千金，以示已不為虛
如前途不願，只請另定辦法，或以現金還兄息
款，或刻日清還本息，或以何抵還本息
均無不可，總之有一結束，須知穩之提高
皆係弟不能執行契約，如照原據文字
此刻本無須有何商榷也。奉
共明，都無可商，此上
湖兄

承示蕙玉之事，已悉。弟並非以放款為業之
人，亦向不營謀人之雜物，此事因兄說及
加以是事甚實，弟並無此鉅款，可不待用還
也。時屬戰鬧，身邊不能多有現金，故遲
此次從此以後，千萬係弟之內家，並無詩
人意味，息亦無所謂，苛迫之節，深念兄勳
弟雖此困難耳。弟迫年並不長騰物
兄亦知無異詳。實緣素性不甚工東揶函
湊月前因蕙玉迫促不得已，直出此全之法
弟空歸還一半，其半在弟已屬竭力，如
不能核對則請另商再從撤出讓之
已不必限于在弟，只可請
可無則一筆了以兩得之，此上。先示一筆，因寫此有友人
湖帆兄 知名
府函勿庸，以為弟之發之

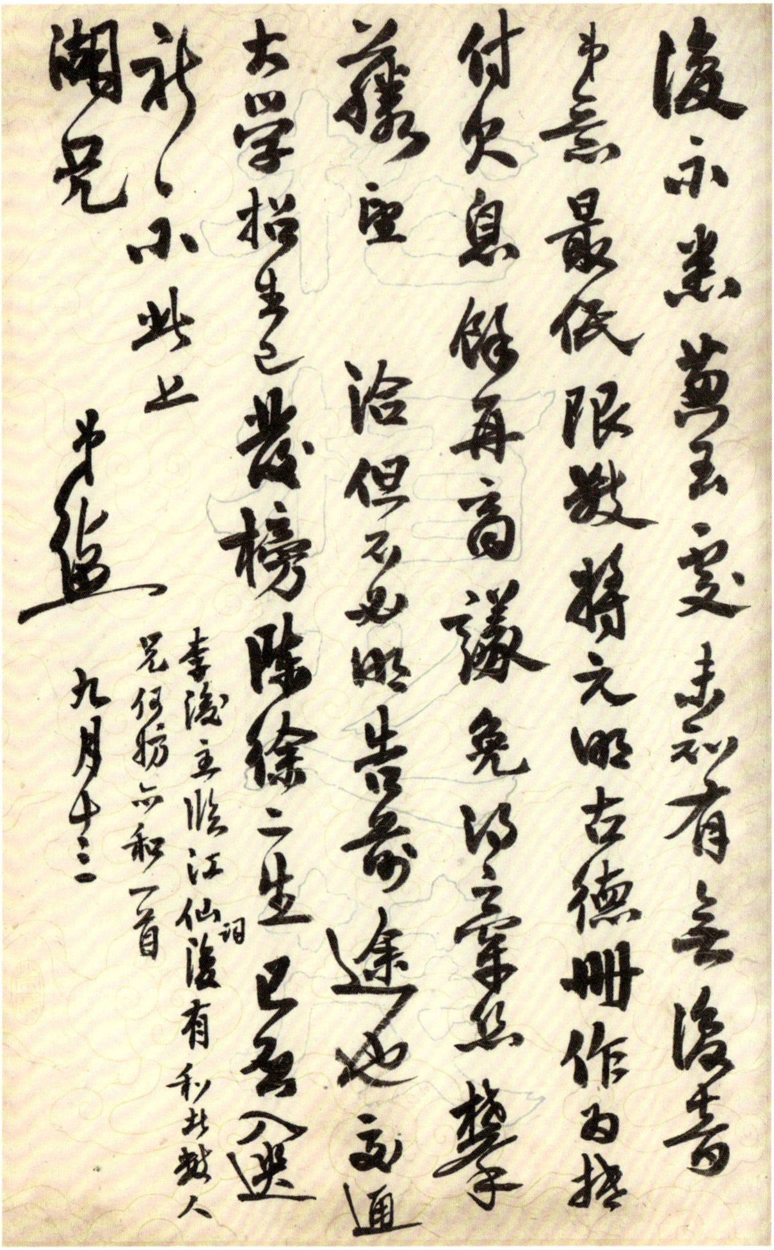

復示悉。萬(?)[illegible]變(?)[illegible]有無復青(?)
弟之意最低限數，將元明古德冊作為(?)標(?)
付更(?)息，餘再商議，免得(?)二年(?)[illegible]攀(?)字
蔭(?)聖
洽。但不免明(?)告[illegible]送也，交通
大學[illegible]裝(?)裱(?)陸徐二先生已[illegible]入選
新小照也
湖兄
[illegible]
李後主臨江仙詞後有秋(?)[illegible]數人
兄何勿亦和一首
九月十三

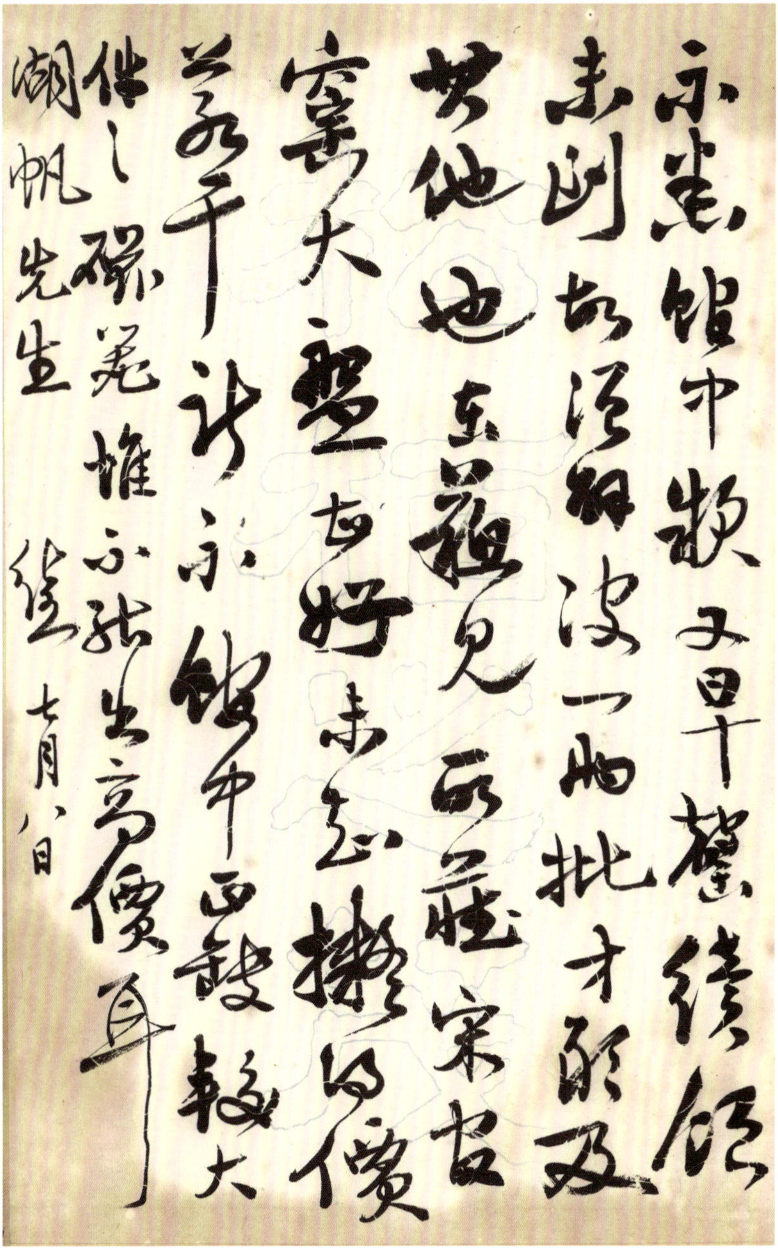

示悉。館中數日早十鐘後館
未刻始得接得一點批才能及
其他也。東雅兄所藏宋古
寫大聖好，未知擬何價
若干？請示。館中西數較大
借？候示。雖示我出高價耳。
湖帆先生 綽 七月八日

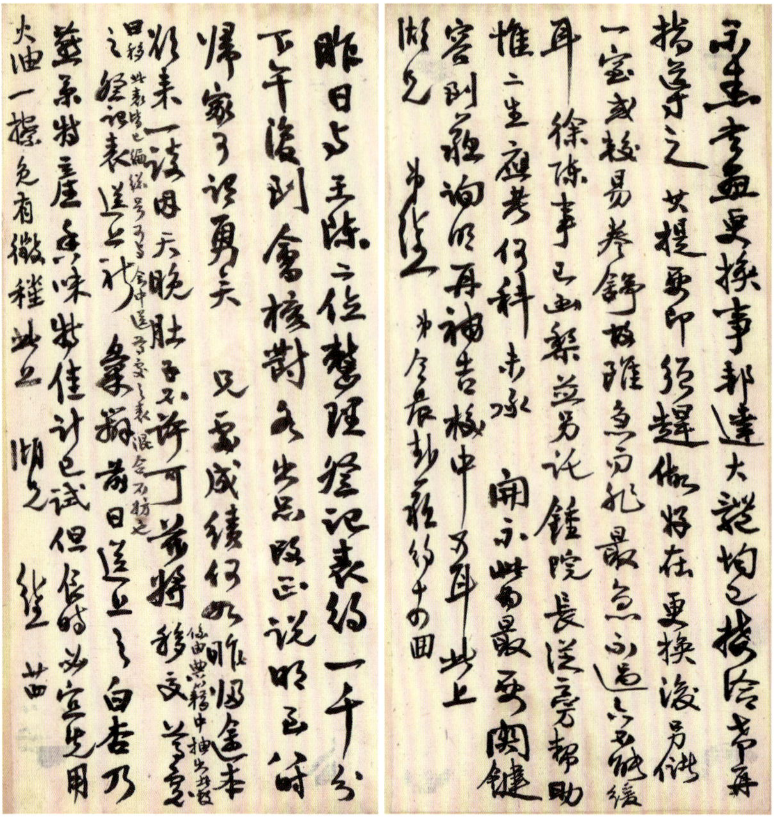

南宗山水寫畫史摘要僅一小冊乃摘錄前人論畫之文（皆見佩文齋書畫譜及他書者）及歷代畫家每代十人八人乃至無精宋以後元數子代作摘要之二行不值以鈔錄也

觀瀾閣書畫題跋錄卻然有價值（此等吳越所見書畫錄）但有二冊不易鈔錄姚不子出然都無不為以後借鈔前之為難目下尚有十天八天餘裕如請初省便來申請借鈔錄省得以後再借以將館中寫手整缺普未能代鈔也（原書附繳）

兄東西只皆收出畫竹事此飛文此簡單過獎所以改錯也此時局無子之者（斗天之）吃陸波佛手湯否則胸次結轖難受為會事

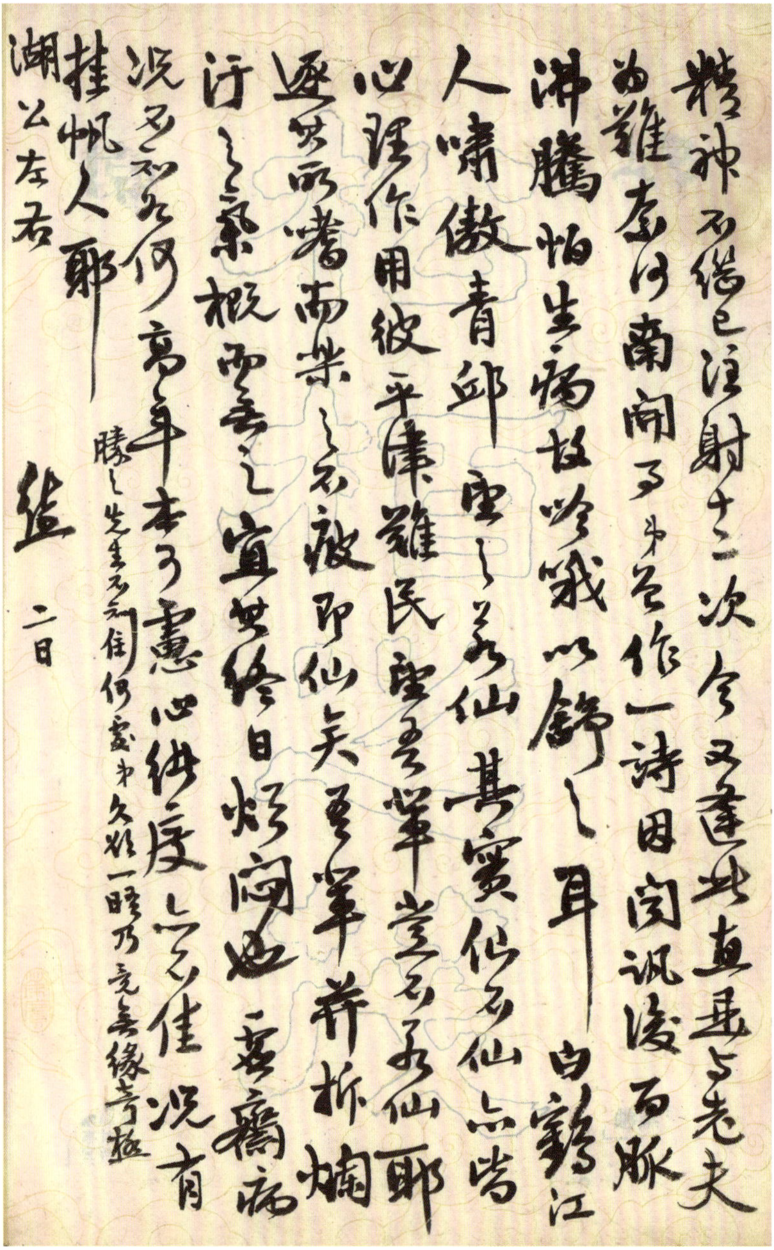
精神不繼，已注射十二次，今又逢此直奉之老夫為難，奈何。南開弟子各作一詩，因閱諷後可脈沸騰，怕生病，故吟哦以飾之耳。白鶴江人嘯傲青邱，雲雲不仙仙，其實仙不仙亦皆心理作用。彼平康雖民，雲雲不仙耶，遂然而嗜而樂之，之亦誠即仙矣。至[illegible]汗之氣概，而無之宜其終日煩悶也。一塞齋病況不知又何高年本了憲心緒度之佳，況有挂帆人耶。

湖公左右

[illegible] 二日

賸之先生不知住何處，弟久想一晤，乃竟無緣，奈何。

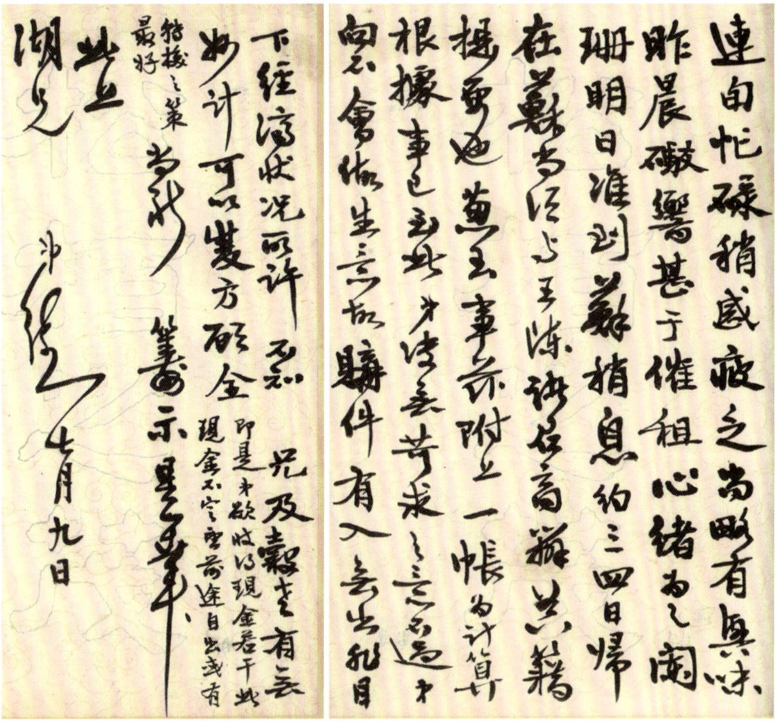
連日忙碌稍感疲之尚略有興味、昨晨蹴響甚于催租心緒為之闌珊明日準到蘇稍息約三四日歸在蘇為自己手續讓存商務英籍提留過萬元事亦附上一帳為計算其根據事已至此只得委蛇求之之意不過中國不會做生意故騙件有入無出耳目下經濟狀況所許 不知 兄及壽室有無妙計可以變方殷全 即是弟欲以現金若干此現金不受虧而途自出或有結撥之策最好 為我 籌示是幸、此上
湖帆
沖 緒 七月九日

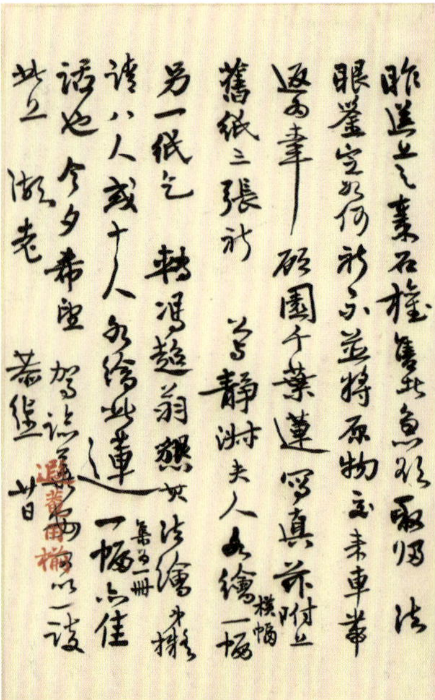

昨送上之叢石樵舊藏魚形硯，請
眼鑒定如何？祈示，並將原物交來車帶
還為幸。一硯園千葉蓮寫真，亦附上
舊紙三張，祈　為靜淑夫人各繪一幅橫幅
另一紙乞　轉馮超翁繪蓮
請八人或十人各繪此蓮一幅，集為一冊，亦佳
話也。今夕希望　駕臨一談
此上
湖老
著侶
廿日

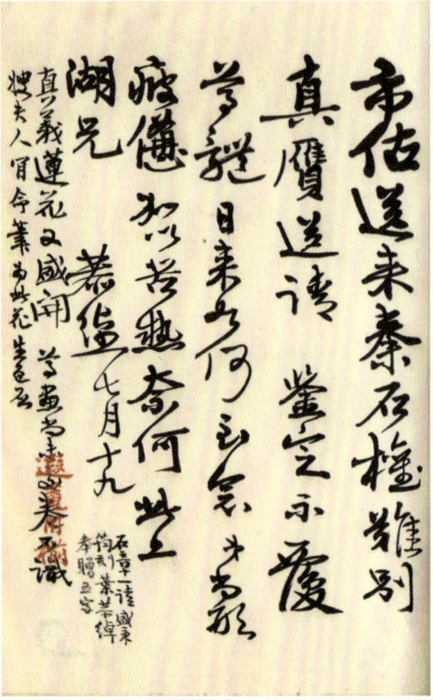

再佑送來秦石樵雖別
真贋，送請　鑒定示覆。
並題目來如何？至需弟為
癡懷，歎以長題奇何，此上
湖兄
著侶　七月十九

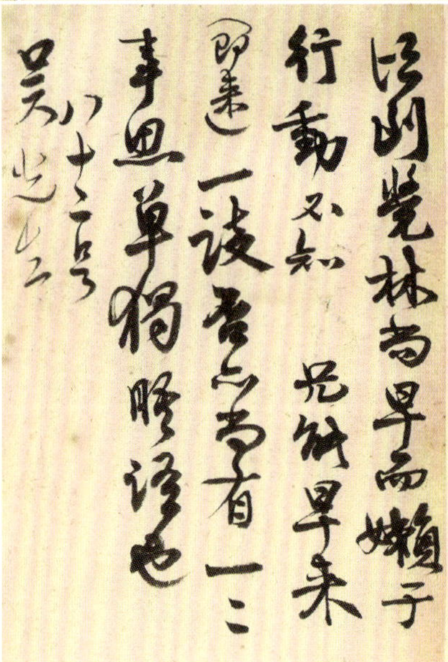

昨因覺林為早而嬾于
行動，不知　兄能早來（即來）
一談，晝必為有一二
事思單獨晤談也。
吳　八十二日
此上

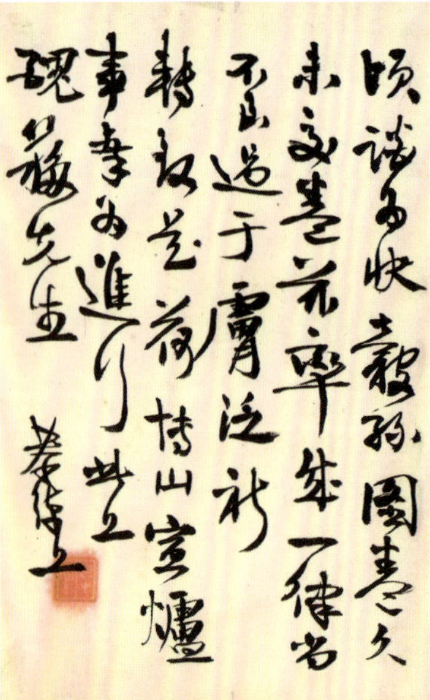

頃讀手快，敬承。園甚久，
未及寄花，率集一律，當
不及送于雷逸，祈
轉致並前博山宮爐
事，幸為進行。此上
瑰藝先生
著侶上

今晨扶病奉谒，因於尊高一切值
高卧未能发寝，故以为达缘沪
市博物馆受苏杭之藏染于
沪市十周纪念
七月七日开一文物展览会，此事
上海
鄙馨复正鉴于苏杭已事首注
意于会务之组织，编审意将组一
常务理事会，以馆长（著斋）共三人

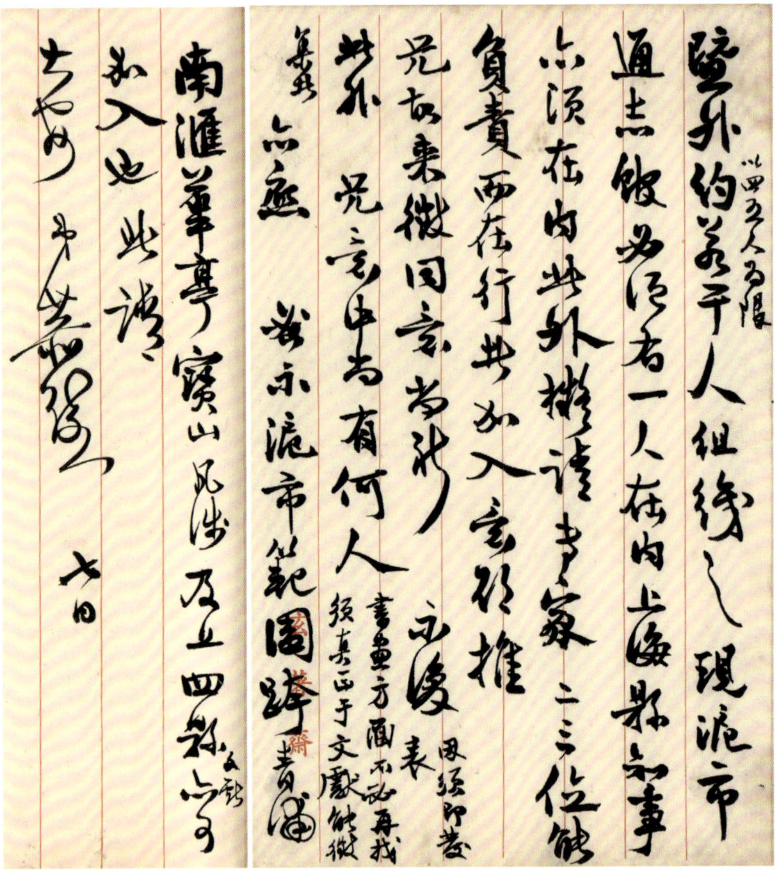

除外約若干人（以四五人為限）組織之，現滬市
通志館另派有一人在內，上海縣知事
亦須在內，此外擬請專家二三位能
負責，西人任行者加入，會稿推
兄與秉微同志當然於後表（因須印發）
此外 兄意中尚有何人（書畫方面不必再找，須真正於文獻能微）
集錄 亦應 擬示滬市範圍

南匯華亭寶山川沙及上四縣（文獻）亦可
加入也 此請
大安 弟[illegible] 七日

麗石弟來佳作佩甚弟若能此亦頗有壓詩

壇石不懂粵語未由寫貢此後要那噂徒令粵人瞠目耳此外每星

期作詩鐘一場則樊山實甫所望塵莫及矣

近見出土鏡數種一鎏金二手脫皆精極尚向所未見者又廣

州人家流出之物其賤如泥以無錢無膽不能購之須到彼購

嘻文物盡矣餘事無可言者閑步山坡得佳物

甚多信云傅竹廬老程靖此為省府科員想

善書發財矣此上

玑兄

無檢　十月十四

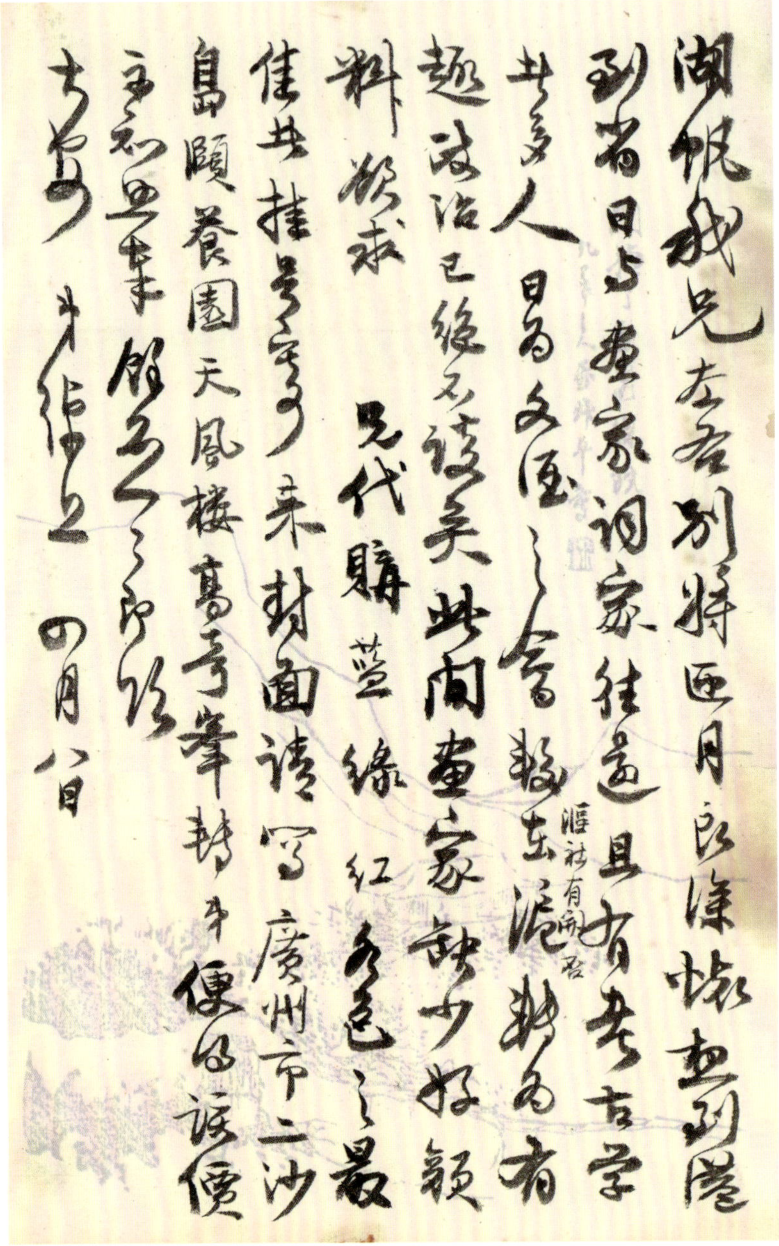

湖帆我兄左右：别将匝月，良深怅惘。画到港到省日与画家、词家往还，且有考古学者多人，日为文酒之会，殊足消遣，颇有（滙社有開君）趣。诸治已缘不浅矣。此间画家缺少好颜料，敬求兄代购蓝、绿、红各色之最佳者，挂号寄来。封面请写广州市二沙岛颐养园天风楼高奇峰转来便得。该价若示知照奉。余不一一，即颂大安。

弟[illegible]上 四月八日

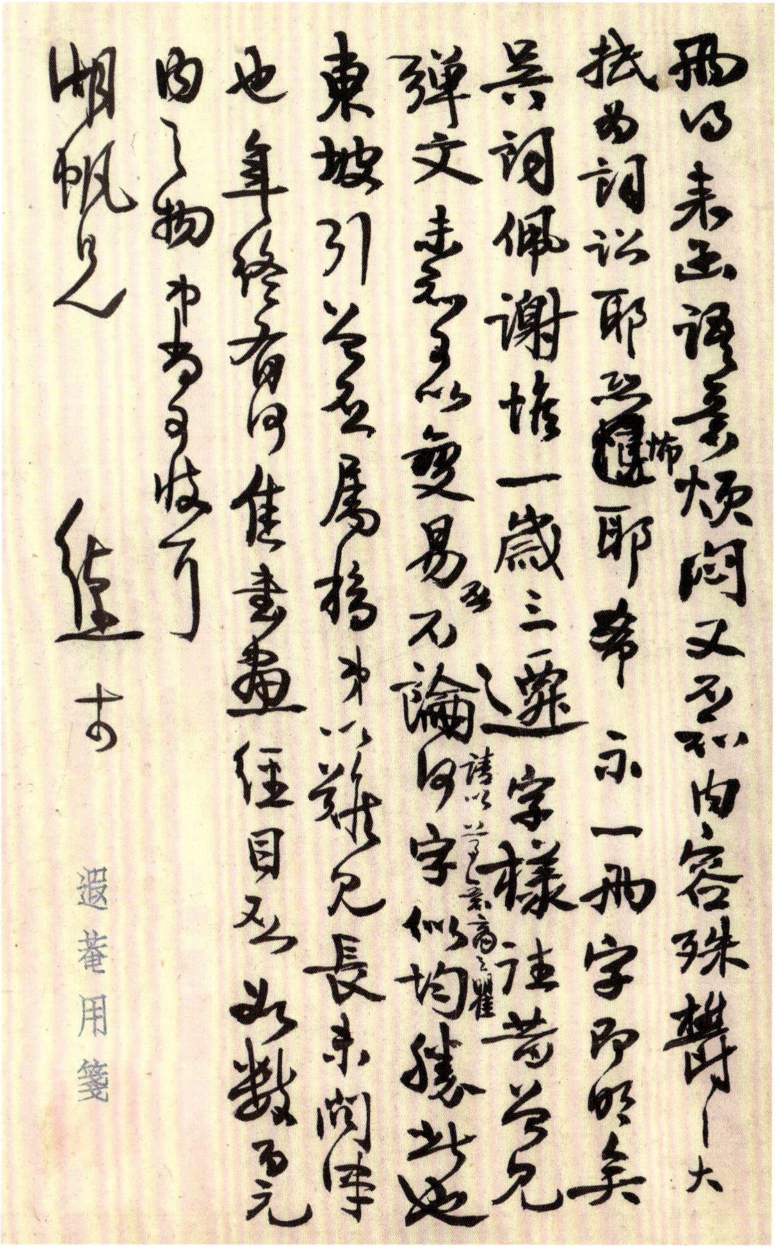
遐菴用箋

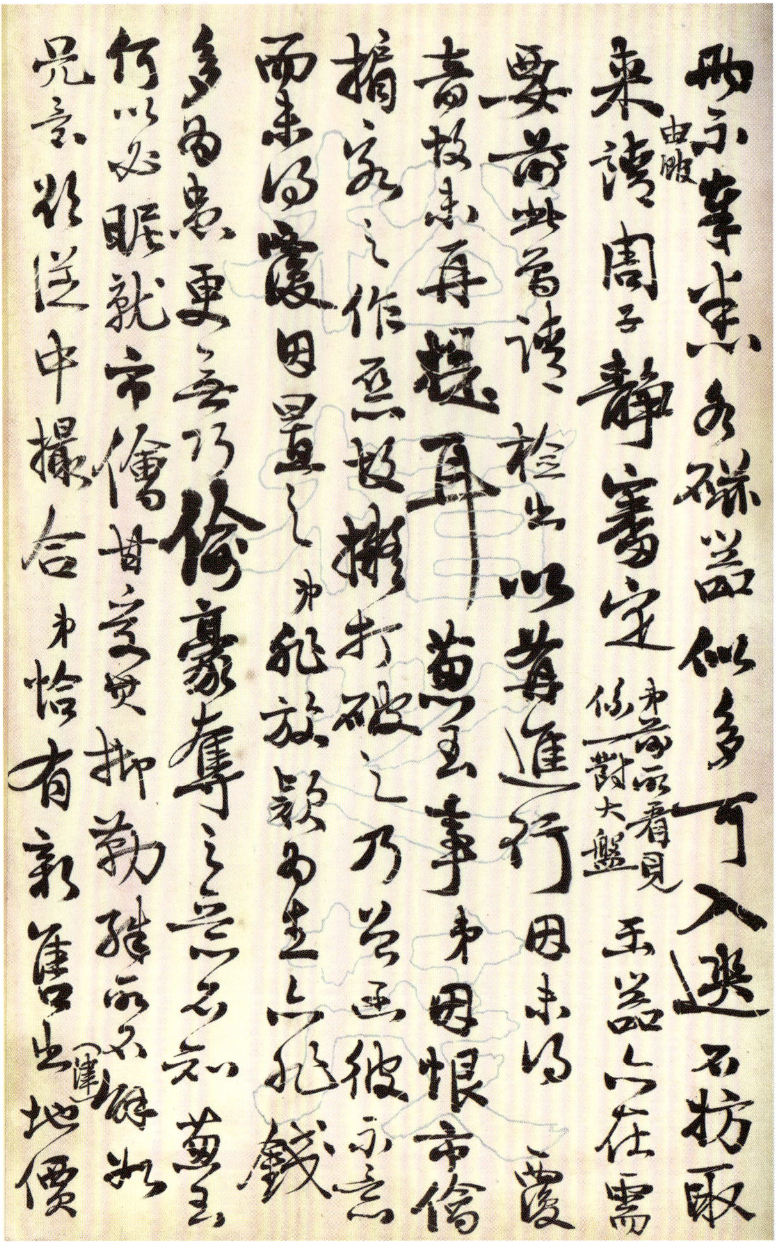
所示某某多磁器似多可入選不妨取來由腹請周子靜審定弟前所看見係一對大盤玉器亦在需要前此曾請經出以尊進行因未得覆貴校未再提耳前室事弟因根市價擷之作甚好撤去破之乃若玉彼示之而未得覆因暑且弟飛旅歸而是以飛錢多而愚更無乃倫豪奪之無不知前室何以必眼就市價甘受抑勒殊所不解(津)然見示能從中撮合弟恰有新舊出地價

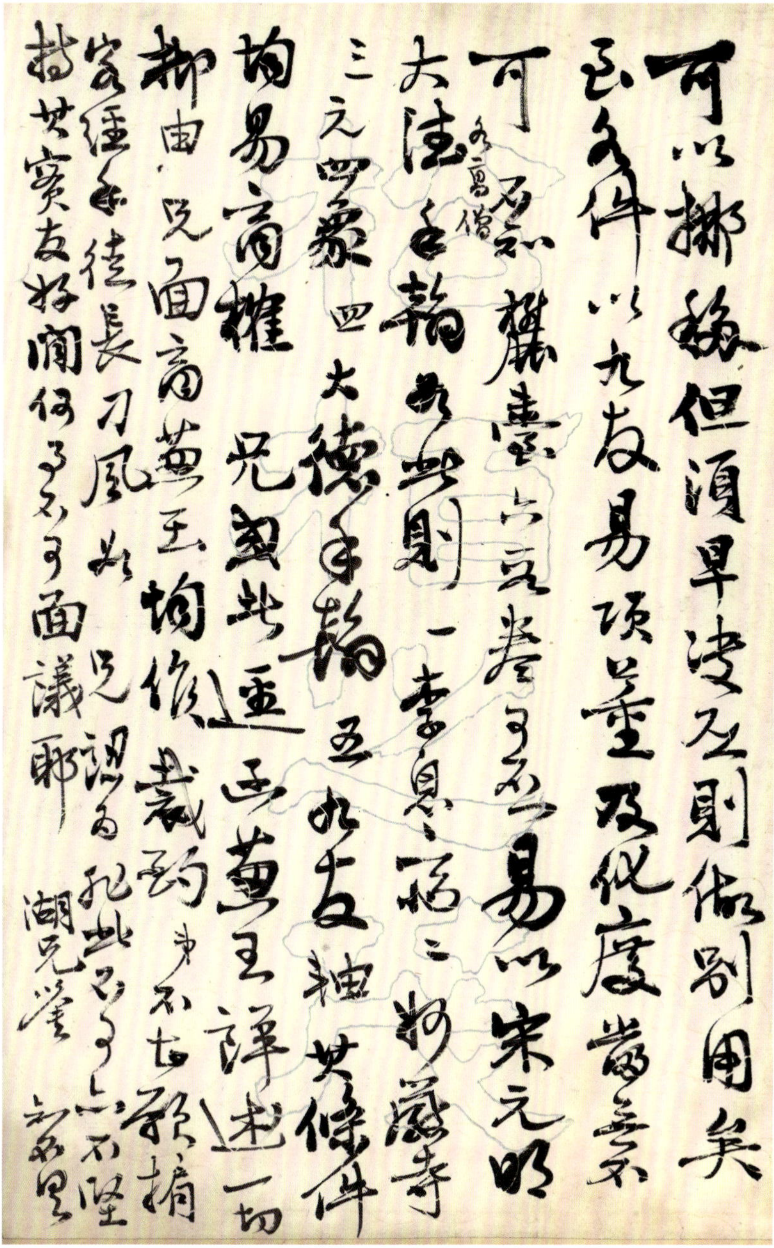

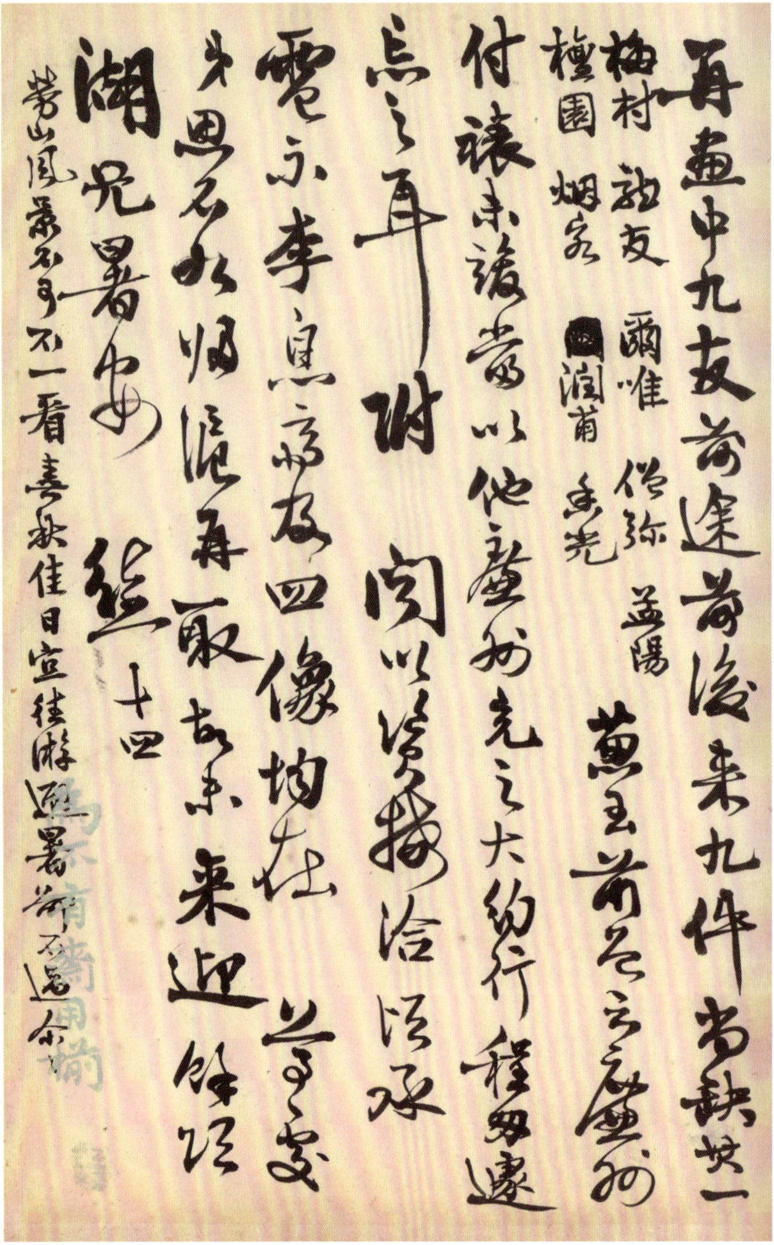
再畫中九友前途前後來九件尚缺其一
梅村 龍友 爾唯 僧彌 孟陽
檀園 烟客 [illegible] 潤甫 香光
萬玉前已[illegible]
付裱，未裱者以他畫配，先之大約行程如遠
處之再附
閱以資採擇洽[illegible]
雲示李息齋四像均佳[illegible]
[illegible]
湖兄暑安
[illegible] 十四
黃山風景不可不一看，春秋佳日宜往游，避暑[illegible]

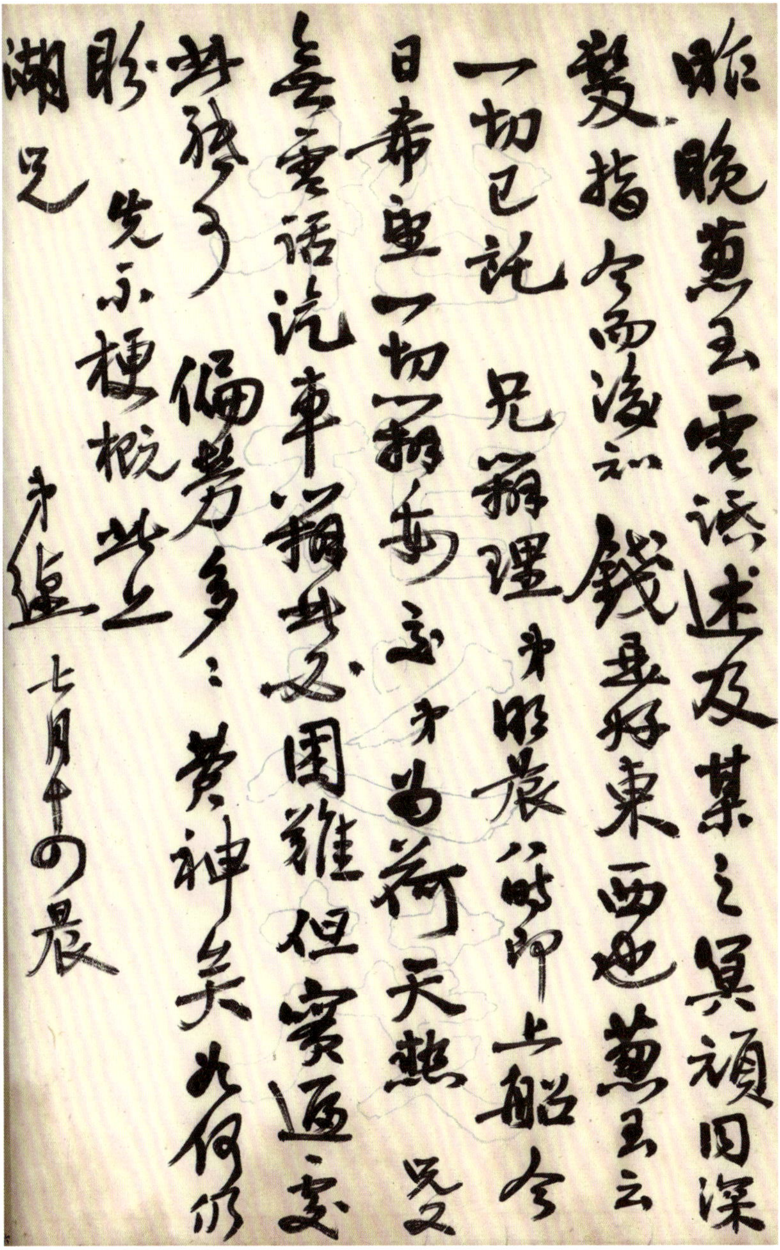
昨晚蕙玉電話述及某某真頑固深
髮指今而後知錢無好東西也蕙玉云
一切已託兄辦理弟明晨八時即上船今
日希望一切辦妥弟當荷天熱兄又
無電話流車辦此又困難但實逼逼要
耕孫了偏勞多多費神矣如何仍
影先示梗概此上
湖兄　弟蘊　七月十四晨

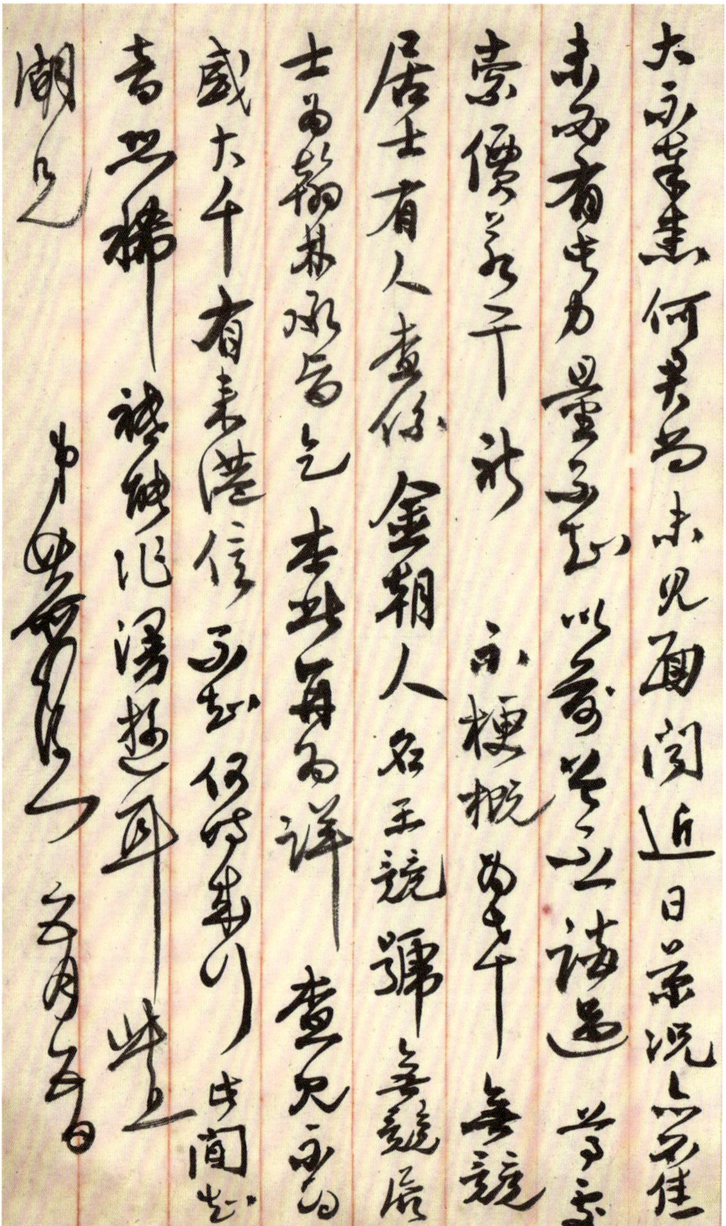
大千先生惠：何其久未见面。闻近日景况不佳，
未知有出力量者也，以贵处之谦逊，学家
宗傅之于千秋，亦梗概为千金无竞
居士有人画像，金朝人名王竞，号无竞居
士，曾翰林承旨。查此画每面详，画见示为
盛。大千有来港信否？何时来？乞闻知。
书之稀，被纸所满携返耳。此上
湖帆
[illegible]顿首 五月六日

昨示計達　昨見有舊搨唐故大將軍樊興殘碑，樊乃貞觀時人，未知是否陪葬昭陵，其碑搨墨至罕見，此碑字體近褚，但無書者姓名，故頗一考。兄研精昭陵石刻，計必有以詔我也。尹默詩冊存滬舍，決不致失，但須年假乃能檢出耳。作曲事固緣無聊，亦因於實驗前此隱〻隱〻唱之理想，說不到淺斟之樂。近且不見兩月餘矣。此上

湖帆兄

維　五月八日

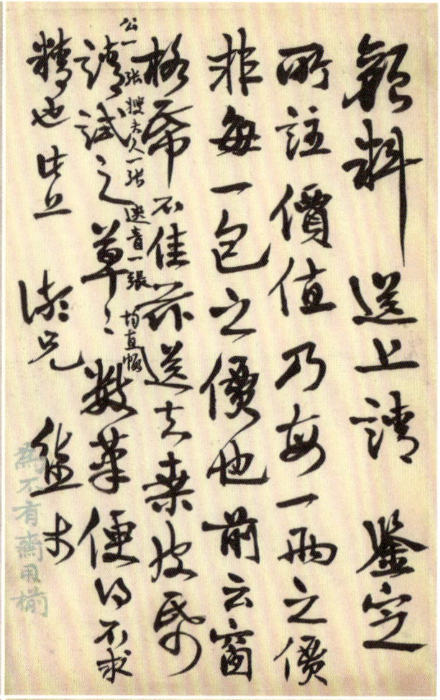
纸料送上 请鉴定
所注价值乃每一两之价
非每一包之价也 前云窗
格纸不佳 亦送去 [illegible]
公一张 [illegible]一张 送青一张 [illegible]
请试之 草草数笔便得 不求
精也 此上
湖兄 [illegible]

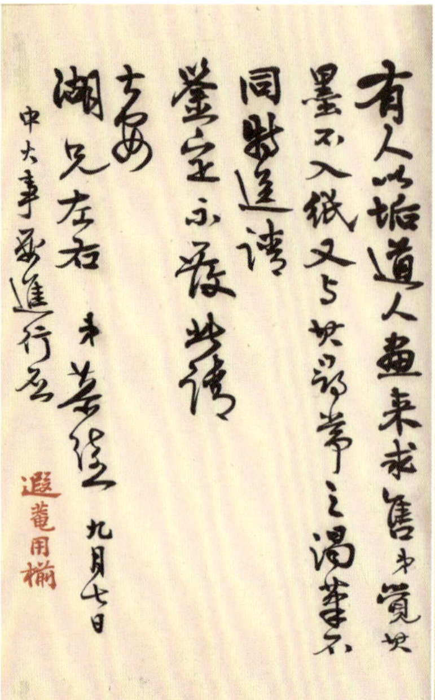
有人以垢道人画来求售 弟觉其
墨不入纸 又与其平常之渴笔不
同 特送请
鉴定示复 此请
吉安
湖兄左右 弟 [illegible] 九月七日
中大事务进行否
遐庵用牋

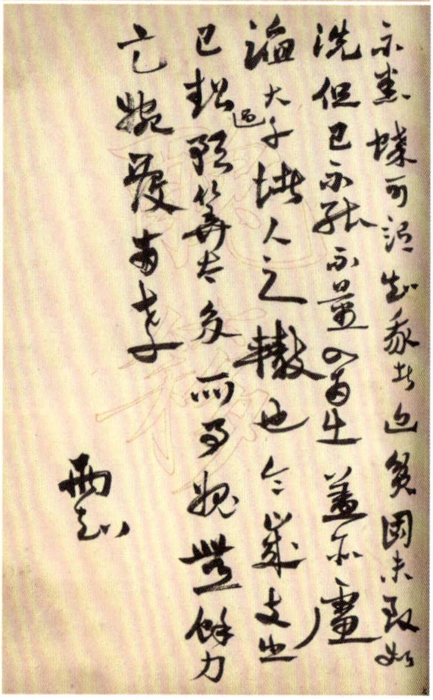
示悉 [illegible]

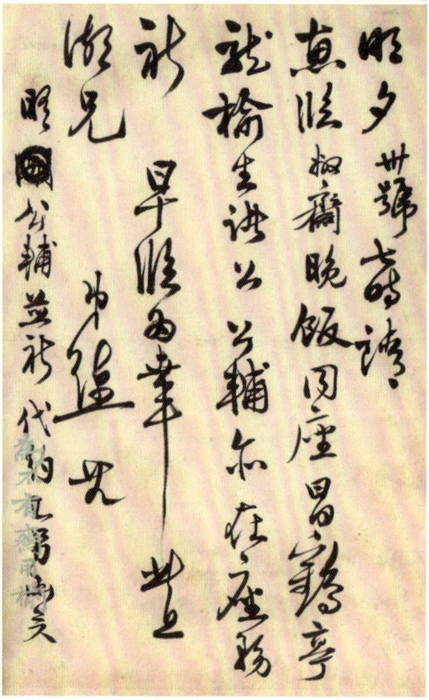
明夕 [illegible]
[illegible]
湖兄
早临为幸 此上
弟 [illegible]

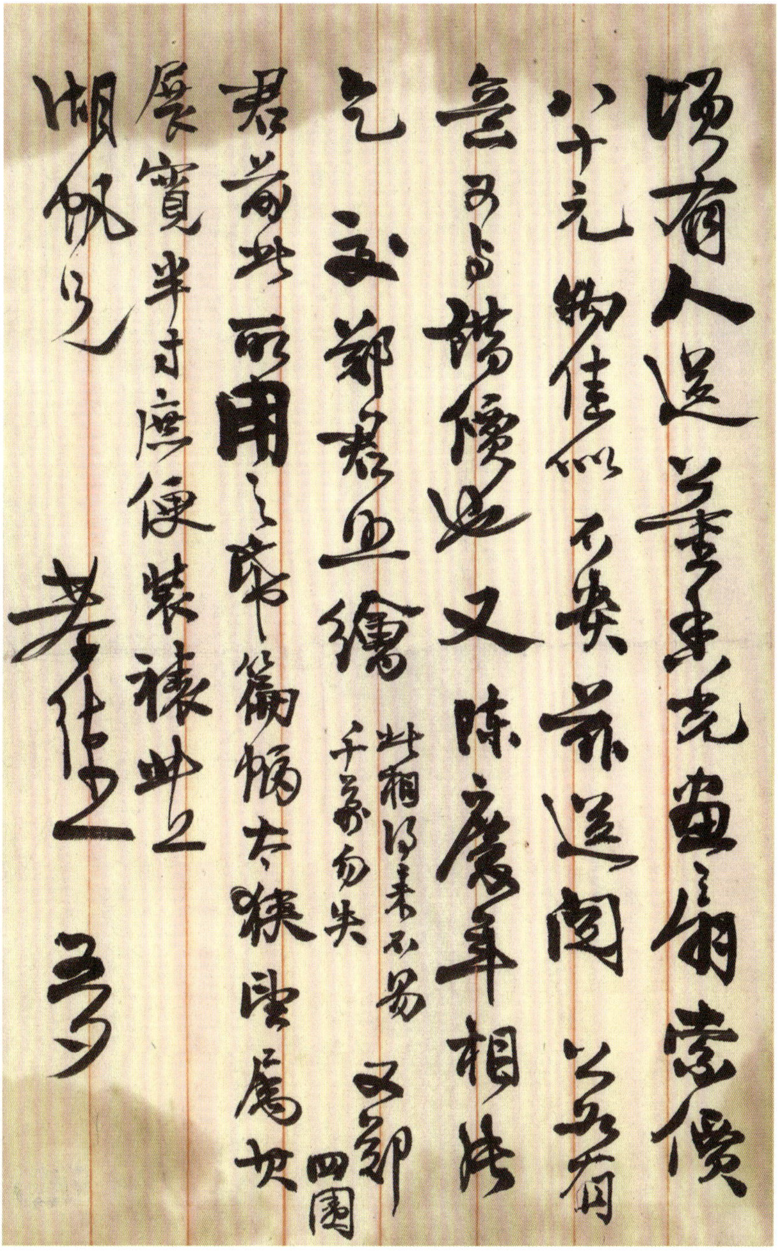

頃有人送董其昌畫冊壹價
八十元物佳似不甚舊送閱如有
意可即購得之又陳[illegible]年相片
乞交鄭君照繪（此相用畢即還 千萬勿失） 又鄭四園
君前所用之紙[illegible][illegible][illegible][illegible][illegible]
[illegible]寬半寸應便裝裱此上
[illegible]
孝侯上 五月

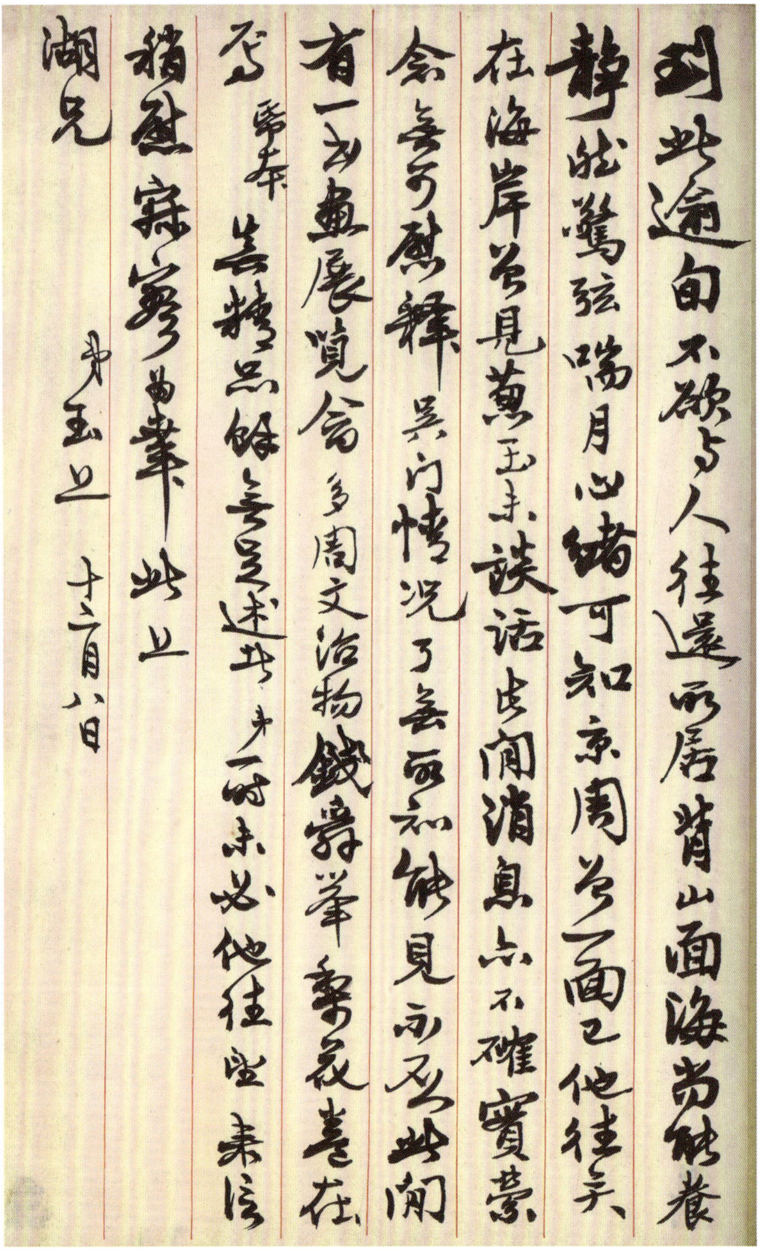
到此逾旬，不欲與人往還。所居背山面海，尚能養靜，然驚弦觸月，心緒可知。京周芳面已他往矣。在海岸曾見蕙玉，未談話，此間消息亦不確實，崇念無可慰釋。吴門情况了無所知，能見示否？此間有一書畫展覧會，多周文治物、錢舜舉、黃義等在，不少。弟本甚精，然餘無足述者。弟一時未必他往，望來信稍慰寂寥，為盼。專此，並
湖兄
弟玉上　十二月八日

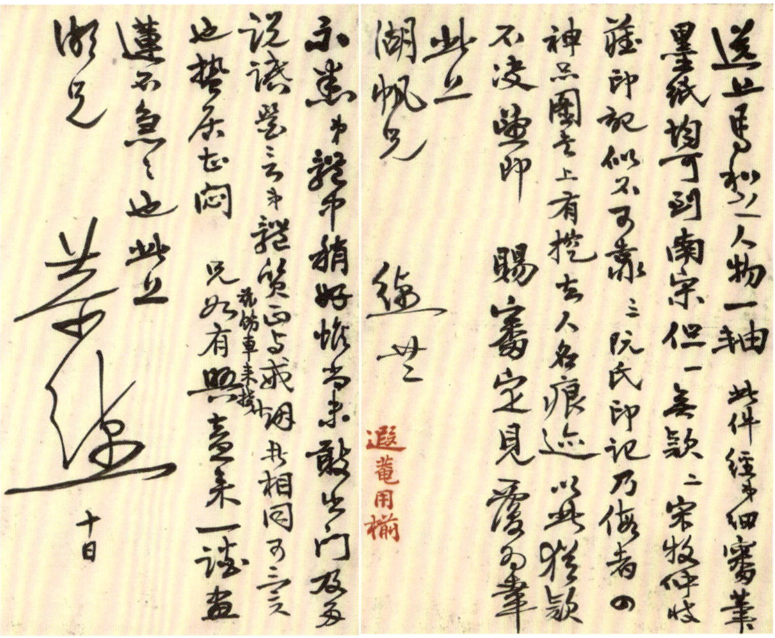
送上馬和之人物一軸　此件絹本細膩筆
墨紙均可到南宋但一無款二宋牧仲收
藏印記似不可靠三阮氏印記乃偽者之
神品圖書上有挖去人名痕迹　以無款
不彼皆印　賜審定見覆為幸
此上
湖帆兄
綽上
遐菴用牘
示叢中雜本稍好惟尚未敢出門及多
說談　叢書中雜貨而已或謝　杭州車來接　丹相同否云云
也想原函　兄如有興盡來一談晝
遲不急之也　此上
湖兄
恭綽
十日

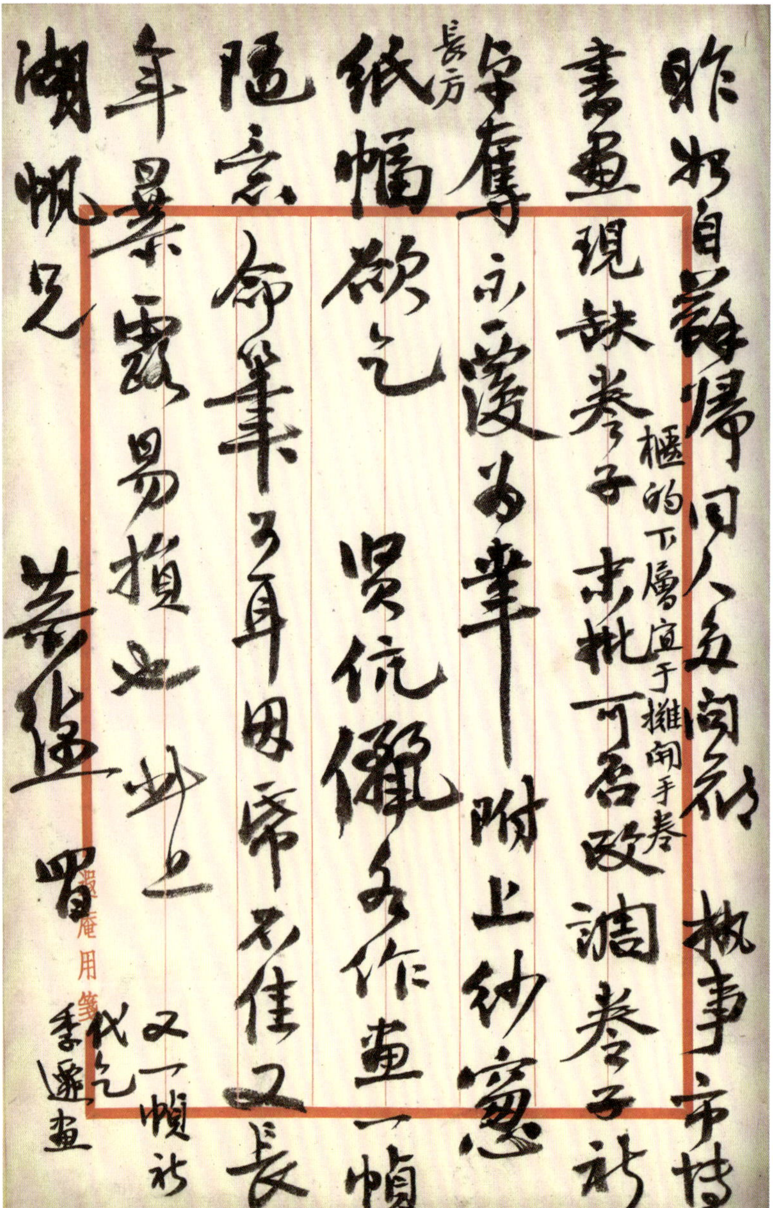
昨將自蘇歸，同人多閱行，楓事寄時
書畫現缺卷子，求批可否，改請卷子於
櫃的下層宜于攤開手卷
長方
字幅亦已發為筆，附上紗窗
紙幅欲乞 賢伉儷各作畫一幀
隨意命筆，乃耳因病不佳，又長
年累竄易損也，此上
湖帆兄
董逸 習
又一幀於
季遷畫代乞
覆庵用箋

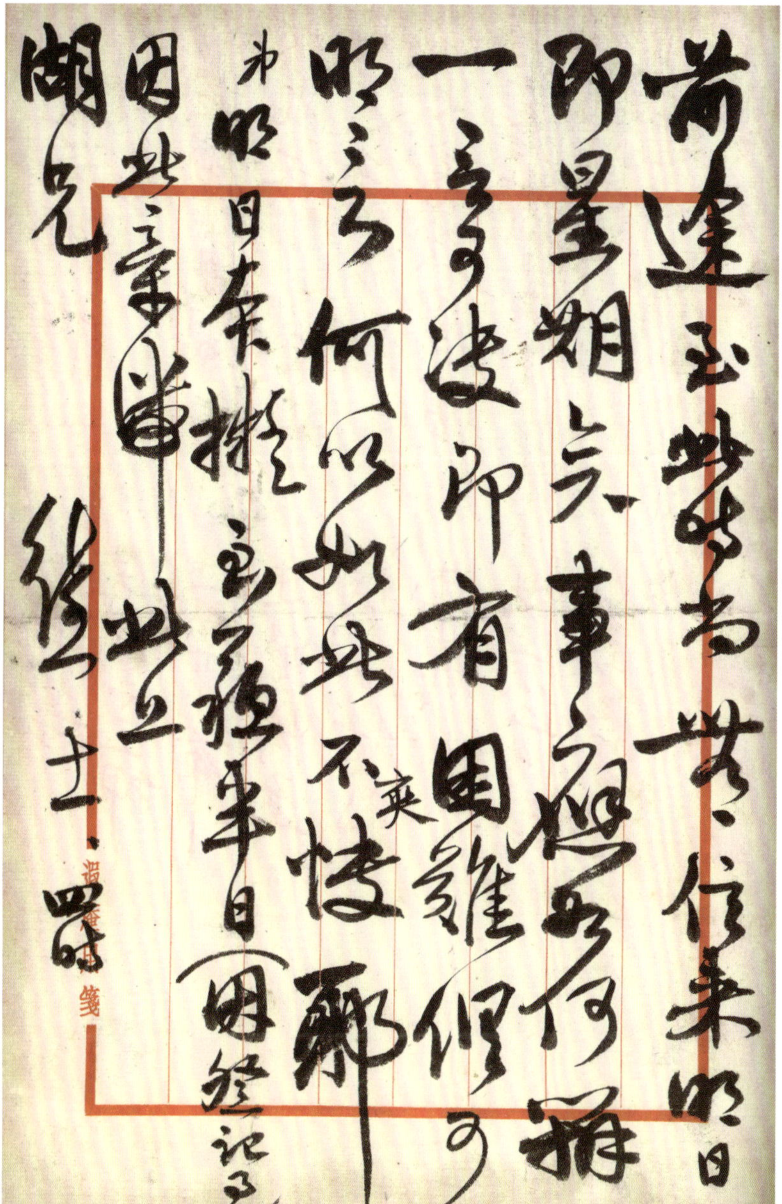

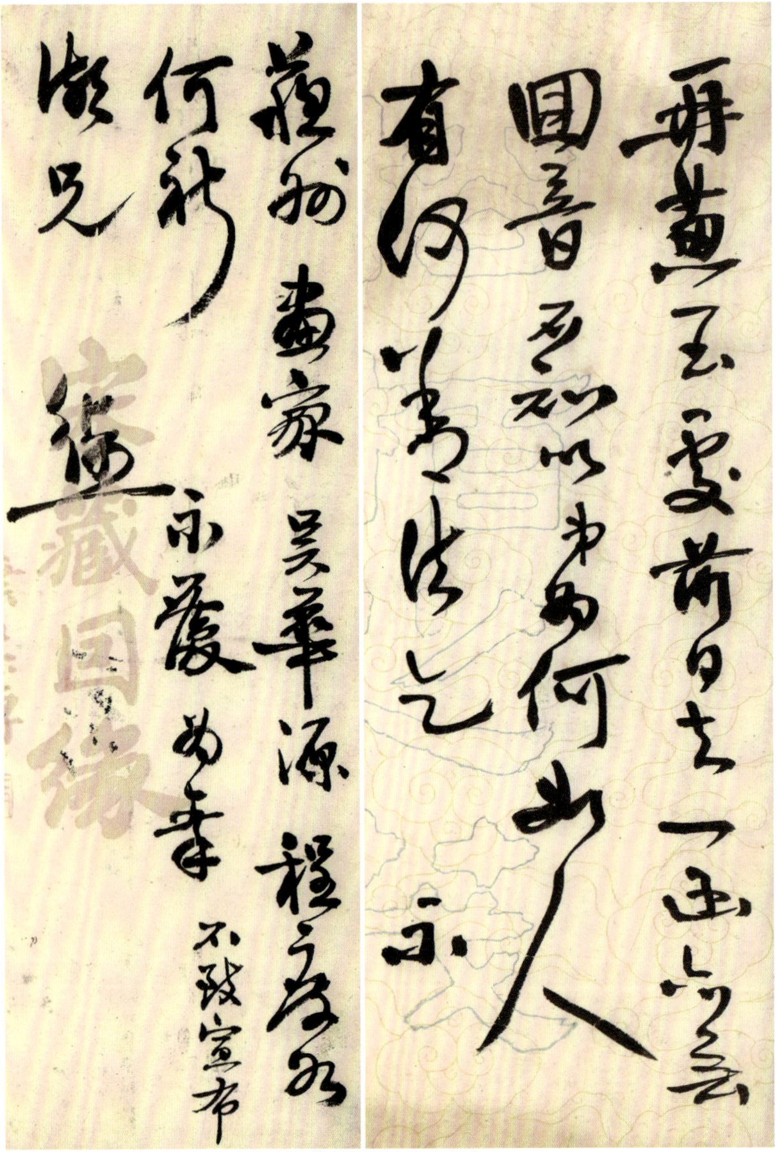

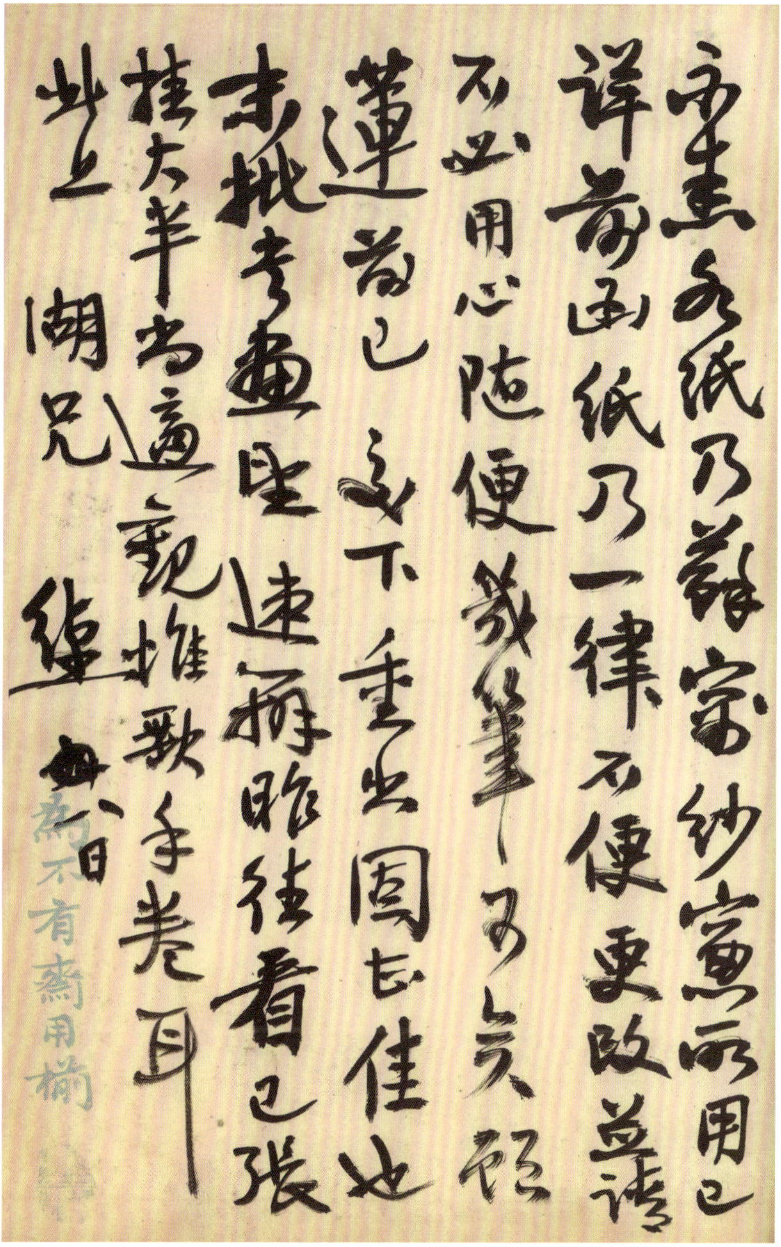

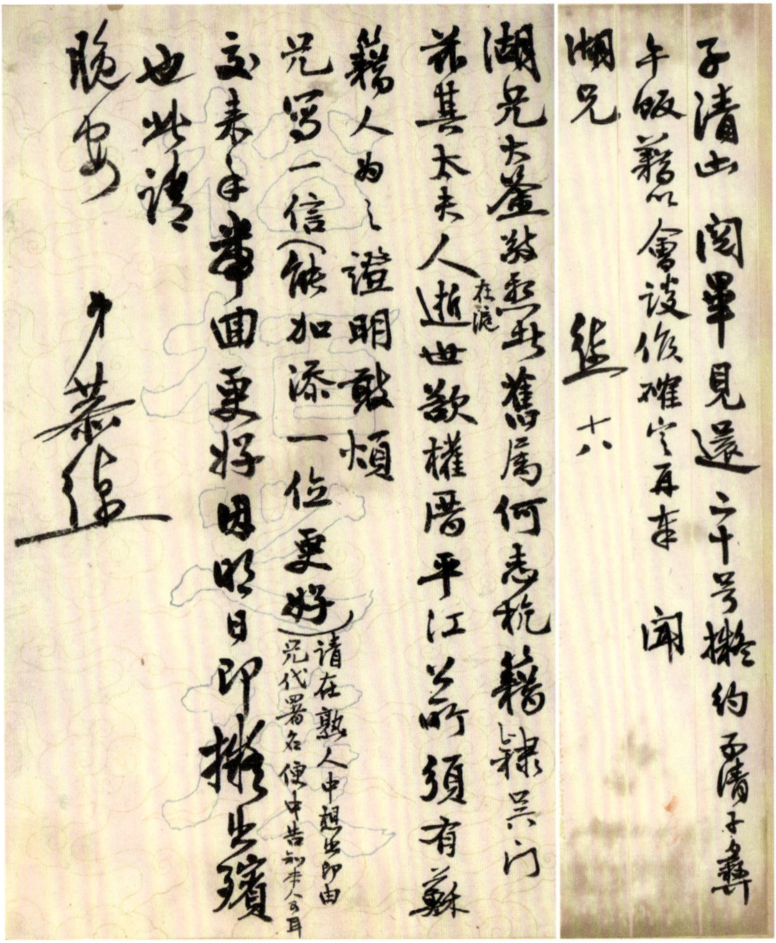

子清出閱畢見還 六十号樓約西清子壽午飯 藉以會談 彼雅宜再來閱
湖兄 集 十六

湖兄大鑒 敝鄉舊屬何志杭 籍隸吳門 前其太夫人在滬逝世 欲權厝平江 蘇府須有蘇籍人為之證明 敢煩
兄寫一信（能加添一位更好）請在熟人中想出即由
兄代署名 便中告知本人可耳
交來手帶回更好 因明日即擬出殯也 此請
晚安 少蓀集

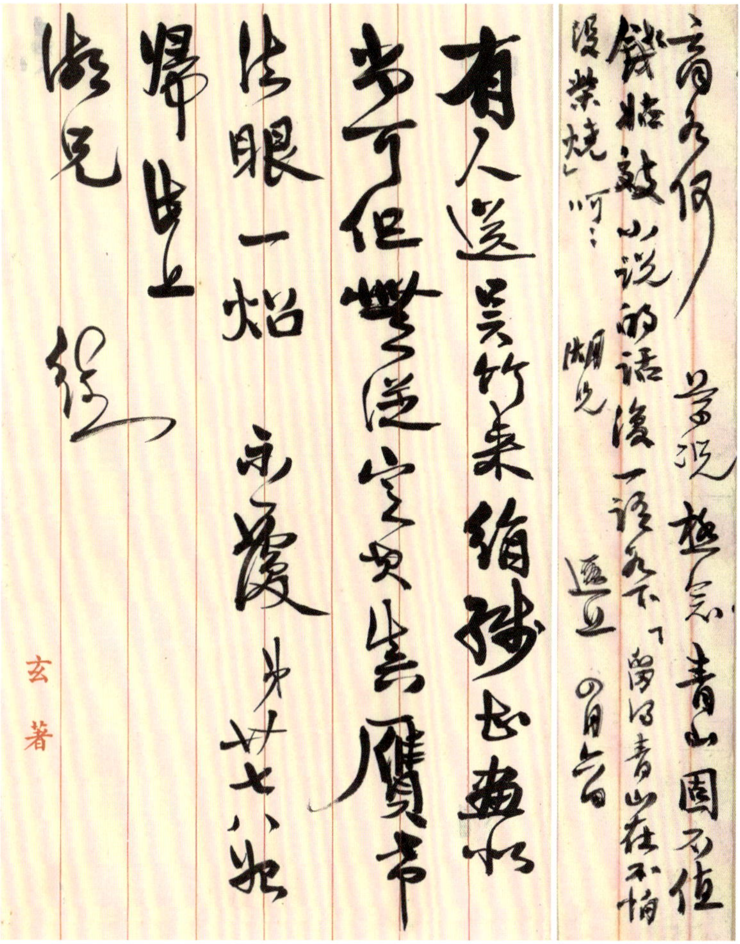

玄著

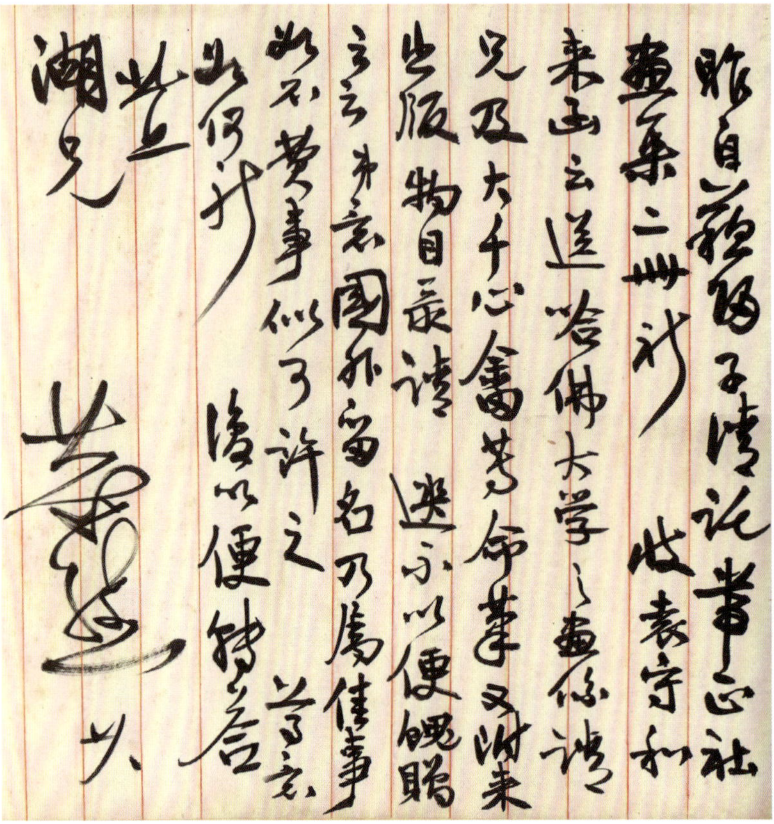
昨自蘇回，得讀訊。當心社
畫集二冊收。袁守和
來函云，送哈佛大學之畫，係請
兄及大千合畫黃葉，又附來
出版物目錄，請 選示，以便餽贈
云云。弟意國外留名乃屬佳事，
然不費事，似可許之。尊意
如何耶？諭以便轉告。
此上
湖兄
恭綽 廿六

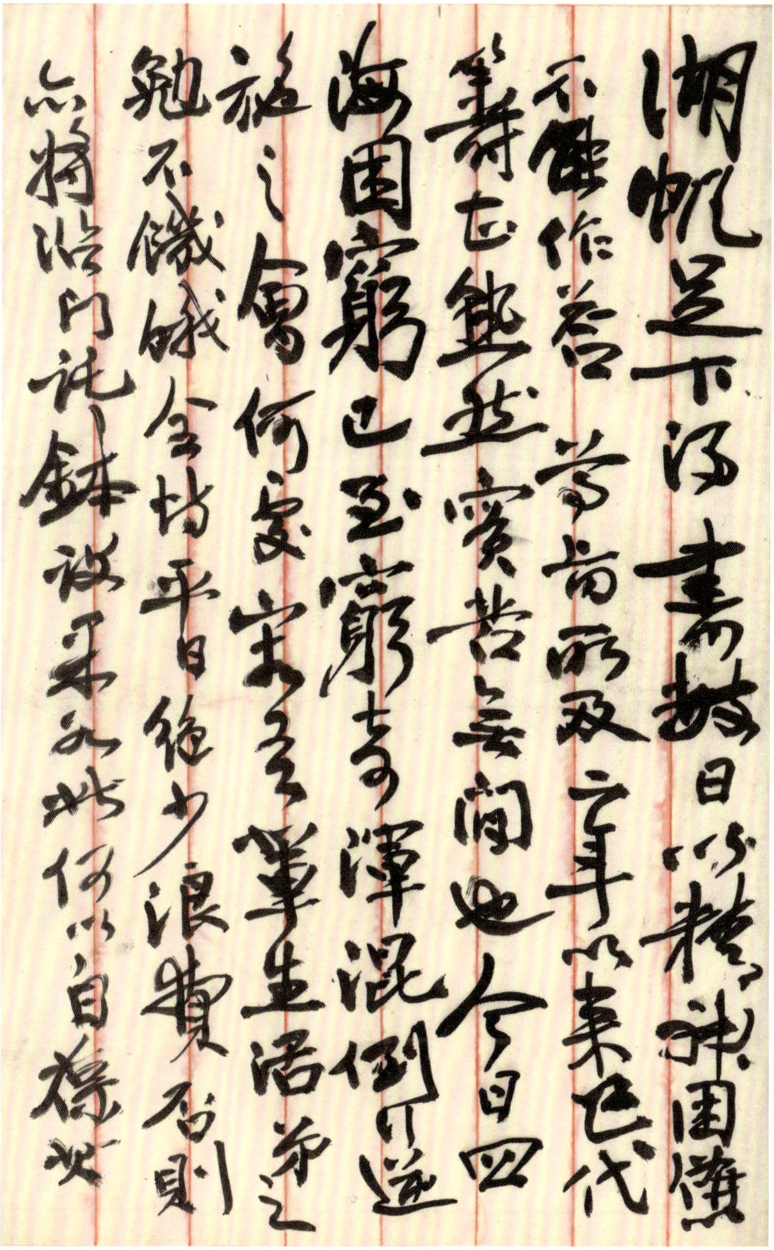
湘帆足下：得書數日，以積勞困憊
不能作答。前所及六年以來已代
籌去蝕盡，實苦無聞也。今日四
海困窮，已至窮苦，澤混倒行逆
施之，當何處容筆生活為之
勉不識饑餓，今皆平日絕少浪費，否則
亦將沿門託缽，設再如此，何以自存哉

負素手此也之所以久居寶山殊抱
介節而兢兢抑自維生計，不能得已
而恬大直謂之矣　兄之情況與弟不同行
年四十而始欲謀生計此固事之至難
故既不能為雅倫以取利僅值又
不能為傳世媚俗鬻之事繼則
何一而可藝術家古今中外未例
為貧子但亦有於今之世其人既畢業

更不必附庸風雅有力此々壽士又別
有女所謂士子國今日國無張士信口破
阿諛馬佩等亦何受寬莫索理居生
化林那一好意謬無點宜也々々然
終不能棄手待鬣則惟有擇其所可者而勉
強從事作奸犯科國所不宜厲認辱
親則陰使偉有暗亦不能免已究擇
何術則視本人環境所許才分所及

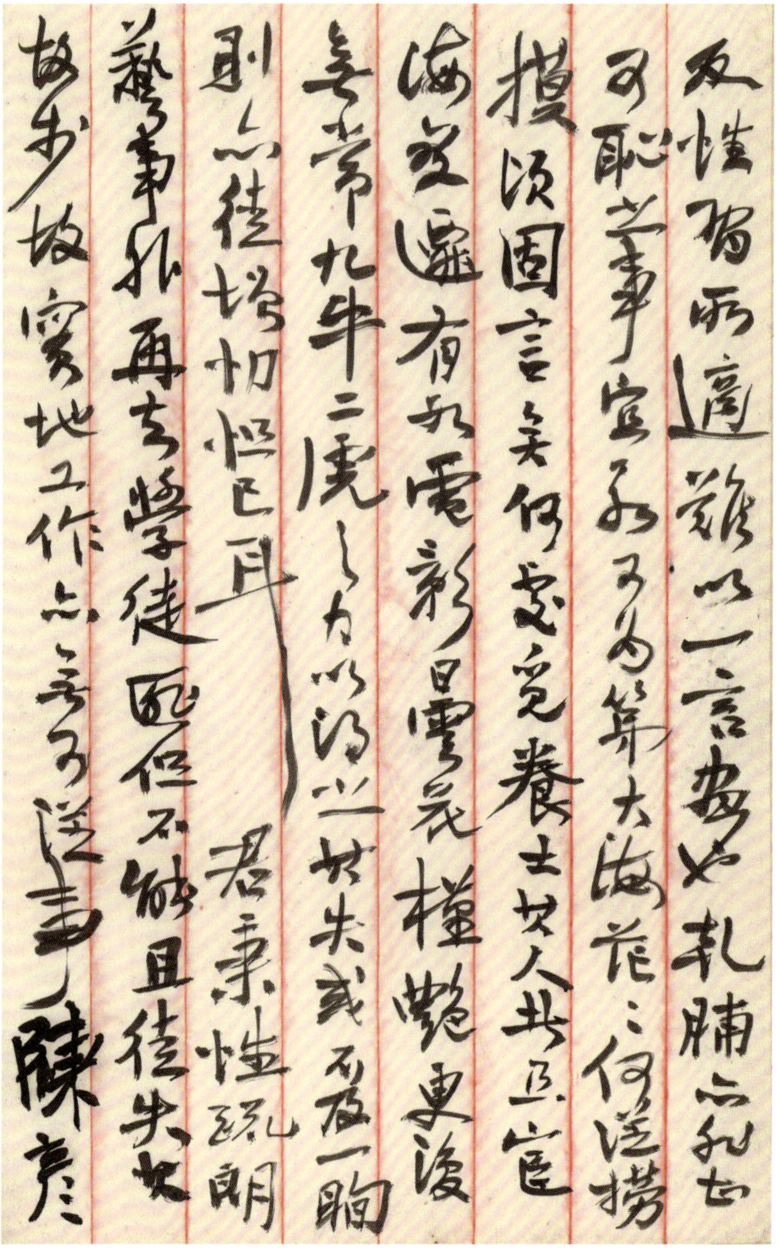

又佳福所適離以一言安如札補亦知也可恥年事宜乎不可為算大海茫茫何從撈摸須固言矣何處覓養士女人共且管海之邊有風電影日雷氣權艷更後無常九牛二虎之力以得之失哉不在一胸則亦佳場切怪耳　君秉性聰朗藝事者再去學徒匠但不能且佳失女故步故實地工作亦亦可從事　陳彥之

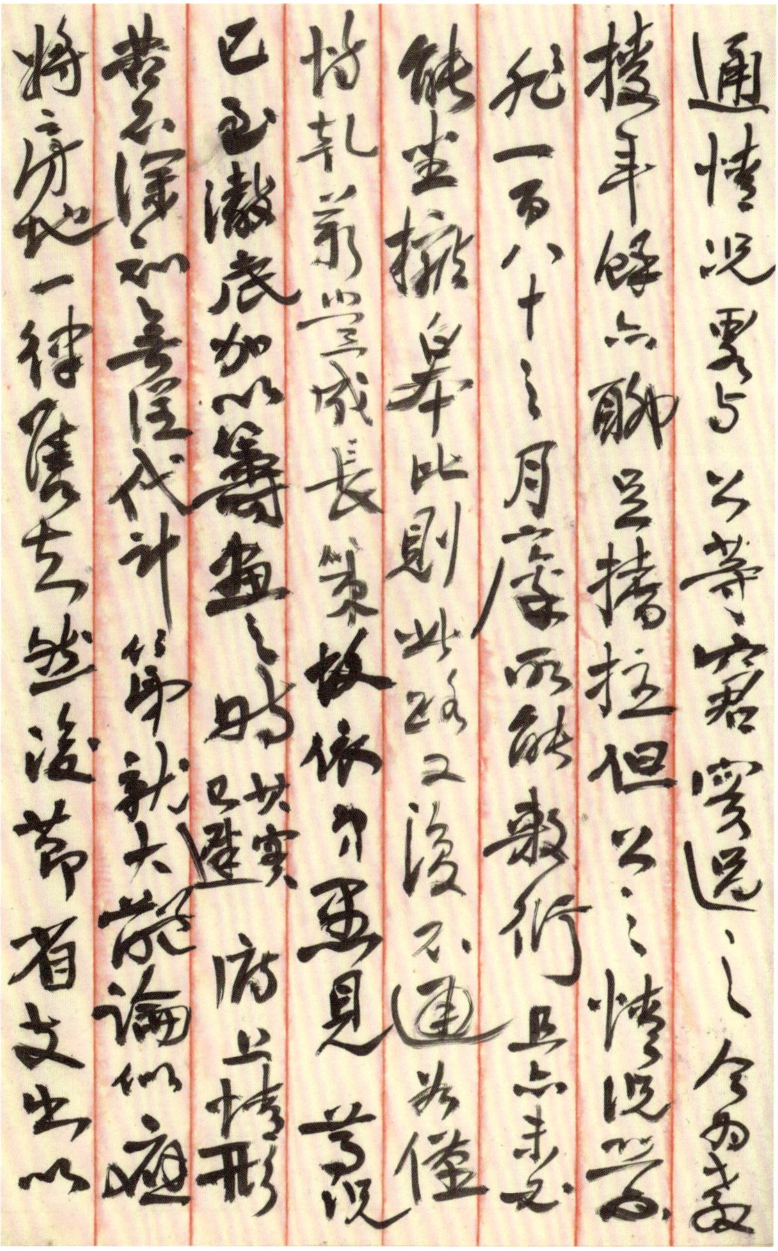
通情况要与公等、家君商量，遇之令函告
携手条亦联呈请援但以之情况等
允一百八十元月薪所能敷衍且亦未足
饿坐损弟此则此路之后不通如仅
将就蒙以冀成长策故依外国见谅况
已必澈底加以筹画之时其实只迟此情形
其不深以意见代计划新大众论似随
将行地一律陈出然后节省文出以

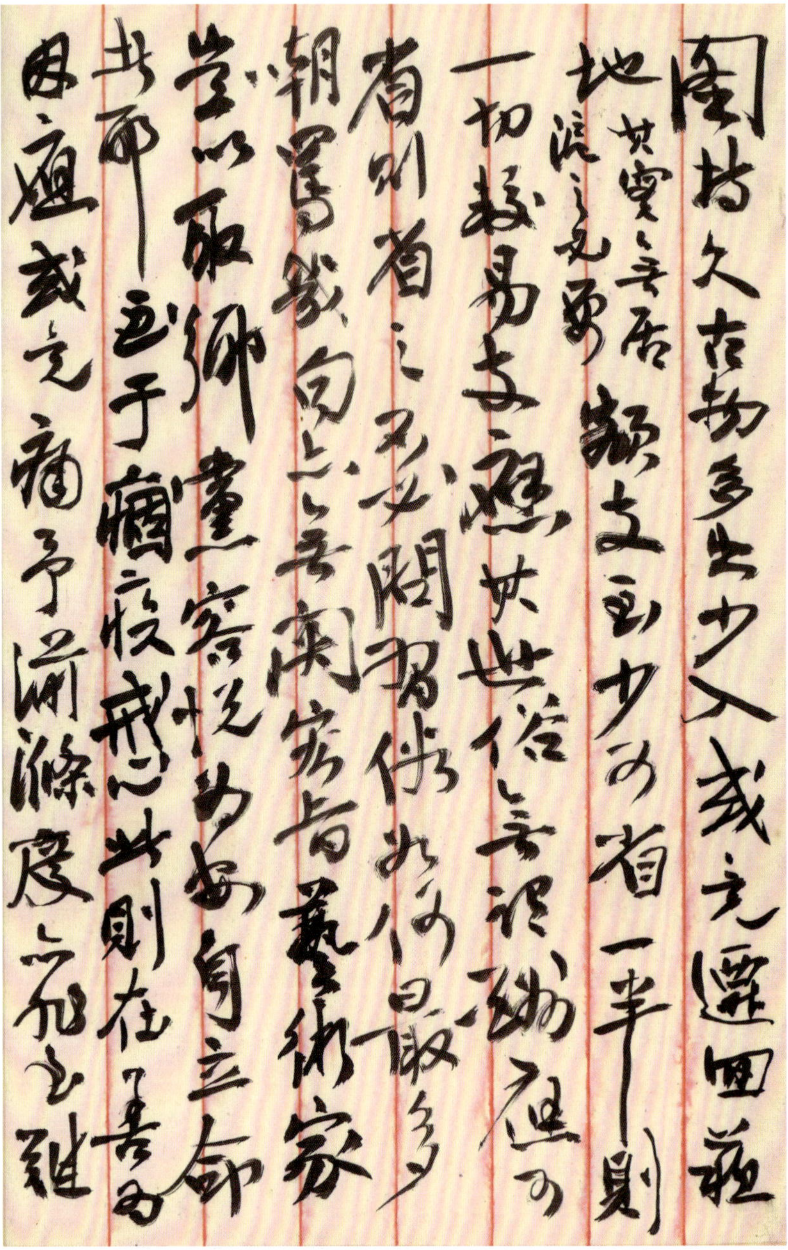

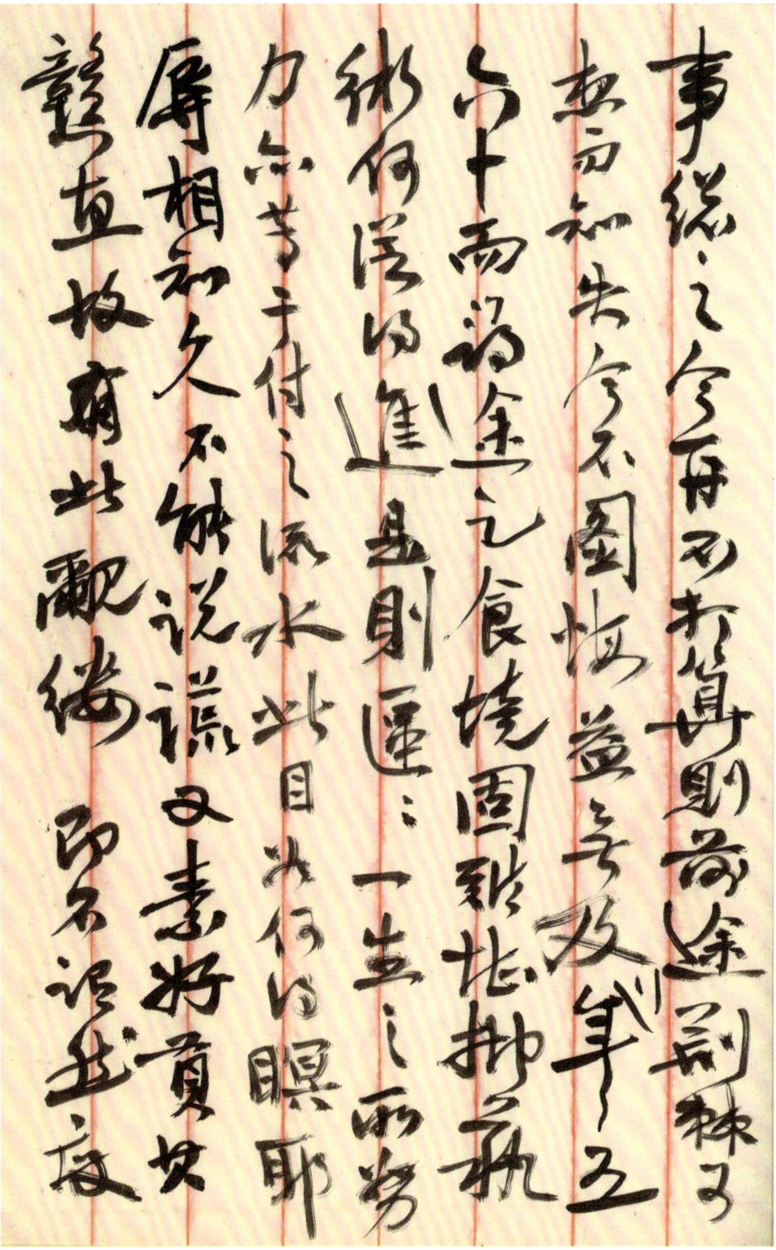

事總之今年可未算真則前途劇新又
無而知矣今衣圖悔益無幾年之
六十而為途之食境困難拙執
術何從得進且則匯之一生之所學
力亦等于付之流水此目為何得瞑耶
屏相知久不能說謊又素將負其
龔直故有此觀縷 即頌近安

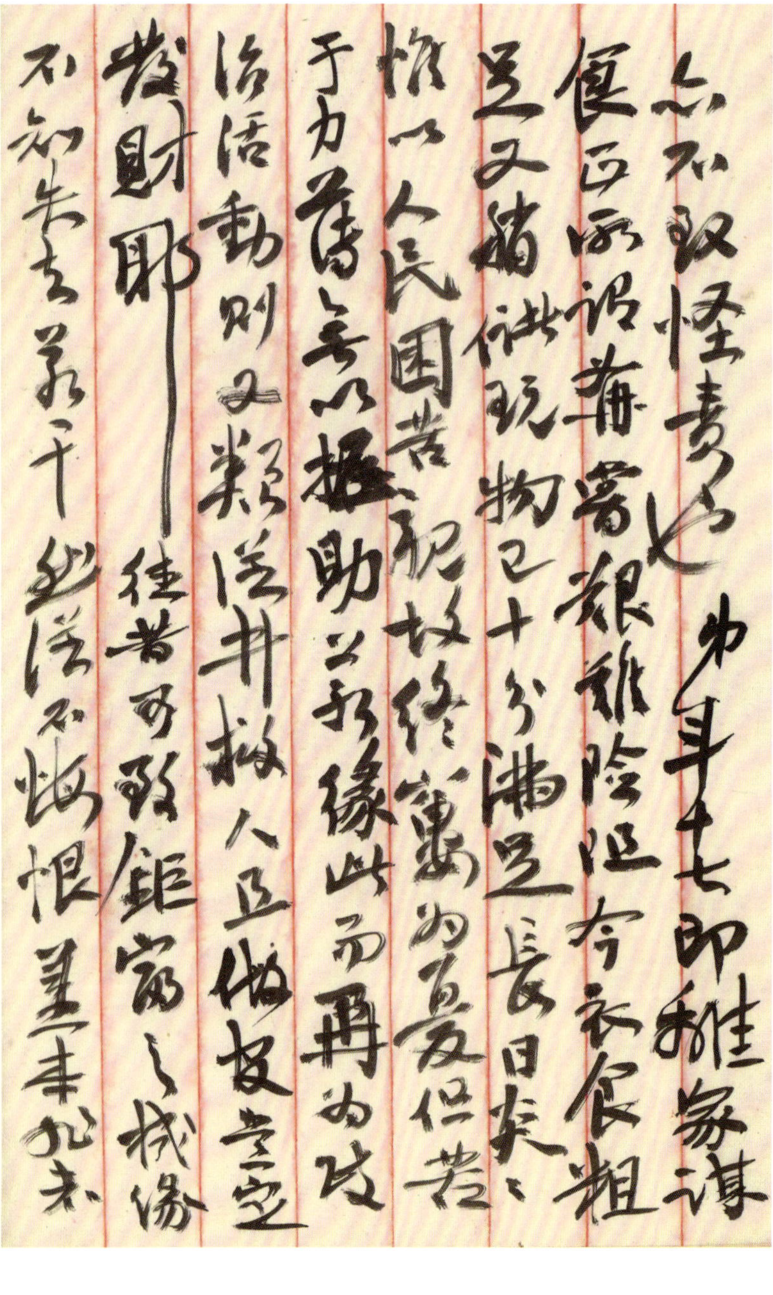

亦不致怪责也。弟年七十，即虽家谋
便可承认筹备，银钱除汲今衣食粗
足，又储供玩物，已十分满足长日矣。
惟以人民困苦，职故终宵为忧，但若
手力薄弱，以援助亲缘，此而再为设
法活动，则又难从井救人，且做女堂定
发财耶——往昔可致钜富之机缘
不知先生弟兄千总从不悔恨，星奉犯未

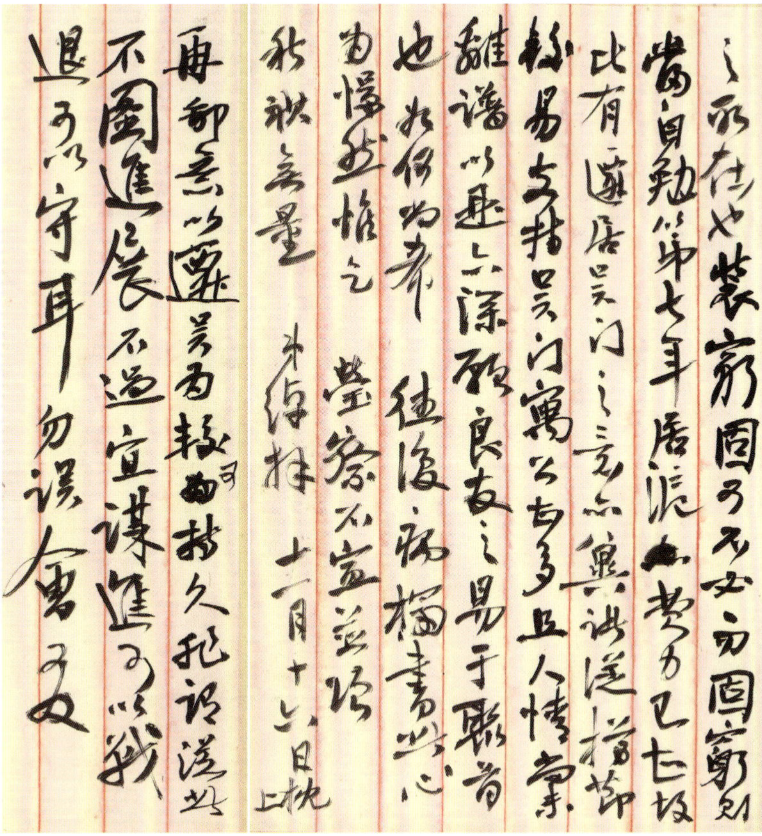
〻所往也。裴家固可不必，而固窮則
當自勉。以弟七年居滬，勢力已坏
比有遊居吳門〻〻者亦無謀從擋節
録易支持，吳門寓公太多，且人情寡薄
雖謀以赴，亦深賴良友之易于聯絡
也。兹份為弟從後稍擋書此心
為憾。然惟乞　鑒察。不宣。並頌
秋祺無量　小侄拜　十一月十六日上枕
再郵無以避吳而救濟者，久托詩送出
不圖進展，不過宜謀進可以戰
退可以守耳。勿誤。曾子文

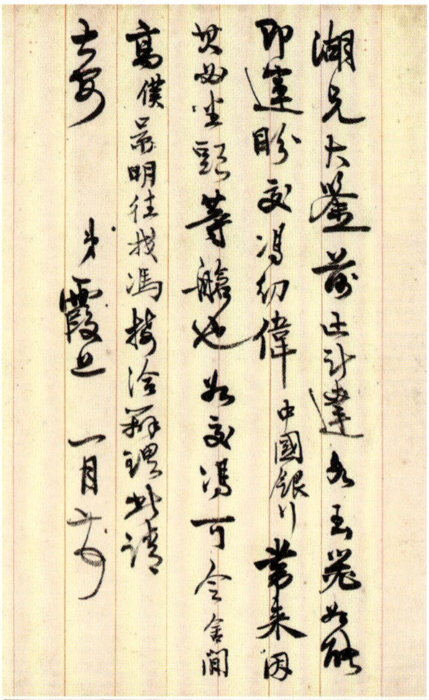
湖兄大鑒：前由計達，兔玉光如能
印達盼。致馮幼偉（中國銀行）常來因
其婦坐罷等輪也。如致馮可令舍間
寫僕最明往找馮携冷霜理此請
大安
弟霞上 一月廿六

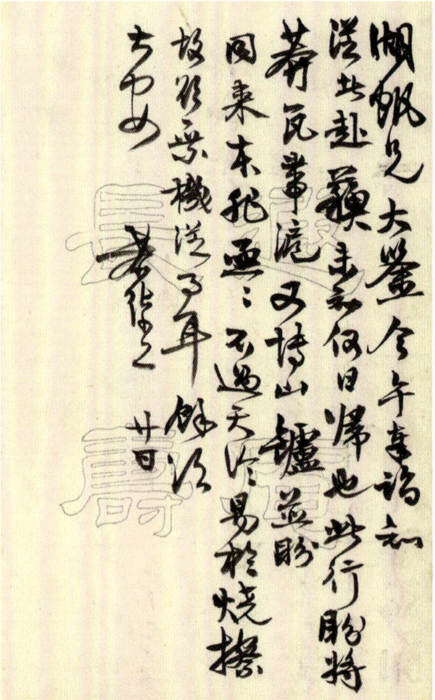
湖帆兄大鑒：今午奉諭，知
後此赴蘇，未知何日歸也。此行盼將
蔣瓦當硯及博山鑪並盼
同來，本擬乘之，不過天冷易於烧攥，
故欲乘機從乃年餘活
大安
弟綽之 廿日

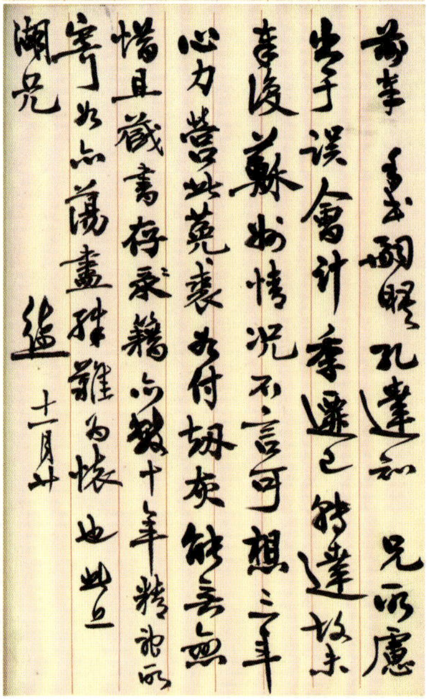
前奉手翰，礼達，知兄所慮
出于誤會，計季遷已轉達，故未
奉復。蘇州情況不言可想，三年
心力營此菟裘，如付劫灰，能無
惜且藏書存稿，亦數十年精神所
寄，如亦蕩盡，殊難為懷也。此上
湖兄
縕 十二月廿

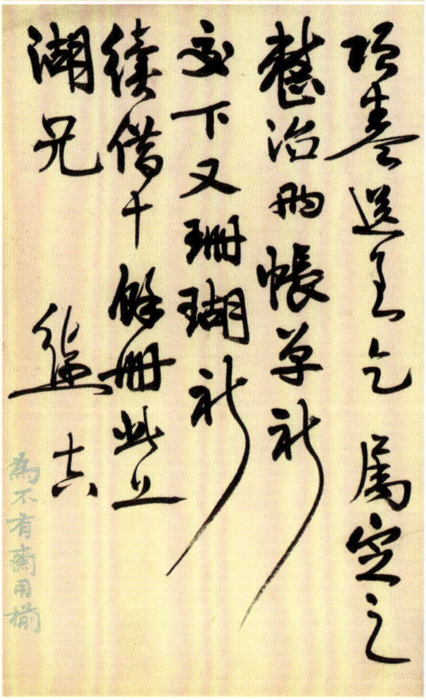
珍壽送上，乞屬定之
藝治所帳簿社
又下又珊瑚社
續借千餘冊，此上
湖兄
縕 去
為不有齋用牋

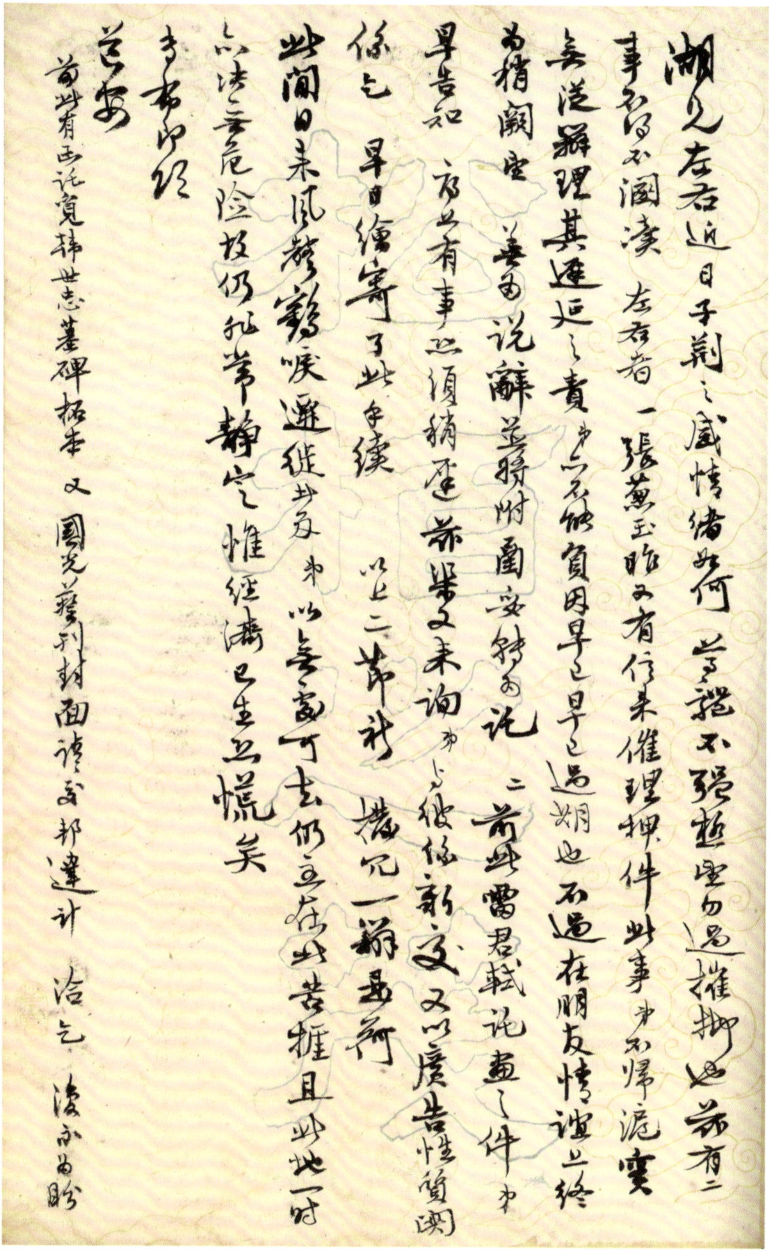

潮州左右近日子荆之感情緒如何 若说不得極望勿忌遑推却也 弟有二
事务必关涉 左右者 一張蕙玉昨又有信来催理押件此事弟不归泥实
無从办理其遲延之责弟亦不能負因早已早已過期也不過在朋友情誼上終
為情关懷 並無說辭並將附圖安排再說 二前此當君軾记画之件弟
早告知 弟此有事近須稍歷 筆墨又未詢 弟已从征新文 又以广告性质关
係也 早日繪寄了此手续 以上二節外撥冗一辦為荷
此间日来风聲鶴唳 避從此後弟以無處可去 仍立在此苦捱且此地一時
亦决无危险故仍能常静定 惟经济已至恐慌矣
专布即颂
近安
前此有函託覓韩世忠墓碑拓本 又 國光艺刊封面請交郁达夫 洽乞 凌亦西盼

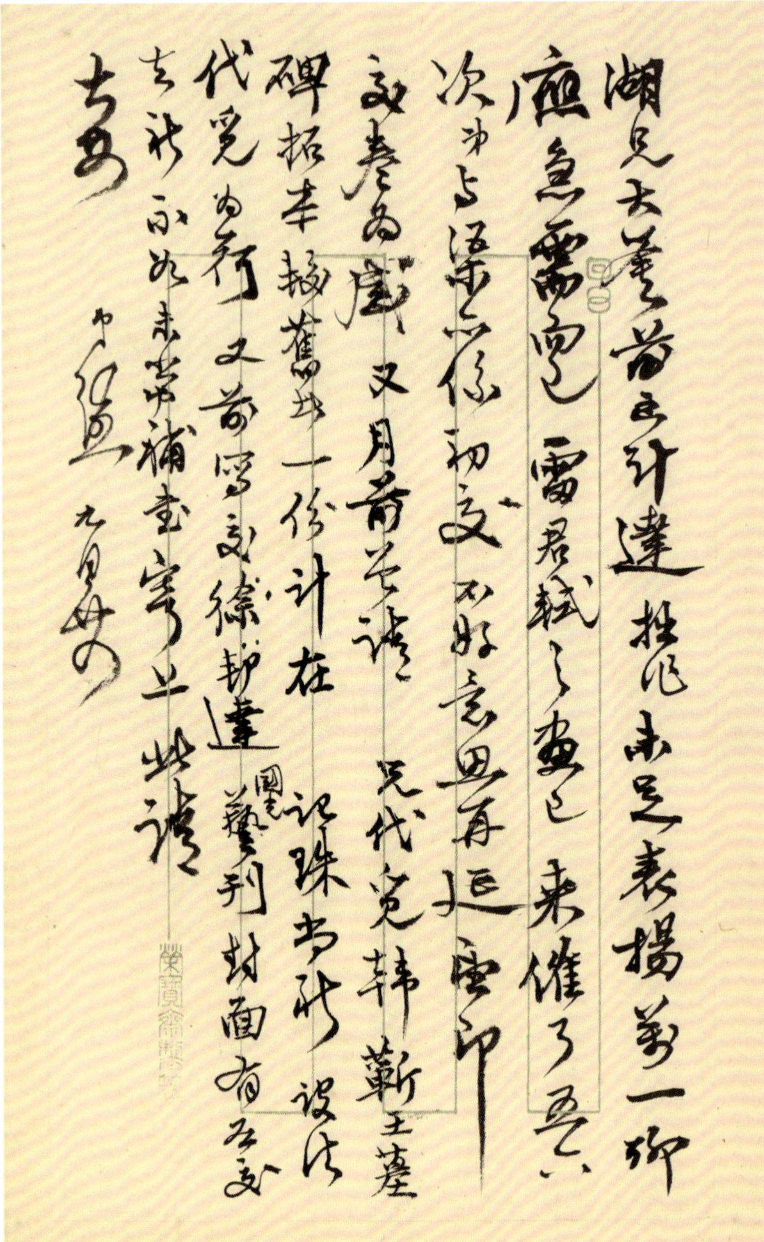

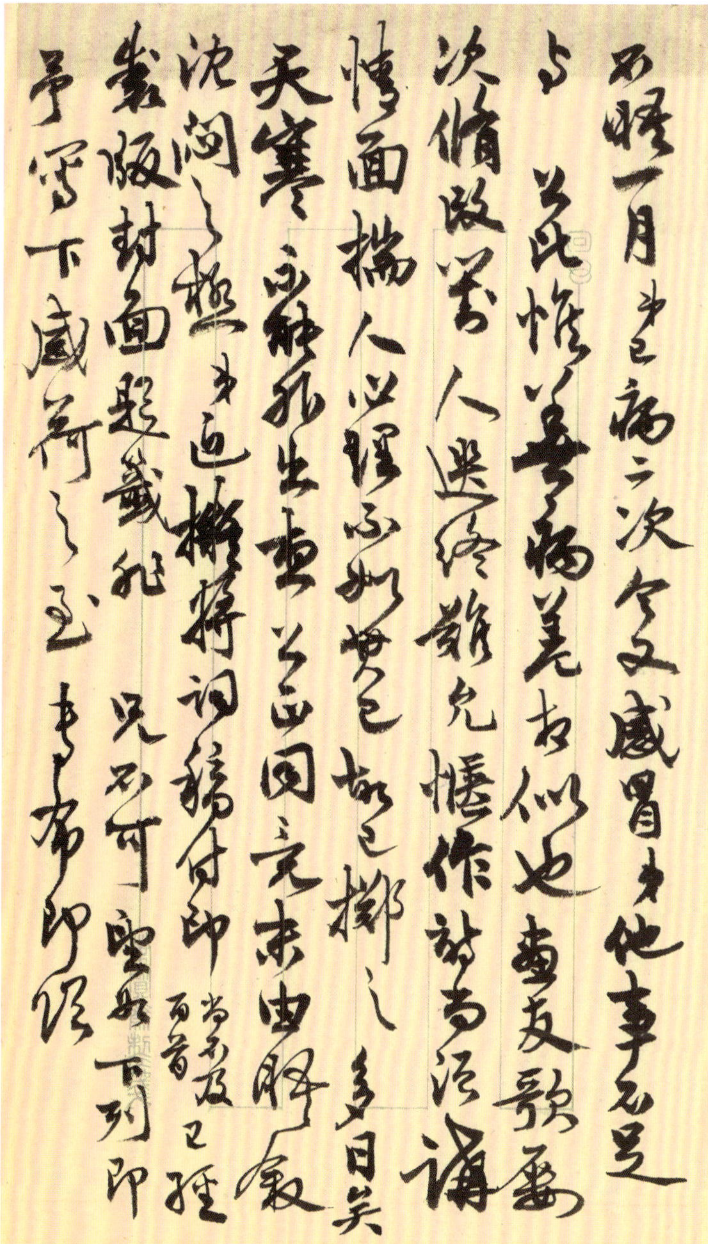

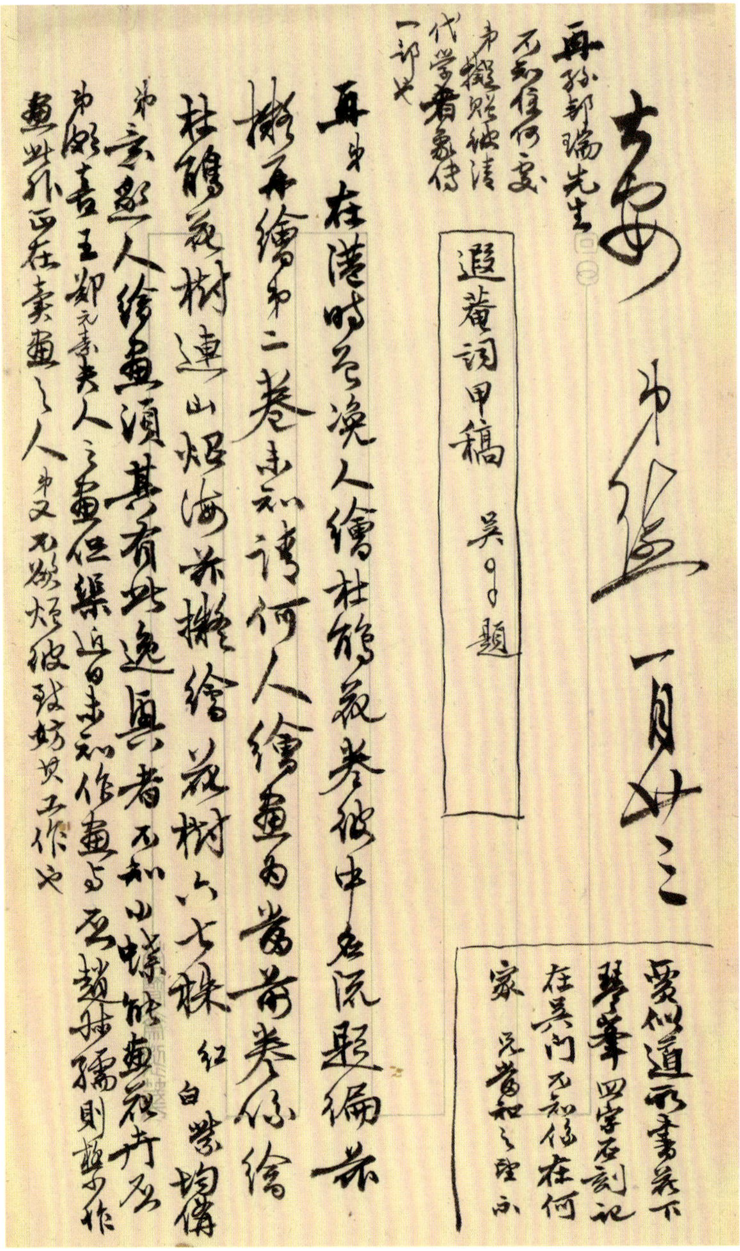
吉安 弟德 一月廿三

爱仙道兄书几下
琴笙四字石刻记在吴门，不知仍在何家，兄尚知之，望示。

遐庵词甲稿 吴□□题

再，孙邦瑞先生不知住何处，弟拟照纳《清代学者象传》一部也。

再，弟在港时，曾嘱人绘杜鹃花卷，彼中无从设编花样，再绘第二卷，未知请何人绘画为荷。若卷系绘杜鹃花树连山坡海，并拟绘花树六七株，红白紫均備。弟意选人绘画须其有好逸兴者，不知山中能画花卉否。弟欲嘱王卯元季夫人之画，但渠近日未知作画与否。赵叔孺则多作画，此外再在禾画之人，弟又无从知彼她工作也。

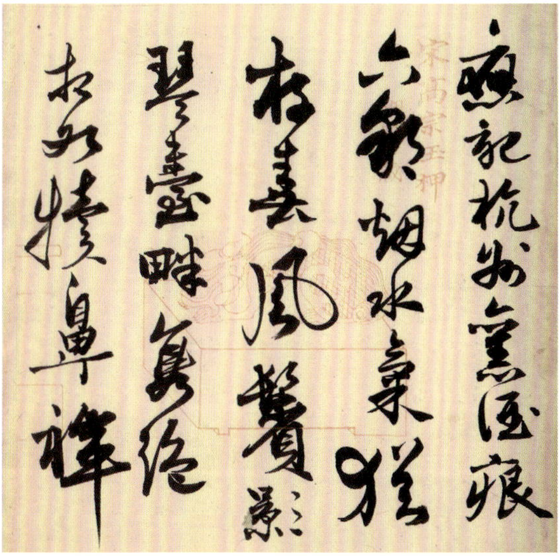

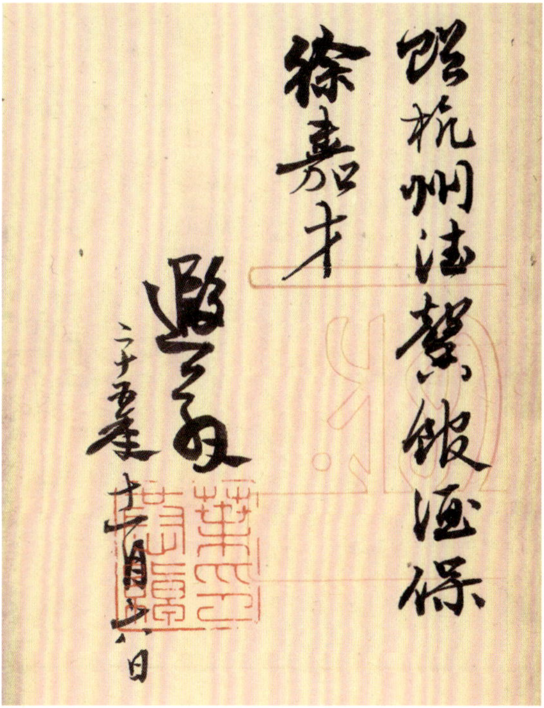

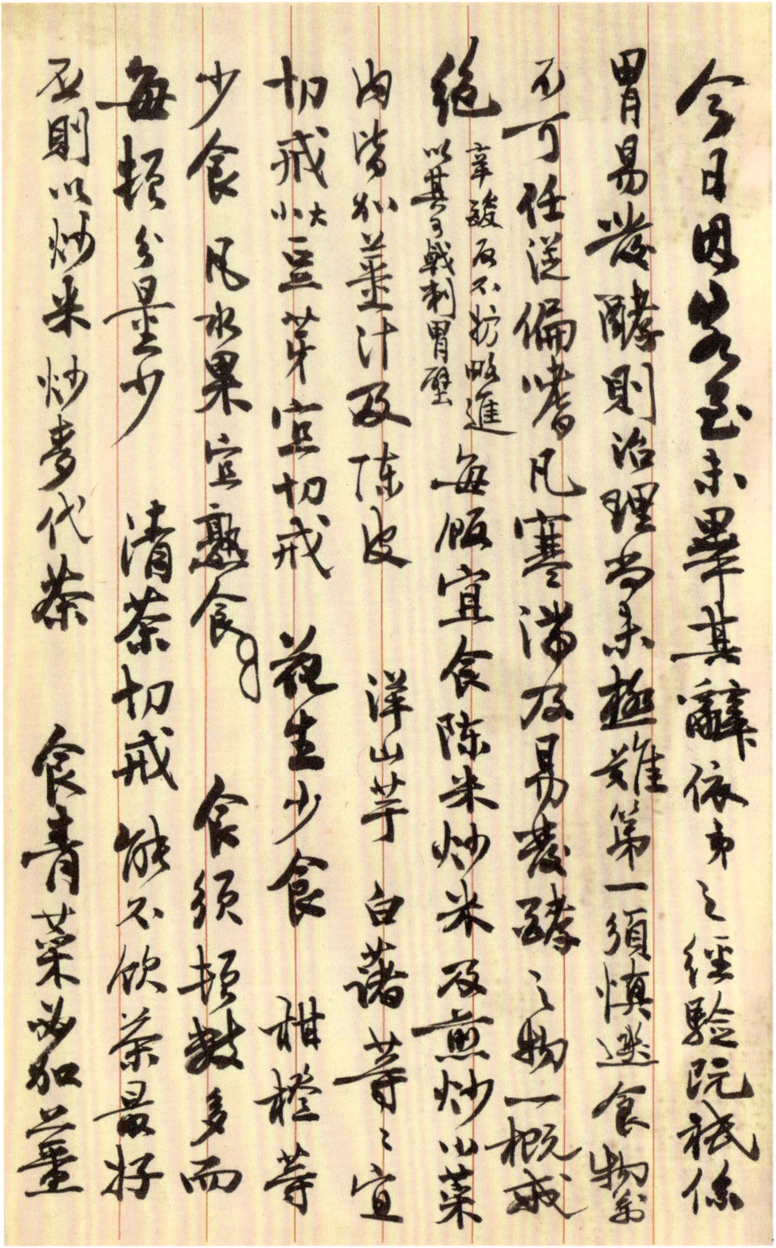
今日因先生未畢其辭依弟之經驗既祇係
胃易發酵則治理當求極難第一須慎選食物絕
不可任從偏嗜凡塞滯及易發酵之物一概戒
絕（辛辣及不易吸進以其有戟刺胃壁）每飯宜食陳米炒米及煎炒小菜
肉湯加薑汁及陳皮　洋山芋白蘿蔔等之宜
切戒大小豆芽宜切戒　花生少食　柑橙等
少食　凡水果宜避食　食須頓數多而
每頓分量少　清茶切戒能不飲茶最好
否則以炒米炒麥代茶　食青菜多加薑

麪包勿多食 此外作柔軟運動 戒煩惱
亦極要 平常每日推拿亦有用 手指不靈
兄可強之須多摩擦屈伸 總之多勞力少
勞心 吾人亦可自視古高僧以爲多者僅五百年
名世挺生千萬人難出獨出者豈易事哉
悠忽殊有對不起天地父母之處 弟謂本不
佳兄萬念俱灰猶復亦自斷喪爲仇此快恩
此之痛 兄切宜奮發從精神上謀

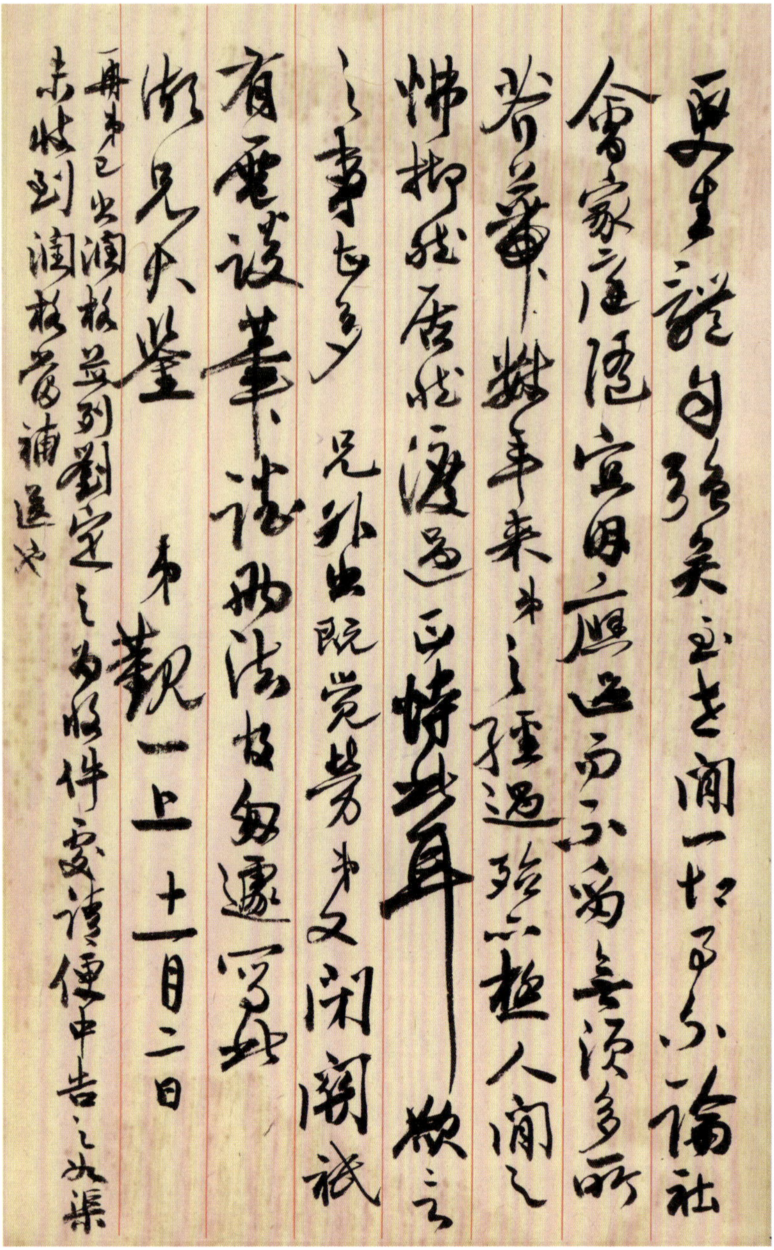

垂老谈自强矣，若言阐一切平等论，社會家庭隱宜有之，歷史上不必無須多所眷舉。樊年來弟弟種遇殊異極人間之悱惻，我居我渡為正，時豈耳。歎之之事也多少。兄外出既覺勞，弟又閑閑祗有電話董談，欲話故勿遽寫矣。

湖帆兄大鑒　弟觀一上　十一月二日

一冊弟已出潤格並列劉定之為所作，便讀便中告之。又渠未收到潤格，當補送也。

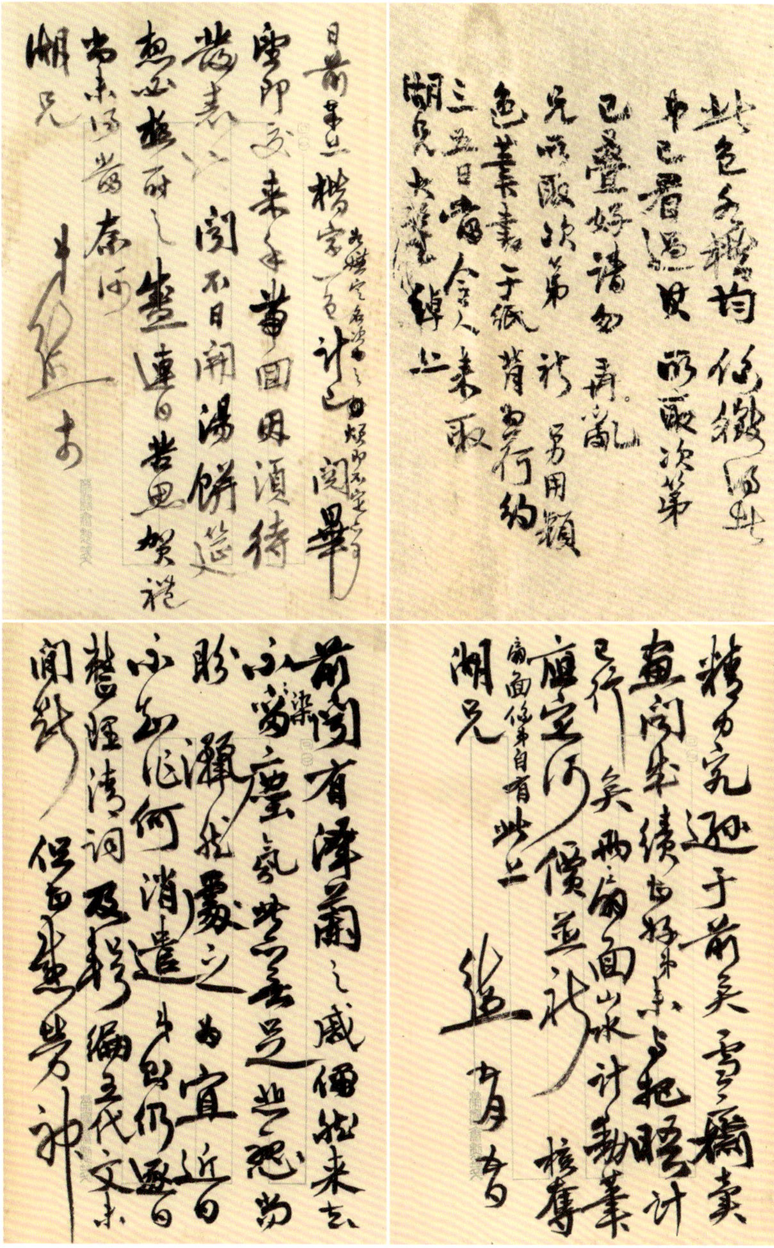

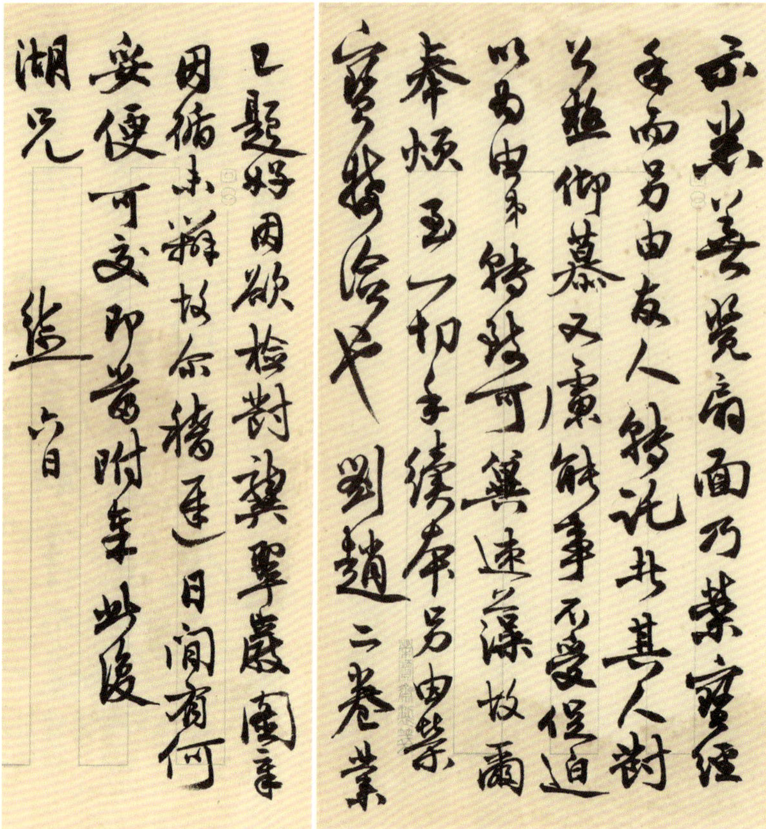
示悉。姜覽扇面乃業寶經
手而另由友人轉託其人對
於藝御慕又熏能事不受促迫
以為由弟轉致可冀速藻故爾
奉煩玉一切手續奉另由學
寶齋發給也。劉趙二卷業
已題。將因欲檢對龔翠巖閣章
因循未辦，故爾稽遲。日間有何
安便可交即箋附來。此復
湖兄
綫 六日

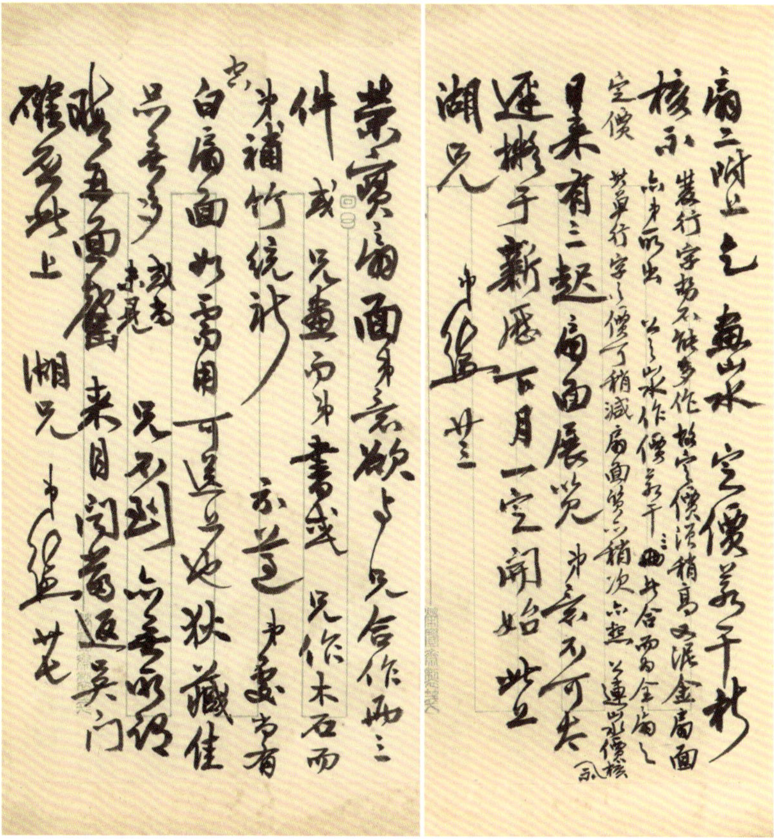

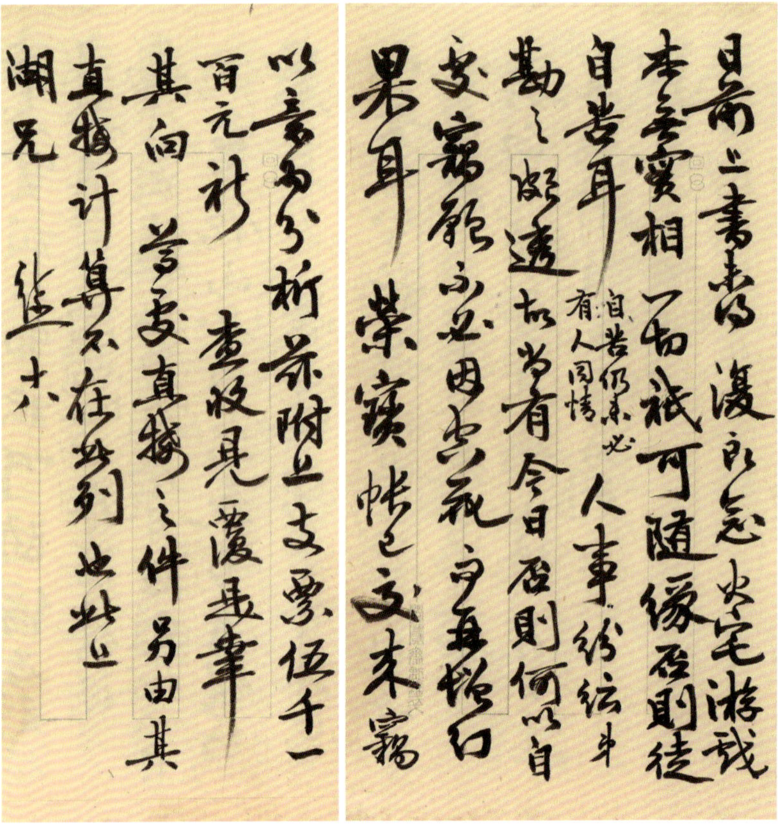
日前上書，當復。乃念尖宅游戲
本無實相，亦祇可隨緣，否則徒
自苦耳。（自苦仍未必有人同情）人事紛紜，斗
勘之愈透，故常有今日。否則何以自
安。窮餓亦必因之氣而無招引
果耳。榮寶帖之文來寫
以亮為分析，并附上支票伍千一
百元，祈　查收。是　霞丈
其向　曾處直接之件，另由其
直接計算，不在此列也。此上
湖兄　　　　繼　十六

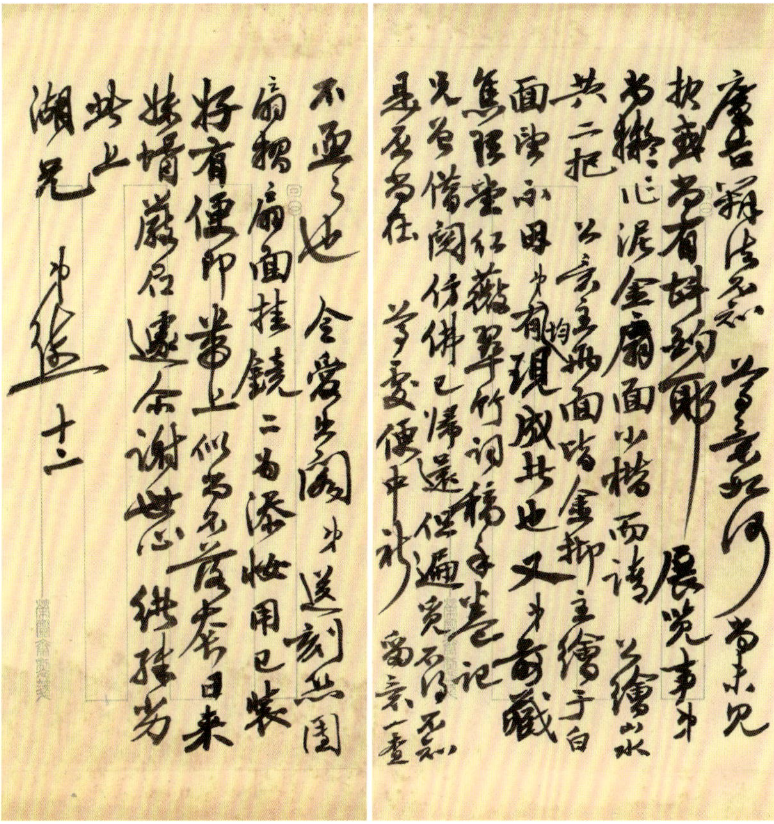

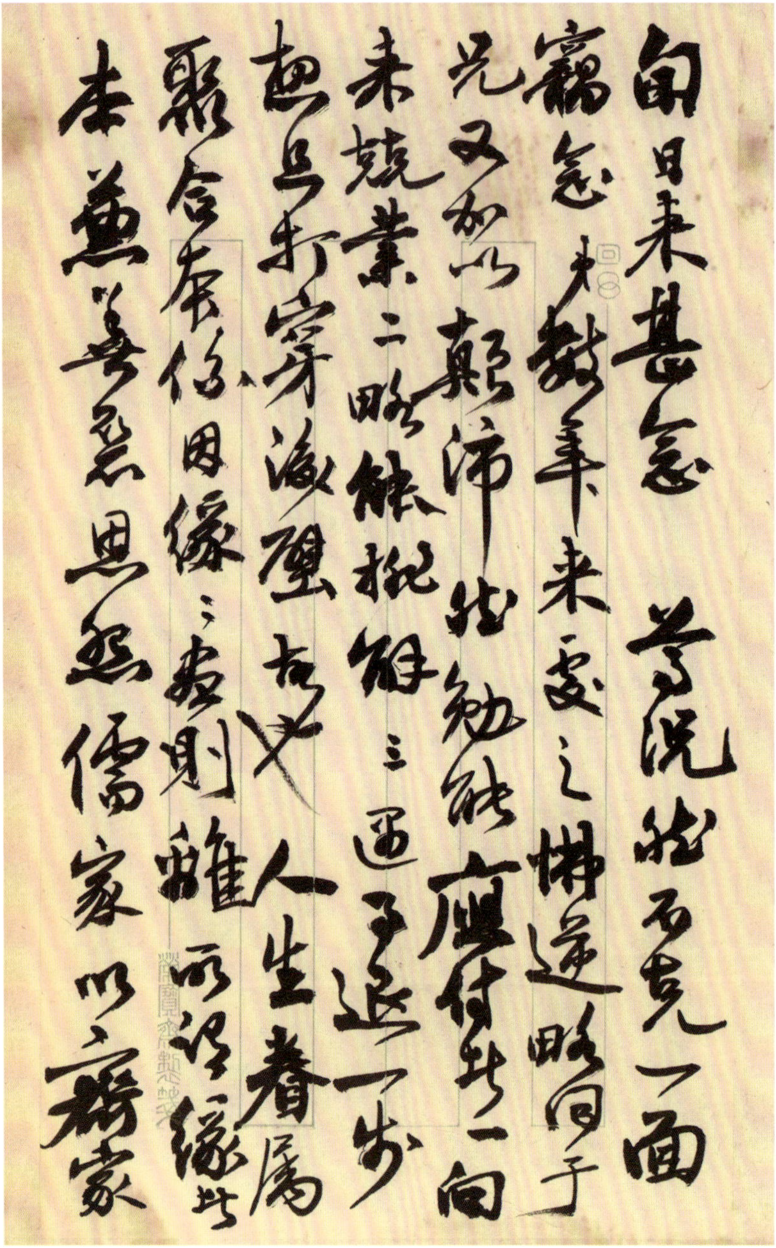
旬日来甚急 若况然而见一面
窮忽 失数年来受之佛逆眼向子
先又知以鄭師從勉然應付此一向
來競業二眼能撥解之通予退一步
趣只求穿澈理者 人生眷屬
聚合原係因緣之去則離所謂緣此
來兼無是思想悉儒家所以稱豪

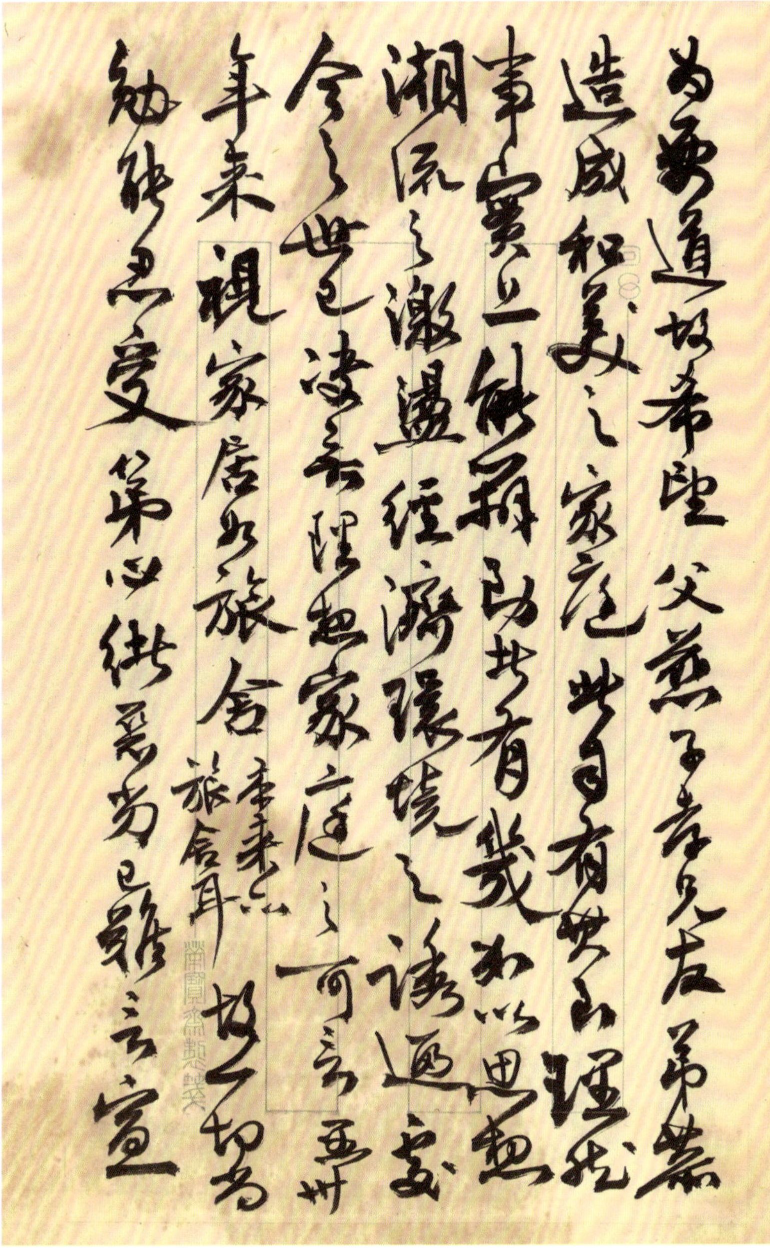
為要道切希望 父慈子孝兄友弟恭
造成和美之家庭 此身自有其理想
事實上絕難辦此 有幾和以思想
潮流之激盪 經濟環境之誘惑
今之世也 讀書明理想家之道之一可言耳
年來視家居如旅舍 年來視旅舍耳 切切為
勉能思變 第以繼為勞已難言宣

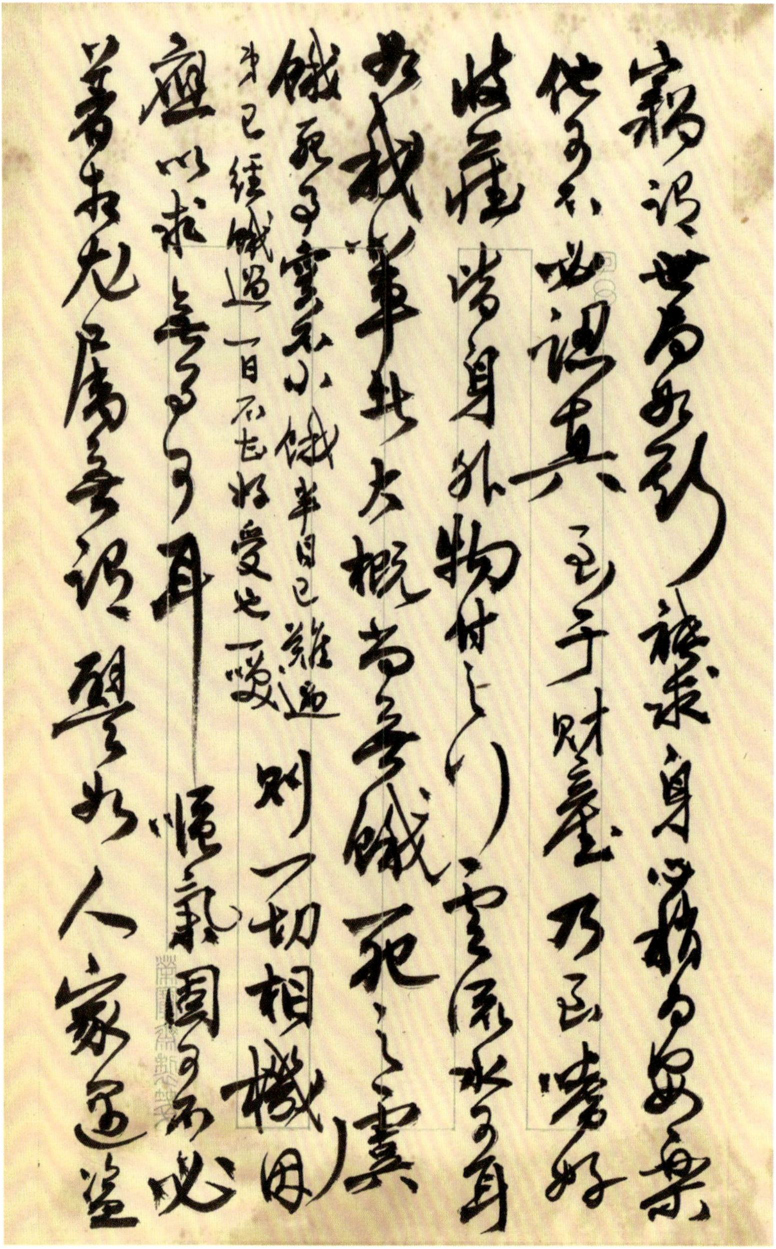

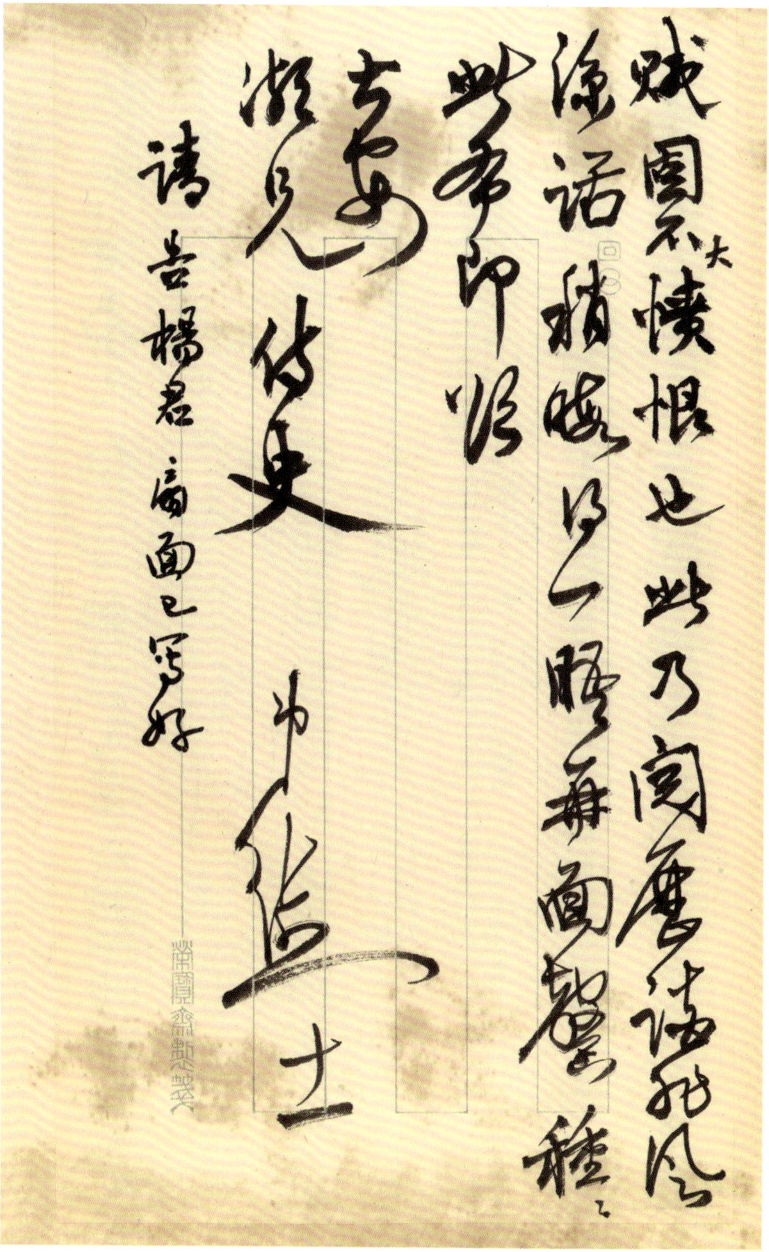

请告杨君扇面已写好

十二

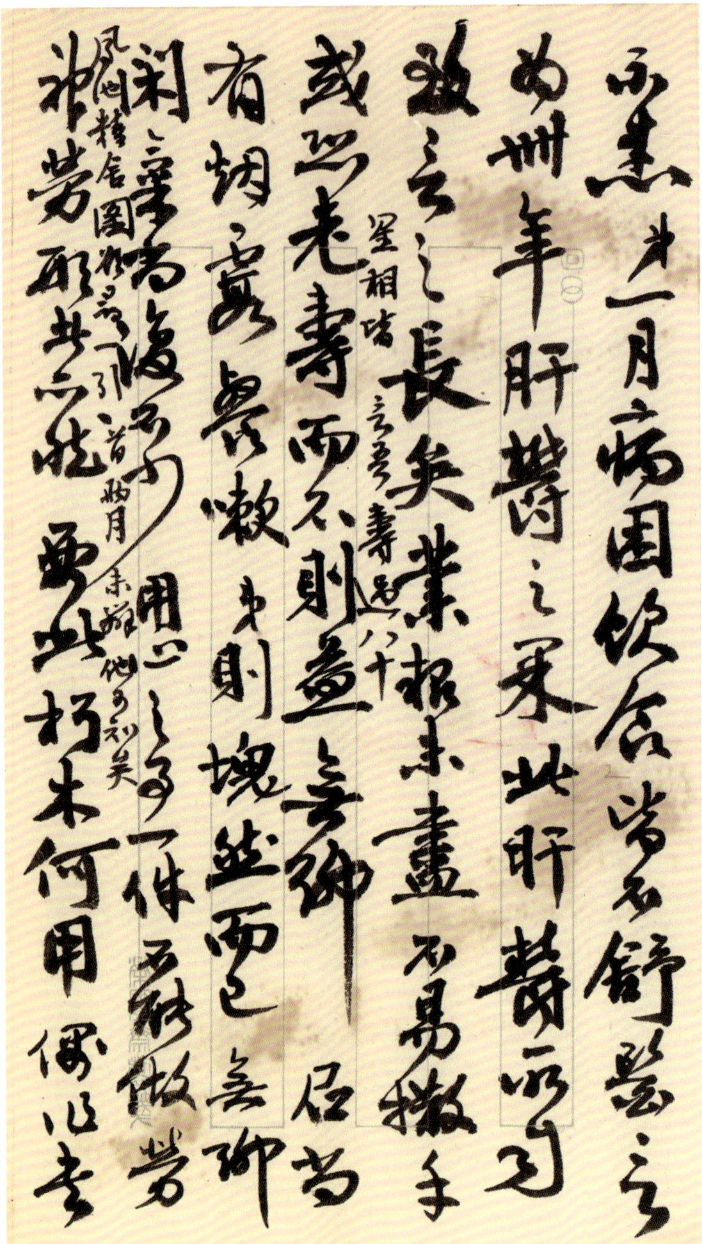

承惠書二月六日函圖欣合尚多舒懿之
如卅年肝甞之果此肝甞一次
教之之長矣業根未盡不易撇手
星相諸
寒雲壽過八十
哉然老壽而不則益無聊啟當
有期之實與懶則愧煞而已無聊
料之筆尚復不了用心之多一件无秋做勞
凡他精舍圖擬之之了首數月未離他多利矣
神勞形無此朽木何用僕頃書

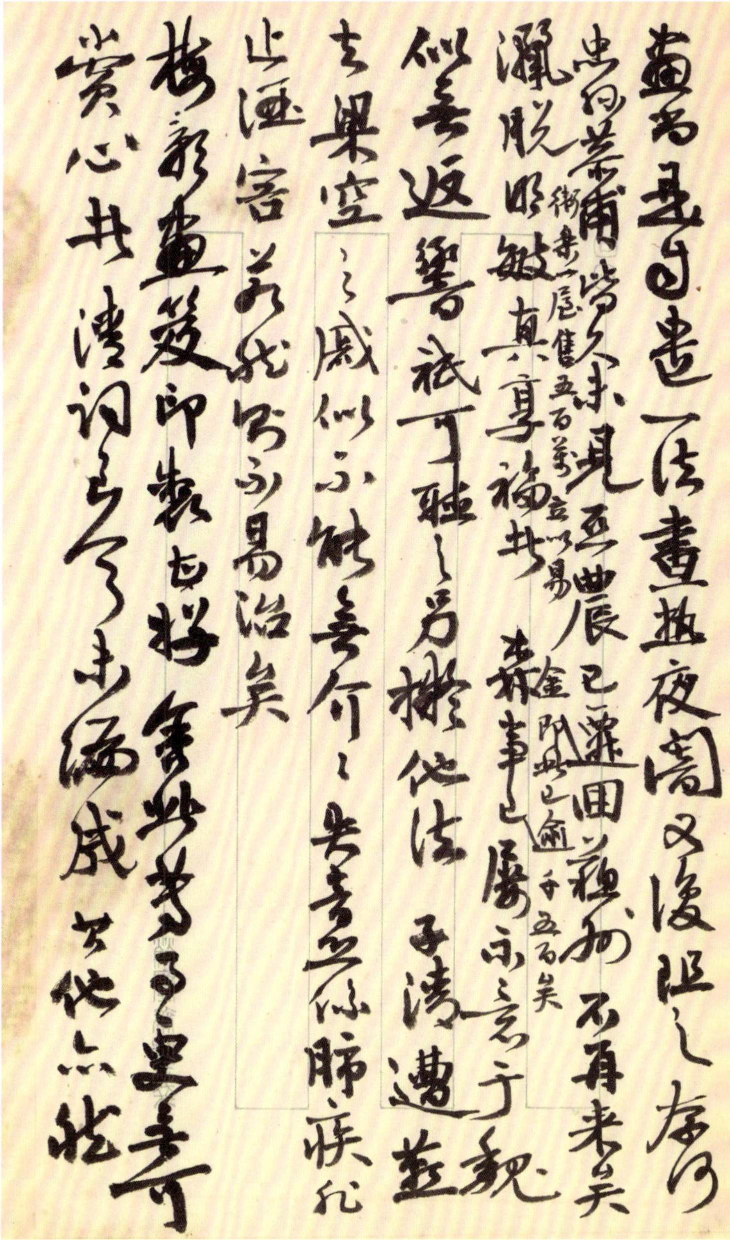

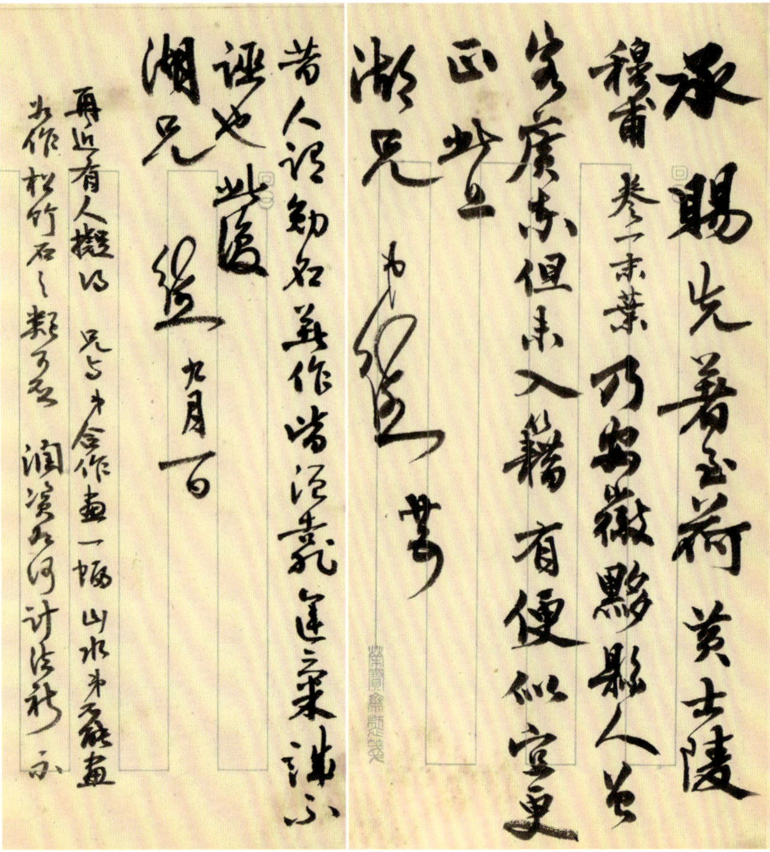
承賜先著并荷 黄士陵
穆甫 卷一末葉 乃安徽黟縣人其
生廣東但未入籍 有便似宜更
正 此上
澂兄 弟綬 頓首
昔人誤動名華作皆沿氣逐之未諦亦
誤也 此復
湖兄 綬 九月一日
再近有人擬以 兄與弟合作畫一幅 山水弟不能畫
如作松竹石之類可否 潤資如何計法祈 示

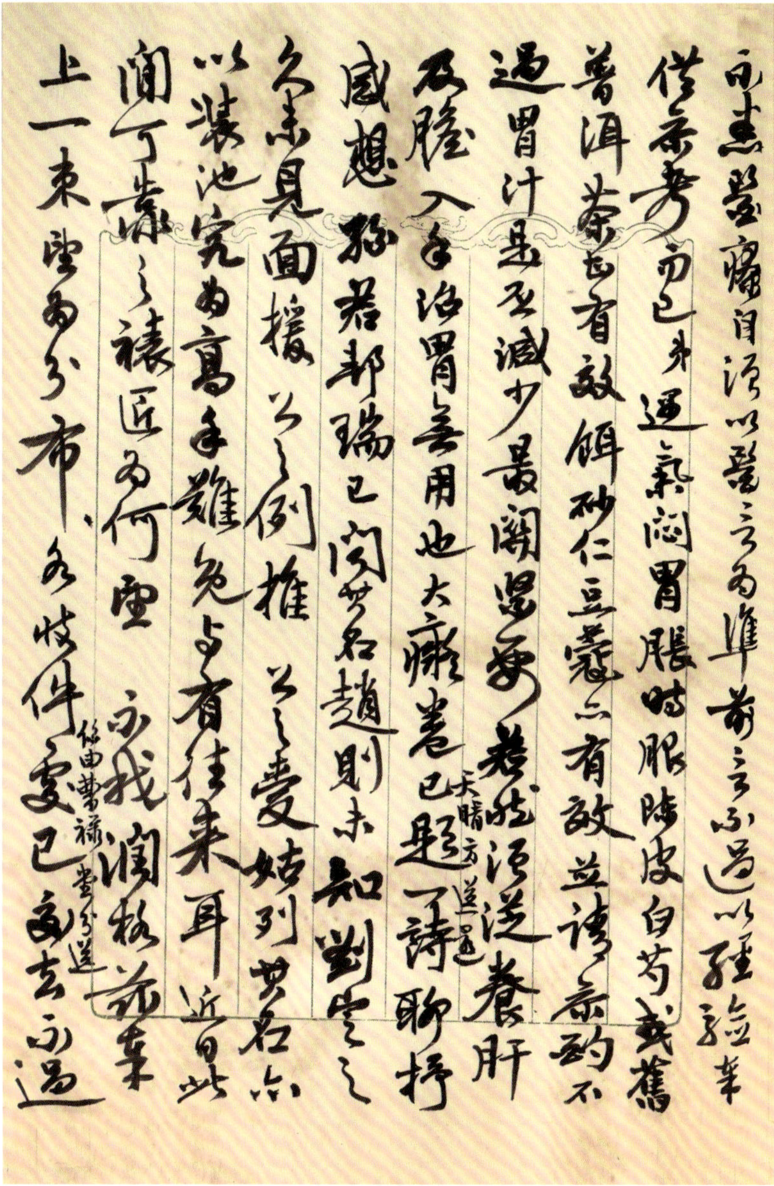

示悉。[illegible]痛目[illegible]以[illegible]之为准。前方亦当进以[illegible]
借余考而已,并通气、润胃、胀时服陈皮、白芍或旧
普洱茶,亦有效;饵砂仁、豆蔻亦有效,并请余药不
过胃汁是至减少,最关湿气之[illegible],然后养肝
及脑。入手治胃最善用也。大痴卷已题(大晴方送一遍),了诗聊抒
感想。[illegible]若[illegible]瑞已阅,其名赵则未知。刘之
多未见面,援以例推,以之爱姑列其名亦
以装池完为高手,难免与有往来耳。近日此
间丁[illegible]之裱匠为何堂,承我润校,前来
上一束。[illegible]为分布,各收件变已及去,亦当[illegible](经由[illegible]禄[illegible]分送)

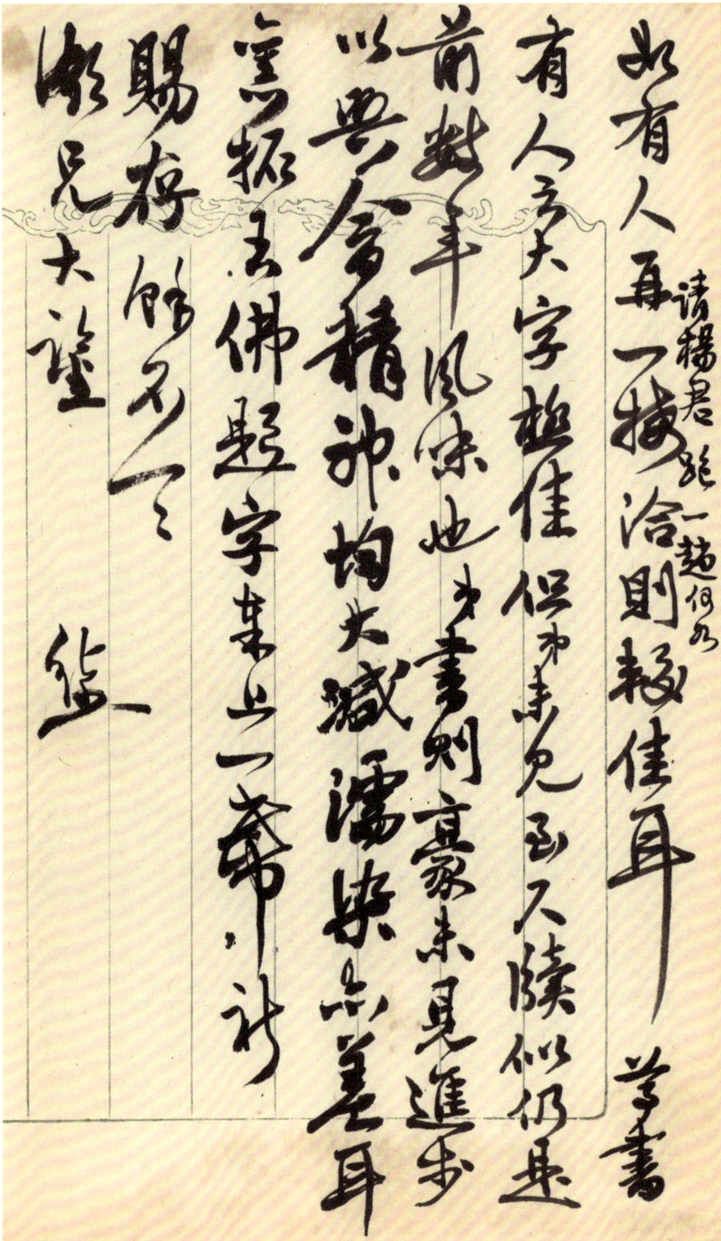
如有人再一接洽（請穆君能一趟何如）則極佳耳　草書
有人云大字極佳但亦未免丟不讀似仍是
前數年風味也　小書則宜豪未見進步
以異人合精神均大減濡染之甚耳
寫極古佛題字集之一齋　計
賜存　餘容後之
鄉兄大鑒　　　　弟一

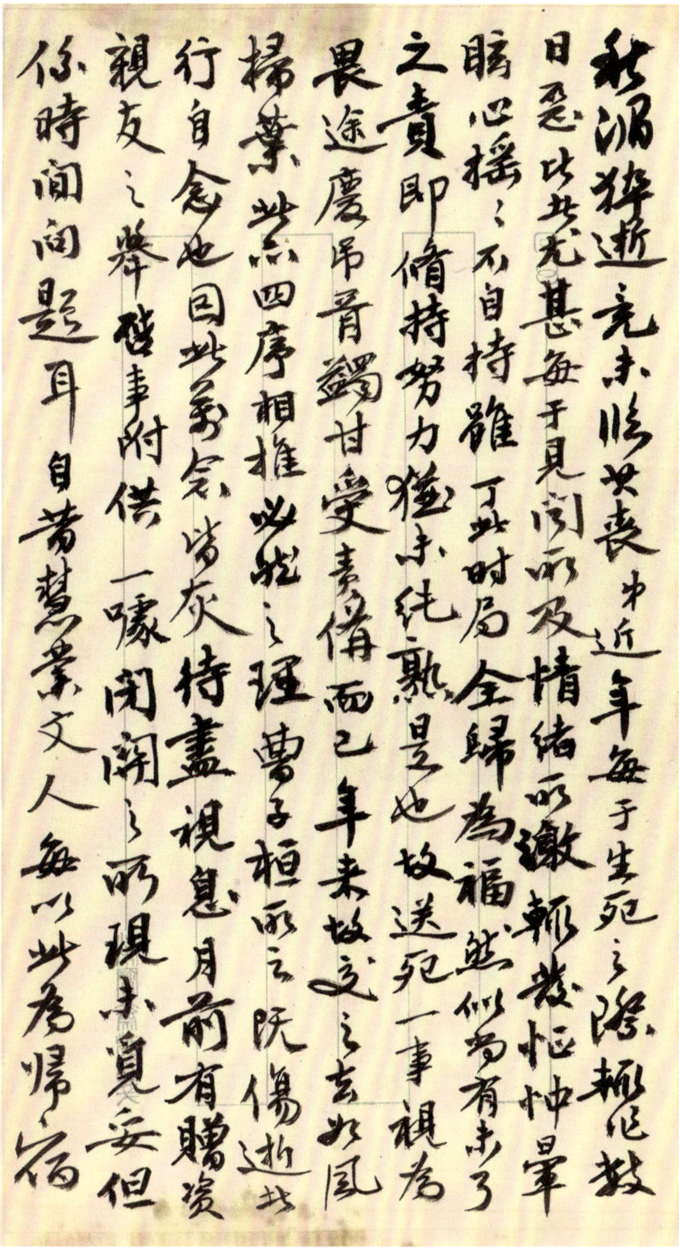
私淚猝逝，尤未能無哀。中近年每于生死之際，輒能鼓
目忌比者尤甚，每于見聞所及，情緒所激，輒教怔忡暈
眩，心搖搖不自持。雖丁此時局，全歸為福，然似當有未了
之責，即修持努力，猶未純熟是也。故送死一事，視為
畏途，慶弔胥蠲，甘受責備而已。年來故交之去，如風
掃葉，然亦四序相推，必然之理。曹子桓所云既傷逝者，
行自念也。因此氣氛皆灰，特盡視息。月前有贈資
親友之舉，略事附借，一隊閒閑之所現，未覓安但
係時間問題耳。自昔慧業文人，每以此為歸宿

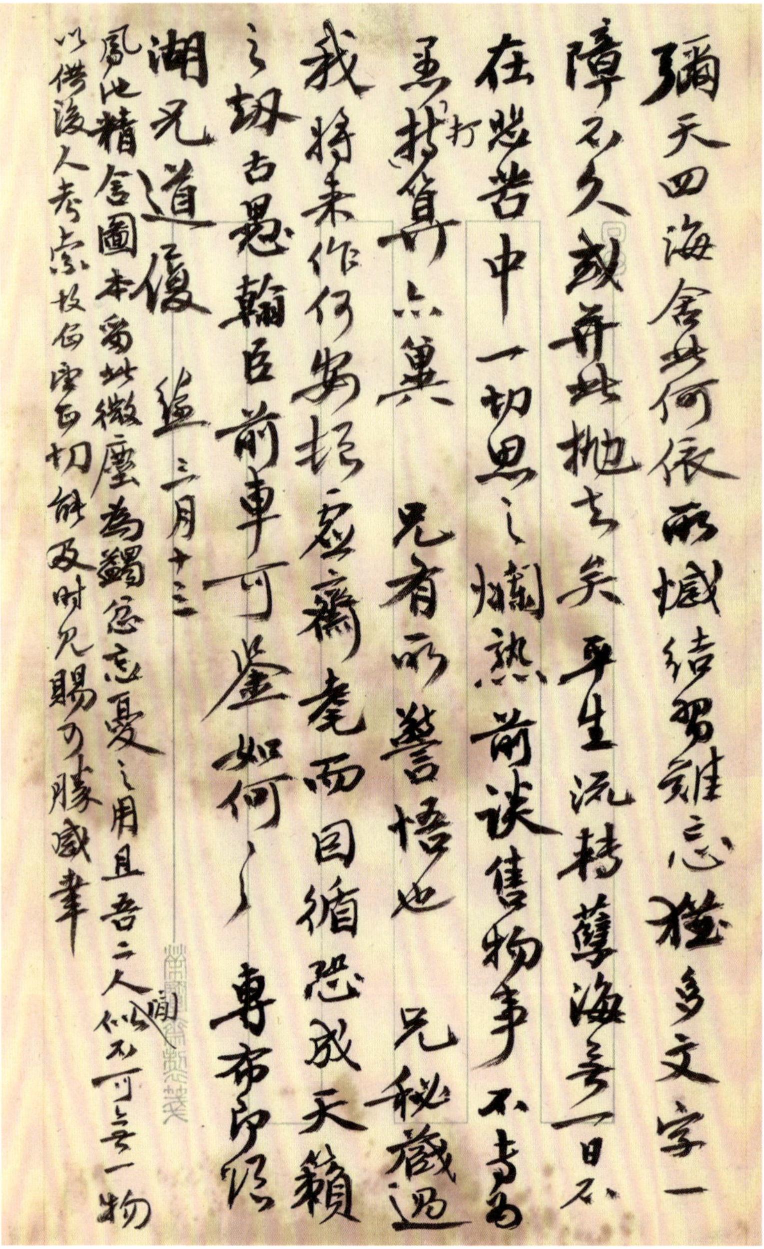

彌天四海舍此何依所識結習雖忘猶多文字一
障不久或並此拋去矣平生沉精孽海無一日不
在此苦中一切思之爛熟前談售物事不甚爲
是打算亦異　兄有所警悟也　兄秘識過
我將來作何安插之處齋養而回循恐成天籟
之坂古愚翰臣前車可鑒如何如何　專布即頌
湖兄道復　鑑　三月十三
鳳池精舍圖本爲此徵塵爲錫慈憂之用且吾二人似不可無一物
以傳後人考索故爲雪岳切餅及時兄賜可勝感叢

余今年六十四矣少承　仲麟公之訓竊慕昔人志不在溫飽之語服官從政凡四十
年未嘗一日不兢兢自持惡衣菲食痛自刻勵　先人素無遺產民五以後余以一身
肩同　祖以下三房嫁娶教育婚嫁喪葬之費亦既竭其綿力加以資助社會慈善文
化教育諸端以乞貸助親朋所耗亦鉅中歲蹉跎政海備歷艱虞向不治家人生產流
轉顛沛損失益多素耽禪悅民十五遷滬後本擬於江浙風景地得一樓隱之區便謝絕
絕人事一意清修不料世變迭生家慶多故蒐裘難卜橫逆紛乘託迹九龍幾死于礮
火之下今者精神日憊已無復用世之心薪水所資特售文字雖窘困頓萬猶能自食
其力未嘗盜賊即乞丐此生之幸也四十年來積資有限所存書畫古物本以供研
求考案之資者流無成多藏可戒近亦強半易米余無子又未立嗣兼女近況可念弟
姪輩皆殊清苦同祖三房諸孤寡及妹輩姪女輩散居各地值時局紛擾生計艱逼
深矜注余向不善親友饋贈權勢以營私利故戚遠脂而不能潤戚鄰摯好多患寠貧
靜言思之亦殊愧懷今將剩餘書畫古物設法出售以鐵款分贈興同族及老友具如
後列聯繫寸心以外所餘將繼售以供養老追遠及刻書濟人之用或別定保存計
劃以後再行定奪以前江北薄田滬上房地前已售應急需吳門一宅業同敝屣矣
望諸親友以後各自努力視余為已死斷離形神上各聯繫令余稍安心修持打疊
己事余從此不再問世務及家務矣昔諸葛亮有言不使身後有餘資六祖則云本
來無一物年逾周甲撒手便行此後可無所戀惱擬之龐居士沉財物于江流猶有
愧耳

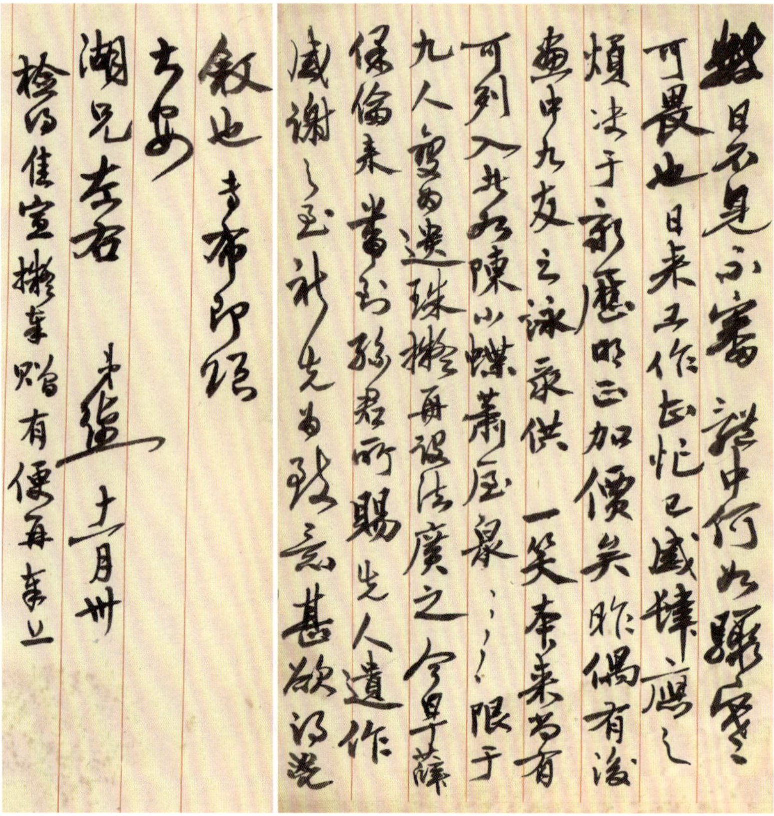
數日未見示寄諸中何如驟寒
可畏也日來正作書忙已減肆應之
煩決于新歷明正加價矣昨偶有感
畫中九友之詠錄供一笑叔未老尚有
可列入者如陳小蝶蕭屋泉[illegible]限于
九人惜也遺珠擬再設法廣之今早于藩
保倫來帶到孫君所賜先人遺作
感謝之至祈先為致意甚欲得識
敘也專布即頌
吉安
湖兄吉右　弟繹　十二月卅
檢得佳宣擬集贈有便再集上

而集意中人物本不止此，然擴充名額，則又不足動人，故只取最著者與梅村同時畫家知其本不止此，當時不傳真之作耳。在今日作此詩，人將疑為含有評騭之意，易生是非，弟意或再作一首，名為續畫中九友歌，而將目前所作稱為今畫中九友歌，亦一法也。但再覓七人（連蕭陳而九）知難不易，鄙意湯定之可列

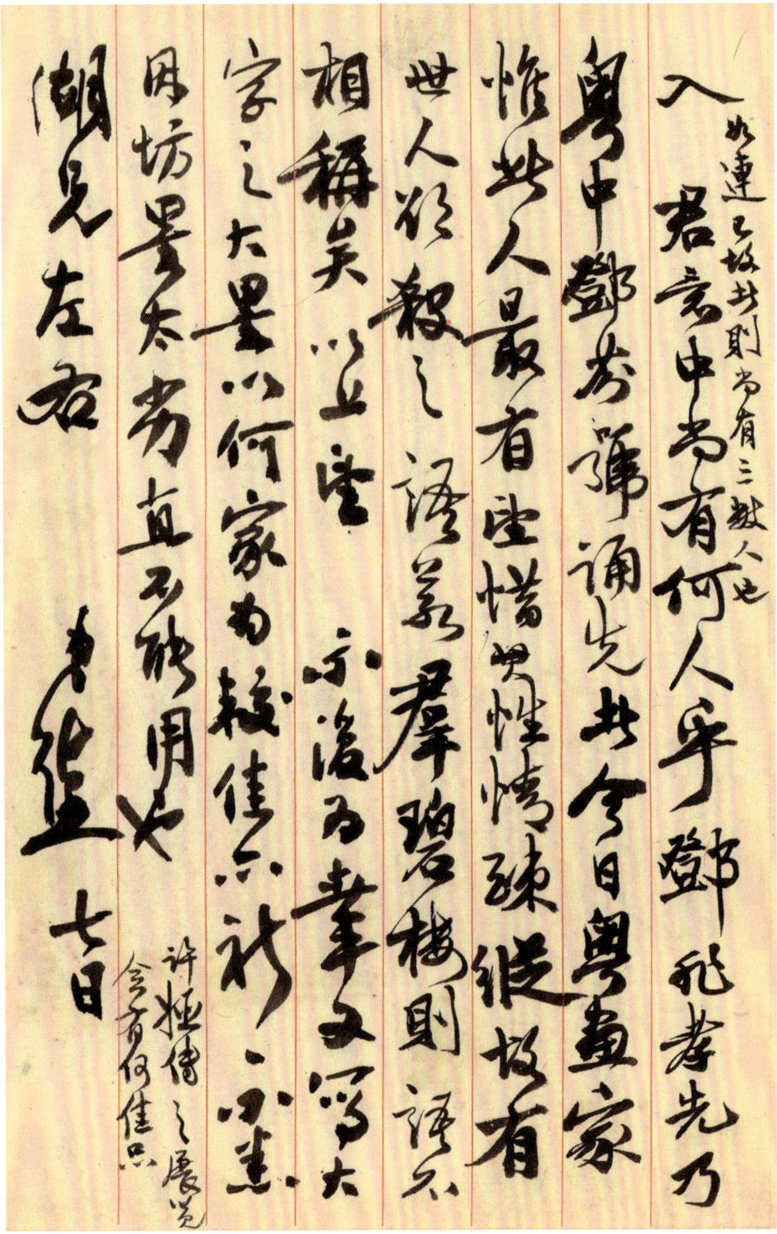
入（水蓮之坂井則爲有三數人也）君意中爲何人乎？鄧秘孝先乃粵中鄧芬之弟誦先者，今日粵畫家惟此人最有望，惜其性情疎縱，故有世人頗毀之語，群碧樓則譽之，相稱矣。以上畫。亦請爲華文寫大字之大墨，以何家爲較佳？祈示悉。因坊墨太劣，直不能用也。（許姬傳之屢覓，今方何佳只）
湖兄左右
弟維直　七日

後畫中九友歌

湘潭布衣白石僊
藝得于天人不傳落
筆便欲垂千年 齊白石 新安的派心通
玄驅使水石凌雲烟老來蕭逸同青
錢 黃賓虹 吷菴長鬚時自捋膠山繪
海游戲已吐糟粕忘蹄筌 夏劍丞
名公之孫今鄭虔閉關封筆時高眠
叩門求畫空流涎 吳湖帆 更有嵩隱

馮超然傳夜作畫耘硯田畫佛湧現
心頭蓮 馮超然 王孫萃錦甘寒瓊子固
大滌相後先上與馬夏同周旋 溥心畬
越園避兵窮益堅有如空谷馨蘭
荃妙枝靜似珠藏淵 余越園 三生好夢
迷大千息影高踞青城巔不數襄陽虹月
船 張大千 日豐殊風致題松園日親紙墨寶
管絃世人欲殺誰相憐 鄭誦先

遐菴稿

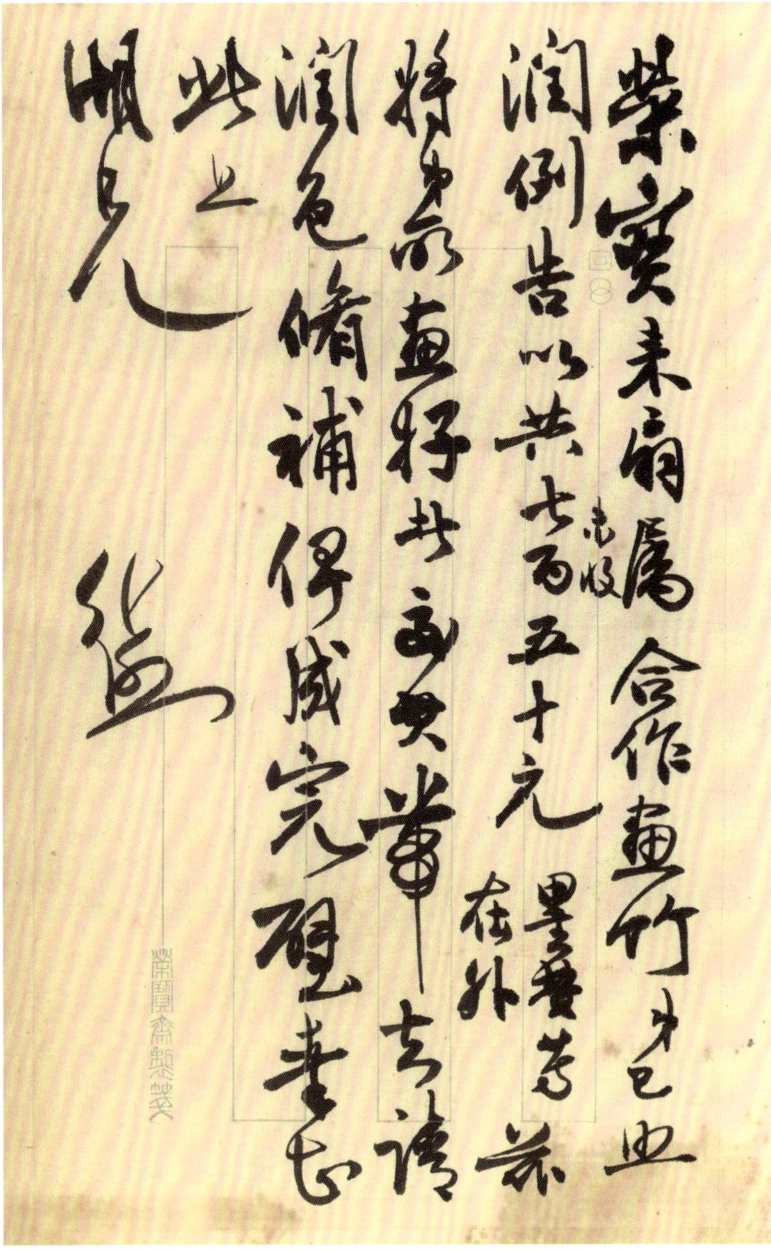

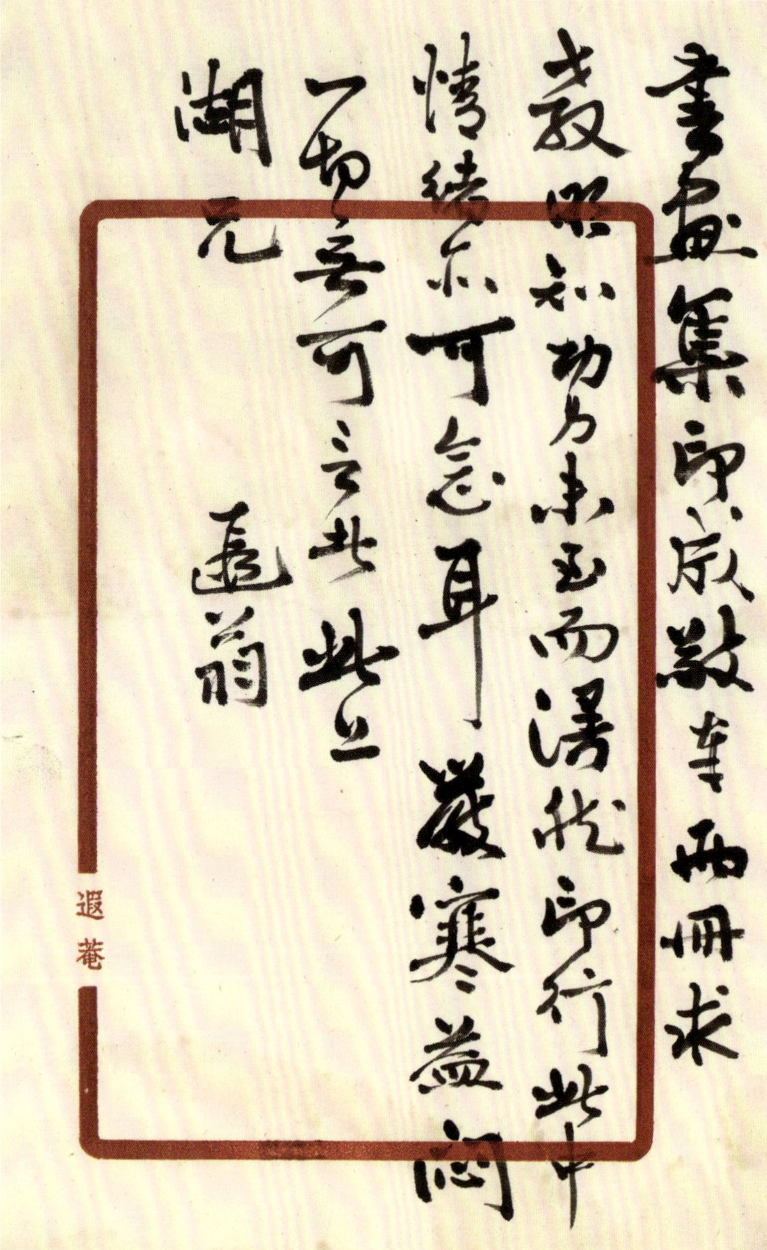

書畫集印成數本兩冊求
教照知功力未至而濡紀即行此中
情緒亦可念耳歲寒益閑
不知吾可云云北此上
湖兄
遐翁

遐菴

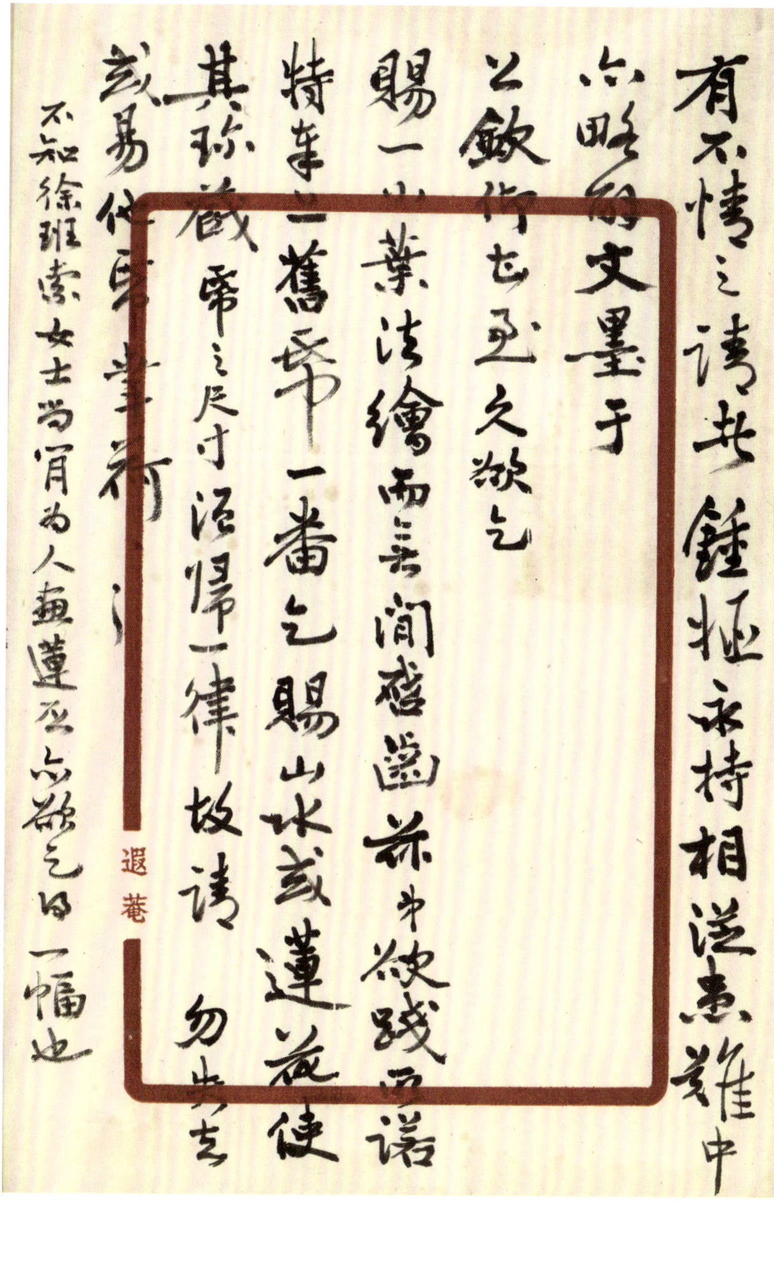
有不情之請者鍾矯永持相送患難中
亦時有文墨于
之欽佩也至久欲乞
賜一小葉法繪而無暇間隙茲中欲踐前諾
特奉上舊扇面一番乞賜山水或蓮葉使
其珍藏扇之尺寸須歸一律故請勿失去
或易他紙並荷
不知徐班索女士嘗肯為人畫蓮否亦欲乞得一幅也

遐庵

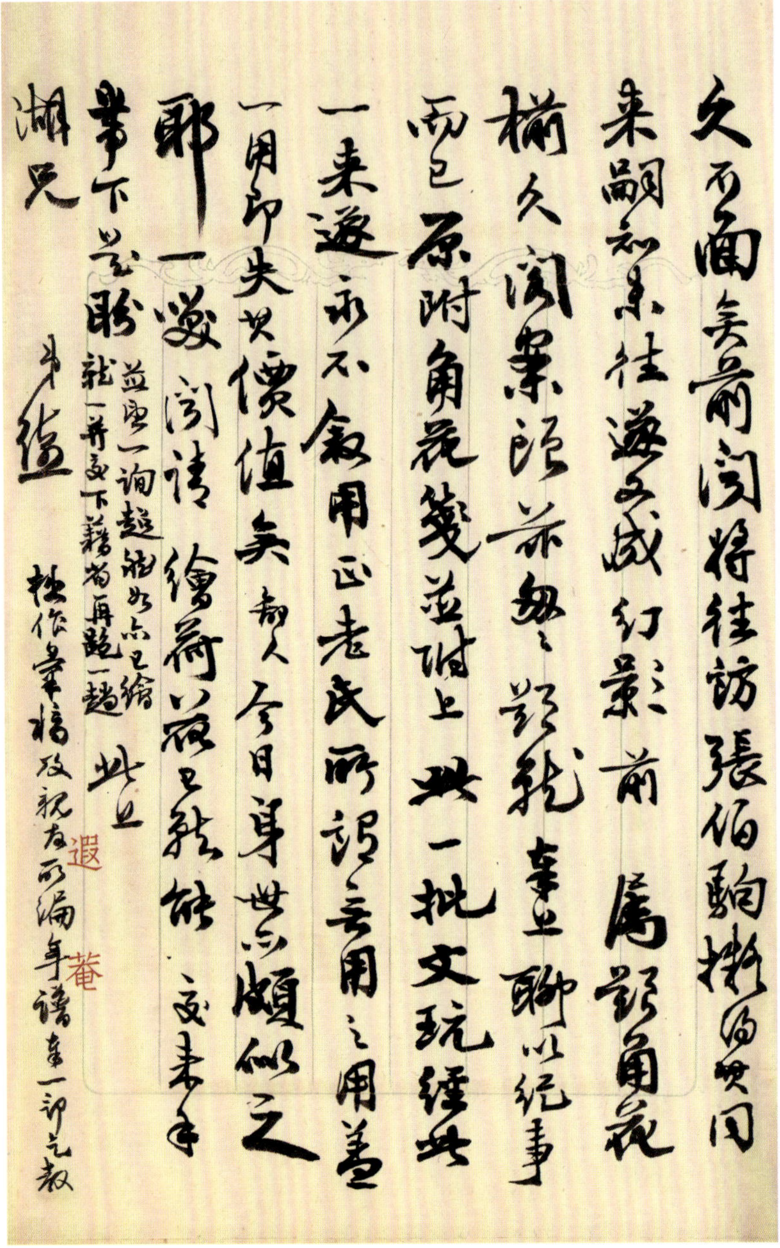
久不晤矣，前闻将往访张伯驹，携所藏同
来，嗣知未往，游戚纫影之前，属题角花
楷久阅案头，并乞题，聊以纪事
而已。原附角花笺并附上，此一批文玩经吾
一来遂亦不叙用，正老氏所谓无用之用，盖
一用即失其价值矣。吾人今日身世亦颇似之
耶？一笑。阅读绘荷以后已能[illegible] 文来
笔下 并聆
并思一询赵能如已绘就一并交下，藉省再题一趟。此上
湖兄
弟绰
拙作年稿及亲友所编年谱奉一部乞教
遐菴

此後村詞殘本，彊村翁刊行。後村長短句時有見之，雖非全璧，能
字句多勝他本，且傳世宋刊無第二本，固極可珍也。後村平生志行慷慨，
頡頏稼軒，詞亦相類。集中游蒲澗和菊坡韻至于再三，所感深矣。
菊坡詞世不多見，茲錄其原作于左，可稱笙磬同音也。

水調歌頭 帥蜀作　崔与之

萬里雲間戍，立馬劍門關。亂山極目無際，直北是長安。人苦
百年塗炭，鬼哭三邊鋒鏑，天道久應還。手寫留屯奏，炯炯寸
心丹。　對青燈，搔白髮，漏聲殘。老來勳業未就，妨却一身
閒。蒲澗清泉白石，梅嶺綠陰青子，怪我舊盟寒。烽火平安
夜，歸夢遶家山。

遐菴葉恭綽識

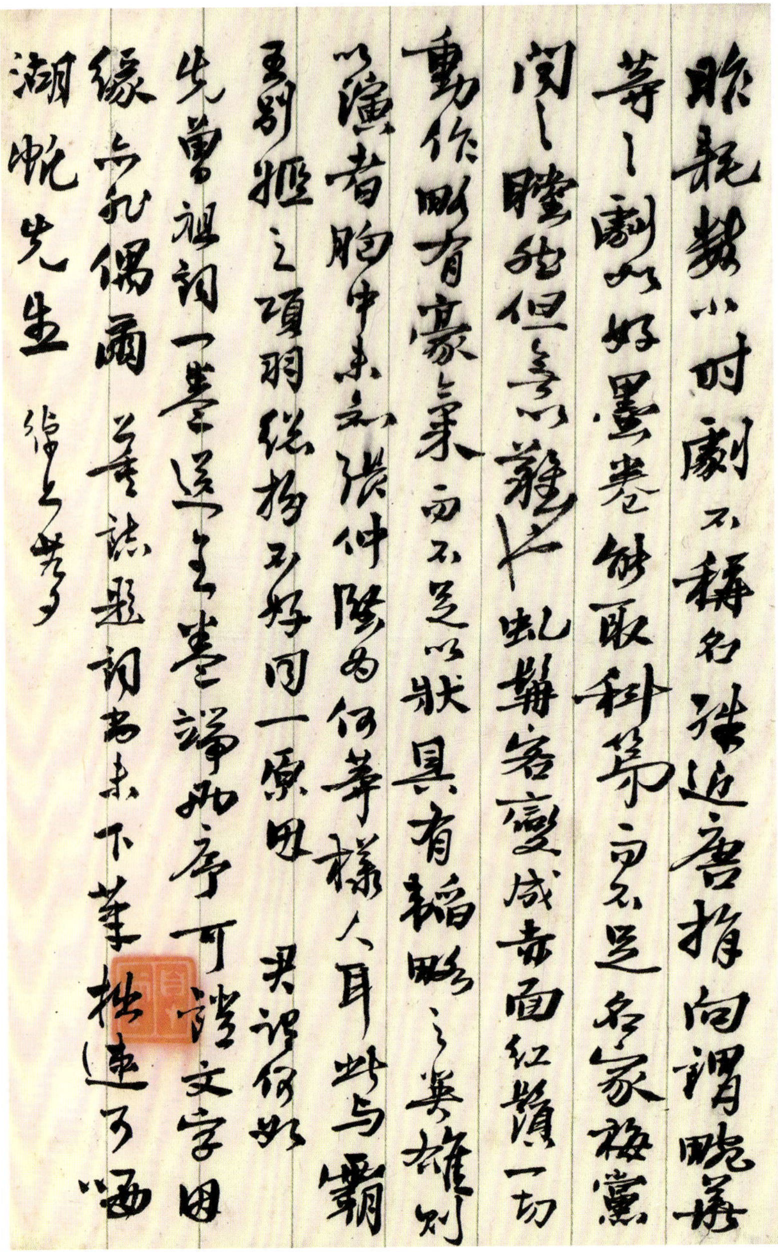

聆秋數小時劇不稱名，強迫唐指向謂曉嵐
等等劇如好墨卷，能取科第，而不足名家。梅黨
閱閱體能，但意以難之。此雜客變成赤面紅鬚，一切
動作略有豪氣，而不足以狀其有韜略之英雄，則
以演者胸中未知張仲陽為何等樣人耳。此與霸
王別姬之項羽總稍好同一原因。吳詞何如？
先曾祖詞一卷送上，其卷端兩序可讀。文字因
緣無非偶爾。前承諾題詞尚未下筆，稍遲再函。
湖帆先生 偉士拜

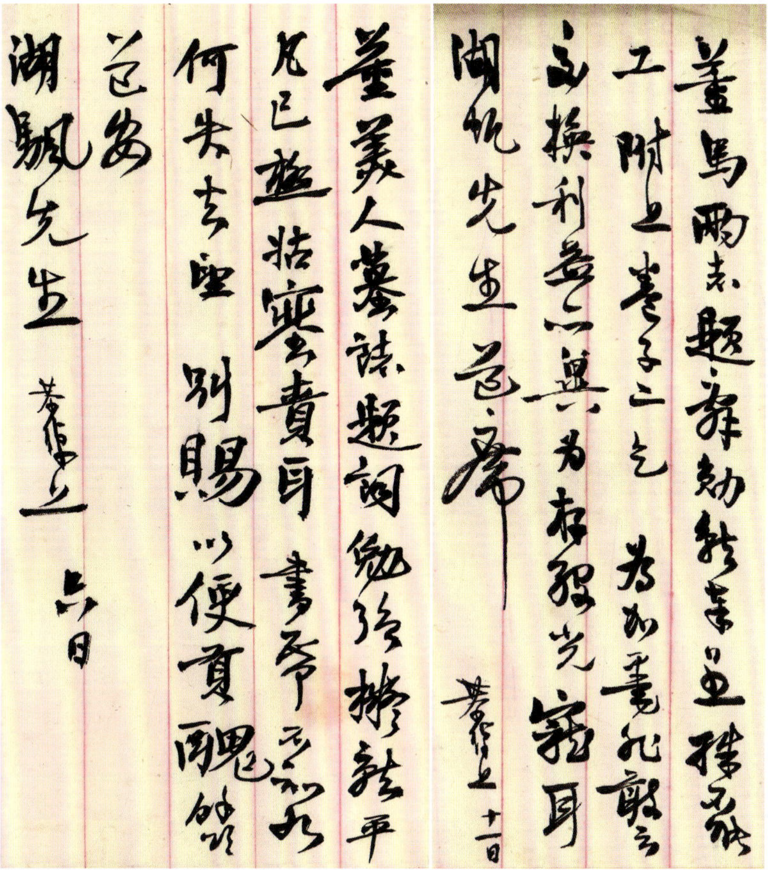

董、馬兩志題辭勉強寫呈，拙劣殊甚
工。附上卷子二包，為加[illegible]
或換利[illegible]，為[illegible]耳。
湖帆先生道席
[illegible]上 十一日

董美人墓誌題詞勉強撰就，平
[illegible]塞責耳。書[illegible]
何失去？望 別賜，以便[illegible]
道安
湖颿先生
[illegible]上 六日

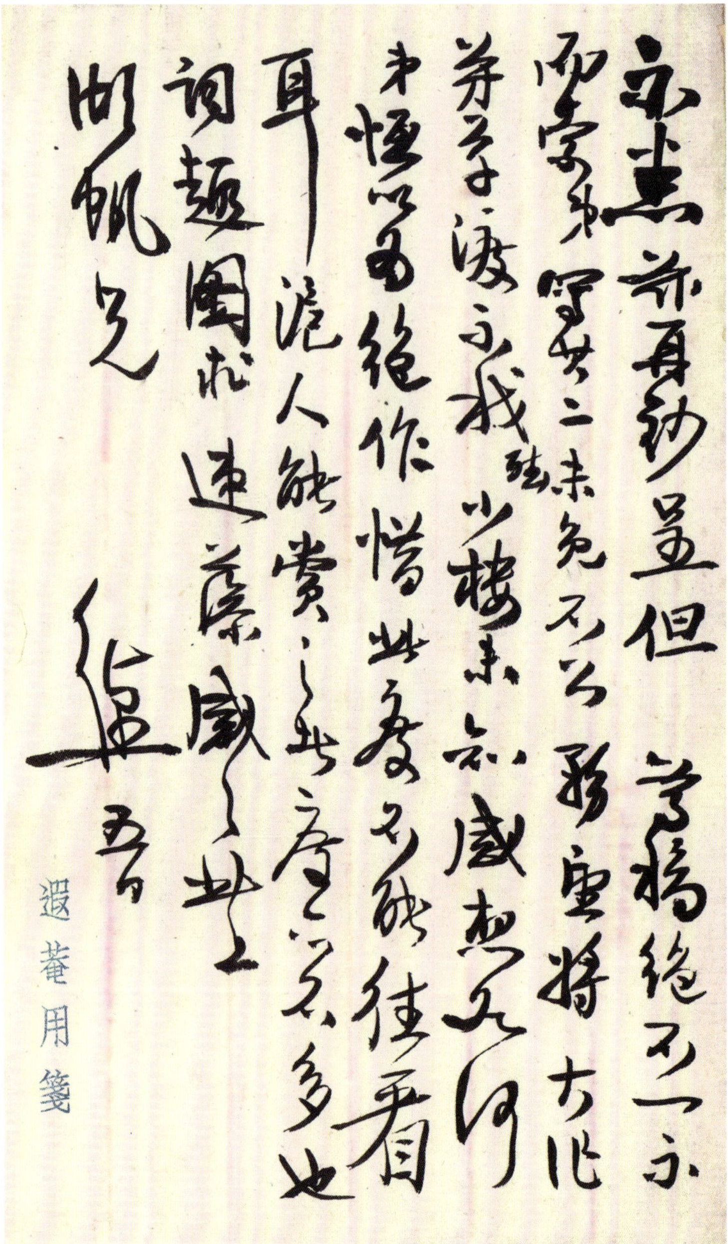
遐菴用箋

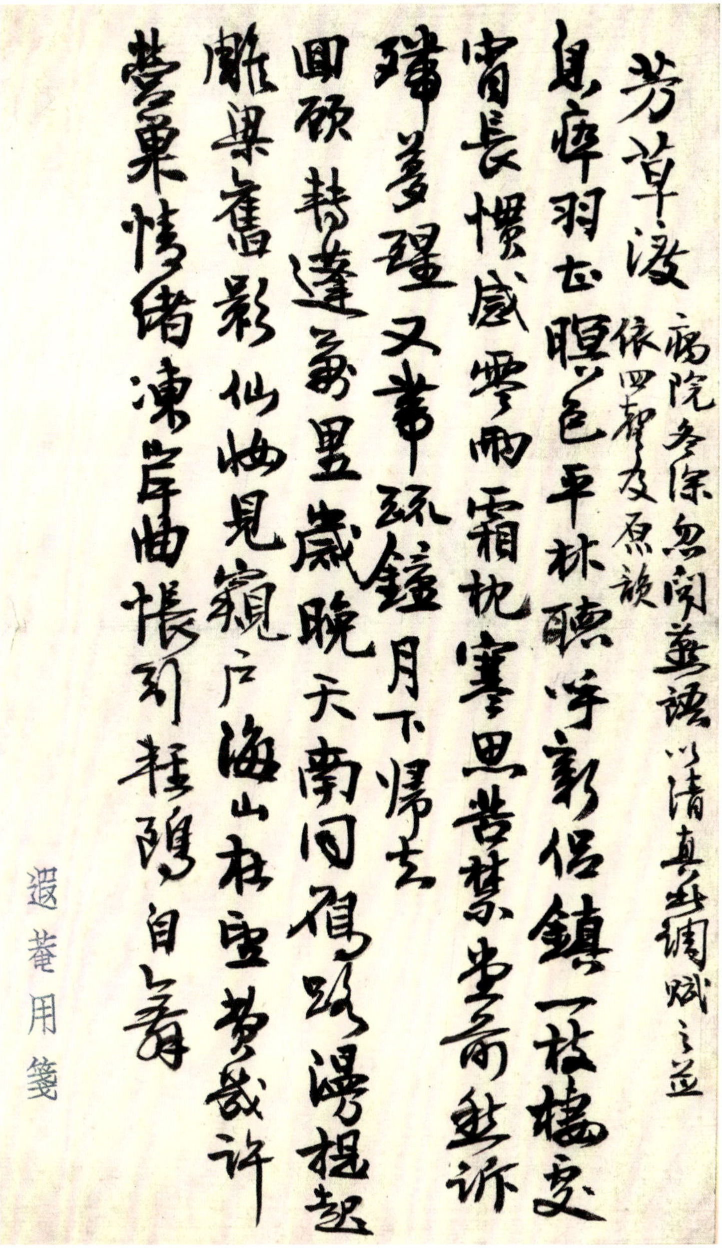

芳草渡　病院冬深忽聞[illegible]語以清真無調賦之並依四聲友原談

息倦羽，去暝色平林，聽呼新侶，鎮一枝棲定。霄長慣感雲雨霜枕，寒思昔禁步，寄無訴。殘夢醒又聞疏鐘，月下歸去。回[illegible][illegible]蓬[illegible]里，歲晚天南同[illegible][illegible][illegible]提起。雕梁舊影，仙姝見窺户，海山枉望，[illegible][illegible]許。[illegible]果情緒，凍岸曲悵別，輕鷗自舞。

遐菴用箋

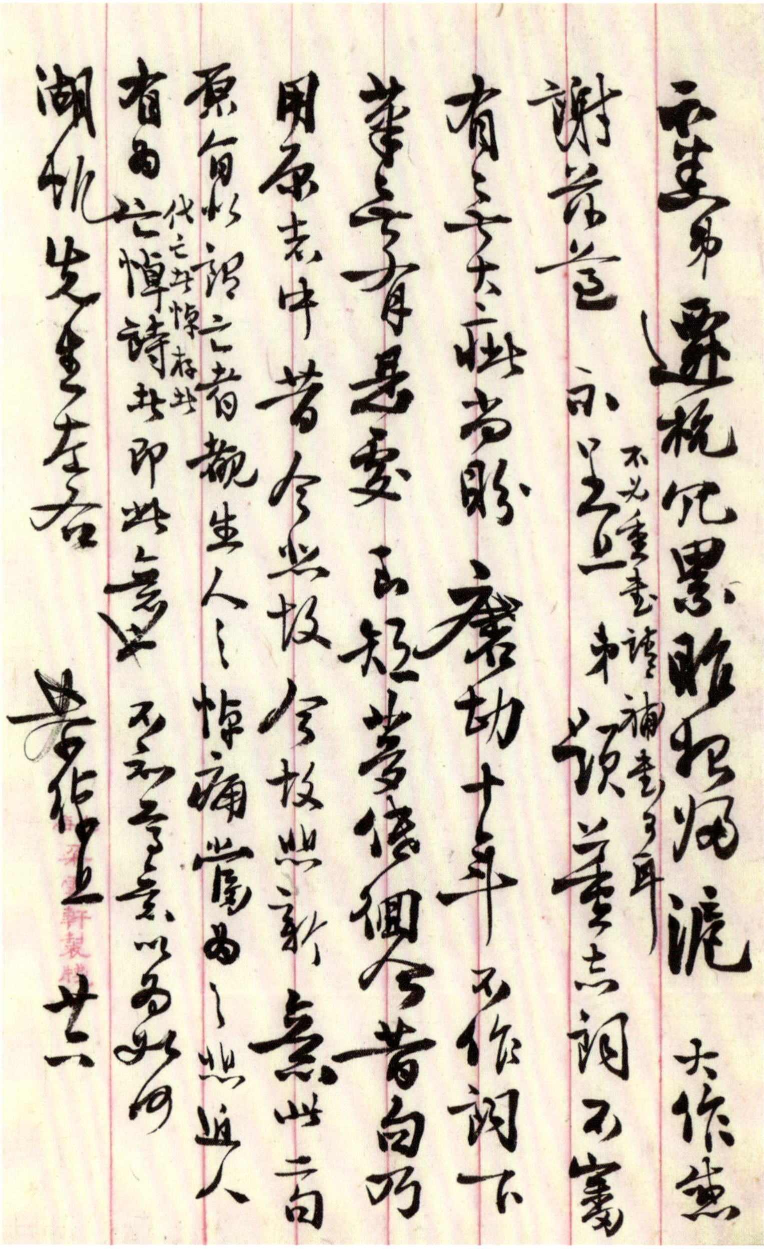

示悉。弟遵挽况墨，昨已寄沪。大作感
谢莫名。示只画（不必重画，请补画可耳）。弟顷读蕙风词，不寓
有之，去夫亦此当然。虏劫十年，不作词，下
笔之手有是要否？想此等倦偶合，昔白乃
用原意中着，令与故，令故与新意出一句
原句影识之者，观生人之惊痛，与当为之出近人
有句亡悼诗，此即此意也（代之其惊存此）。不知乎？意以为如何
湖帆先生左右
[illegible] 廿一

朵雲軒製牋

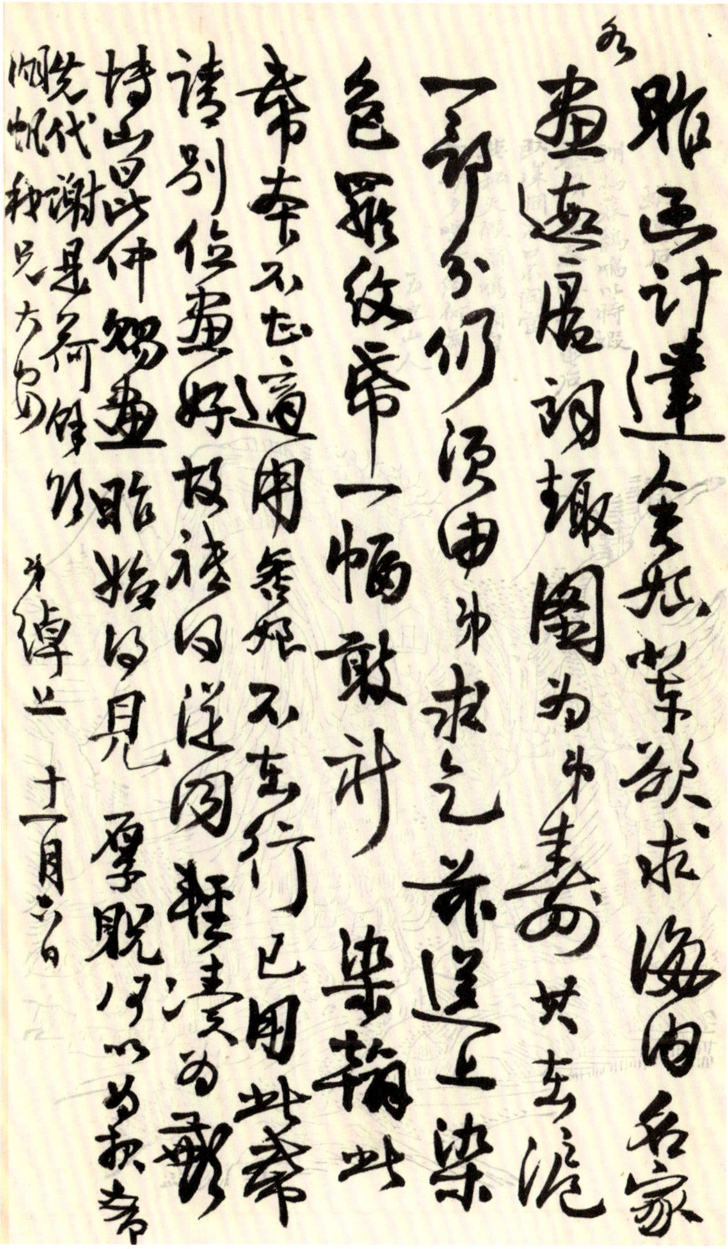

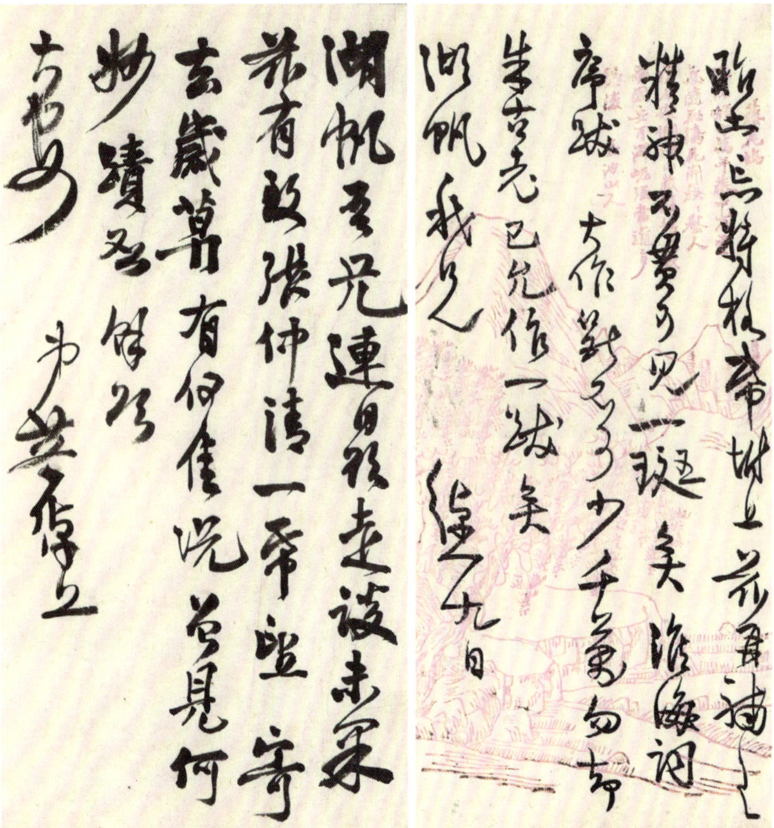

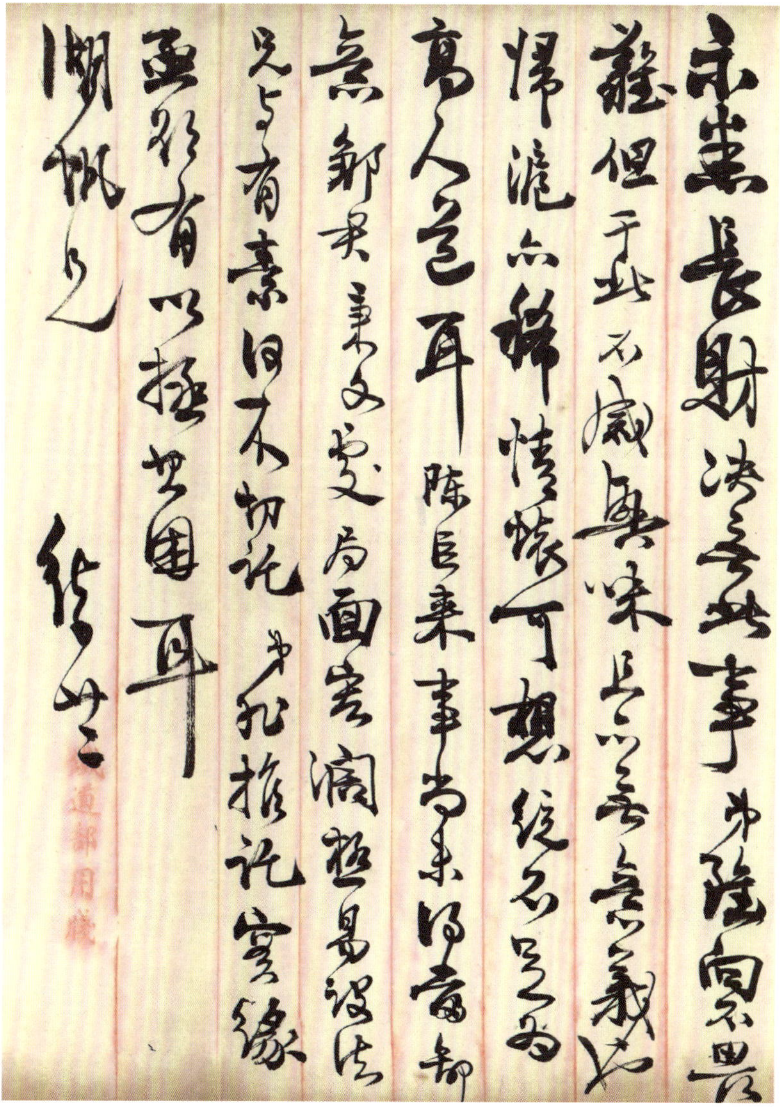

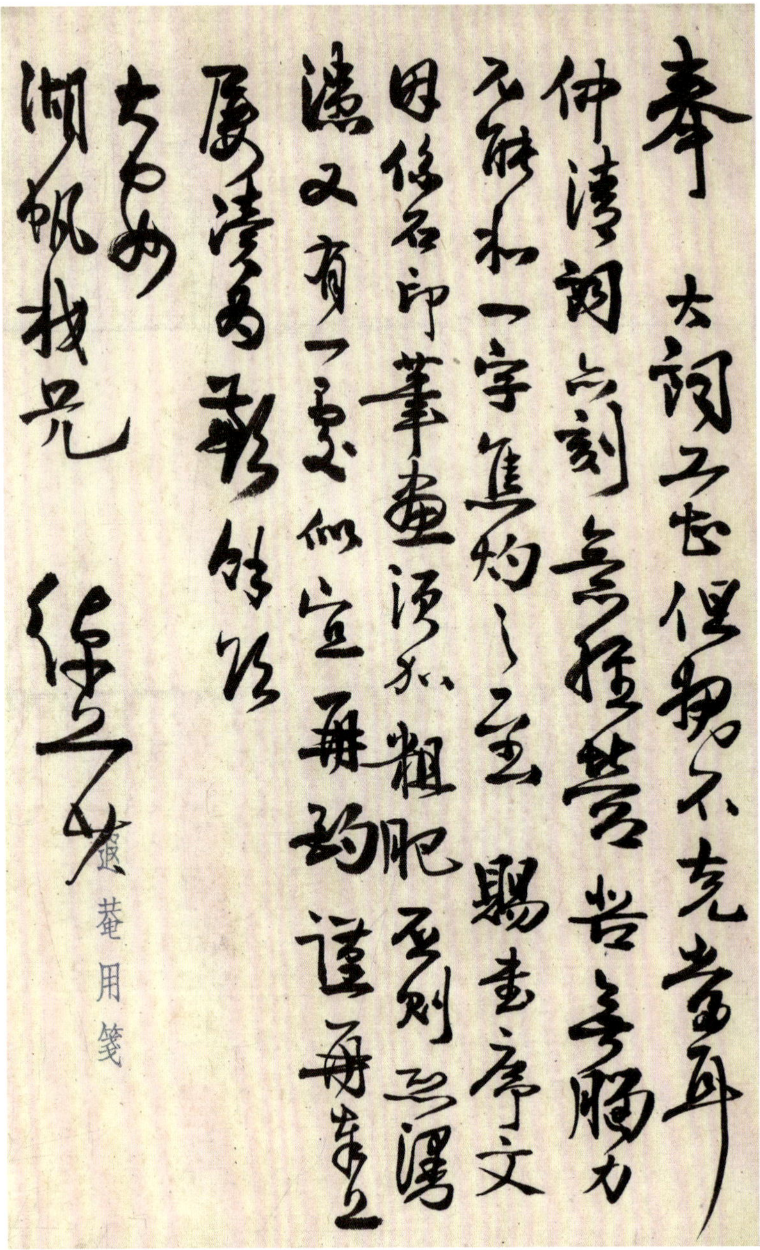
遽菴用箋

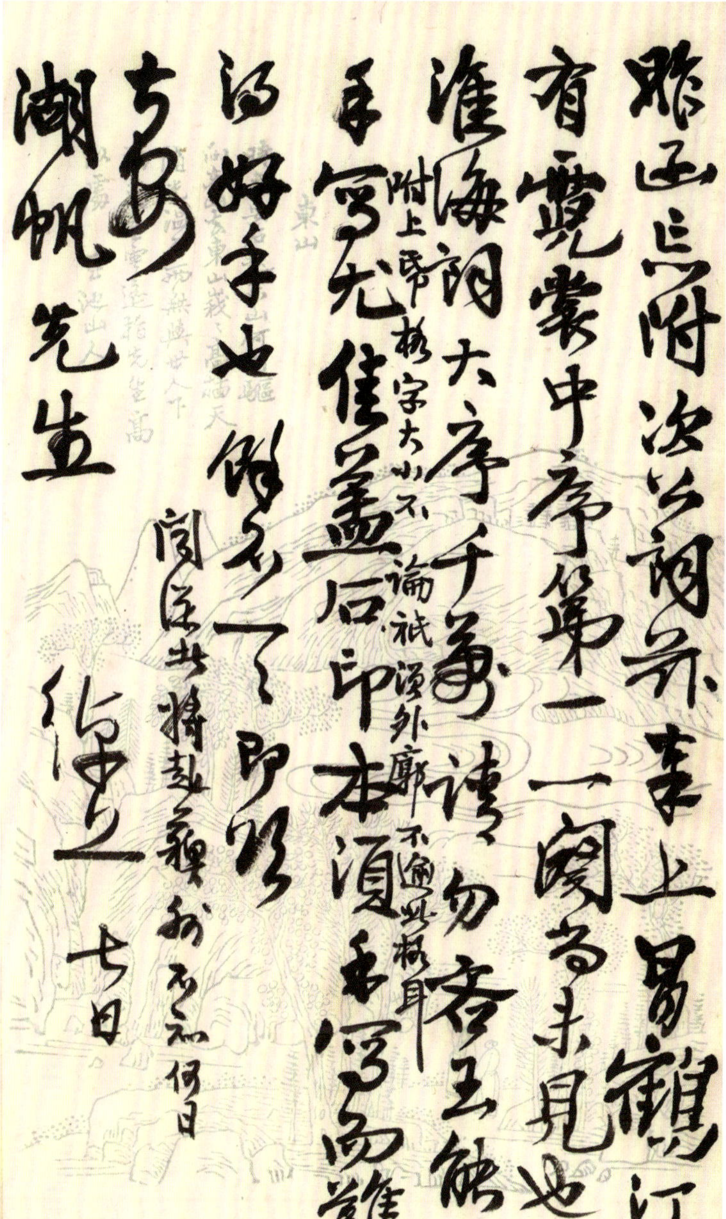
昨还上，附次公词亦来上。闻鹤汀有霓裳中序第一一阕，为未见也。淮海词大序千万请勿吝玉触。附上既板，字大小不论，祇须外廓不逾此板耳。手写尤佳，盖石印本须手写为难得好手也。俟了即得，闻从此将赴亲和，不知何日古交。

湖帆先生

仲虞上 七日

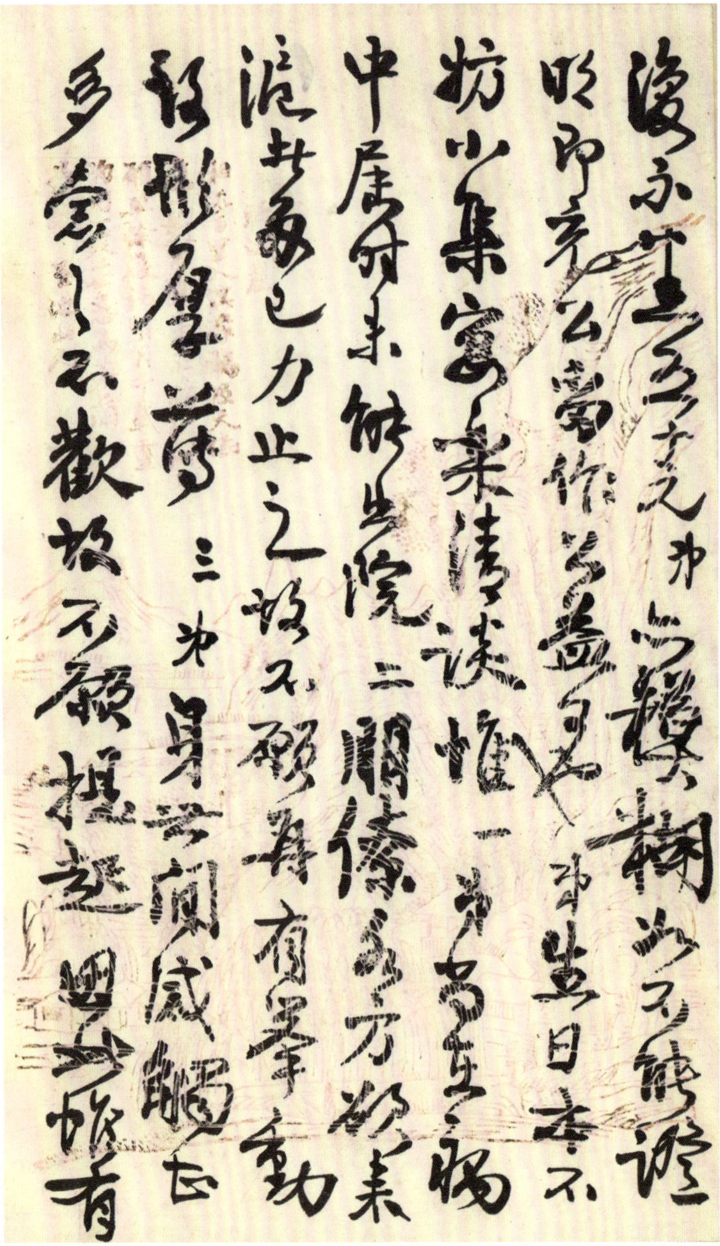

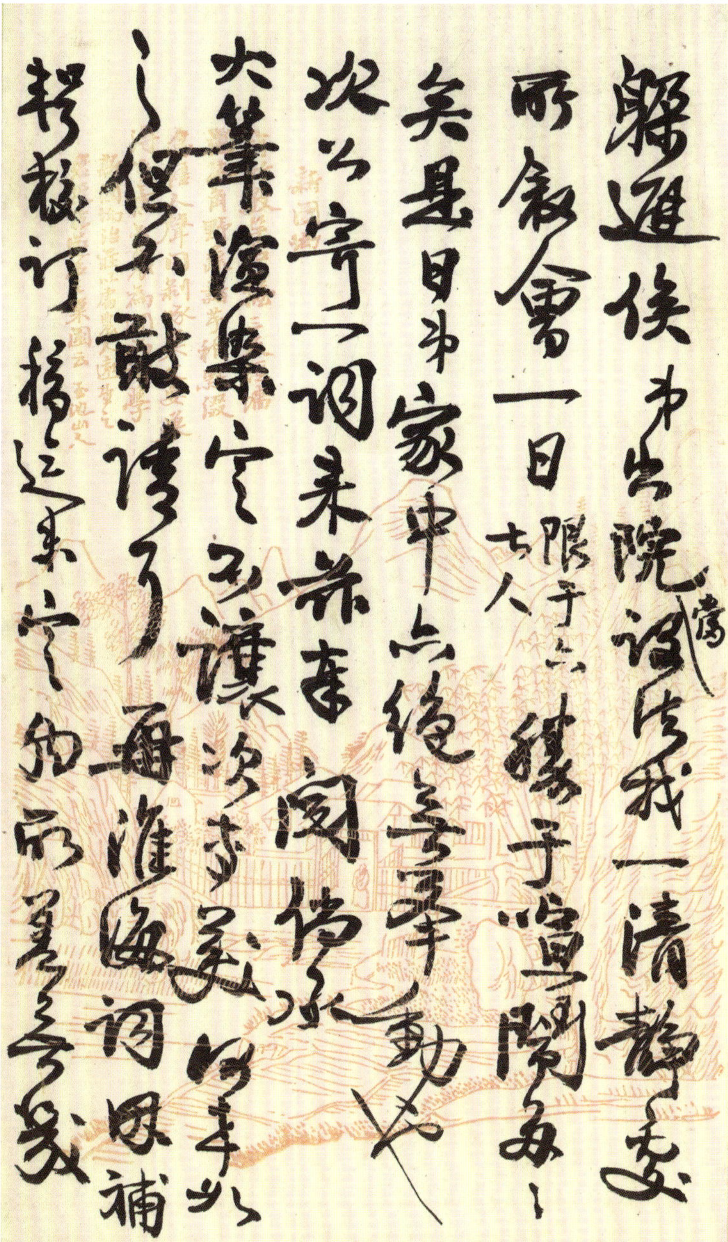
辭避侯中書院試嘗借我一清靜處
所敘會一日限于六七人綠于嘗閒處
矣是日中書家中六絕套筆動次
次以寄一調來求奉閱借承
大筆濟樂定到讓汝求義以手書
之便不獻請了再淮海詞因補
校訂稿近來守所著書義

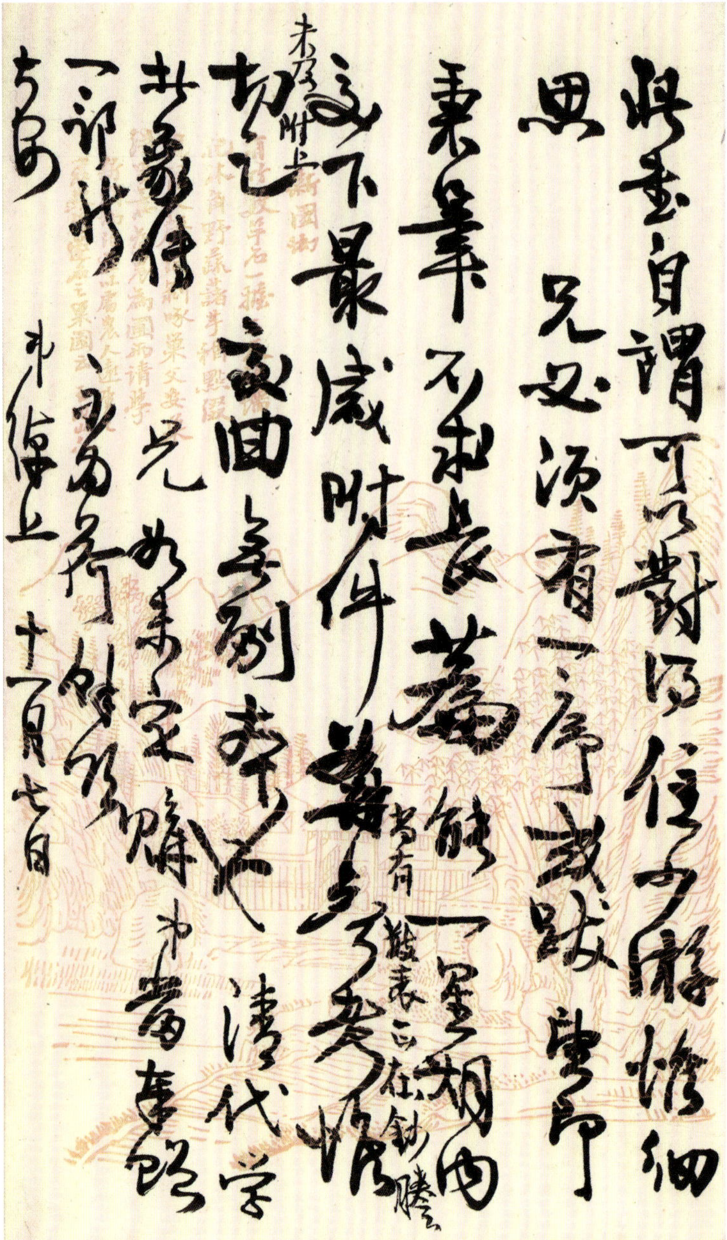

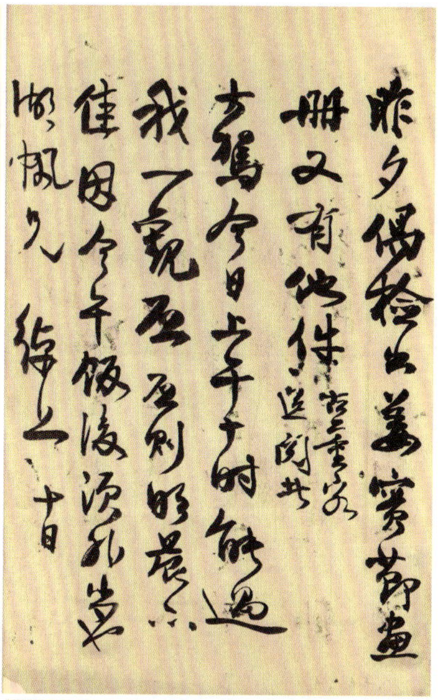
昨夕偶检出姜寓节画
册又有他件（诗三首）送阅此
古鹤今日上午十时能过
我一谈否，至则明晨亦
佳，因今午饭后须出去
湖帆兄 绍士 十日

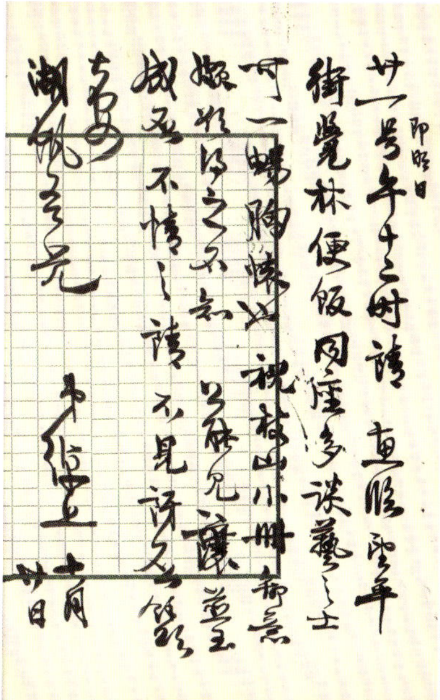
廿一号午十二时请 直照 忍年 （印昭日）
衡觉林便饭，同座多谈艺之士
可一睹陶冷以视林山小册 御意
烦携以之示知 以供兄赏 并至
叔吾 不情之请 不见许否 能否
古安
湖帆吾兄 绍士 十一月 廿日

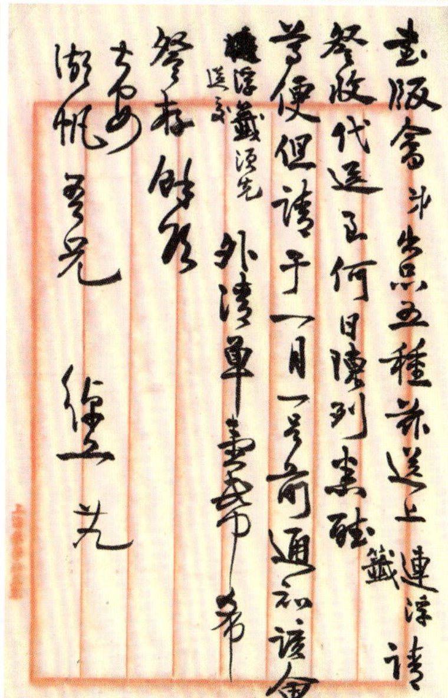
画饭会 冰壶五种并送上 连漪诗
笺 收代送了 何日陈列 会址
并便促请于一月一号前通知该会
连漪笺 送去 外请单 吾弟 弟
吾 能否
古安
湖帆吾兄 绍士 先

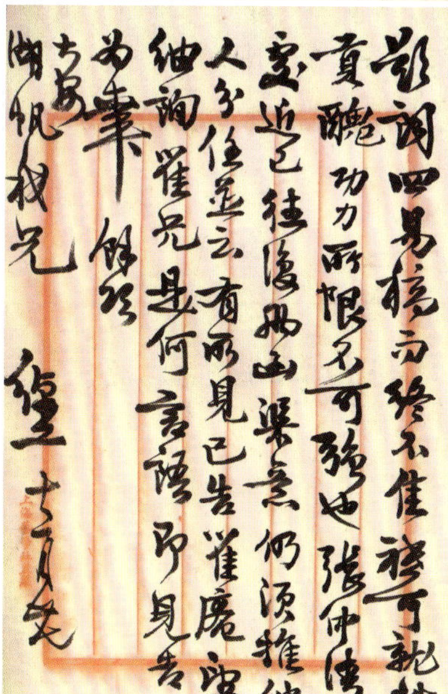
顷阅四易稿而终不佳 移可就此
草靦 功力所限不可强也 张仲清
处近已往复两函 渠意仍须推他
人 予作益之 有所见已告汪雅屏宜
细询汪兄是何言语 即见告
为要 即颂
古安
湖帆我兄 绍士 十二月廿七

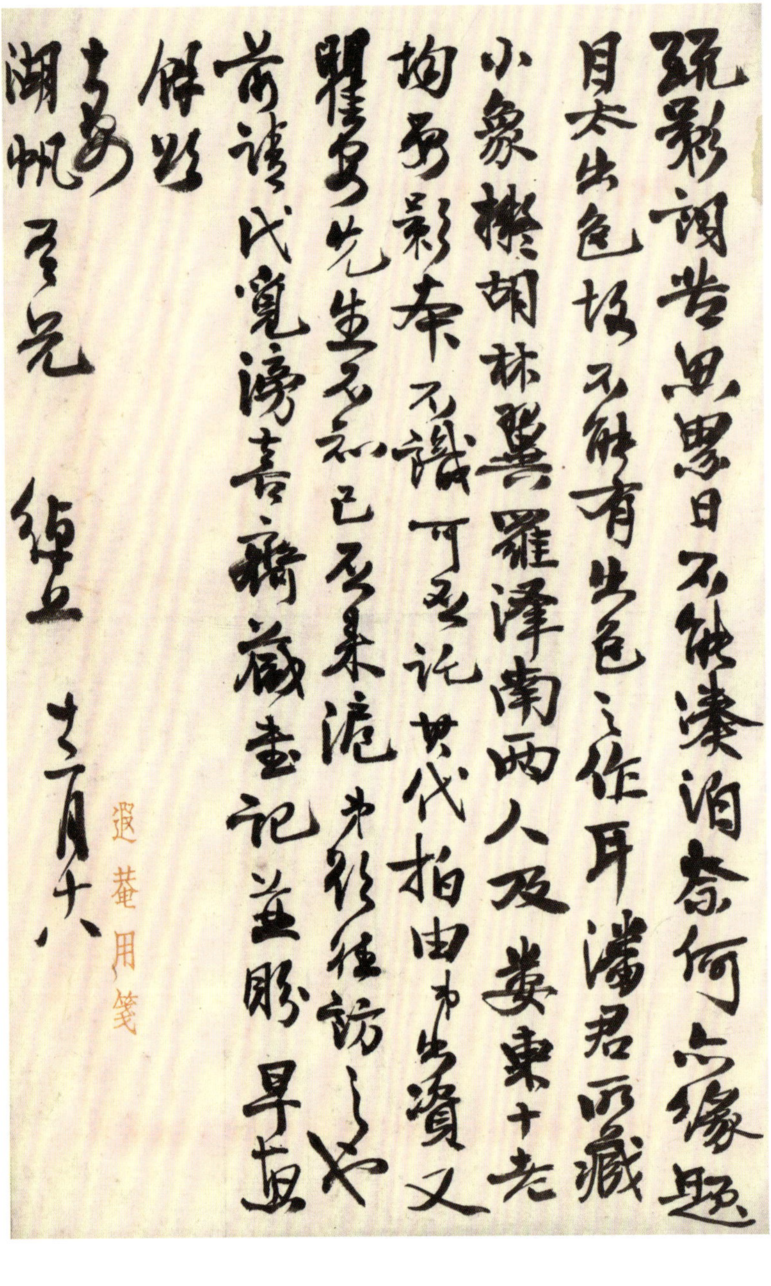
疏影閣昔思累日不能湊泊，奈何。六緣題目太出色，故不能有出色之作耳。潘君所藏小象樊榭、胡林翼、羅澤南兩人及婁東十老拘影奉，不識可否？託世代柏由市出資，又瞿良士先生至知已否？來滬並欲往訪之也。前請代覓滂喜齋藏畫記並影，早真

併此

吉安

湖帆吾兄 綽上 七月十八

遐菴用箋

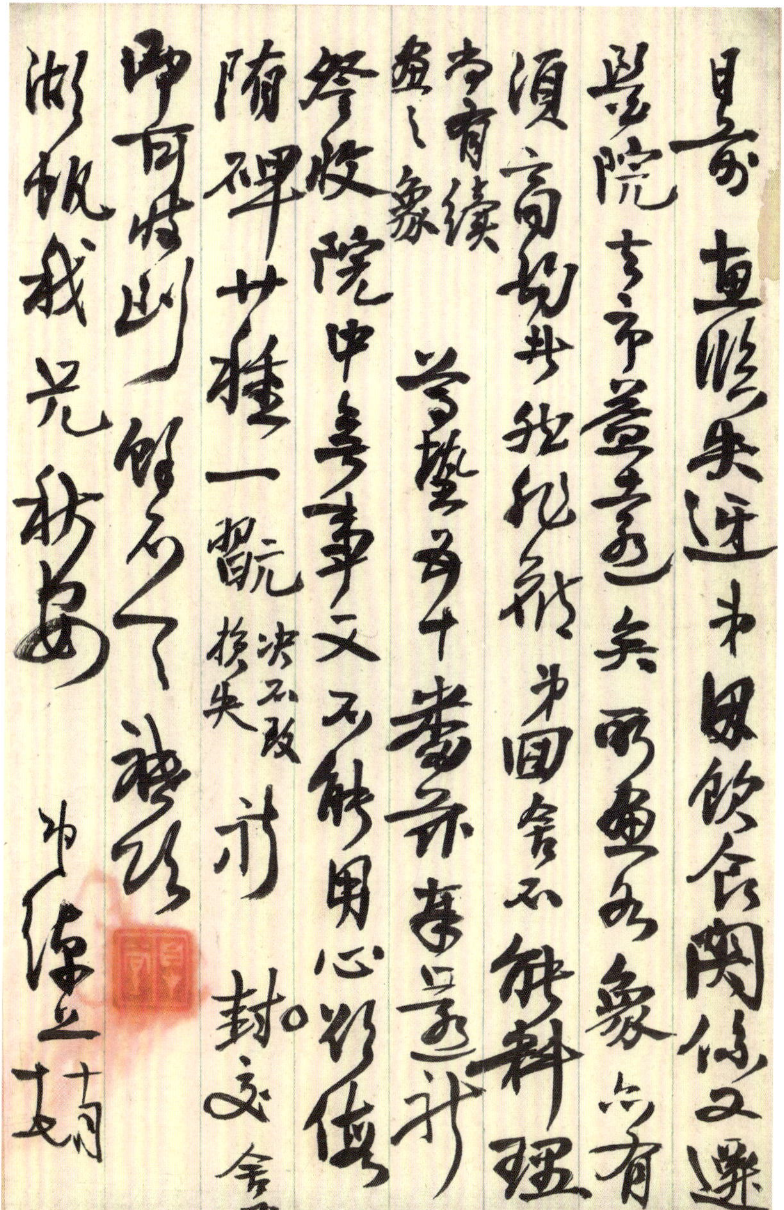

日前 畫院失迓，弟因飲食關係又遂
暴瀉，院去亦益壽遙矣，所畫各象亦有
須商討者，獨於紙張，弟因會不能料理
亦有續 尊墊五十張亦集單送到
盤盤象
發收 院中各事又不能用心料理
隨碑廿種一疊（元決不改換矣）計 封交 舍下
即可將出館否？ 了 請假
謝 執我 先 秋安
弟 傳立 友 十月

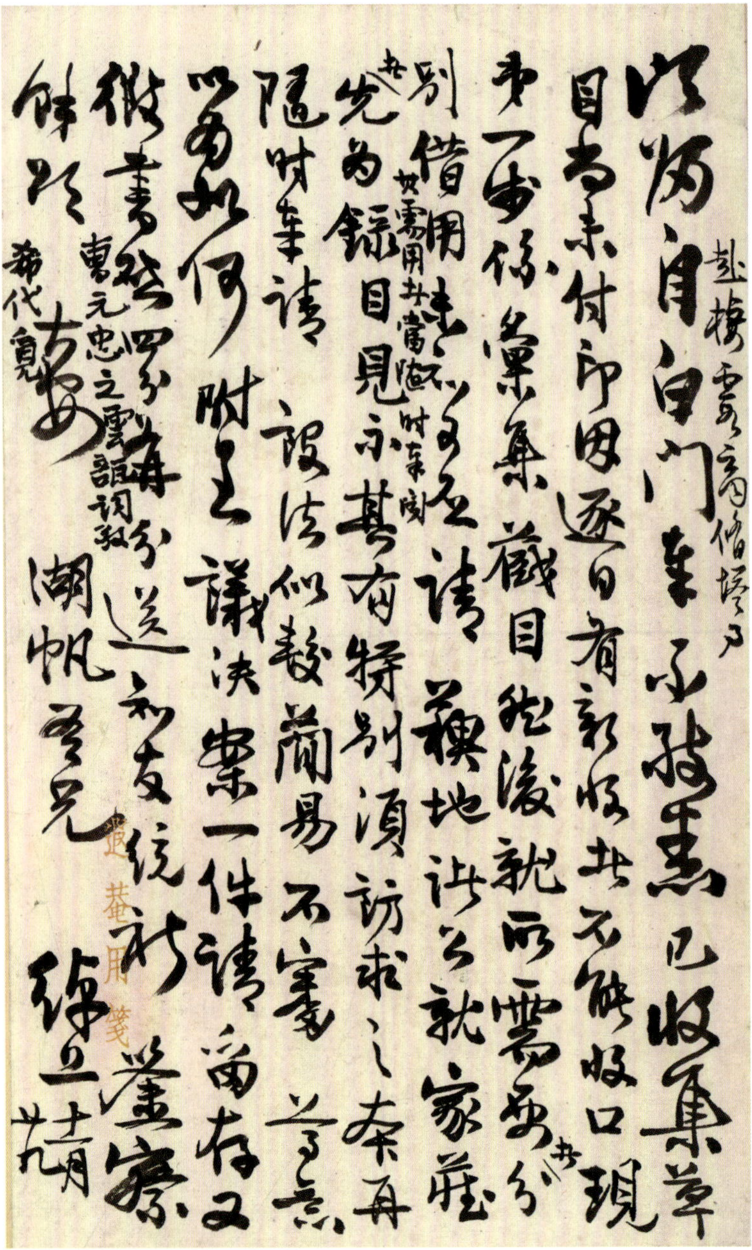

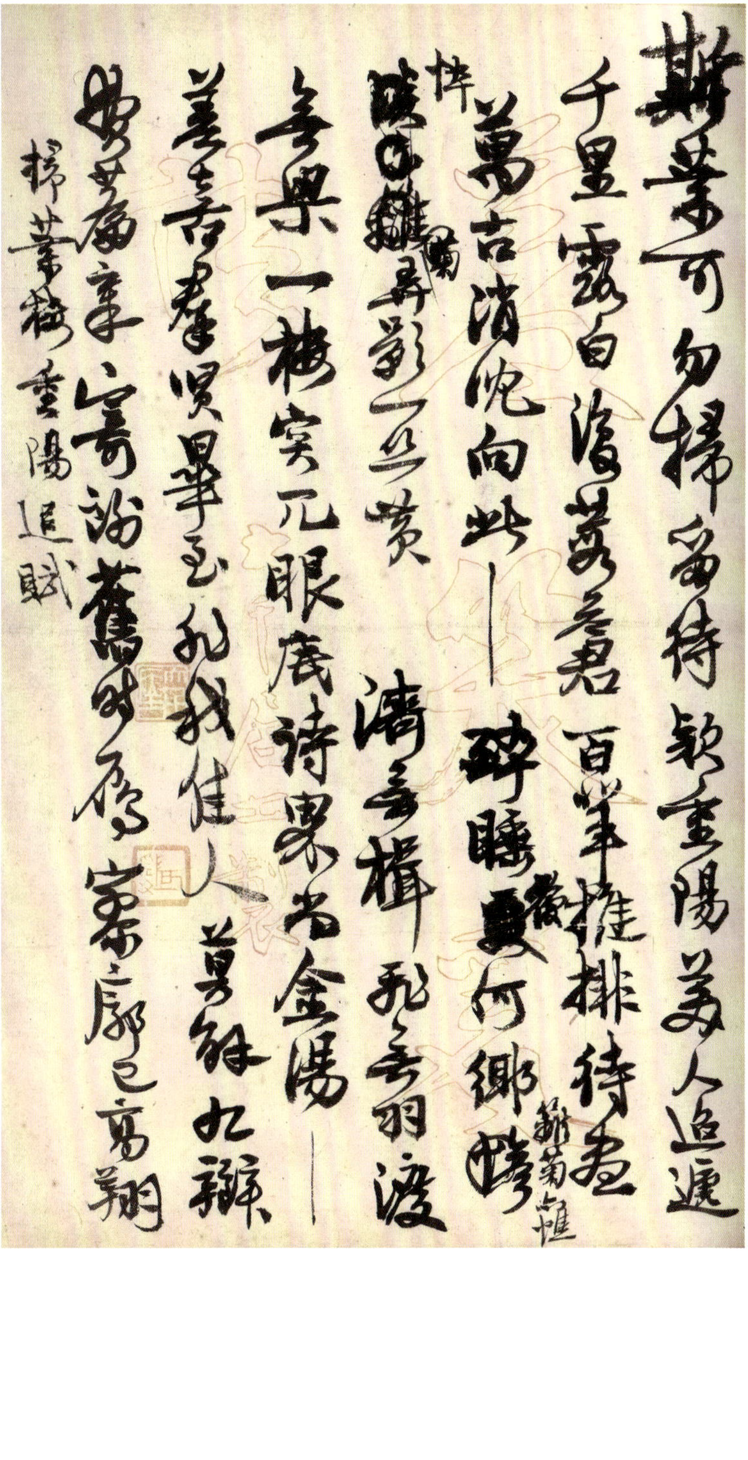

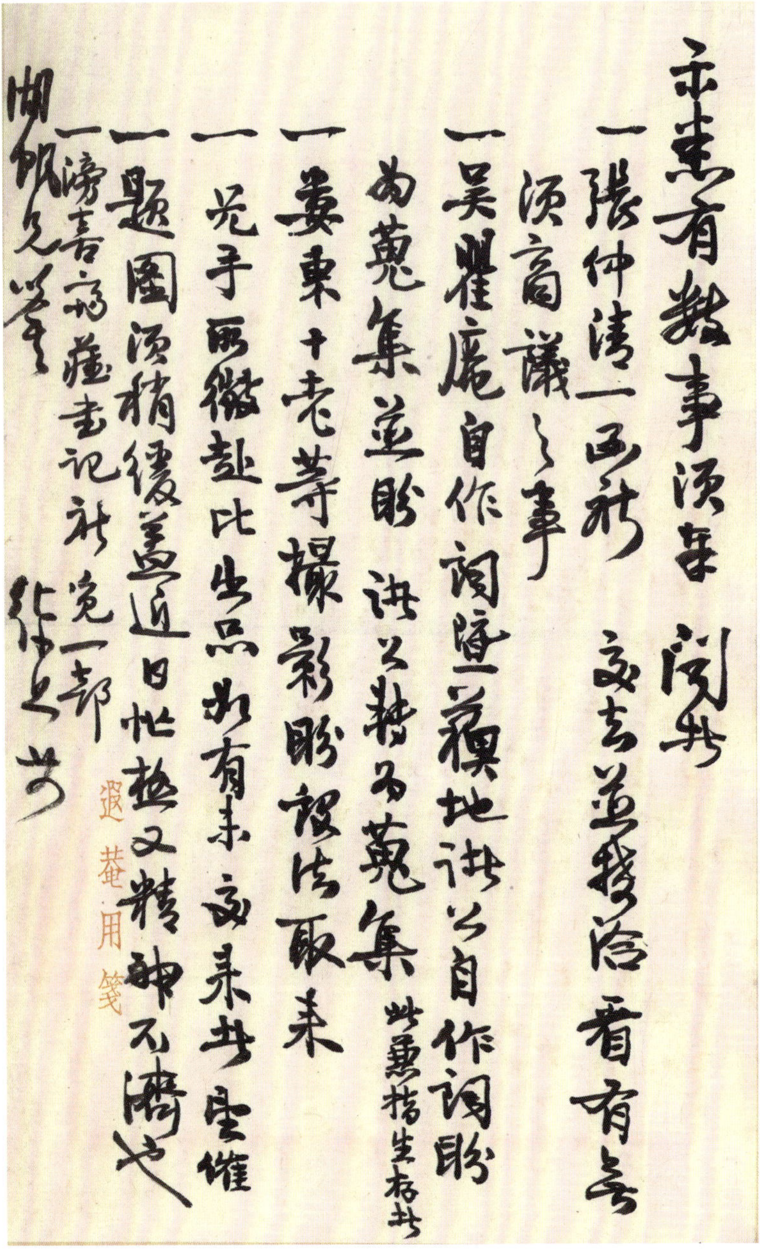

近來有數事須奉 詢者
一張仲清一函於 前去並錢落看有無
須商議之事
一吳瞿庵自作詞並撰地說以自作詞賸
為蒐集並賸說以備為蒐集 此兼指生存者
一婁東十老等攝影賸設法取來
一兄手所徵題跋此出品如有未來者亦催
一題圖須稍緩蓋近日忙極又精神不濟也
一滂喜齋藏畫記祈覓一部
湖帆兄以察 綽上 廿

遐菴用箋

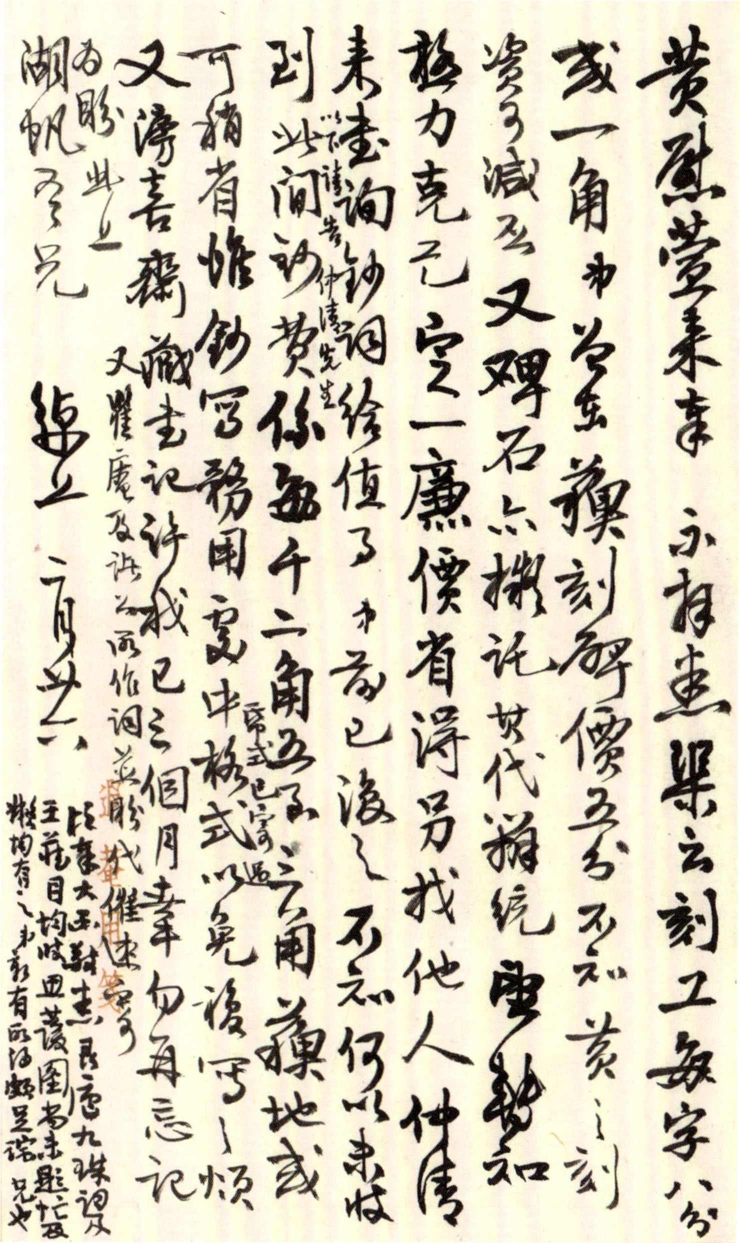

黄慰萱来书 亦有惠渠云刻工每字八分
或一角，如若摹刻碑价五分至一角。不知黄之刻
资可减否？又碑石点撇托黄代办，统乞费神知
照，力克己，定一廉价，省得另找他人。仲清
来书询钞词给值，乃为已后之，不知何以未收
到。此间钞费系每千二角五分，之角摹地或
可稍有增，钞写务用宽中格式，以免后写之烦。
又沪嘉禾藏书记许我已之个月，幸勿再忘记，
为影出之。
湖帆吾兄
左 二月廿六

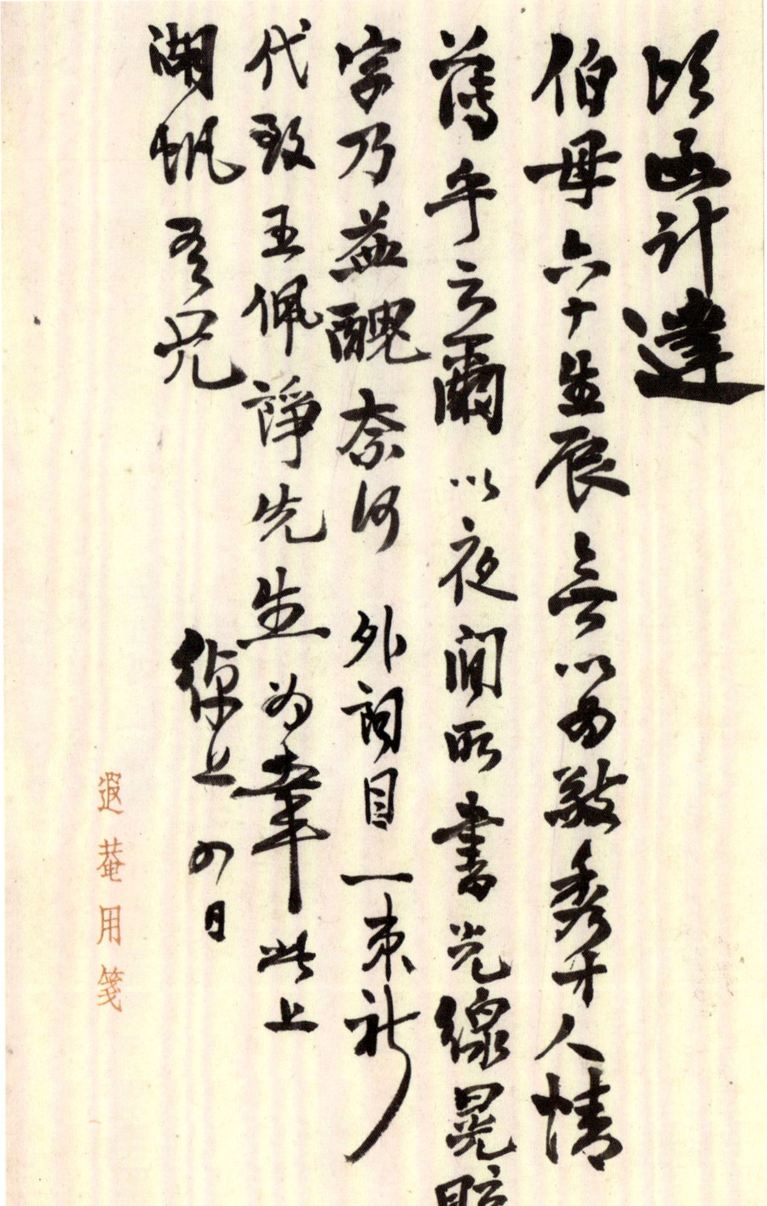

此亦計達
伯母六十生辰無以為敬壽丹人情
舊年之爾以夜間所書光線晃眩
字乃益醜奈何外間目一束祈
代致玉佩諍先生為幸北上
湖帆吾兄 衍生上 四月

遐菴用箋

恭綽

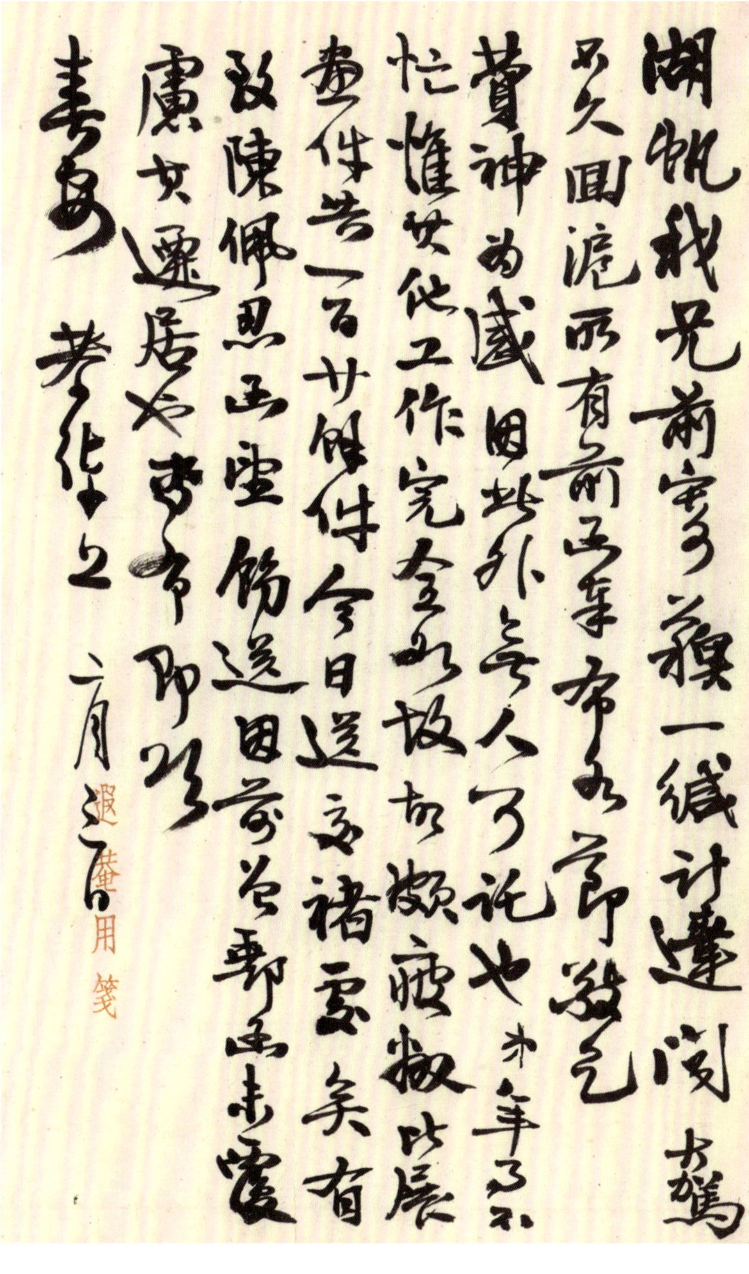

湖帆我兄前寄之箋一紙計達閱書篤
以久困滬所有前五年布之節發乏
費神為感因此外無人可託也亦年乃不
忙惟女佗工作完全如故加數疲散此晨
畫件告一百廿餘件今日送交諸君矣有
致陳佩忍函望飭送因無從郵寄未審
尊處或知其遷居也費事即請
春安 恭綽上 六月廿日
遐菴用箋

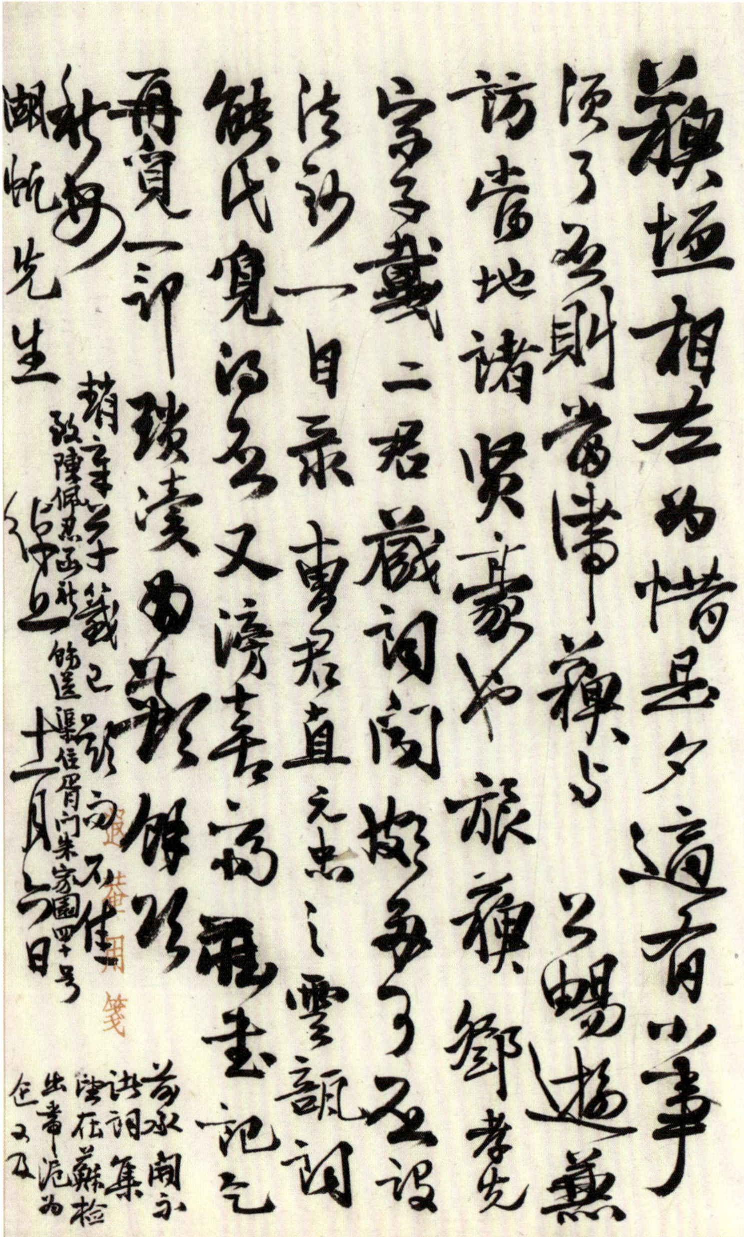
蘋媪相左爲惜，是夕適有小事須了，不然則當偕蘋媪與暢遊燕訪。嘗地諸賢，亦豪於旅，蘋鄰孝先字子戴，二君藏詞閣，擬多手設法刻一目，录曹君直元忠之雲韶詞能氏見，既知又滂喜齋記，記之再買一部，瑣瀆，勿聞，解行。新安

湖帆先生

稍遲某子箴已訪而不值，致陳佩忍函祈飭送渠住胥門朱家園四十號。

[illegible]上　十一月六日

退庵用箋

前承兩示洪詞集，洪在蘇檢出，當再泥爲企。又及

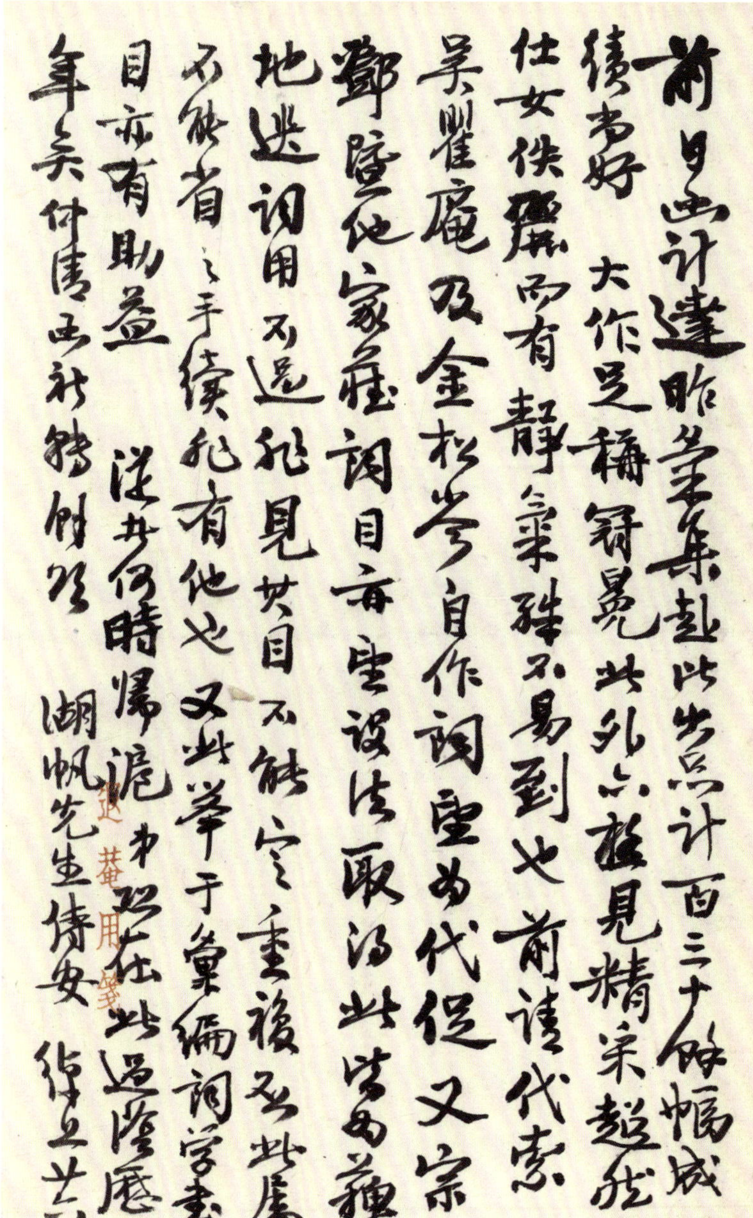
前日函計達昨畫集起此次共計百三十餘幅成
績尚好 大作足稱冠冕此外亦頗見精采超然
仕女俊麗而有靜氣殊不易到也 前請代索
吳瞿庵及金松岑自作詞望為代促 又宗
鄰隨他家藏詞目亦望設法取得此諸家藏
地遠調用不遑祇見其目不能定之重複與此屬
不能省之手續祇有他也 又此舉于彙編詞學書
目亦有助益 渡舟何時歸滬中邨在此過從甚屢
年矣 附寄函祈轉致
湖帆先生侍安 綽上 五廿六
遐菴用箋

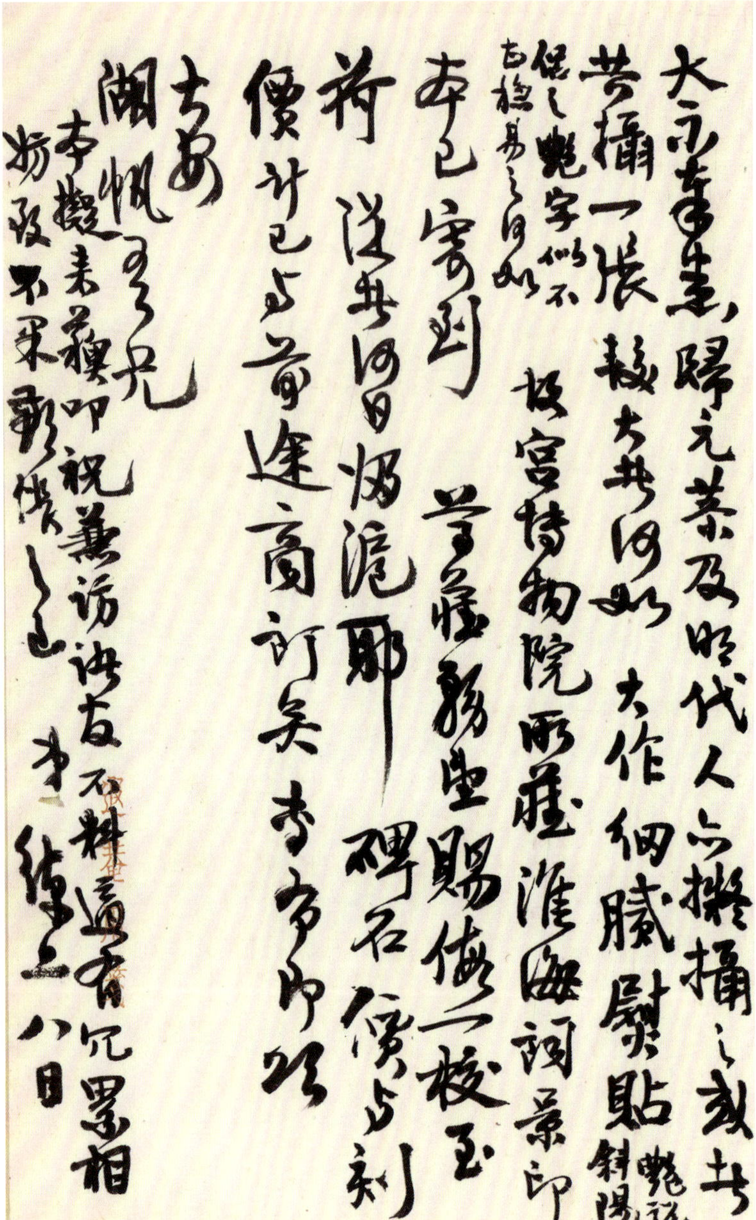

大示奉悉。歸元恭及明代人亦擬攝，擬攝或共并攝一張，較大共何如。大作細膩熨貼，艷說斜陽（保之艷字似不甚穩，易之何如）。故宮博物院所藏淮海詞景印本已寄到。學[illegible]務望賜借一校至荷。從兄何日赴滬耶。碑石價與刻價計已與前途商訂矣。專此即頌
大安
湖帆吾兄
本擬走謁叩祝[illegible]誕，[illegible]不料遽有冗累相妨，致不果，歉悵之至。 弟[illegible]上 八日

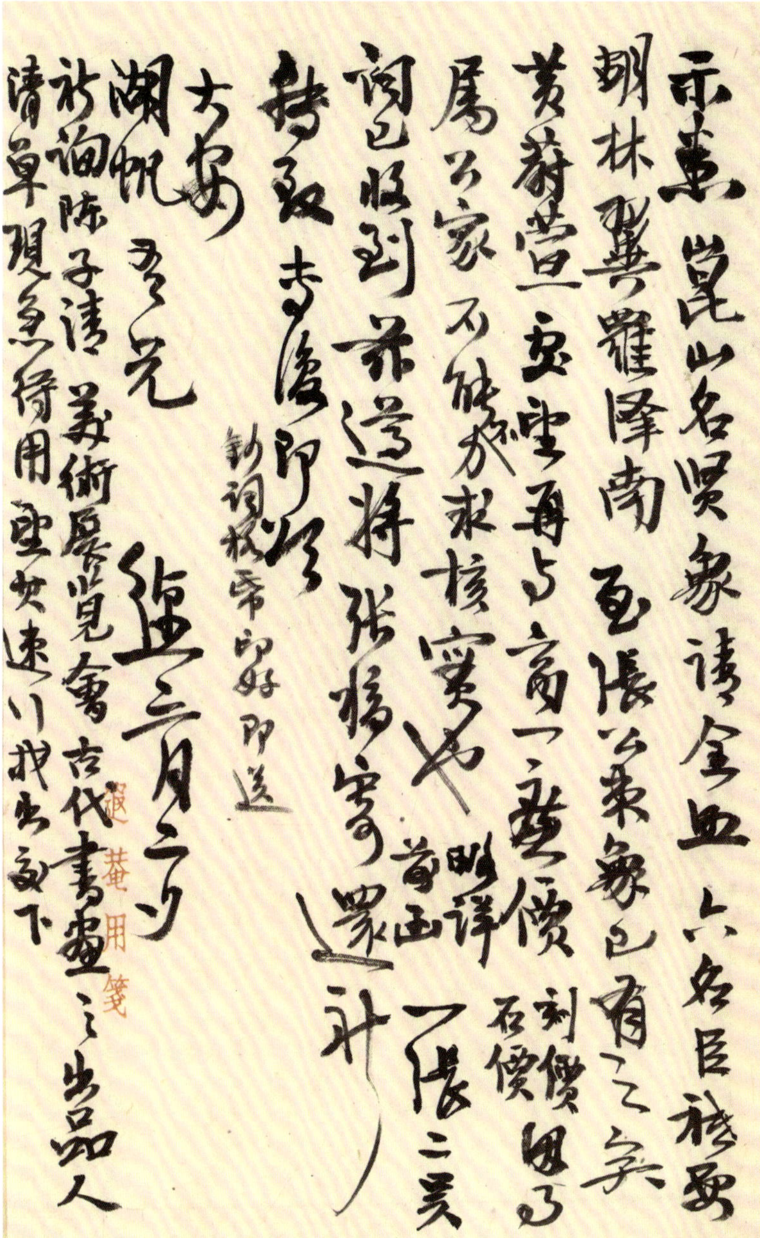
示悉 崑山名賢象讃全函 六名臣像要
翊林恐畢難降南 至張以東象已有了矣
黄蔚營定望再与商ゝ贊價 刻價 石價 因乃
屬其家不能於求核實也 明詳前函 了張二元
閱已收到 前寄送將張楊寄象送升
特致 专後即復 鈔詞現核帶印好即送
大安
湖帆 頓首
復 三月三日
祈詢陳子清 美術展覧會 古代書畫之出品人
清單 現急ゝ待用 望其速ゝ抄出寄下
遐菴用箋

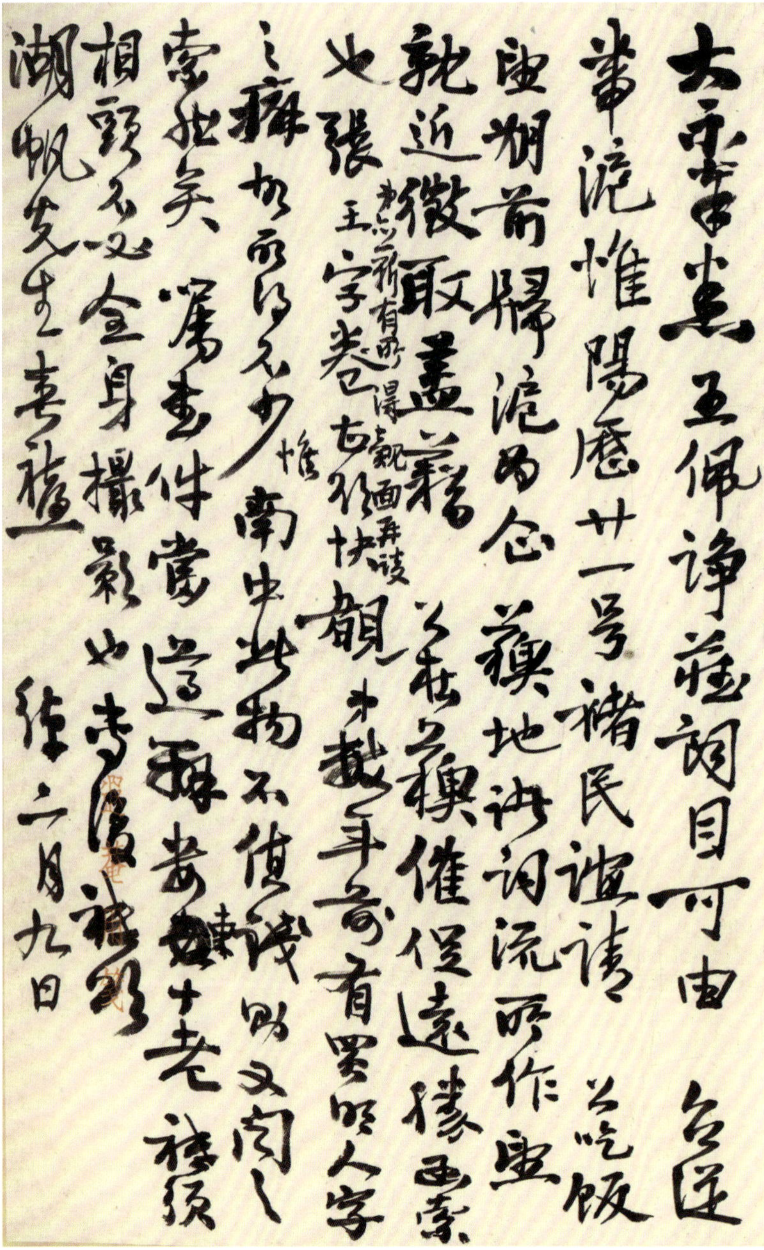
大壽吾兄：玉佛諍莊詞目可由急遞
帶滬。惟陽曆廿一號諸民諠請以吃飯
並湖前歸滬為念。蘋地詞詞流所作畫
執近徹取盡，以存之蘋，催促遠據豪
也。張王字卷，勉之所有所得，右之親面弄談扶觀，才載年壽有畧明人字
之痲抄所得名少，惟南中此物不值錢，以文同之
豪拙矣。寫畫件嘗逸乘尖十老，陳補須
相頭名之全身攝影也。老夫禱禱
湖帆先生喜捷 徐 二月九日

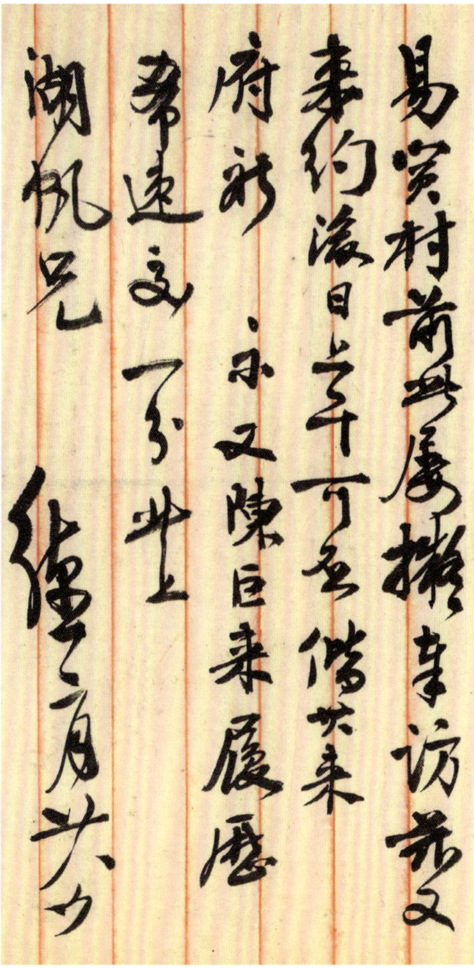

易實村前輩屢擬奉訪並叉
奉約後日上午可至備茶來
府敘 示文陳臣來履歷
希速交下為此上
潮帆兄 徐之頓首 廿六

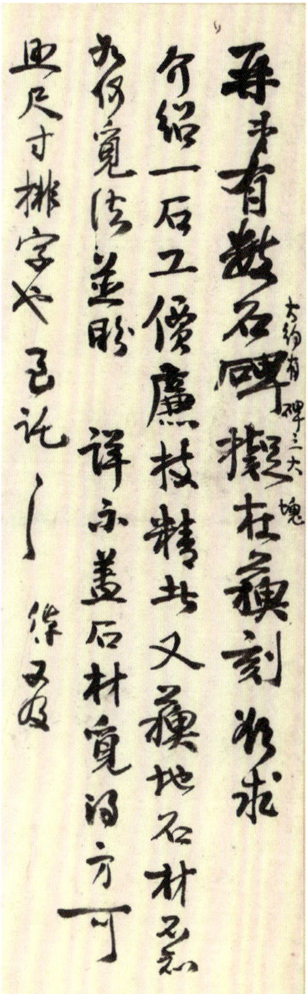

尋求有數石碑（古碑有碑三大塊）擬在廠刻 形求
介紹一石工價廉技精其又廠地石材名目
如何寬闊並將 詳示並石材寬闊方可
照尺寸排字也 即託 徐又頓

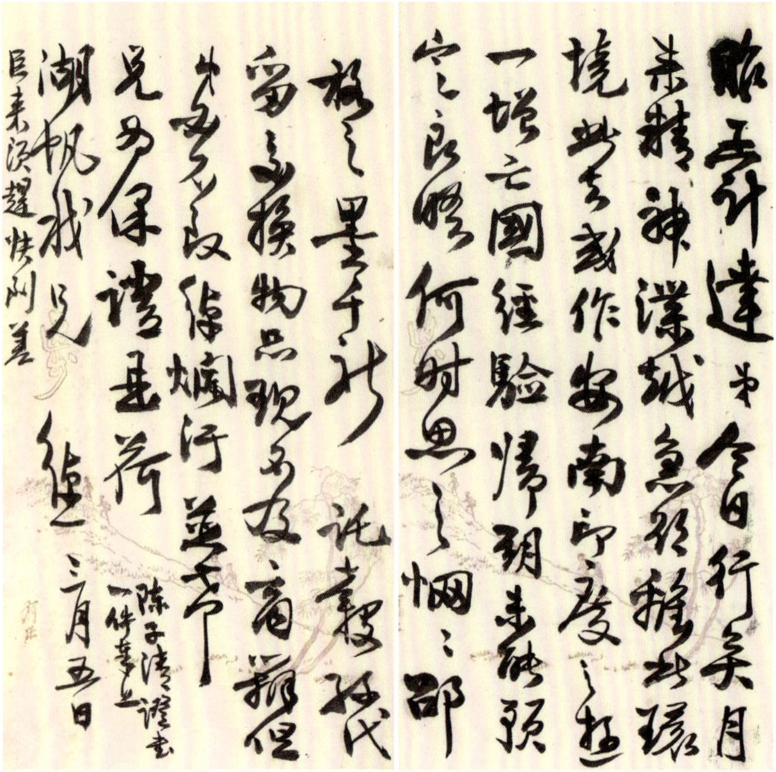

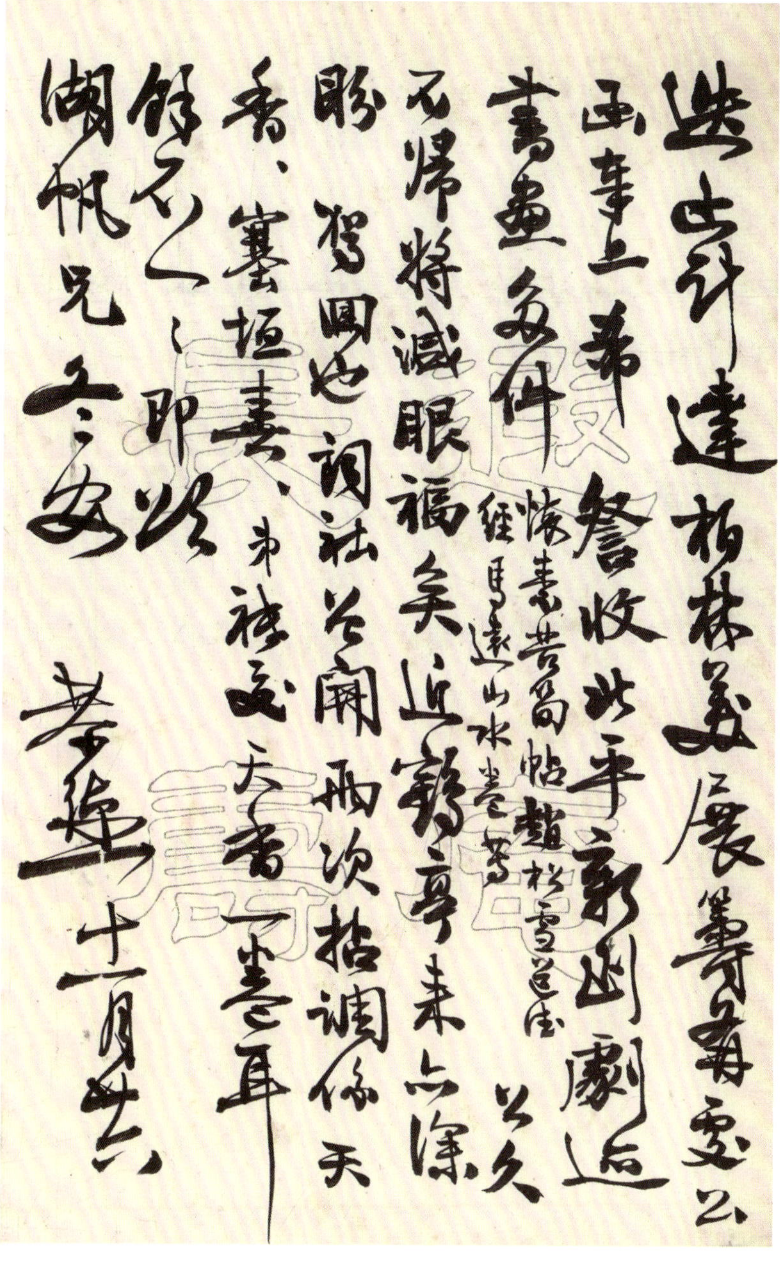
迭次達柏林箋安展，籌壽每受公
函事上希詧收此乎新幽劇迺后
書畫多件懷素苦筍帖、趙松雪道德經、馬遠山水卷等，以久
不歸，將識眼福矣。近鶴亭來上海
聆鶴園地詞社之開兩次，括調係天
香、寒蠆垣書、弟被武大者一卷耳
餘不一一，即頌
湖帆兄冬安
恭綽 十一月廿六

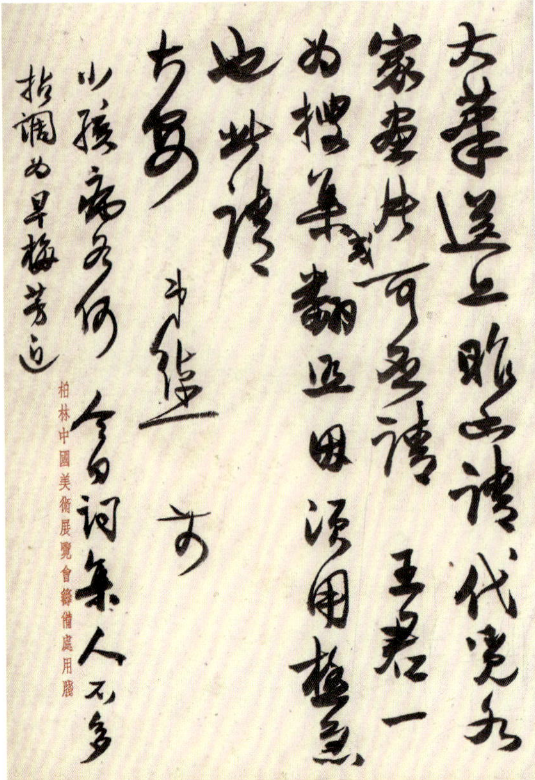
柏林中國美術展覽會籌備處用箋

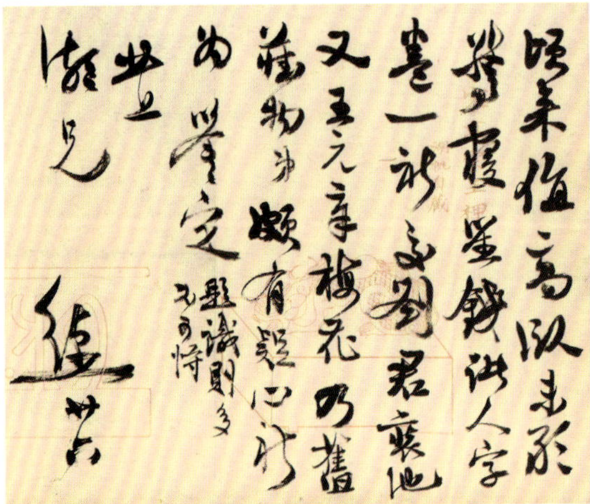

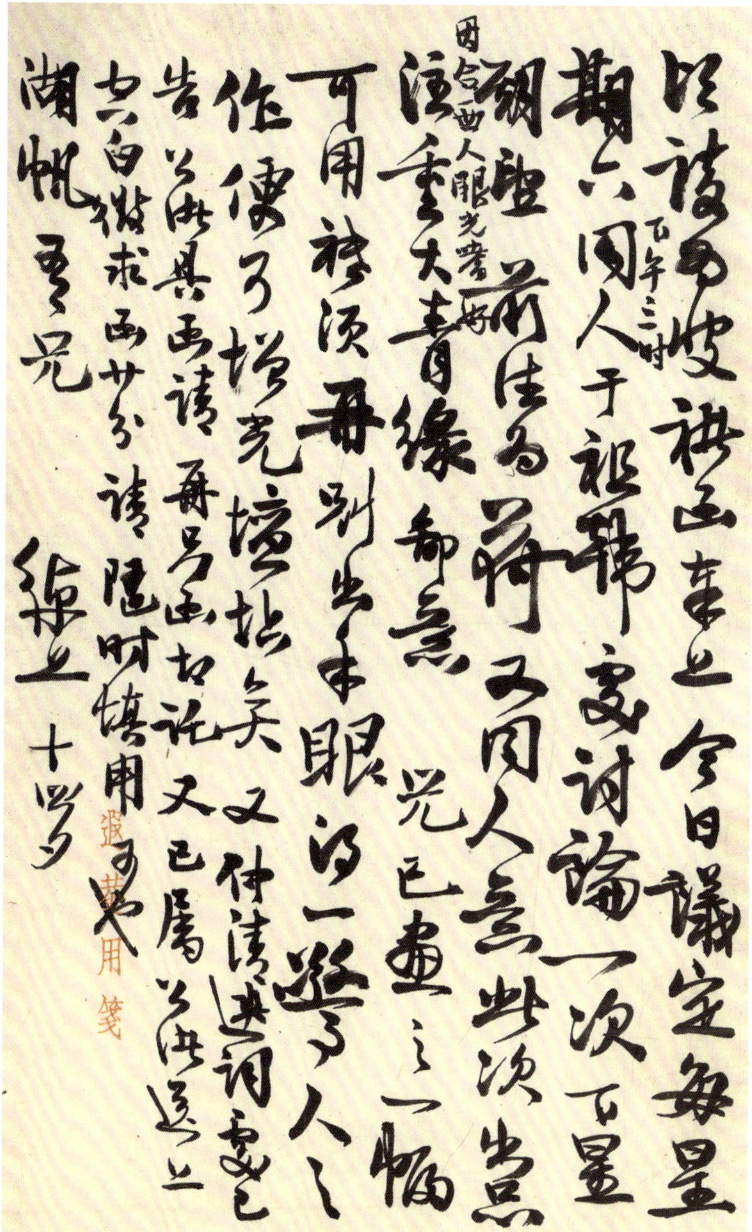
昨談甚快 禊畫集之 今日議定每星期六（下午三时）開人于祖師處討論一次 下星期起 前往為荷 又開人意此次出品須重大青綠（因台一西人眼光皆好） 鄙意 兄已畫之一幅可用 禊須再別出手眼 以一遊人之作 便可增光壇坫矣 又仲清與詞意已告以拙具函請 再另函切託 又已屬以拙送上大白拙求函廿分 請隨時填用
湖帆吾兄
綠立 十四夕

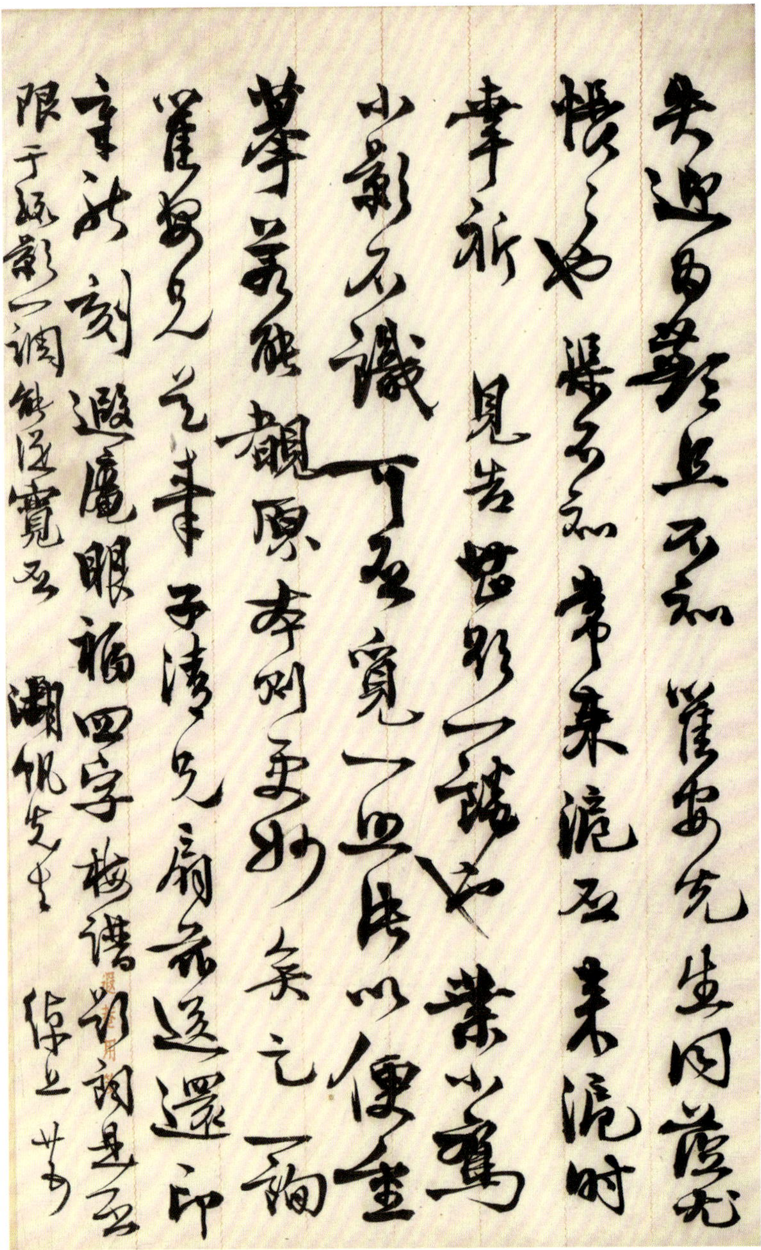

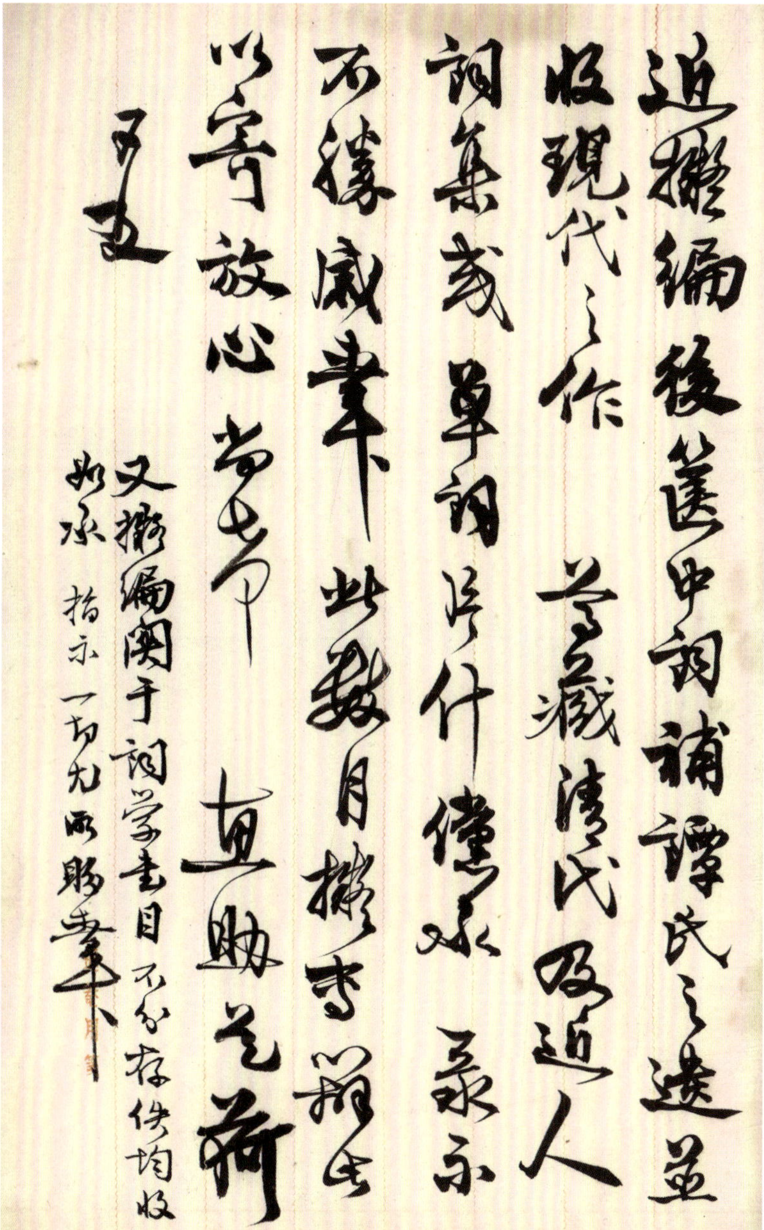

近擬編後篋中詞補譚氏之遺並收現代之作 尊藏清代及近人詞集或單詞隻什儻承 錄示不勝感幸此數月擬專以斯事以寄放心尚乞匡助之爲荷

又上

又擬編關于詞學書目不分存佚均收如承 指示 一切尤所盼幸

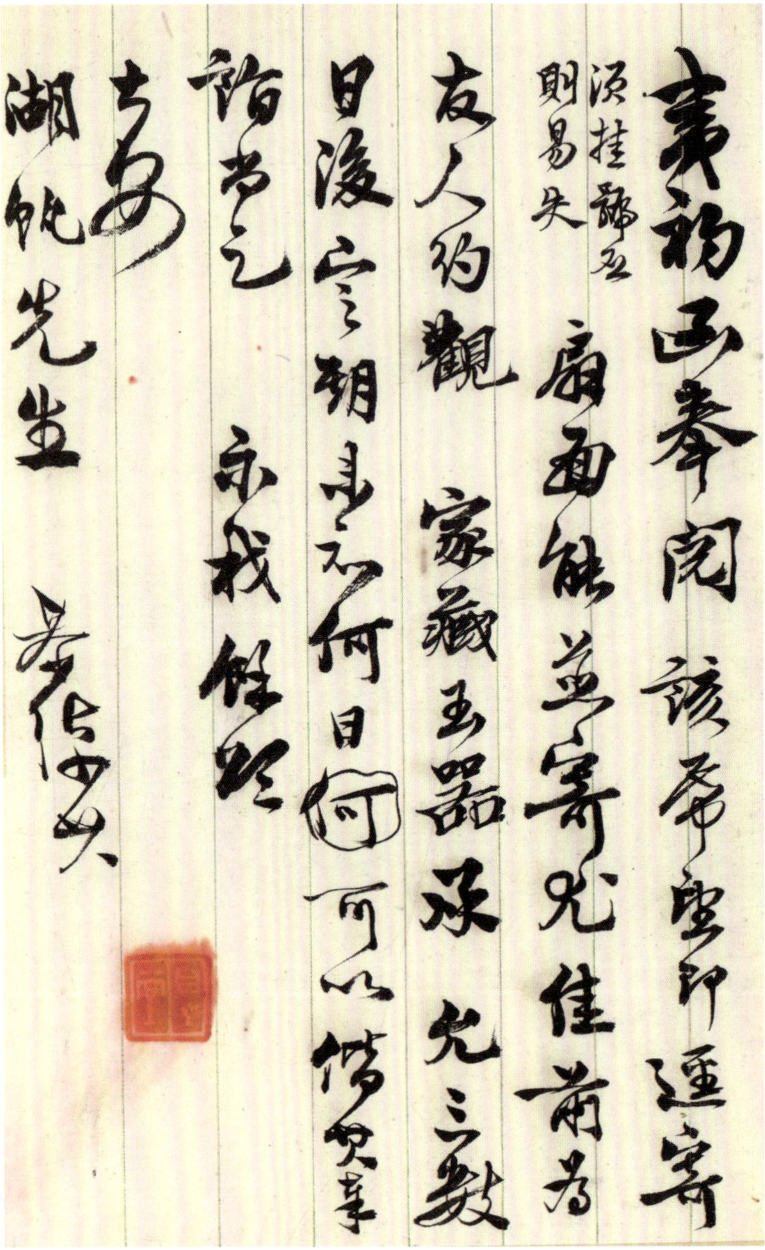
畫物亟奉閱 該扇望即還寄 須掛壁否則易失
扇面能並寄兄佳前為
友人所觀 家藏玉器承兄三數
日後定期來取不何日何可以借與拿
諸希見之 示我餘照
吉安
湖帆先生
吳徵如人

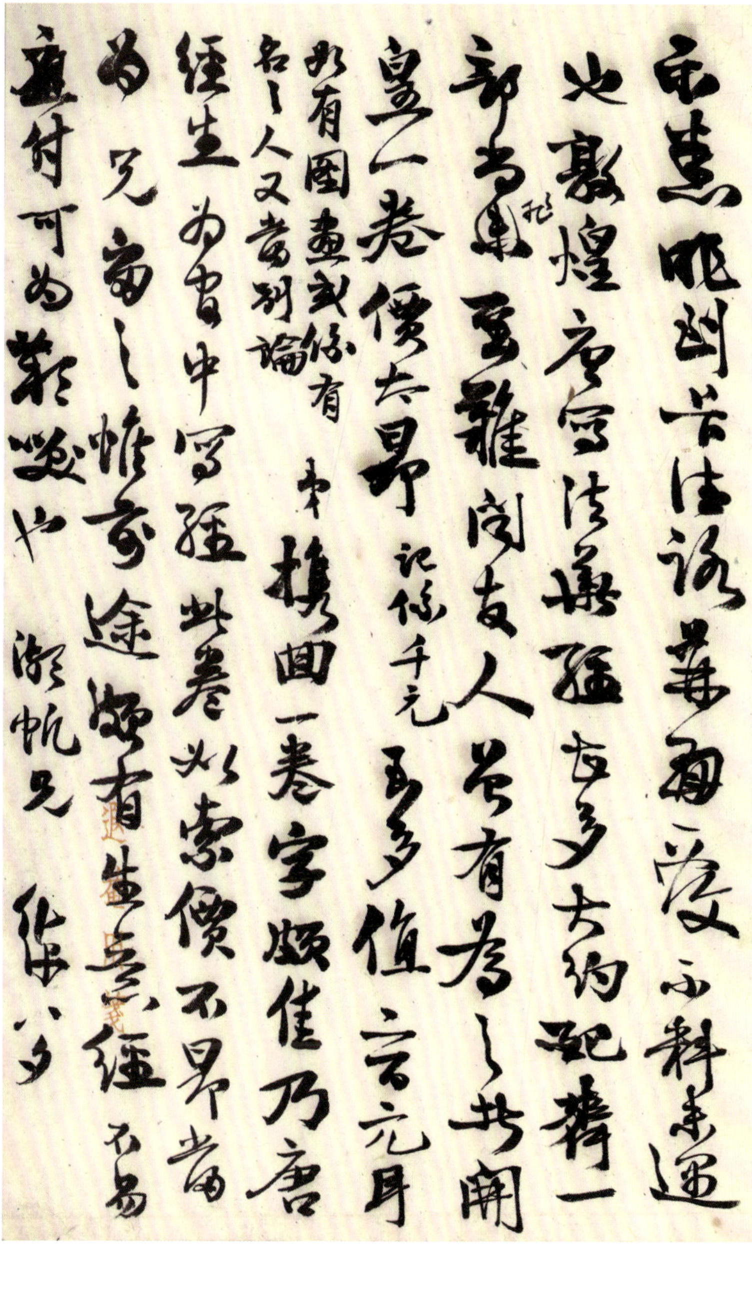

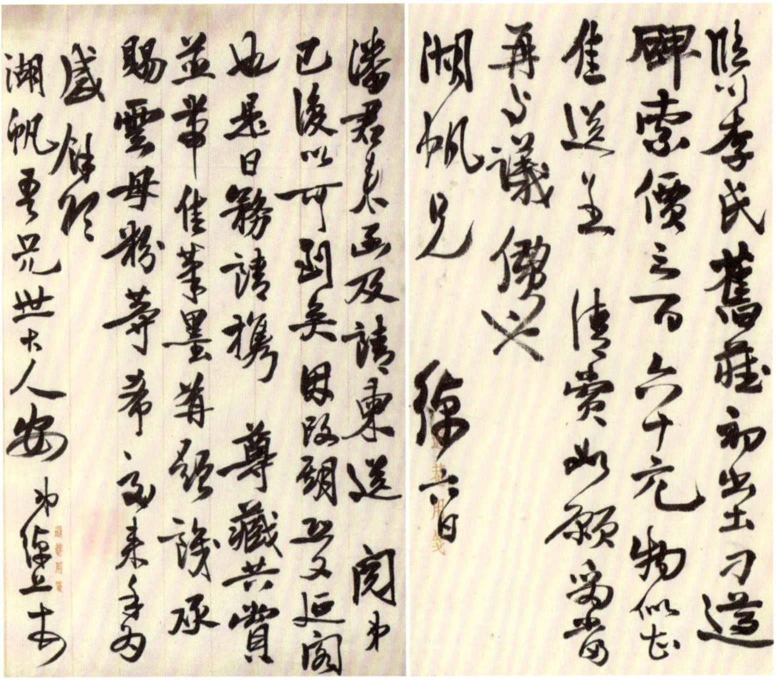

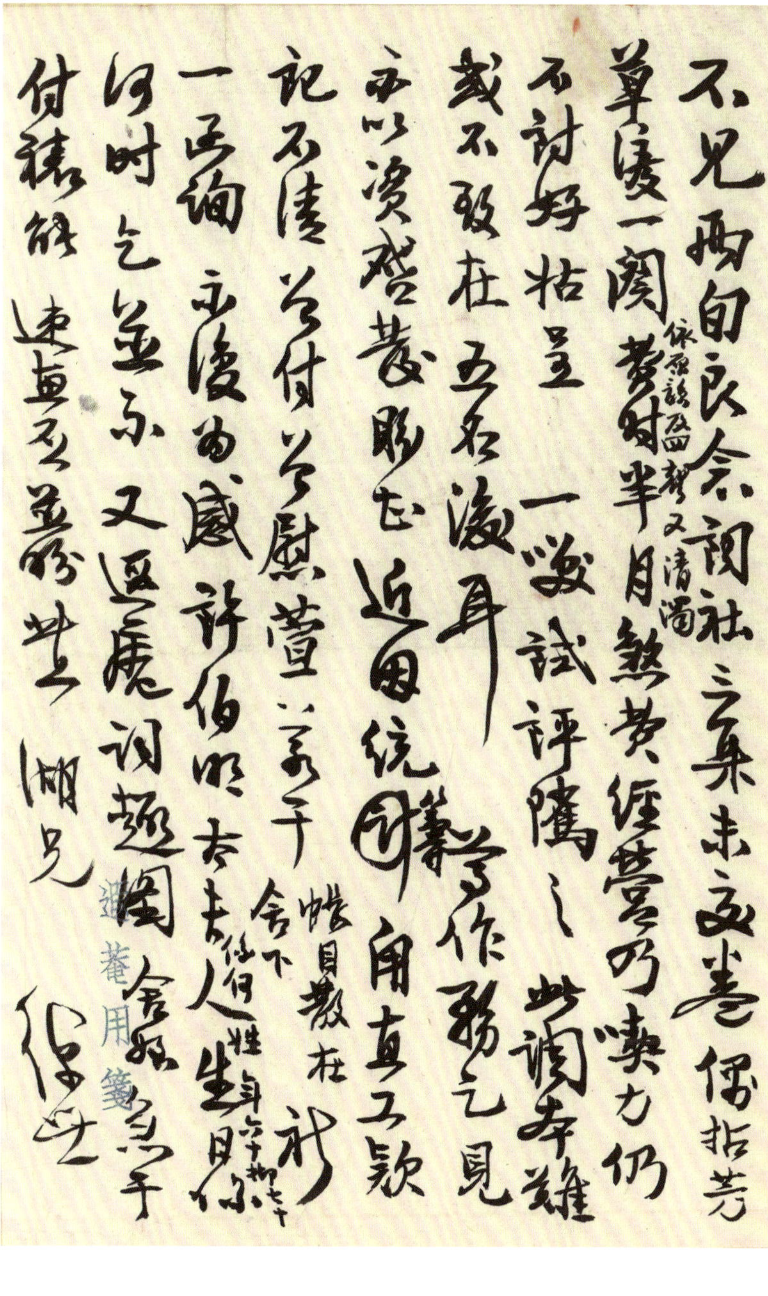

不見兩旬，良念〻。頃社〻集未交卷，偶拈芳草箋一闋（依原譜及四聲，又清濁），費時半月，煞費經營，巧奏力，仍不討好，姑呈一政，試評騭之。此調本難哉，不致在五名後耳。字作務乞見示以資啓發形也。近因統團籌用真工款記不清，並付並慰萱〻蒙〻千帳目數在舍下，祈一函論示後均感。許伯明夫人（仙何姓）生日（身六十抑七十）係何時，乞並示。又返麗詞趣閱，舍親孫〻〻乎付積餘，速並示並謝。此上

湖兄

保之

遯庵用箋

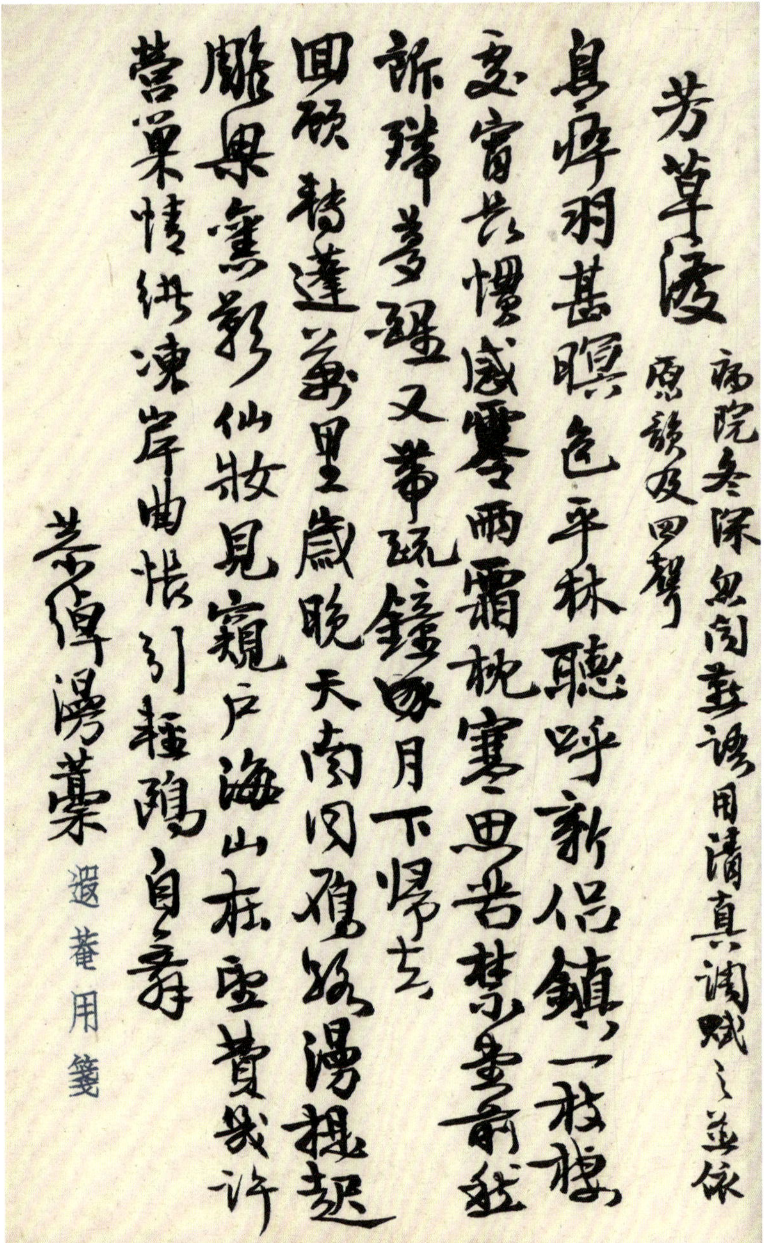
芳草渡

病院冬深忽闻鼓语用清真调赋之并依原韵及四声

鼻痒羽甚暝色平林聽呼新侶鎮一枝棲[illegible]宵長慣感零雨霜枕寒思苦楚[illegible][illegible]訴瑋夢醒又華疏鐘殘月下歸去回顧轉達萬里歲晚天南同[illegible][illegible]湯提起雕梁舊影仙妝見窺戶海山在堅貫幾許營巢情緒凍岸曲悵引[illegible]鴉自舞

[illegible]湯[illegible]

遐庵用箋

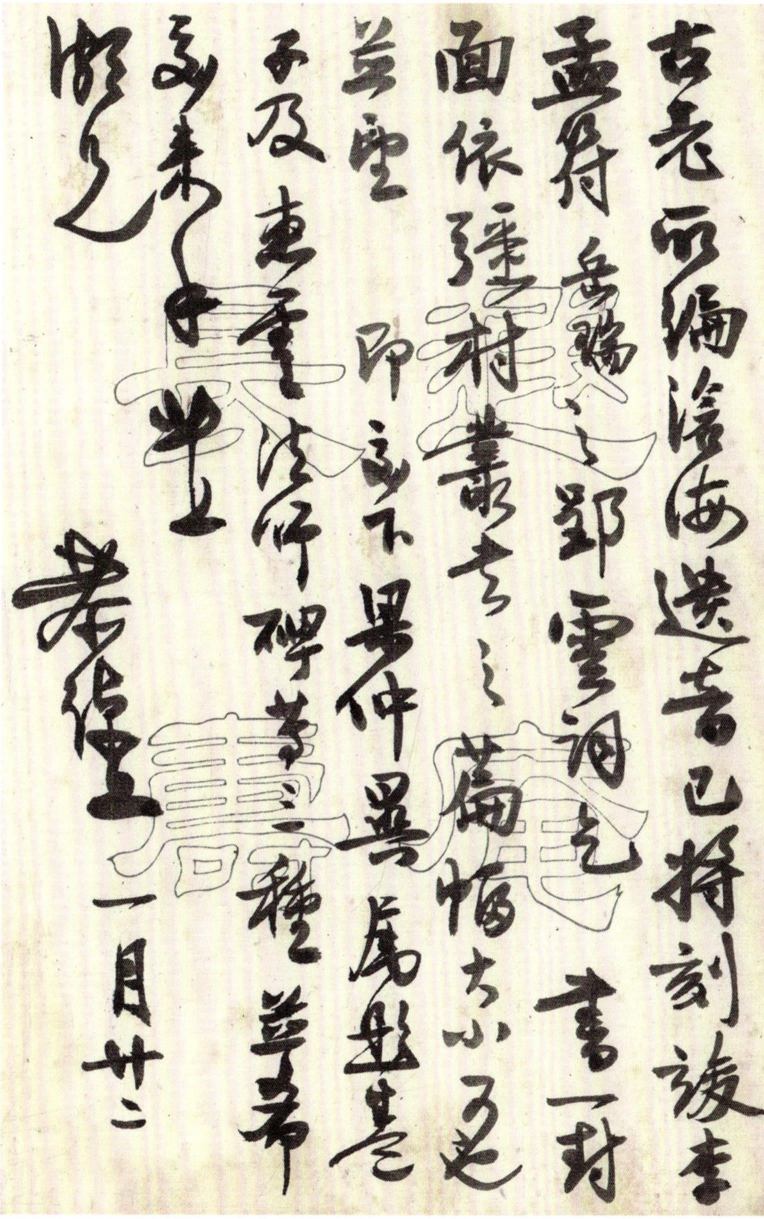
古老所編滄海遺音已將刻竣李
面依彊村叢書之篇幅大小為之
孝胥上
一月廿二

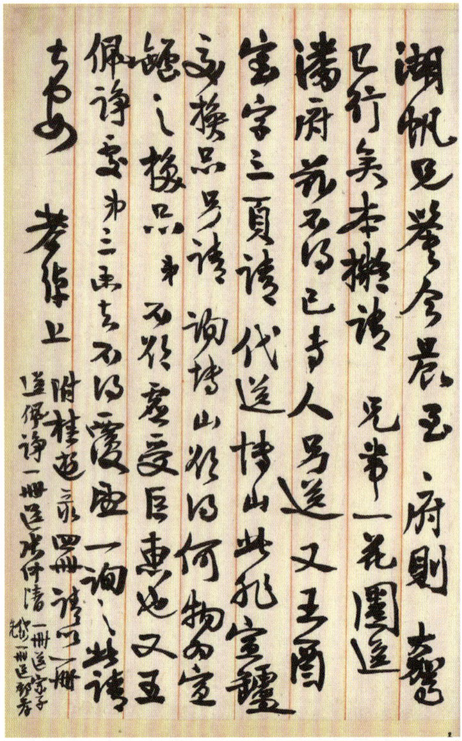

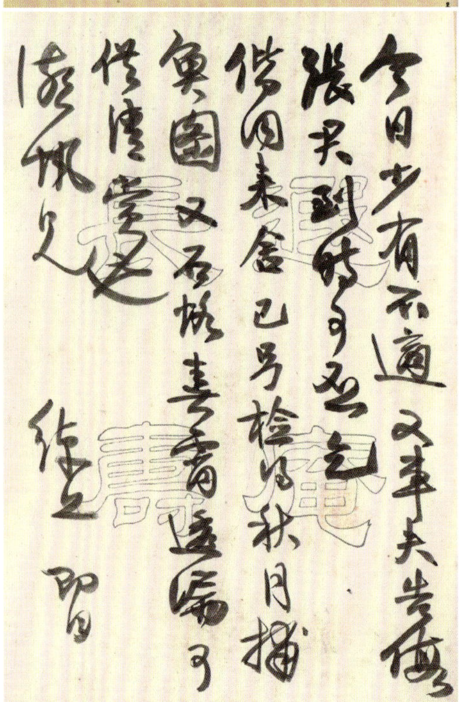

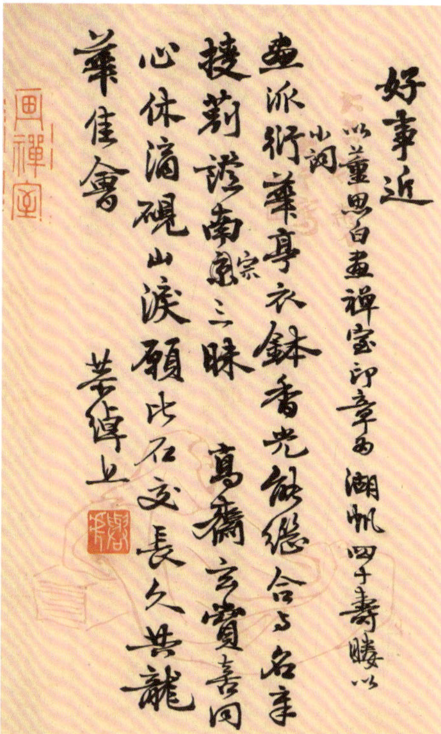

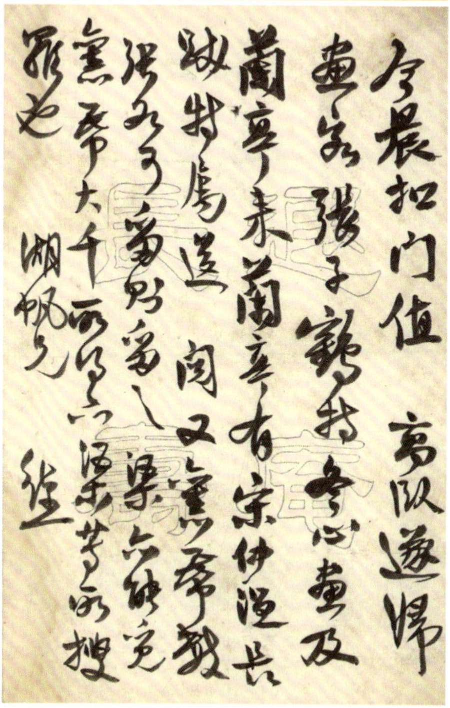

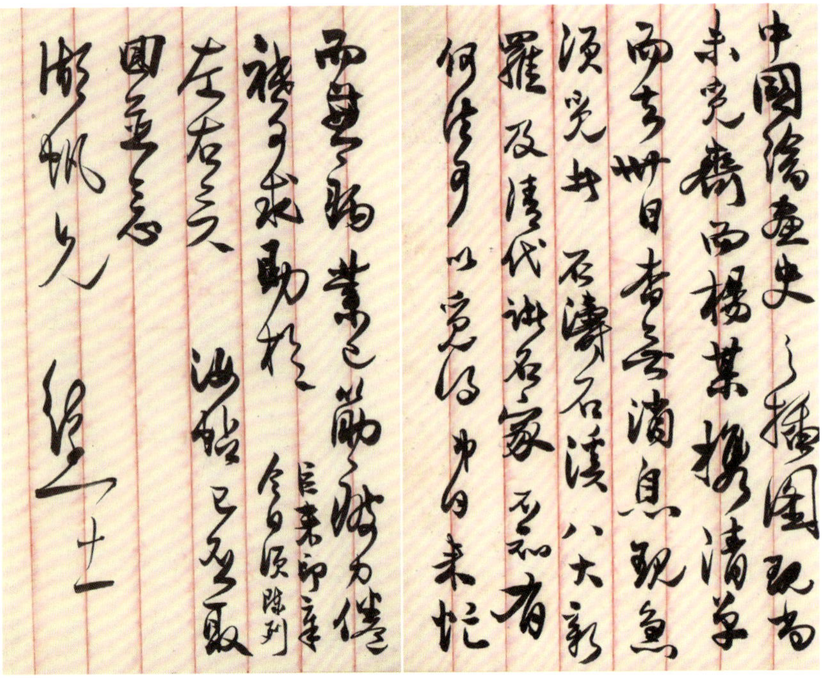
中國繪畫史已播圖見者
未見龔西樓葉[illegible]清[illegible]
而未册目李恭漬息觀魚
須覓共 石濤石溪八大新
羅及清代諸名家 不知有
何法可以覓得 少日來忙
而無一得 叢之勸誠方[illegible]
請予求勵耕之 巨來印章今日須陳列
左右矣 海鹽已盡取
圖畫之志
湖帆兄 綏之 十一

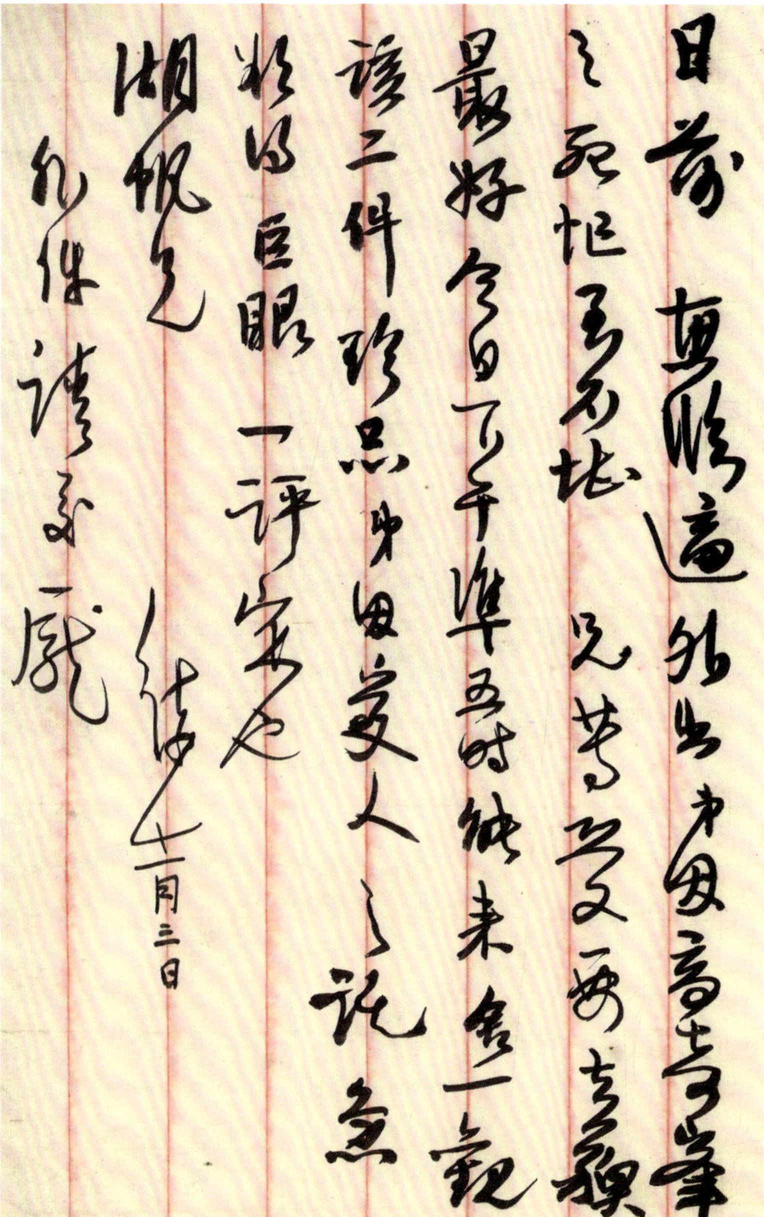

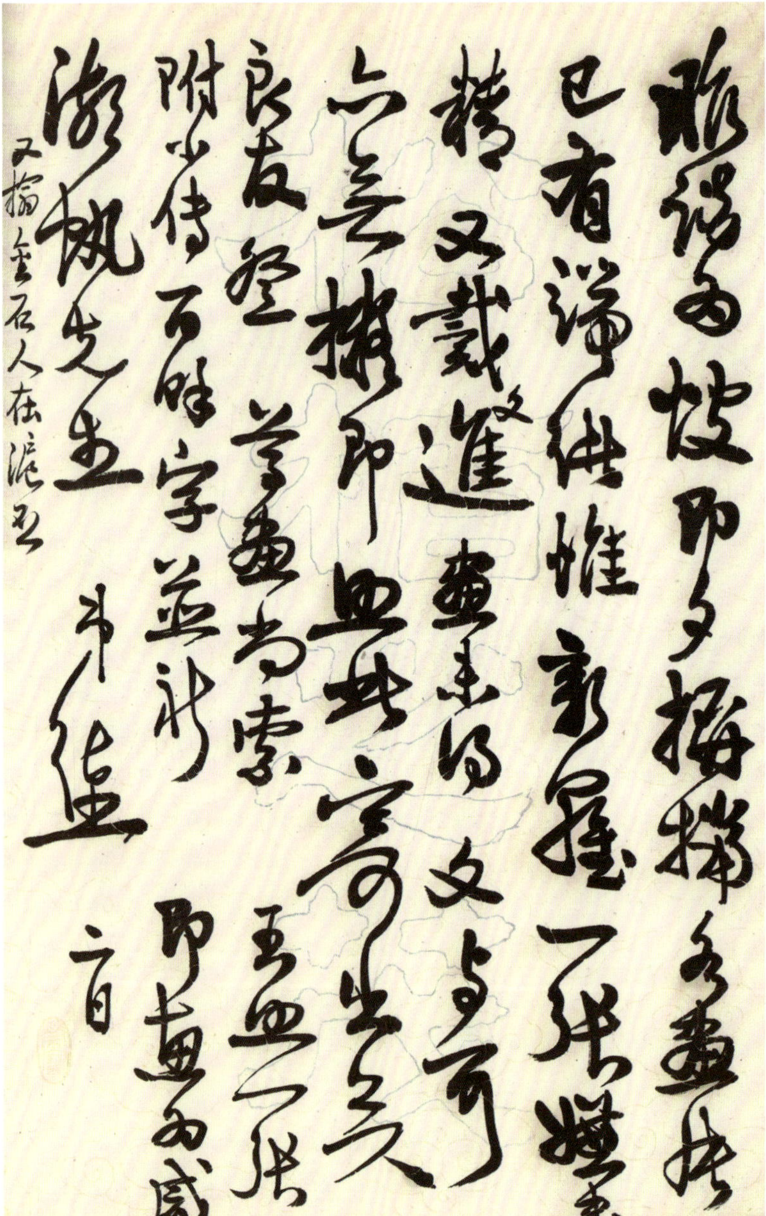

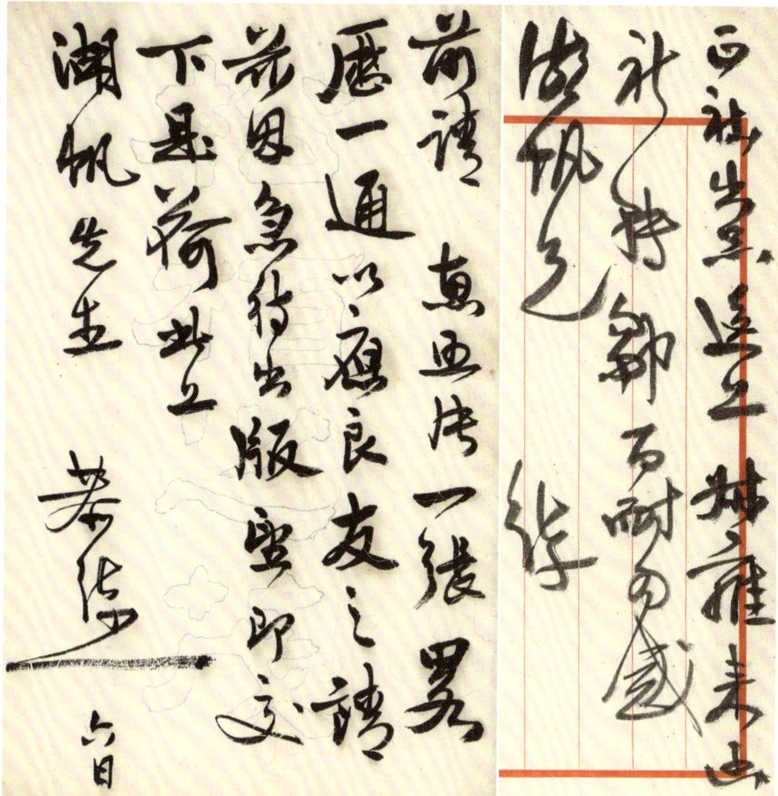

正社出書，遂立辦。雁來過，新詩錄可，耐可感。湖帆兄　綽

前請尊函寫一張，略歷一通，以便良友之請。茲因急待出版，望即交下，是荷。此上
湖帆先生
恭綽
六日

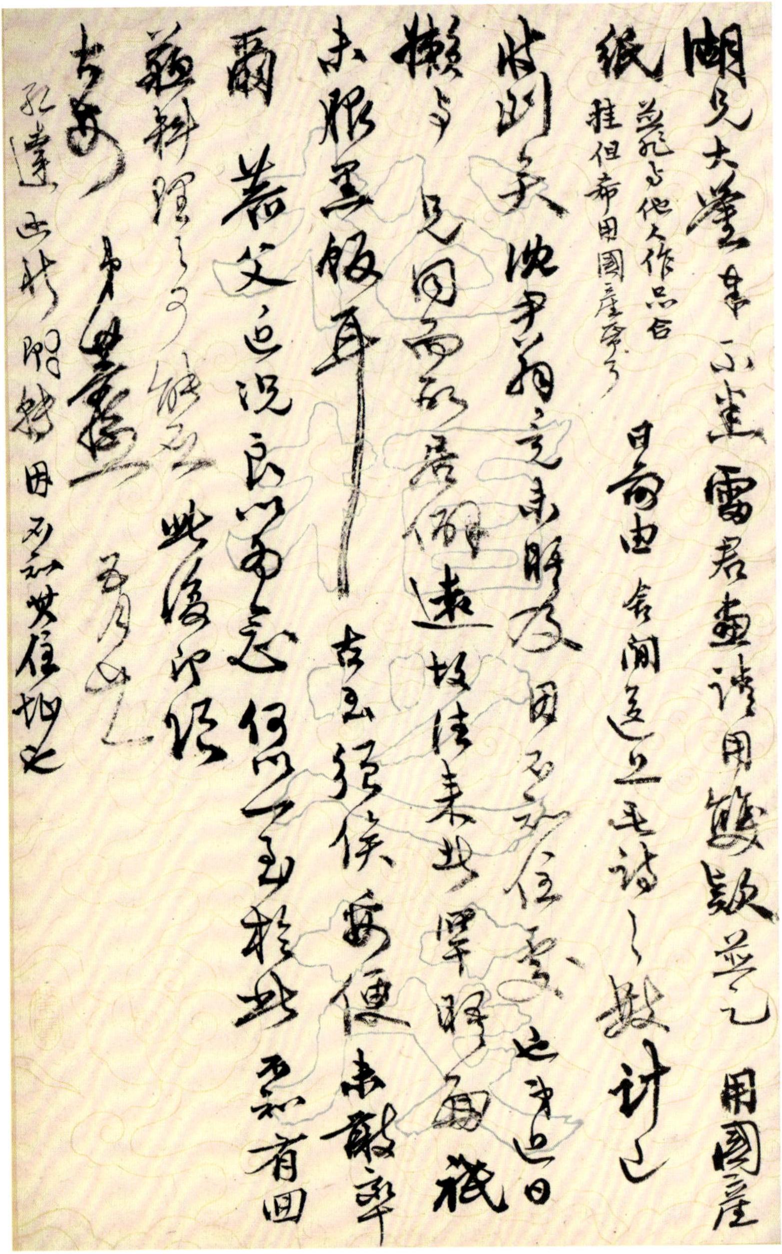

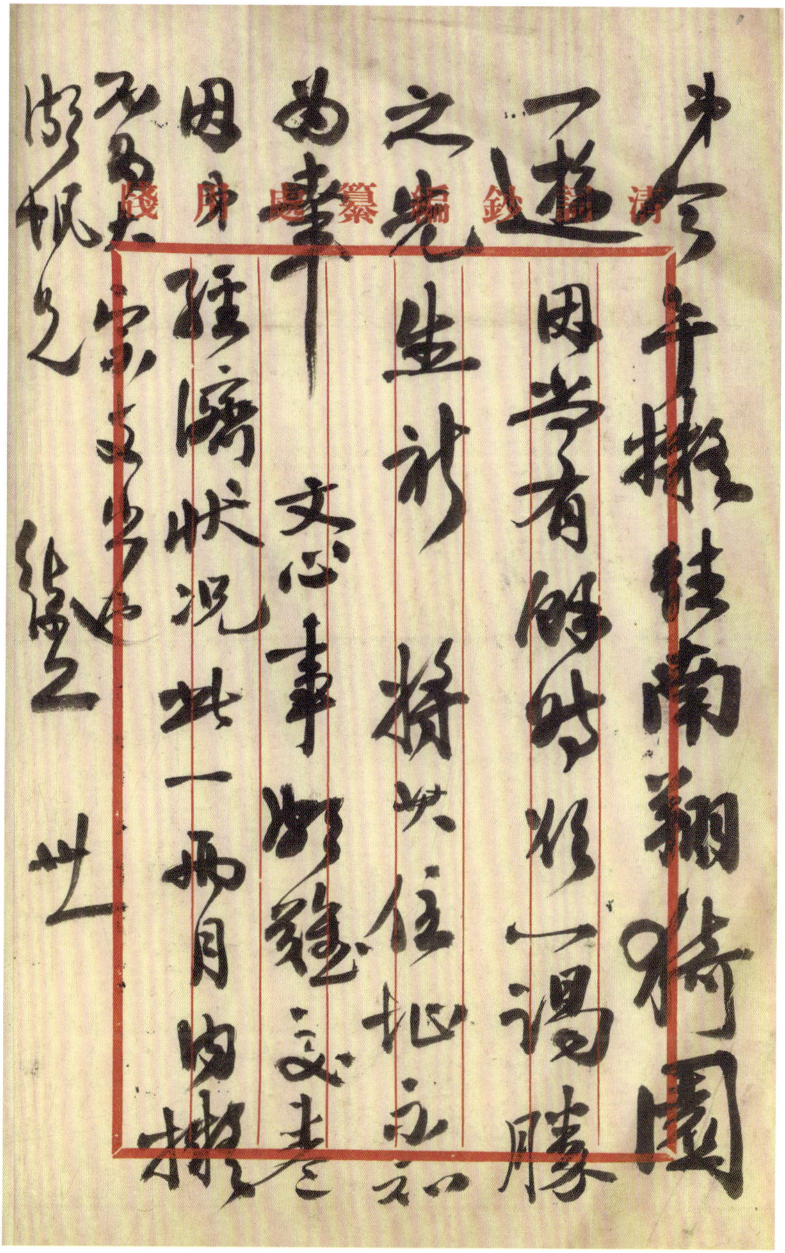
清詩鈔編纂處用箋

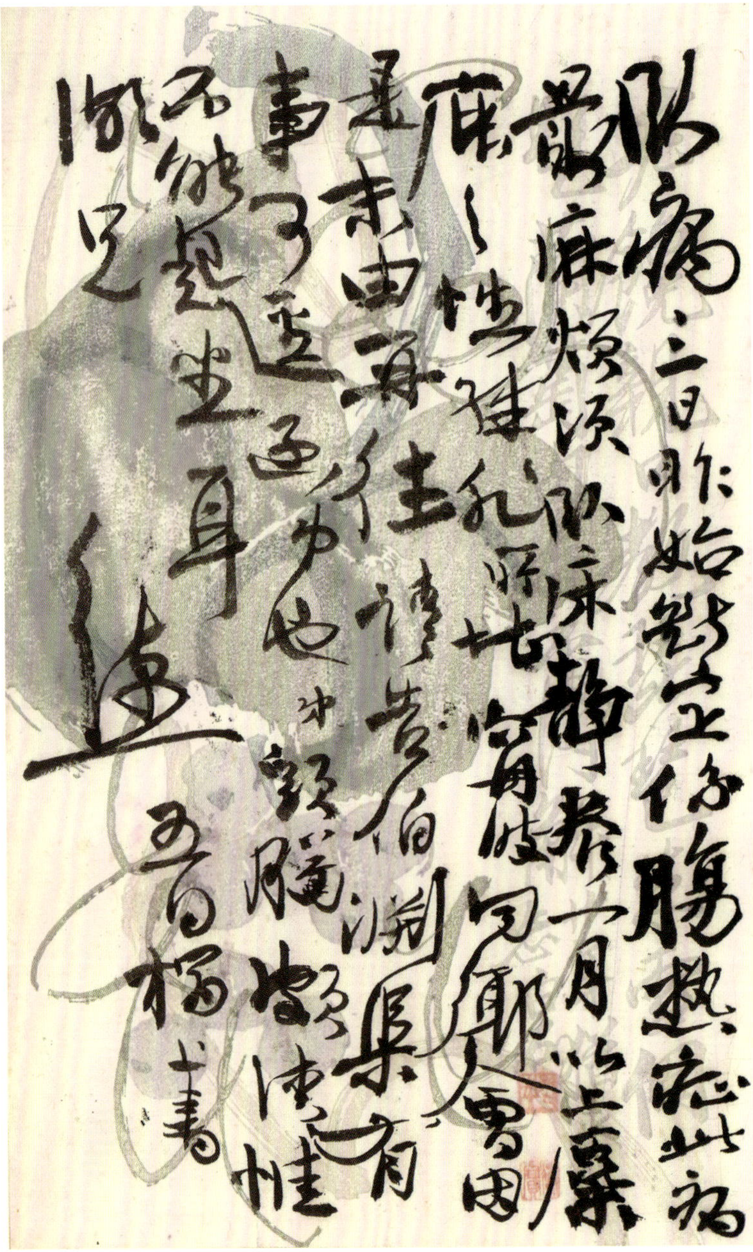

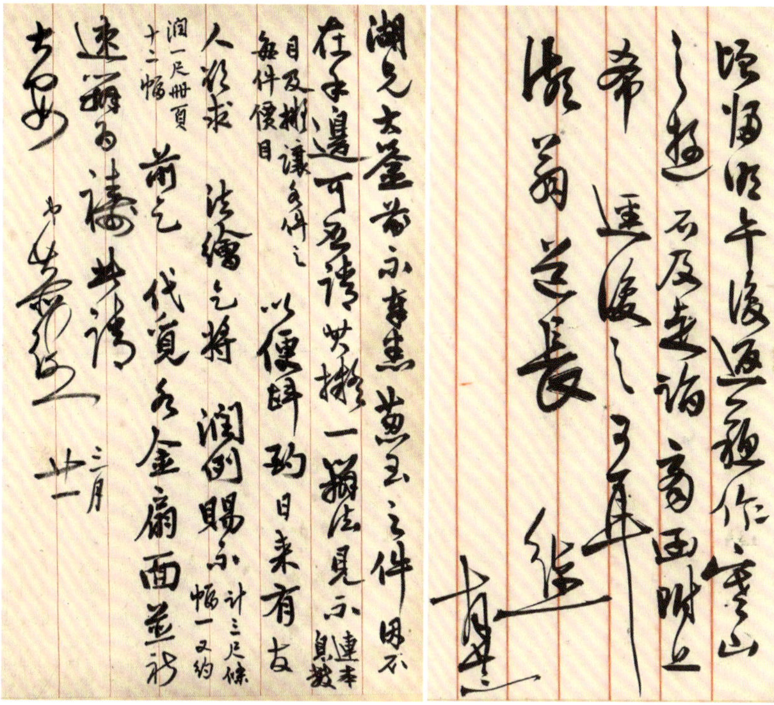

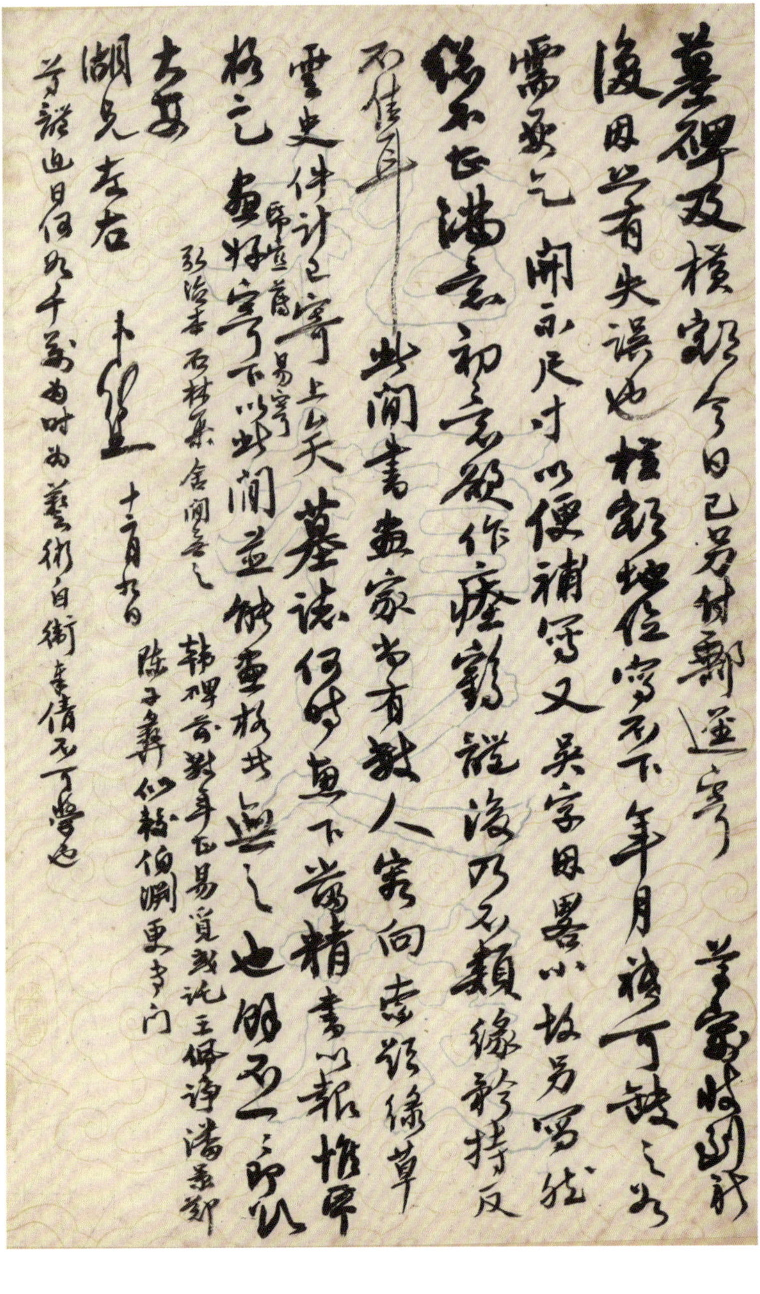

墓碑及横額今日已另付郵遞寄 尊處收閱前
後因其有失誤也 横額改經寄去下年月緣可鼓之以
需要也 開示尺寸以便補寫文 吳字因畧小故另寫就
緣不甚滿意 初意欲作瘞鶴銘 後乃頗緣韻持反
不佳耳
此間書畫家尚有數人 家向壺綠艸
雲史侍計已寄上矣 錦泉舊易寫 墓誌何時寫下 篆精書以報悼畢
楊之畫好寄下以此間並無畫楊者無之也 能不一一即
弘治本石林集舍間有之
韓碑前對年來易覓 戲託王佩諍潘景鄭
陳子彝仰翰伯淵更幸門
大安
湖兄左右
[illegible]
十月九日
前談近日何以千萬為時為藝術自衛來信不可學也

再此間現籌開廣東文物展覽會，將于陰曆過年開之。希（凡屬廣東文物及與廣東有關者均在搜集之列，如家藏物及紙出陸則攝影採本均可）兄可否攜兒一為計畫，俾此會增光。弟須完此會之任，已斷旁白之也。友好中有何物可出陸者，並祈代為接洽知。兄必然不好戰，然藉此排遣，依然一法。弟情生活非宜，即亡共亦不願為其（上有老親下有子女，匯制哀自玉），希垂念之。

維

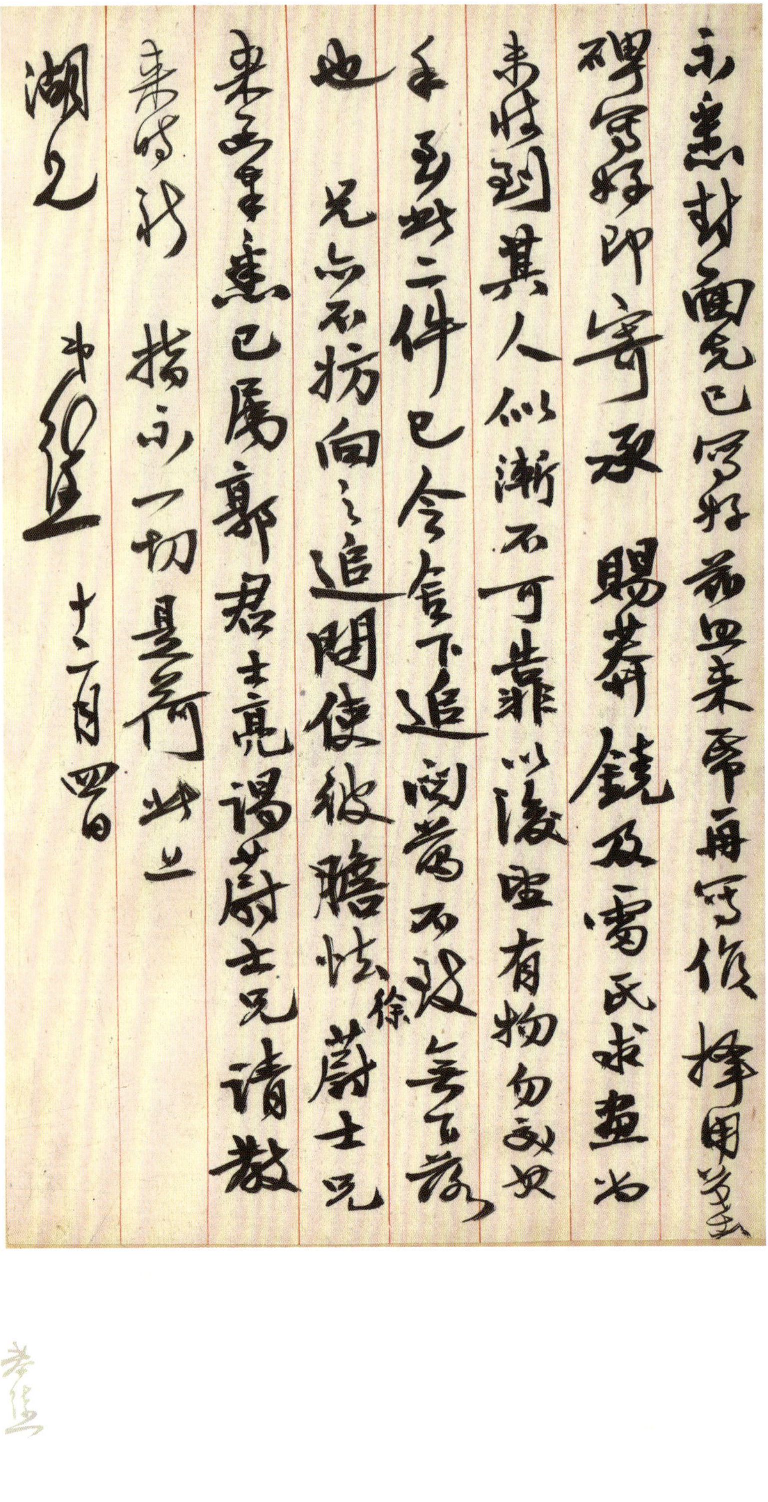

示悉。封面先已写好，前四条原再写作，择用若干。碑写好即寄。承赐寿镜及蜀氏求画书来时到。其人似渐不可靠，以后望有物勿交与手。至此二件已令舍下追阅，当不致无着落也。兄亦不妨向之追问，使彼胆怯。徐蔚士兄来书悉，已属郭君士亮谒蔚士兄请教，来时乞指示一切是荷。此上

湖兄

中经

十二月四日

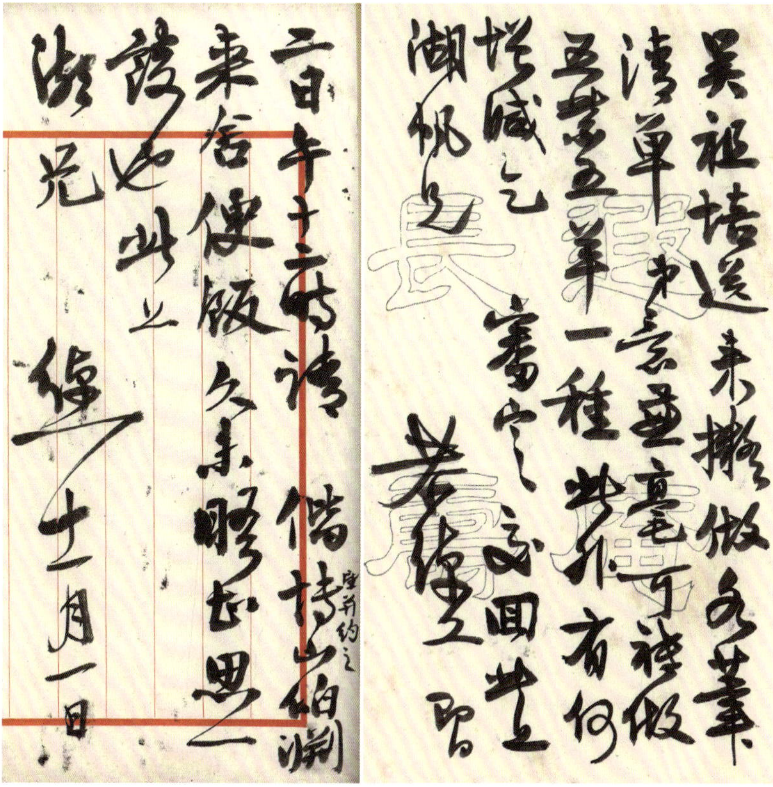

吴祖培送来[illegible]做[illegible]筆
清單中[illegible]画毫可[illegible]做
五紫五羊一種其[illegible]有何
[illegible]贰之寄[illegible]之[illegible]画其立
湖帆兄
悲鴻[illegible]

二日午十二時請偕詩山伯淵[illegible]約之
來舍便飯久未晤想之
談也此上
湖帆兄
悲鴻 十二月一日

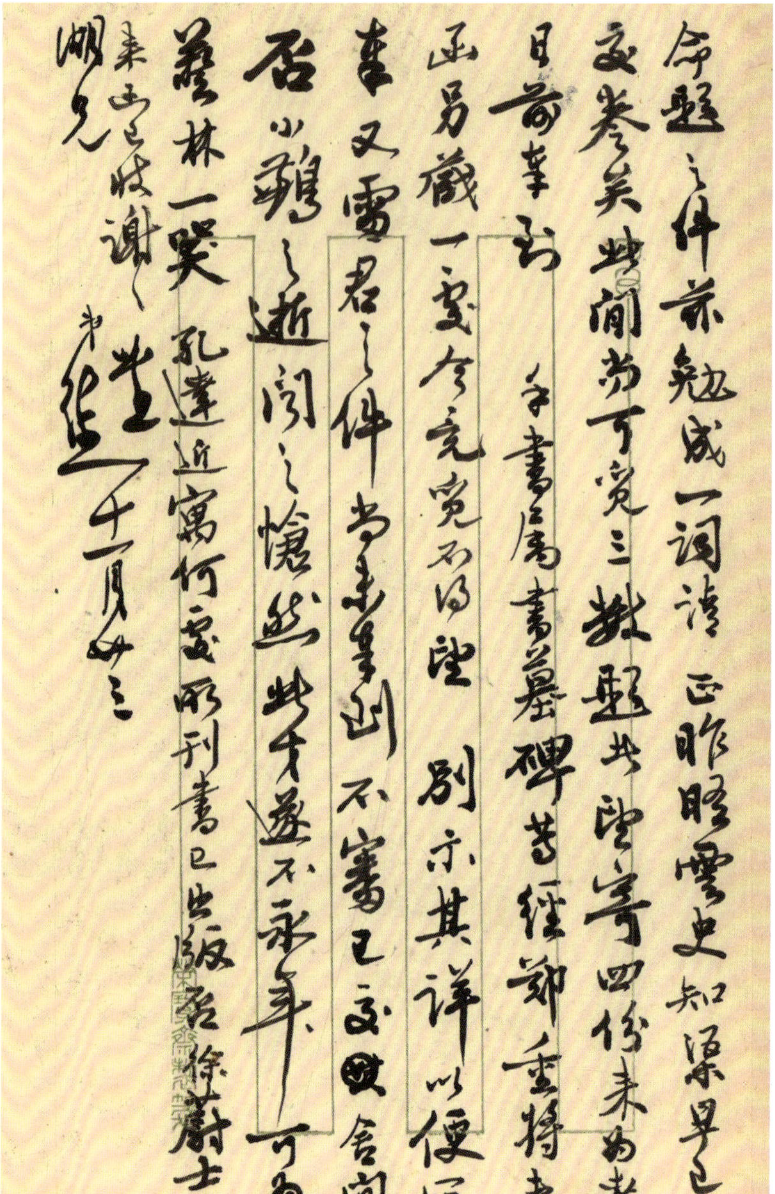
命題之件，兹勉成一詞，請 正。昨晤雲史，知渠畢已
交卷矣。此間前可覓三數題此冊，寄四份來為奉
目前筆致。弟書已屬書墓碑，昔經鄧孟將來
函另識一處，今竟覓不得，望 別示其詳，以便寫
奉。又雲君之件尚未著筆，不審已交◯舍間
否？小鵝之逝，聞之愴然，此才遂不永年，可為
藝林一哭。孔達近寓何處？所刊書已出版否？徐蔚士兄
來函已收，謝謝。 弟 生 上 十一月廿三
湖兄

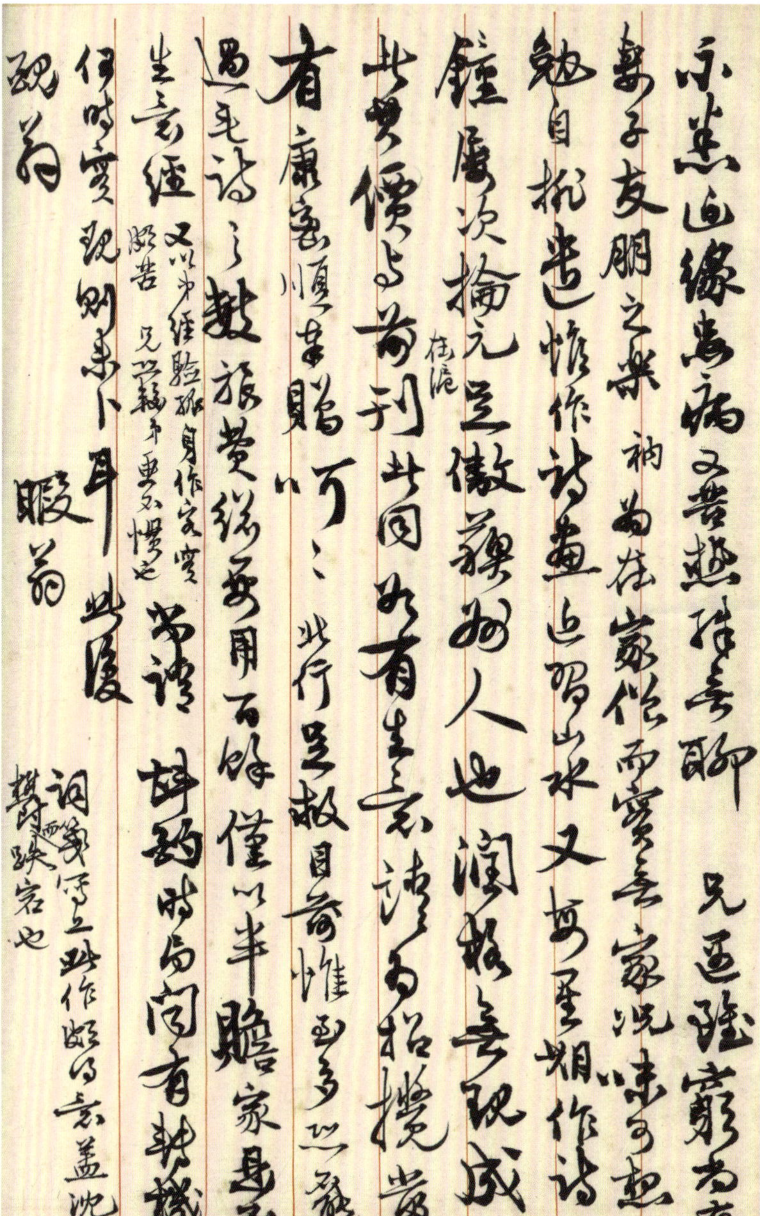
示悉。迺緣患病，又無趣，殊無聊。兄適遭窮，尚有
妻子友朋之樂；衲為住家僧，而實無家，況味可想。
勉自排遣，惟作詩畫。畫近習山水，又無墨姻。作詩
鐘鼎次摘元，足傲藐物人也。潤格無現成
此無價與前刊（住滬）此同，於有生之詩而招攬者
有康寧順來貽（以）可可。此行是故目前惟多些
過兄詩之數，旅費總要用百餘，僅以半贈，家尚
生之經（又以少經驗，孤身作客，實堪苦。兄照顧亦要不慢之）出語。姑約明年間有轉機，
何時實現則未卜耳。此復
硯前　暇前
詞家何不作聯句言？蓋沈鬱時而訣客也

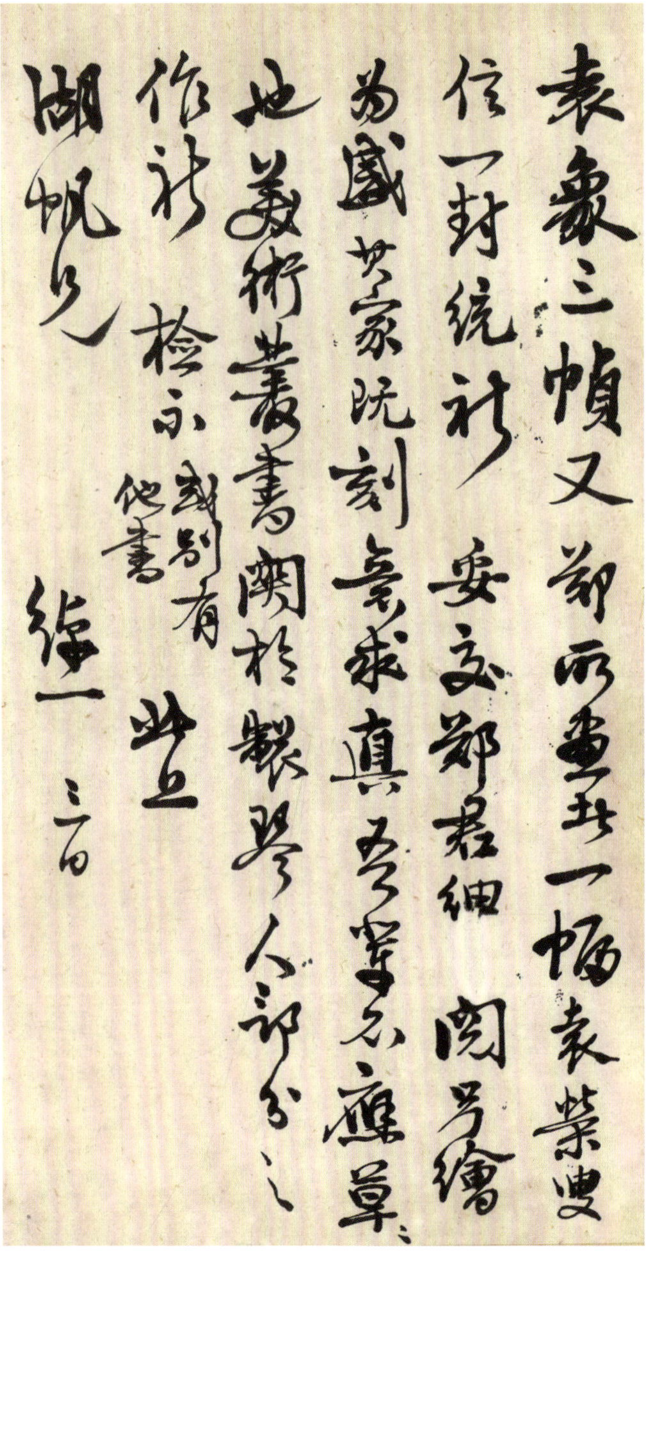
表象三幀又鄭所畫[illegible]一幅袁樂叟
信一封統祈
安交鄭君細閱另繪
爲感其家既刻意求真不肯不應草草
也美術叢書閱於觀巽人記之
作祈
檢示我別有他書 並
湖帆兄
綽一 三日

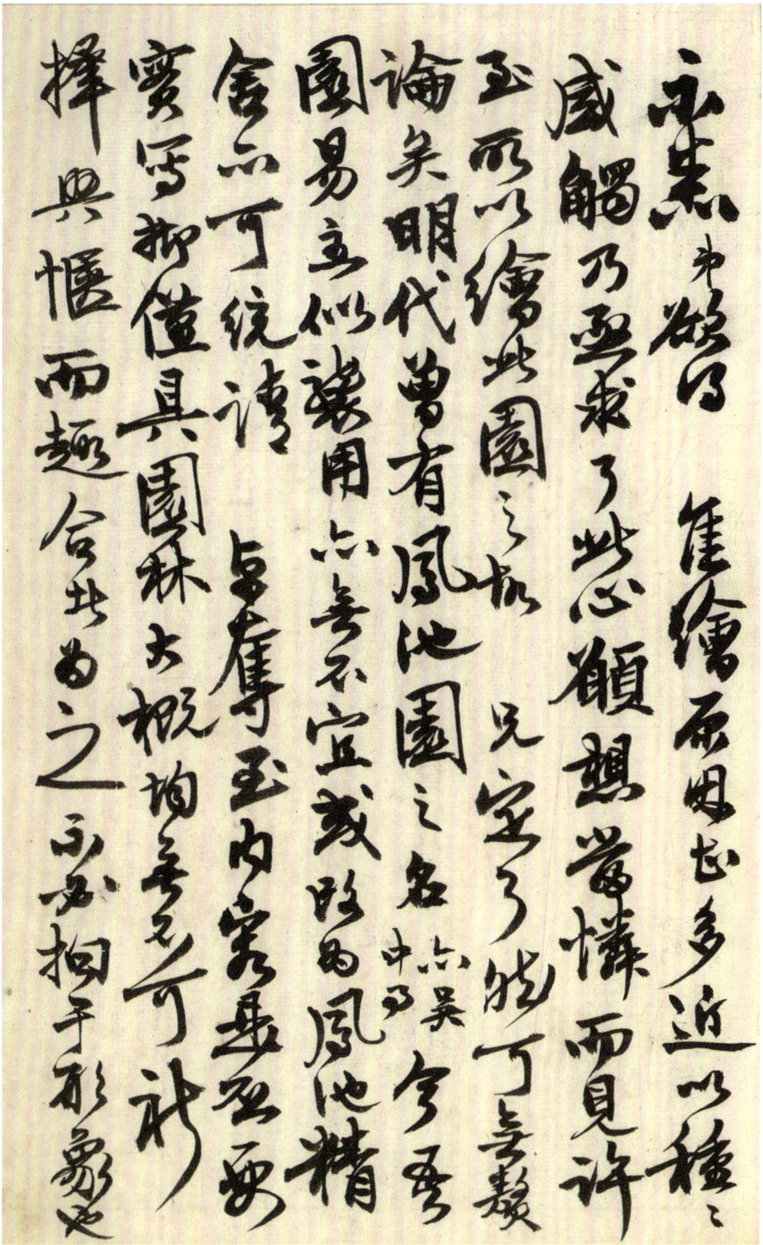
承示中稱乃焦繪原因多追以種々
感觸乃要求了此心願想當嫌而見許
正所以繪此園々名兄定了然可無疑
論矣明代曾有風池園之名亦吳中乃今吾
園易立似襲用亦無不宜哉昭曰風池精
舍亦可統諸與舊玉内容無要不要
實寫柳僅具園林大概詢無可補
擇與愜而趣合者為之示無拘于形影也

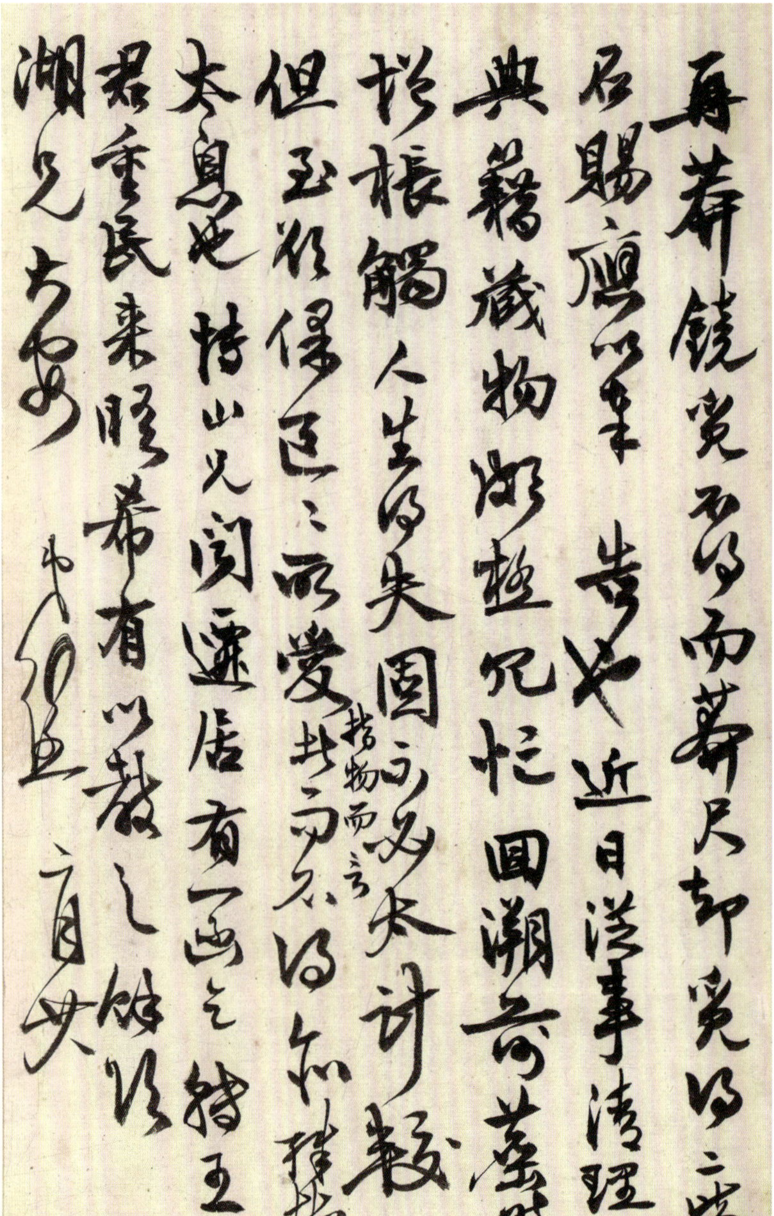

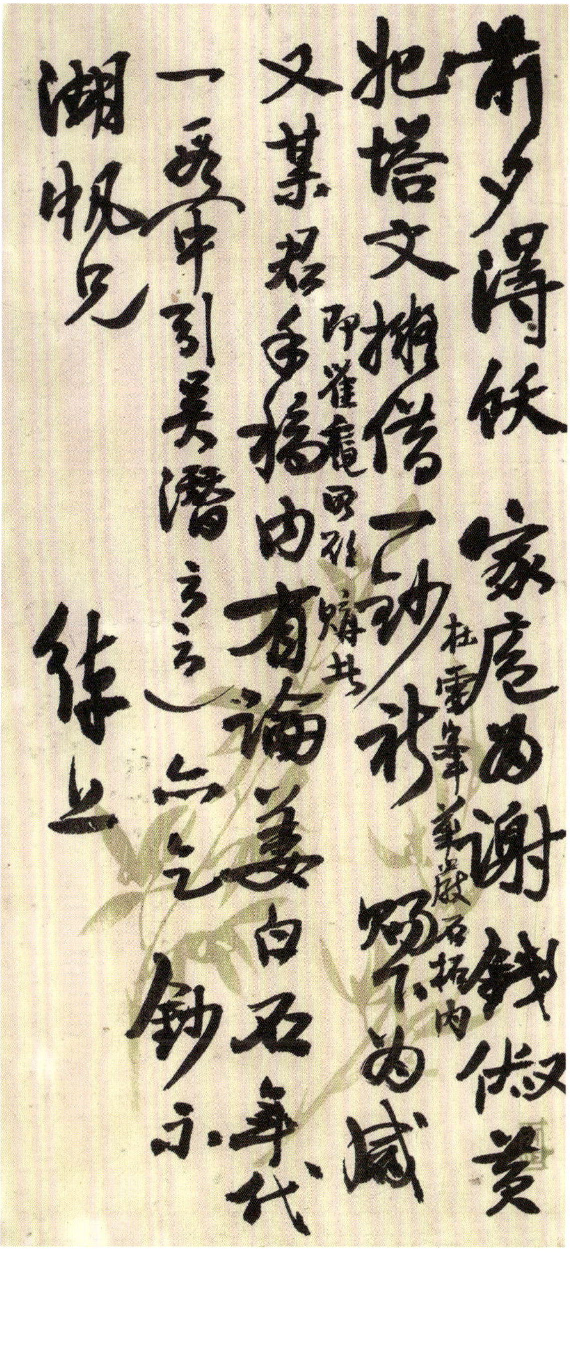

前夕得饫家庖，为谢。钱叔盖把塔文拓借一沙补（杜云峰华嶽石拓内），写不为藏。又某君手稿（即崔龛明雅赠共）内有论姜白石年代一段中引吴潜云云，亦乞钞示。
湖帆兄
伟上

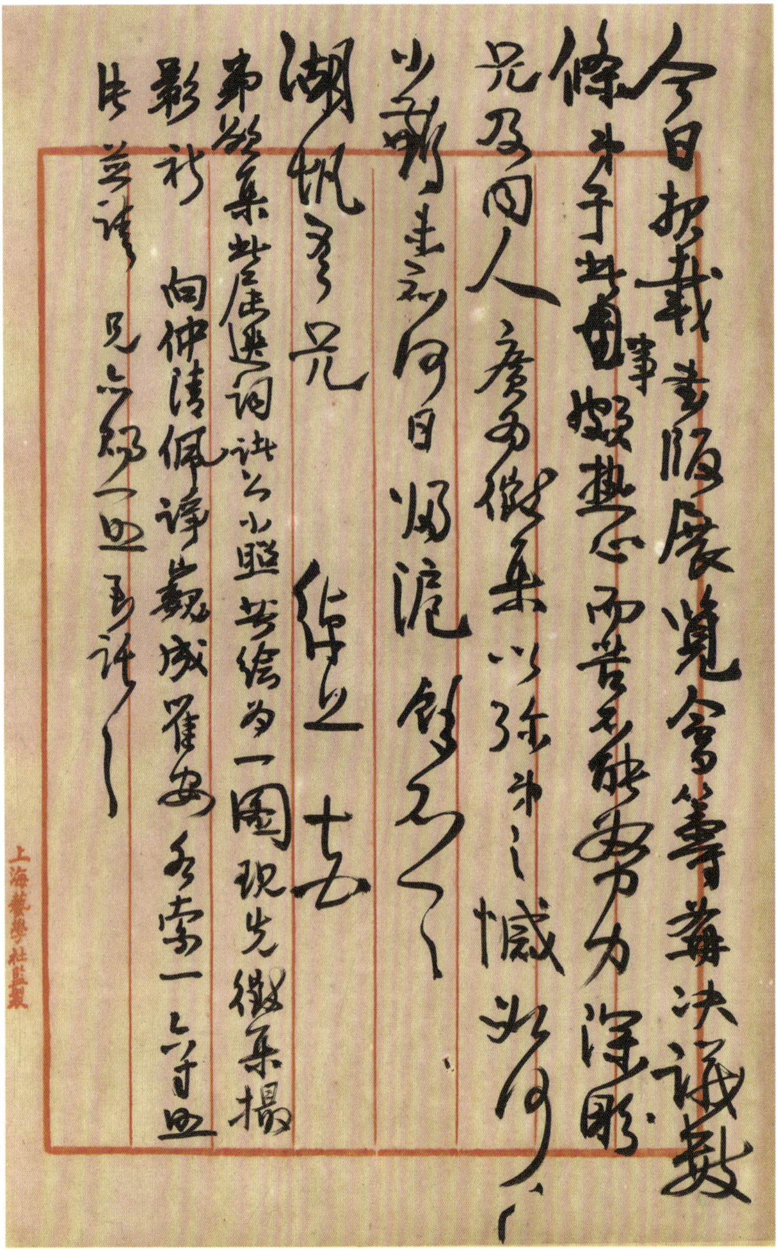
今日報載書畫展覽會籌備決議數
條，中有手卷冊頁事，擬搜熱心而普通者能力深盼
兄及同人廣爲徵集，以張本會之幟，此何／何
少牧書云何日暇泥能至之
湖帆吾兄 侍生之七
弟欲集書畫題詞諸公小照，並繪爲一圖，現先徵集攝
影。祈向仲清、佩諍、巖成、翟安乞索一二寸照
片，並請見示，即照一照，至所祈禱

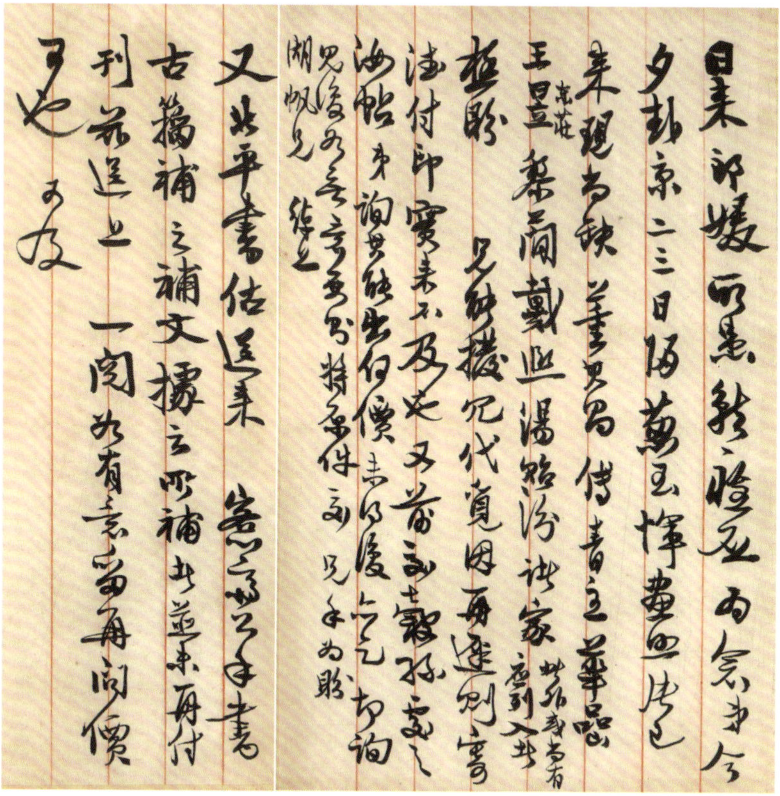

日來郎媛所患[illegible][illegible][illegible]而[illegible][illegible]今
夕赴京二三日[illegible][illegible][illegible][illegible][illegible][illegible]
來[illegible]為缺[illegible][illegible][illegible]傳書之[illegible][illegible]
王昱 [illegible][illegible][illegible]戴[illegible][illegible][illegible][illegible][illegible]家 [illegible][illegible][illegible][illegible][illegible][illegible][illegible]
[illegible][illegible] [illegible][illegible][illegible]代覓因再逕[illegible][illegible]
[illegible]付印實[illegible]不及[illegible]又[illegible][illegible][illegible][illegible][illegible]
海[illegible] [illegible]詢其能出何價 [illegible][illegible][illegible][illegible][illegible]詢
[illegible][illegible][illegible][illegible][illegible][illegible][illegible][illegible][illegible][illegible][illegible]為[illegible]
湖帆兄 [illegible][illegible]
又北平書估送來 [illegible][illegible][illegible][illegible][illegible]書
古籍補之補文[illegible]之所補[illegible][illegible][illegible]再付
刊[illegible]送上 一閱 如有意[illegible][illegible]問價
[illegible]也 [illegible][illegible]

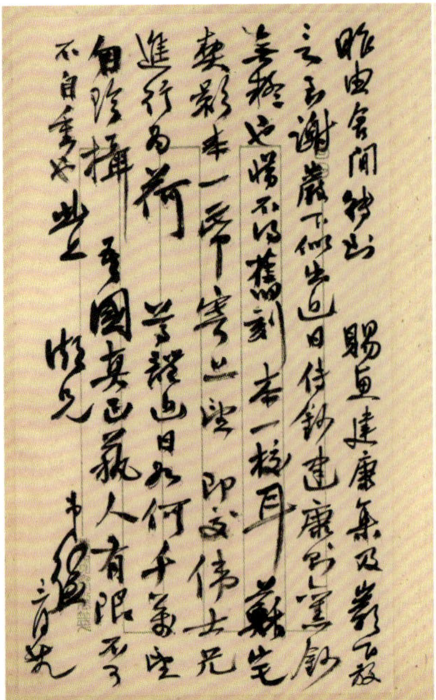

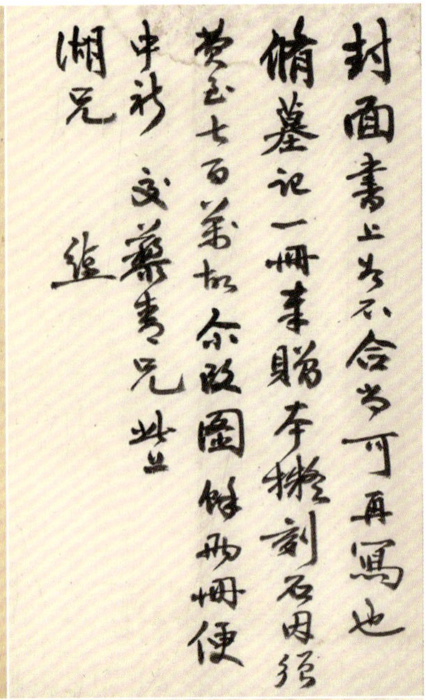

封面書上款不合，可再寫也。脩墓記一册奉贈，本擬刻石，因須费至七百萬，故尔改圖録两册，便中祈 文蔚[illegible]兄[illegible]
湖兄 [illegible]

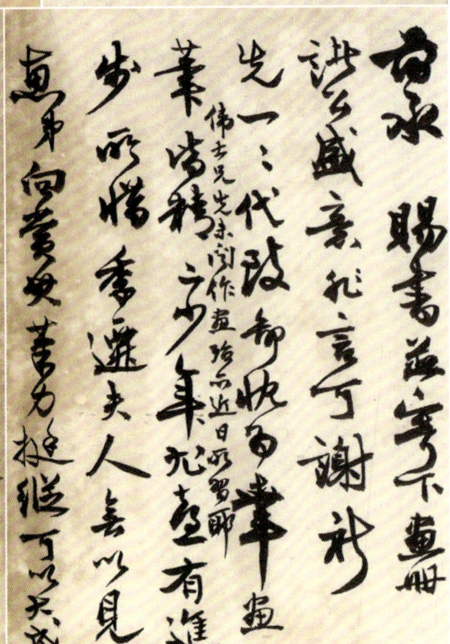

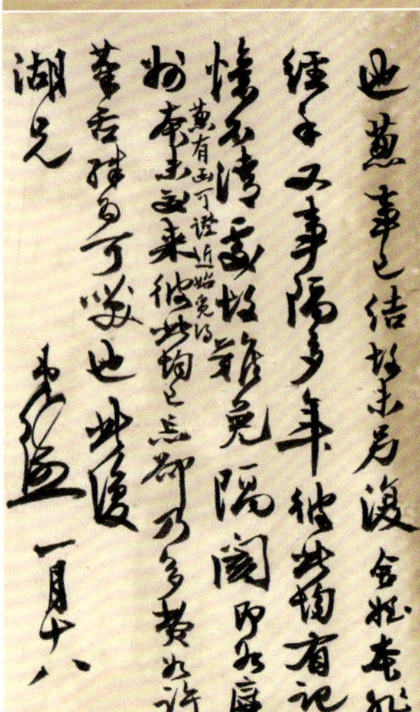

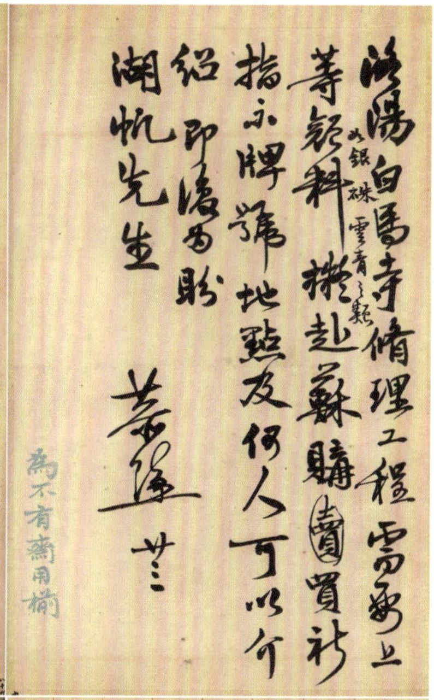

洛陽白馬寺修理工程需要上等顏料（如銀硃、雲青之類）擬赴蘇購買，務祈指示購辦地點及何人可以介紹，即請道安。
湖帆先生
恭綽 廿三
為不有齋用箋

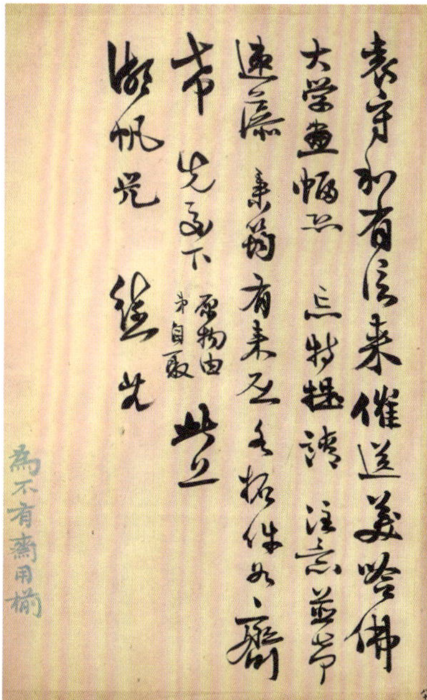

袁守和有信來催送美哈佛大學畫幅，只已特擬請注意並希速繳。棗翁有來否？手極佳如之齋布 先生處下（原物由弟自取）竝
湖帆兄 綽 先
為不有齋用箋

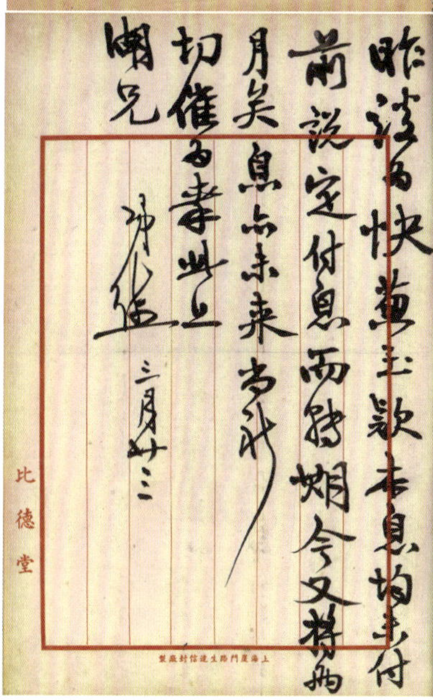

昨談為快 萬三款本息均付 前說定付息而歸姻 今又將兩月矣 息亦未來 當乞切催為幸 此上
湖兄
弟綽 三月廿三
比德堂
上海廈門路生建信封箋號

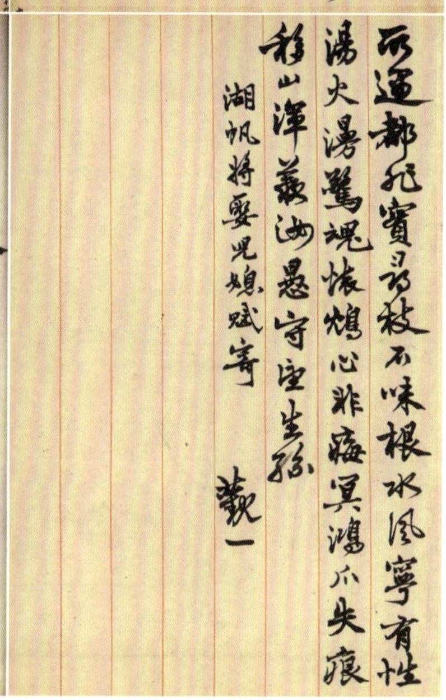

所運鄰花寶日移 不昧根水風寧有性
湯火湯鷺魂懷鳩心非海冥鴻亦失痕
移山澤義海懸守望生孫
湖帆將要兒媳賦寄
歡一

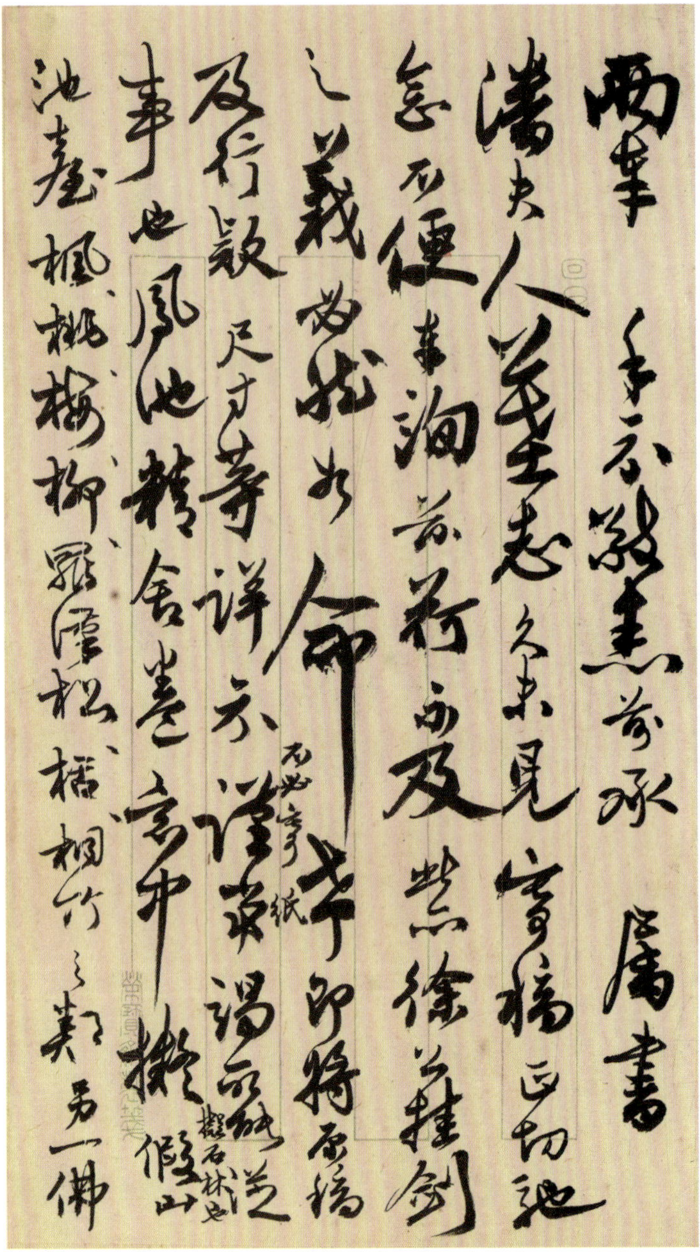
兩奉手示敬悉。前承屬書潘夫人墓志，久未見寄，稿亦切勿急，不便奉詢。前荷示及，然徐以鞋劍之義為我於命，弟即將原稿及行款尺寸等詳示（石必定方紙），謹當繳之（擬石林也）事也。風池精舍叢書，亦擬假山池臺楓、桃、梅、柳、羅漢松、楮、桐、竹之類，勇一佛

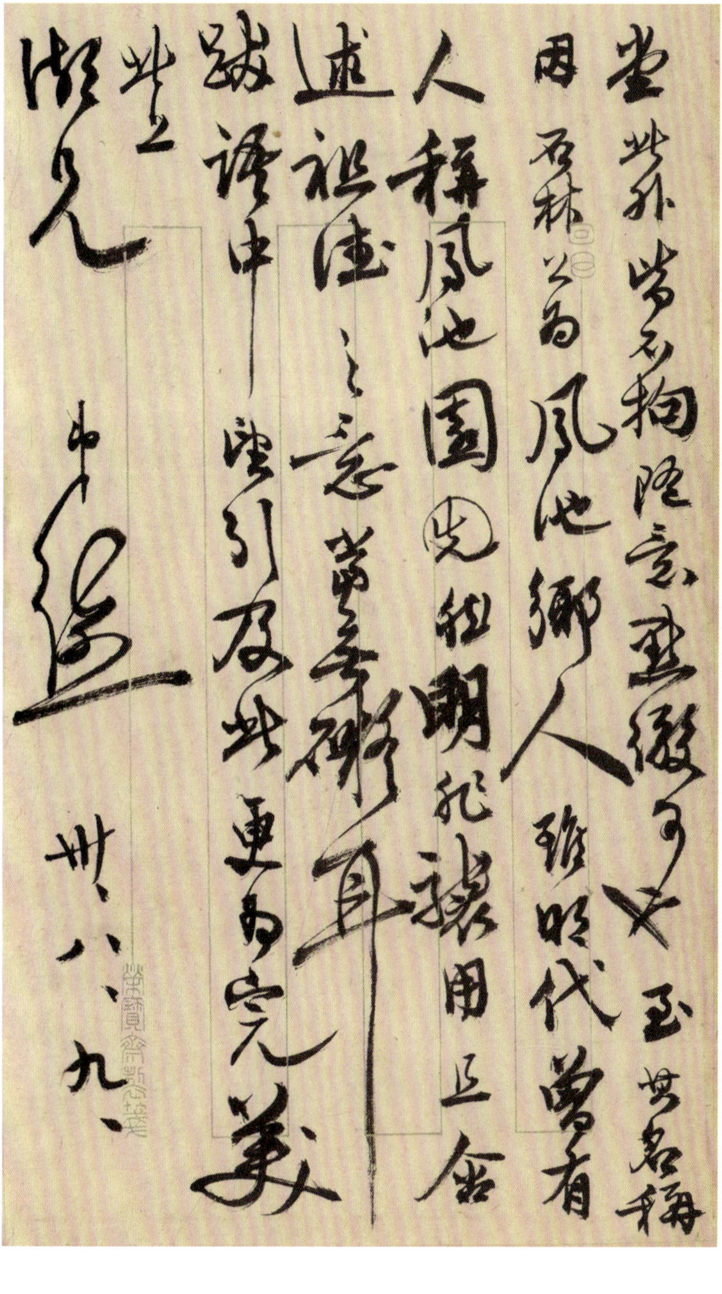

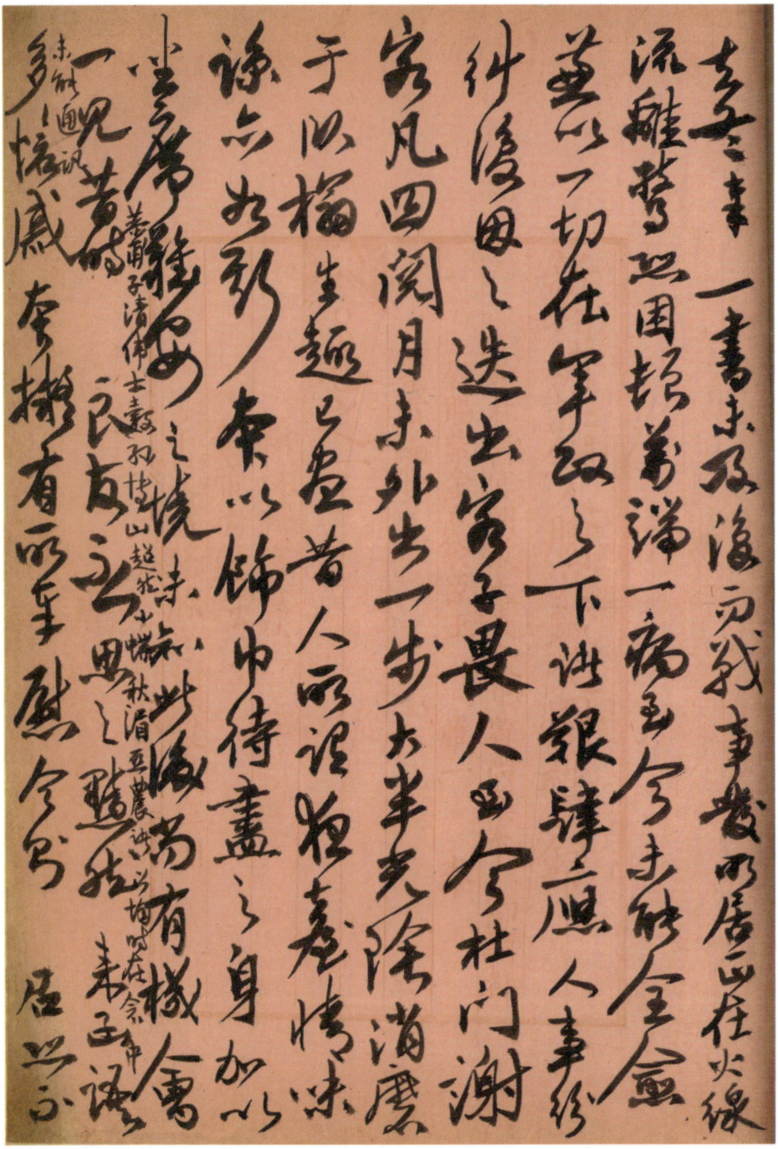

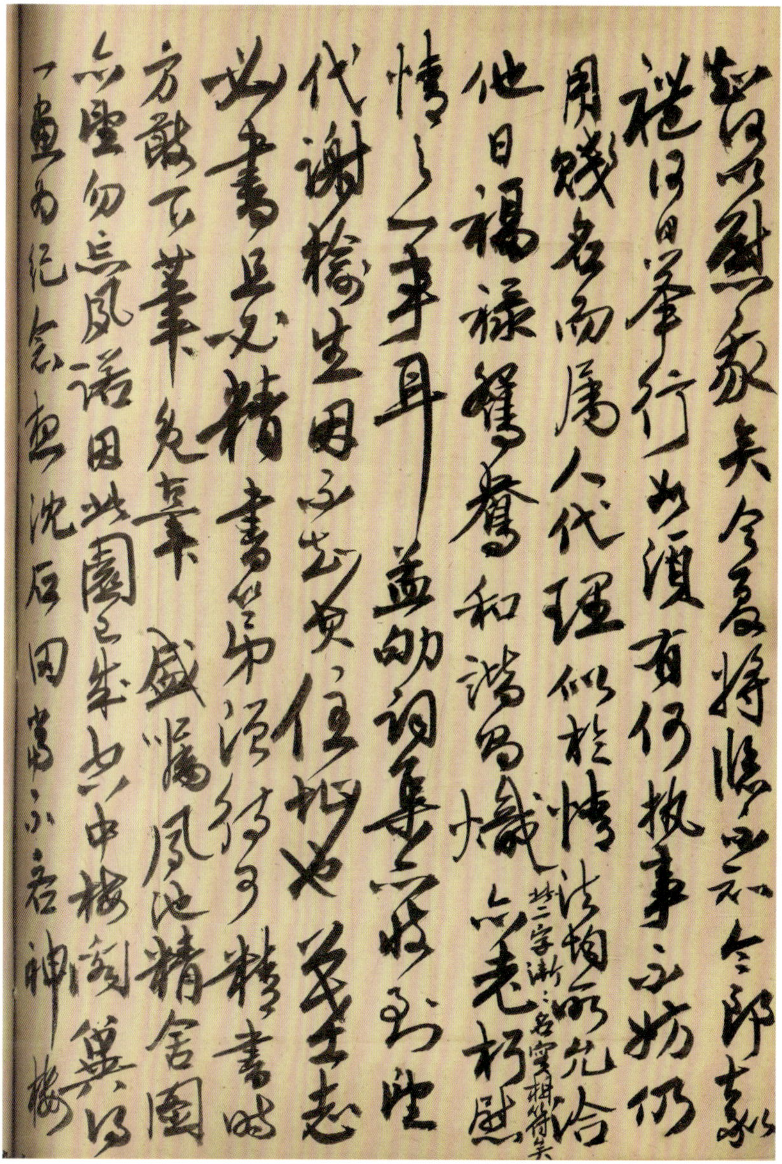

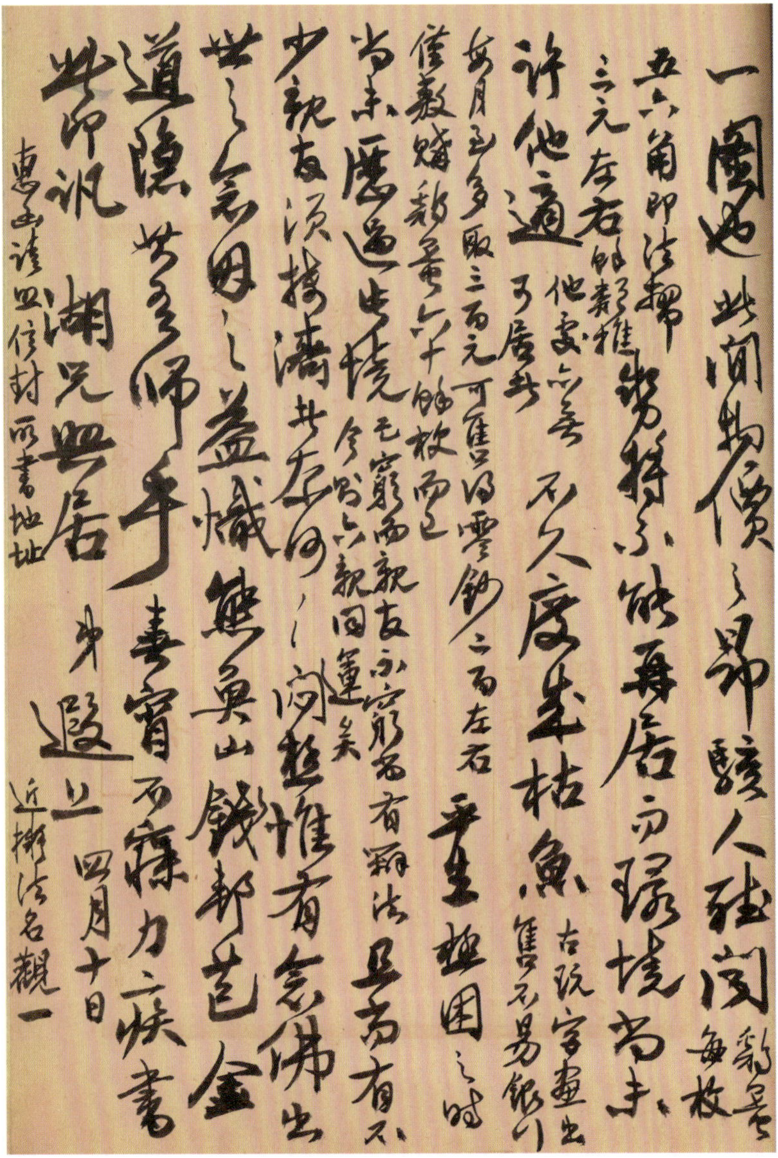

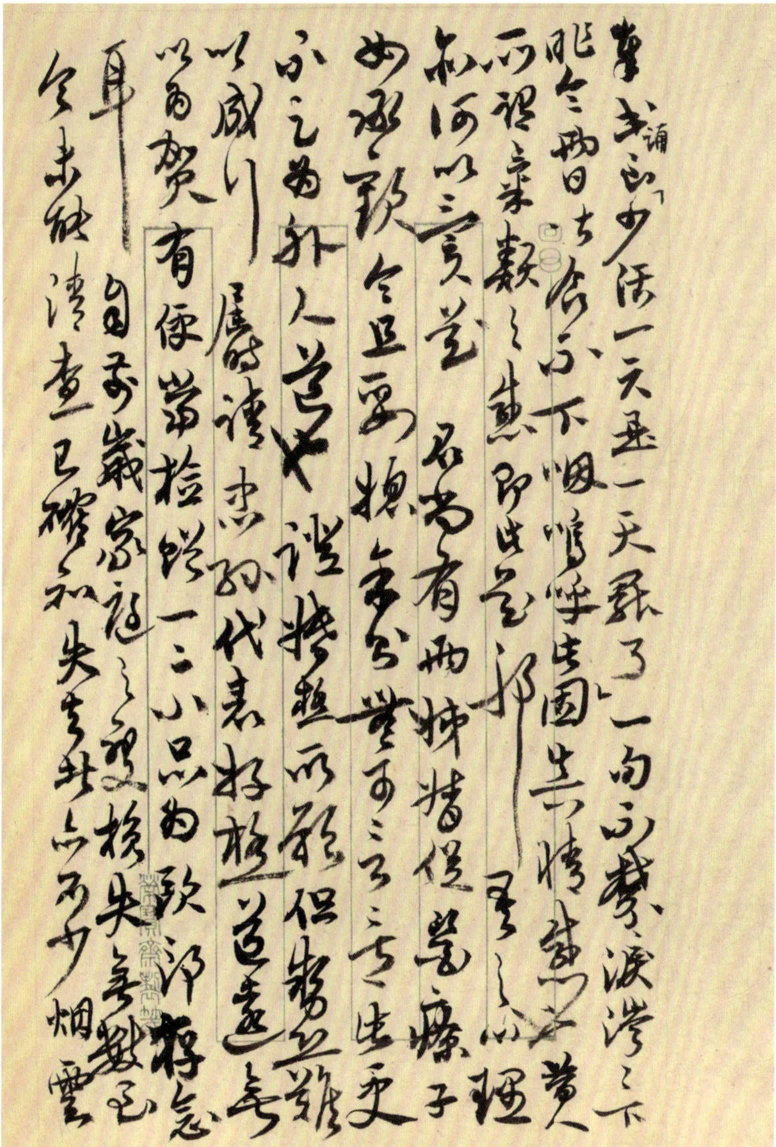

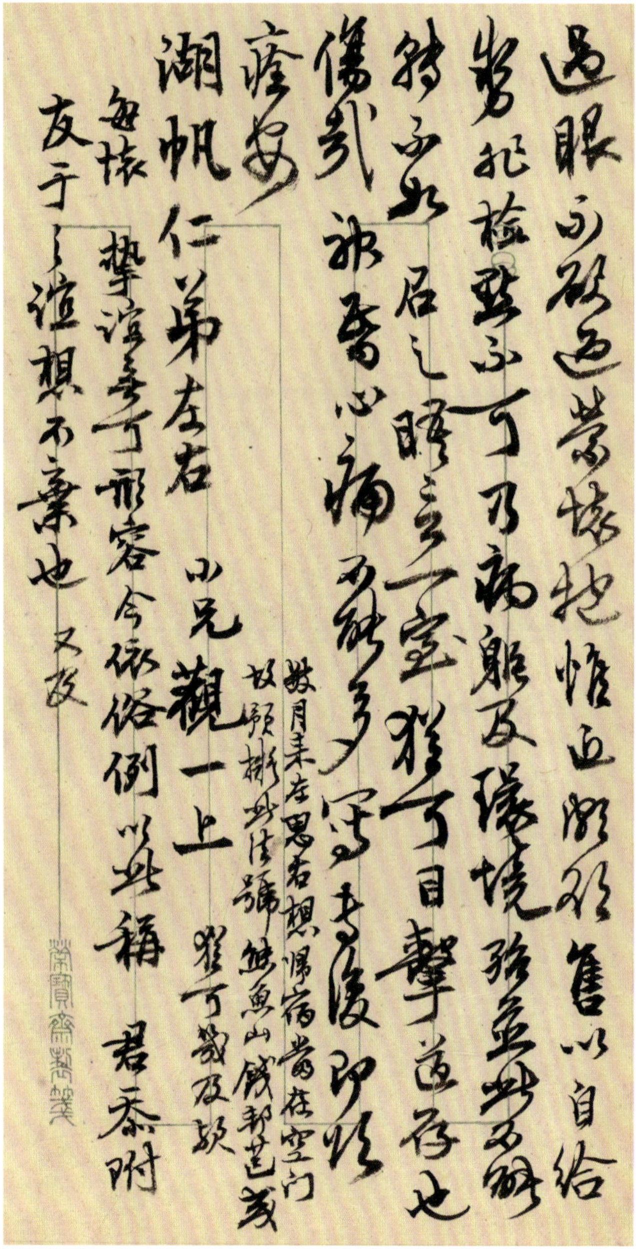
湖帆仁弟左右
小兄觀一上

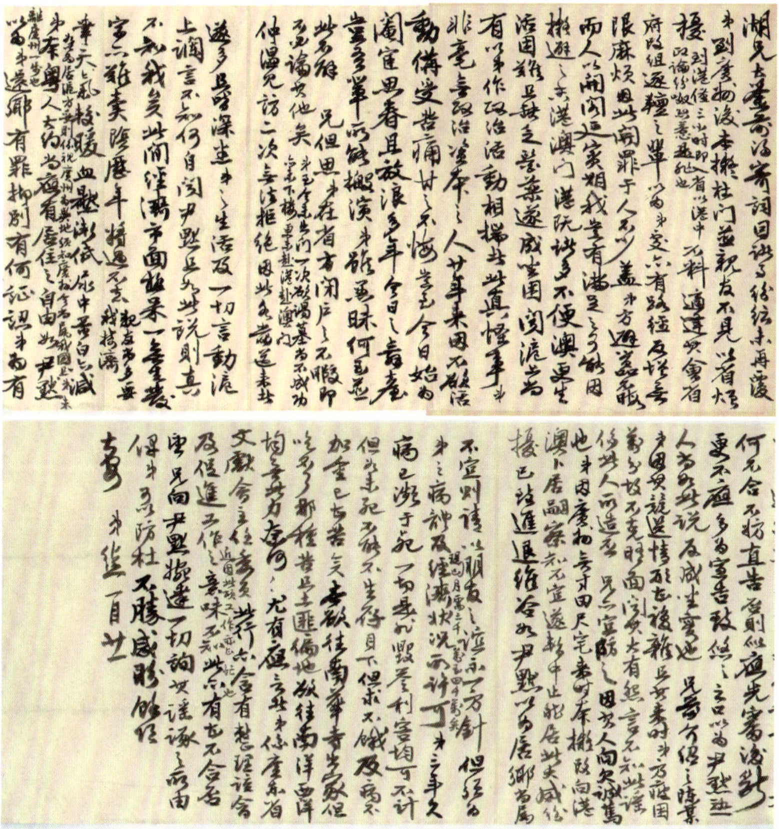

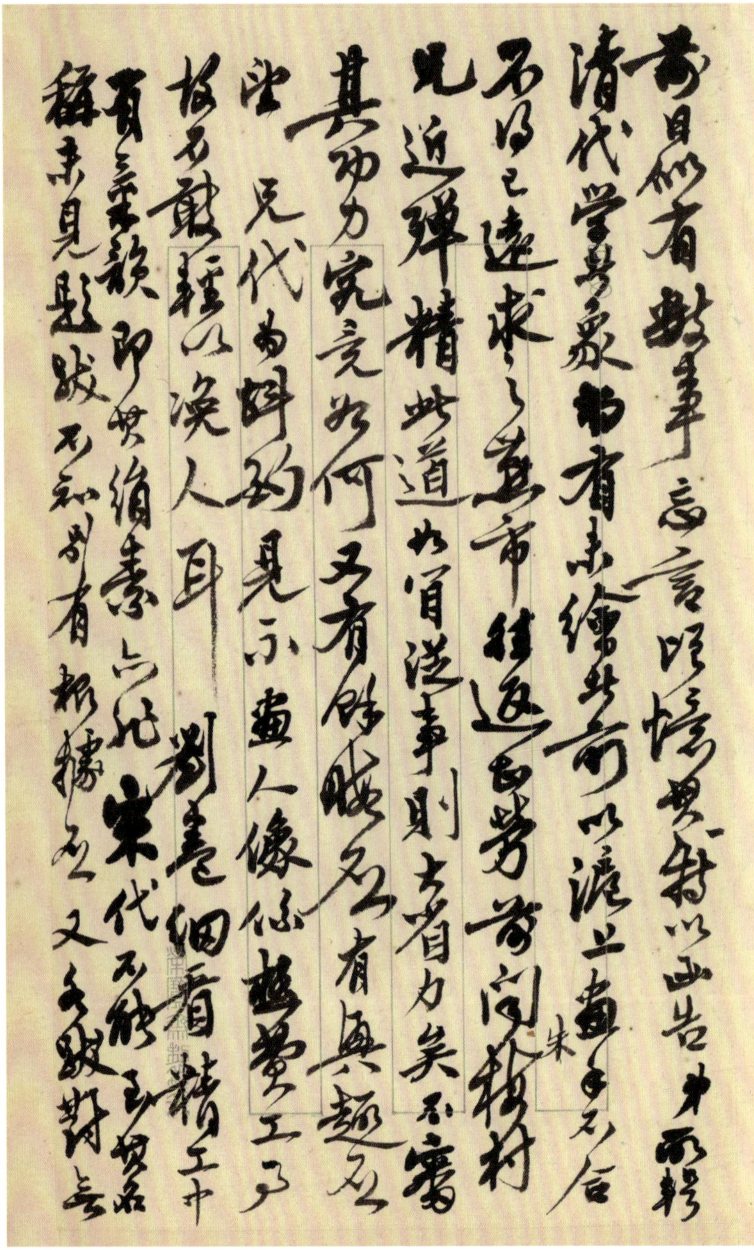

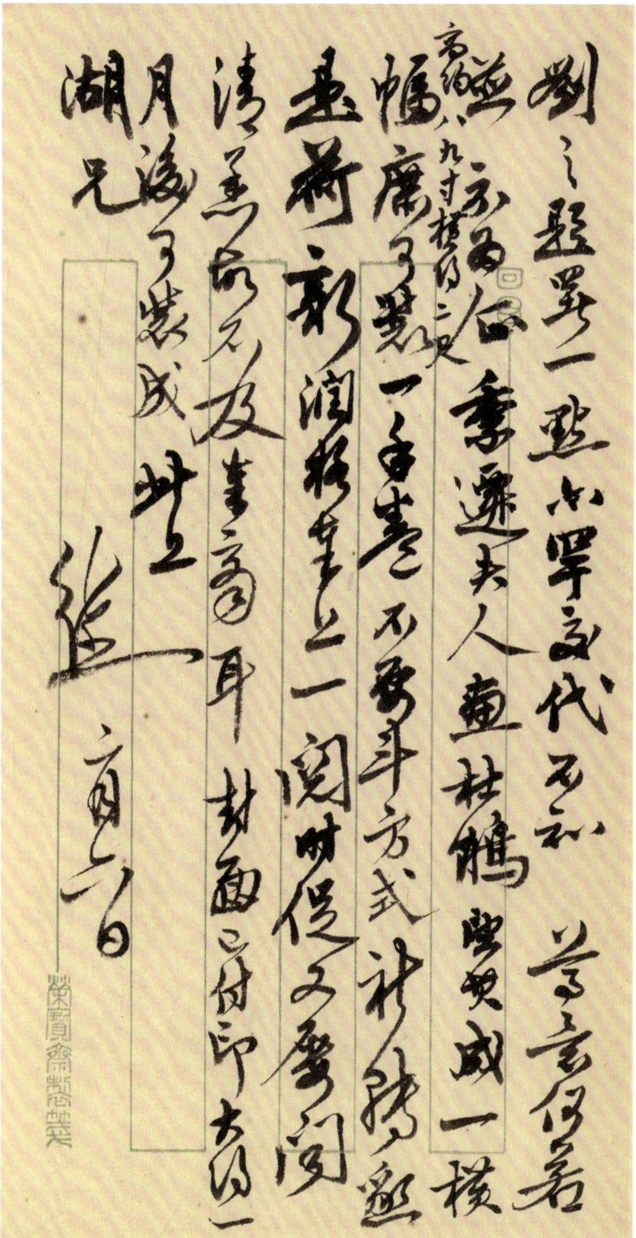
劉劉題跋二跋亦畢並代函和　芝言何若
益 高約八九寸橫約二尺 台季遜夫人畫杜鵑樂更成一橫
幅廣子製一手卷　不必長方式　補題
畫將新潤稿呈上一閱　附從又屬閲
請呈前石友集齋耳　封面已付印大約一
月後可裝成　再呈
湖兄
[illegible]　頓首

昨讀手快在觀所言堅信慊慊頌
詩已做就為鄉未來此冤冤或不記為
何如示因弟亦撤張繪一幅奉
贈也書畫才批清單即
交下以便訂定提出時候不能再
延矣再有朱商與弟因
之弟況閱

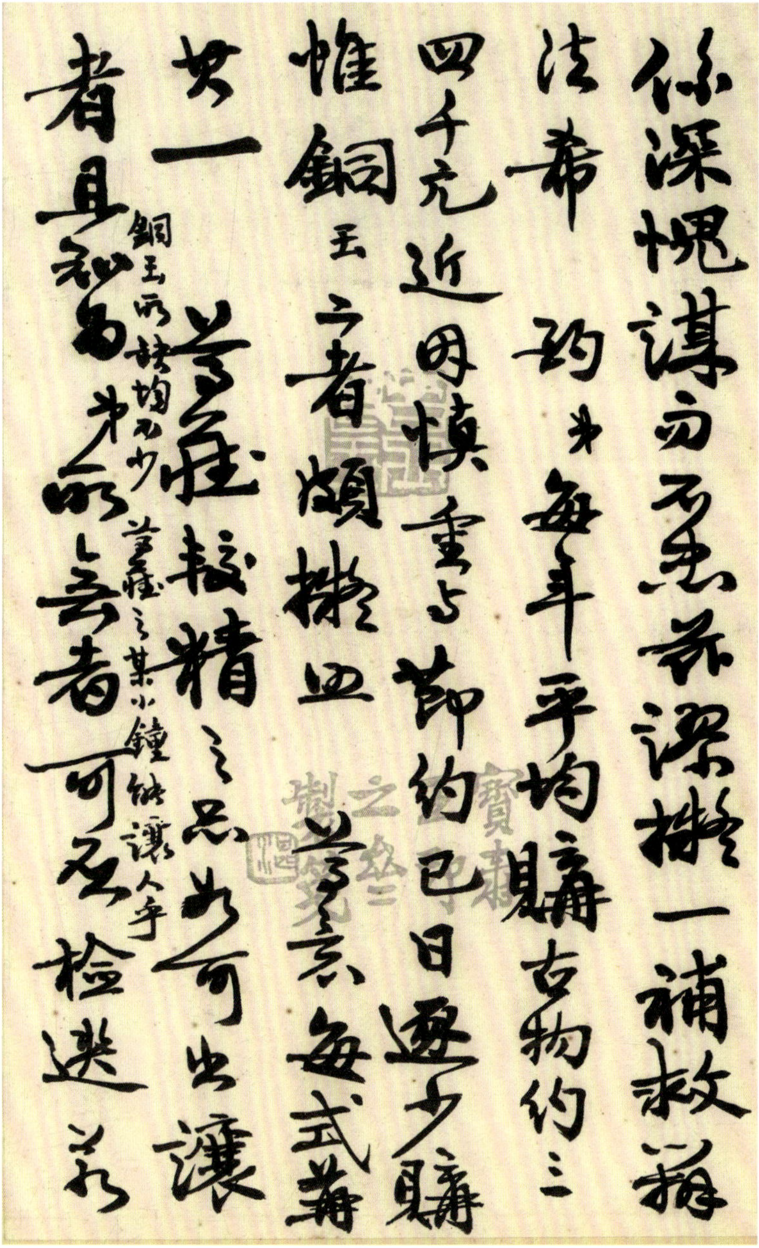
弥深愧謀而不甚深擬一補救籌
法希每年平均購古物約三
四千元近因慎重之節約已日漸少購
惟銅玉二者頗擬些之每式籌
其一銅玉兩者均不少並雍之某小鐘能讓人手尊罍精之品可出讓
者具知來無者可知檢選

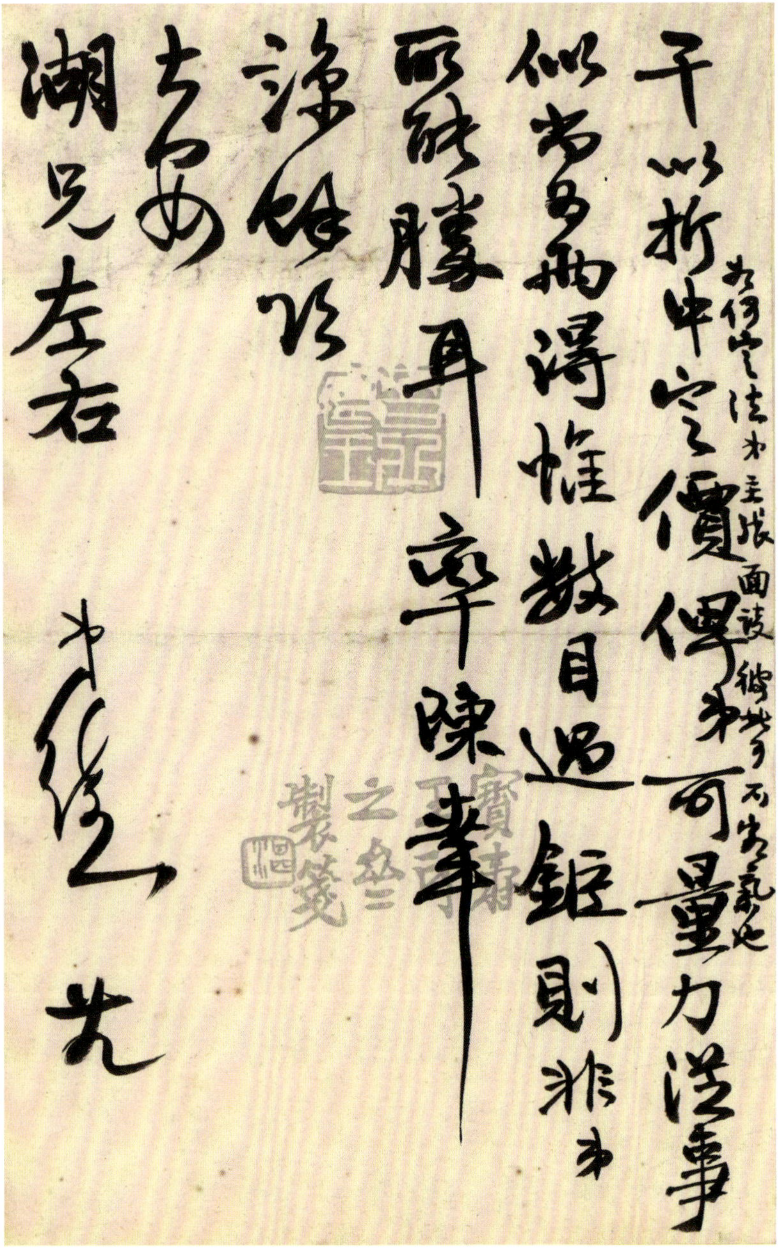
千以折中定價傳可量力從事
似尚為兩得惟數目過鉅則非弟
所能勝耳寧陳華
湖兄左右

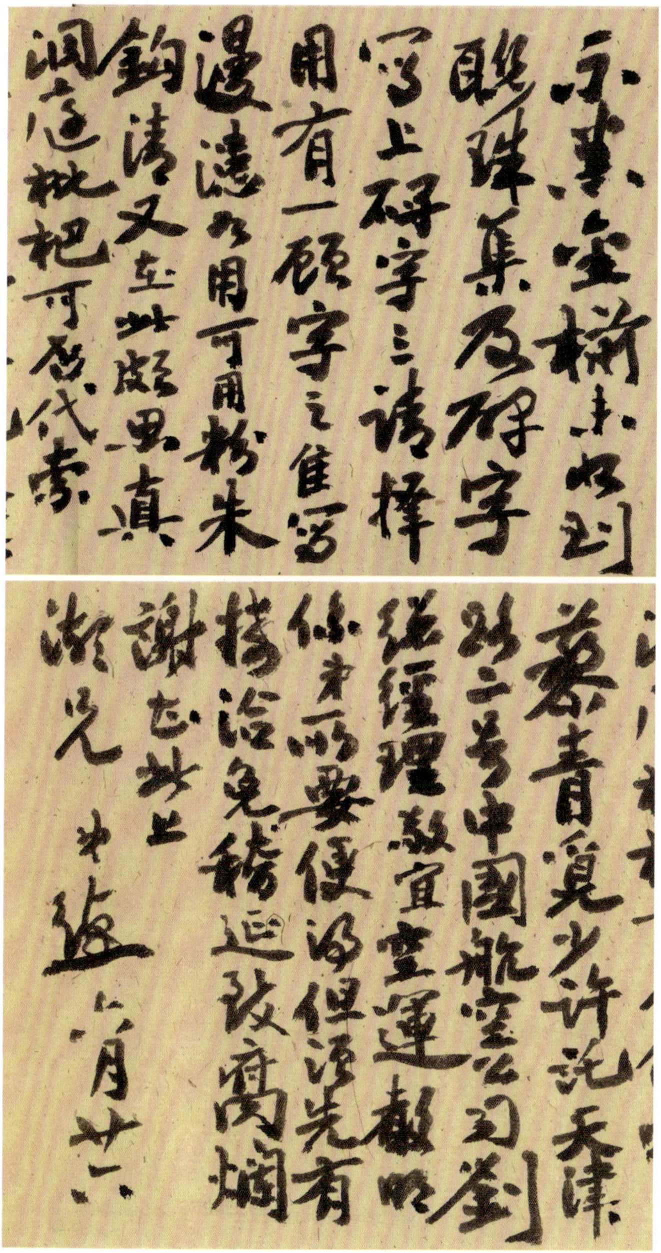

示悉。承壁樹未收到聯珠集及碑字，寫上碑字三請擇用，有一題字之集寫邊遠好用，可用粉朱鉤清，又在此照思真潤之，近批把可照代索。

[illegible]

若春青覓少許託天津[illegible]之等中國航空公司劉總經理敬宜空運[illegible]，係本所要便的，但須先有擔證，免稽延致爾嫻。謝意此上

漸兄

弟鍇 六月廿六

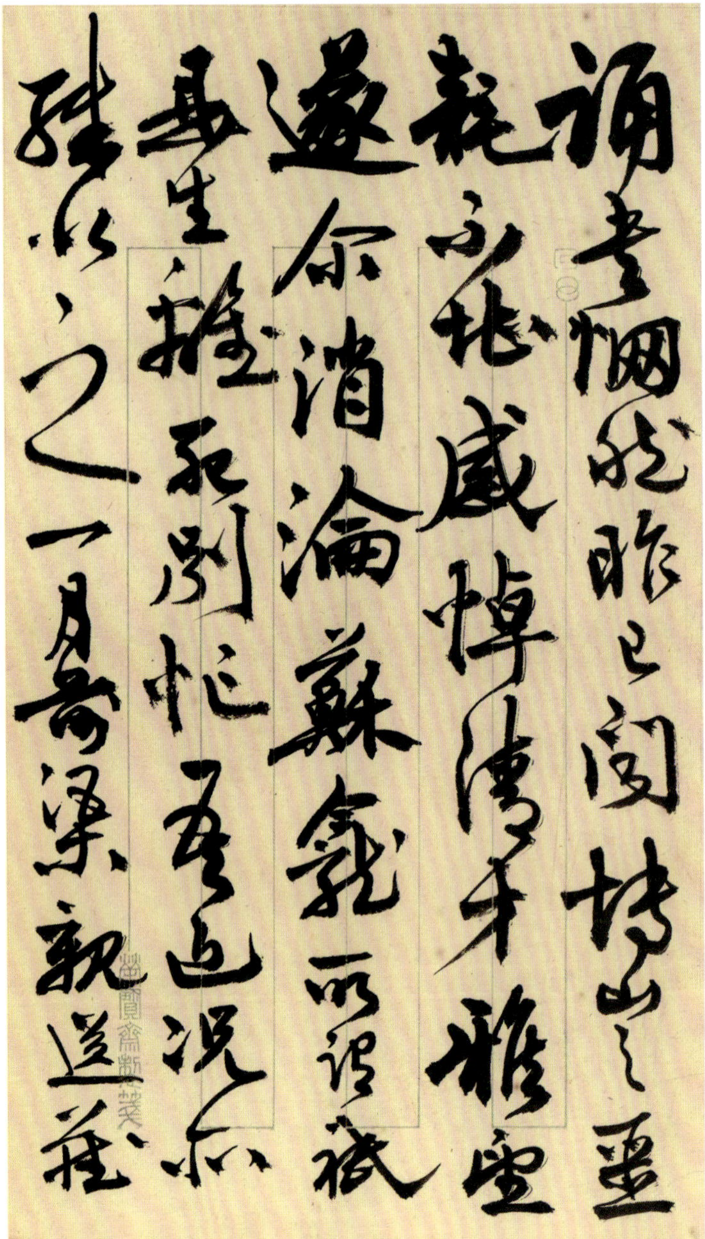

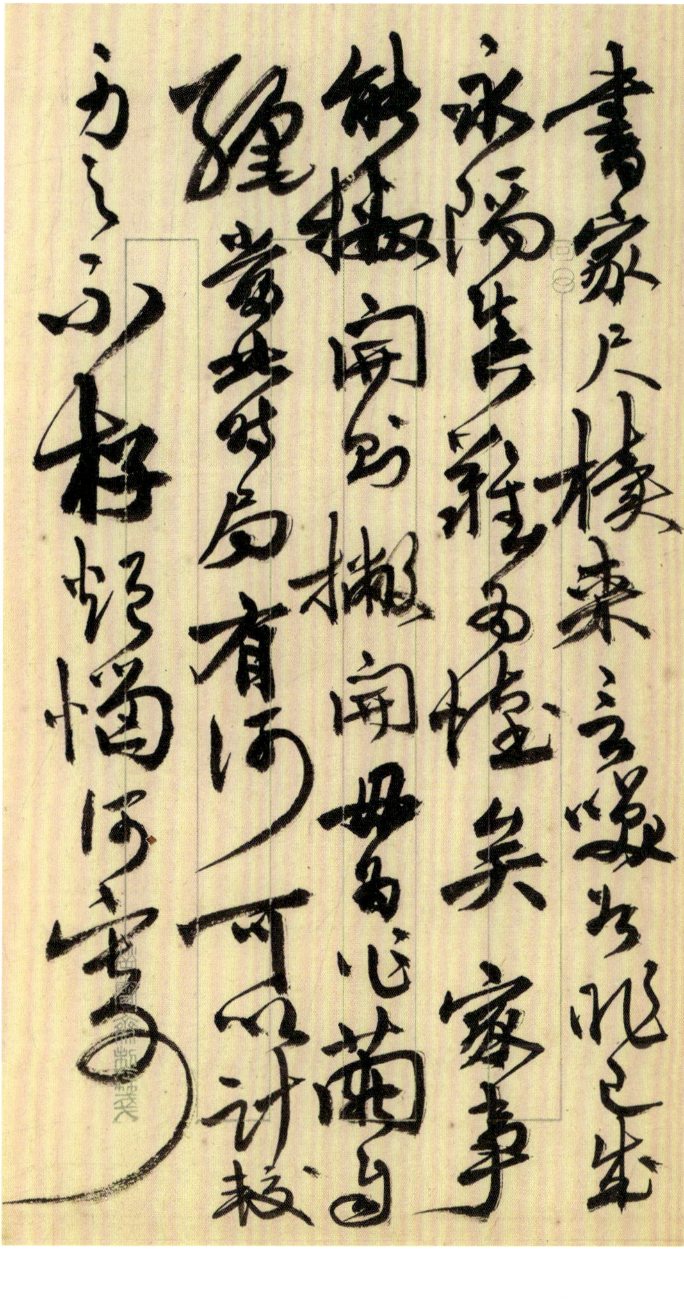

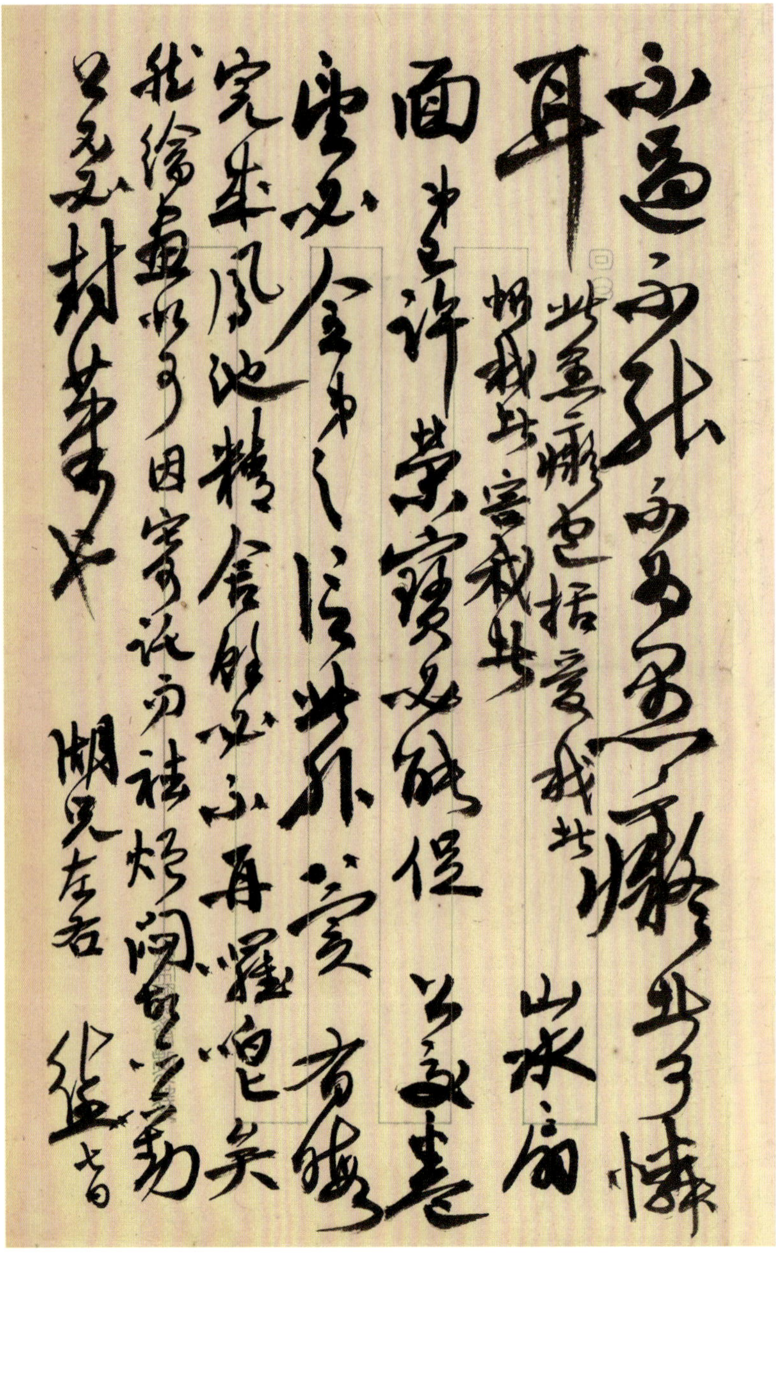

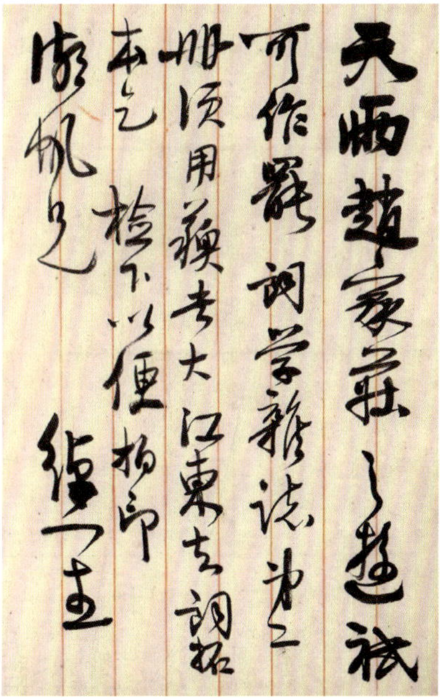

天雨趙家莊∟遞祇
可作羅詞學雜誌弟之
册須用蘇換者大江東去詞招
本已檢示以便指印
湖帆兄 [illegible]上

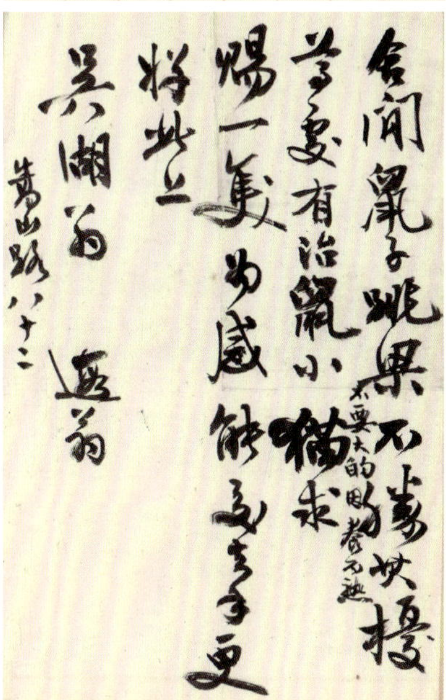

舍間鼠子眺果不少[illegible]樓
等要有治鼠小貓求（不要大的貓[illegible]）
賜一隻為感[illegible]更
將此上
吳湖[illegible] 遯翁
[illegible]山路八十二

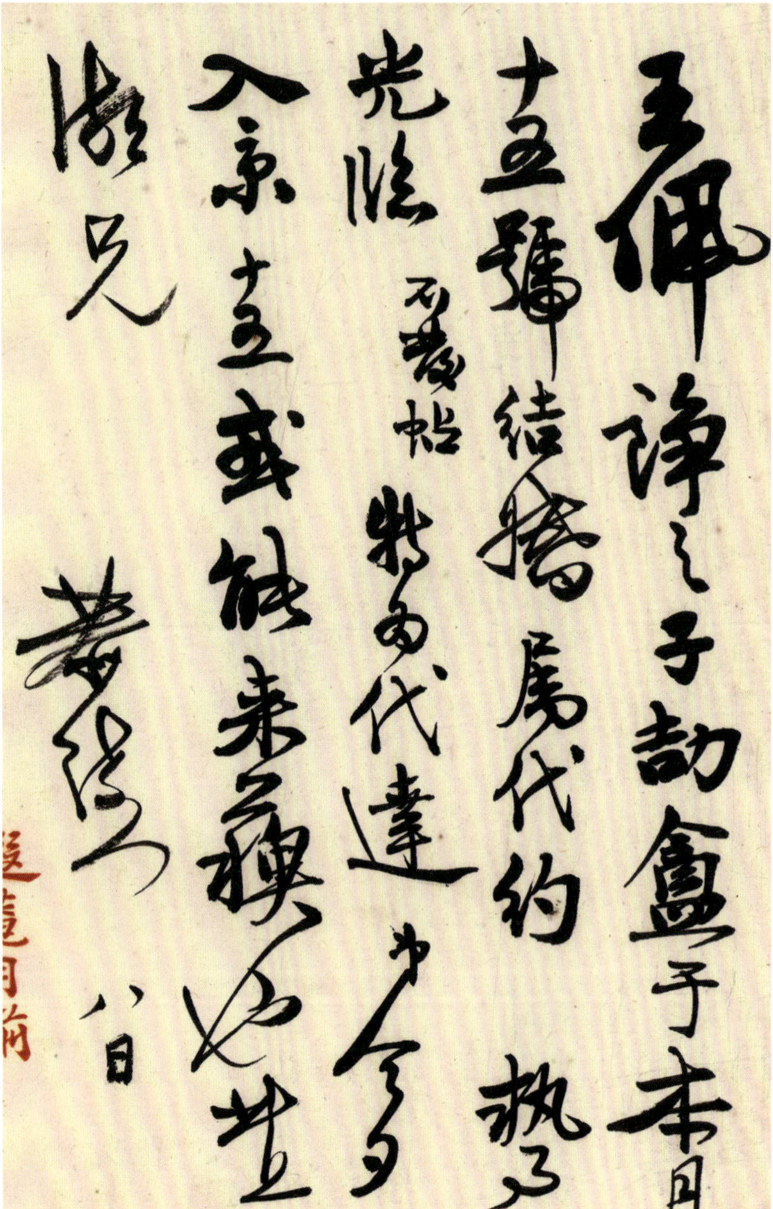

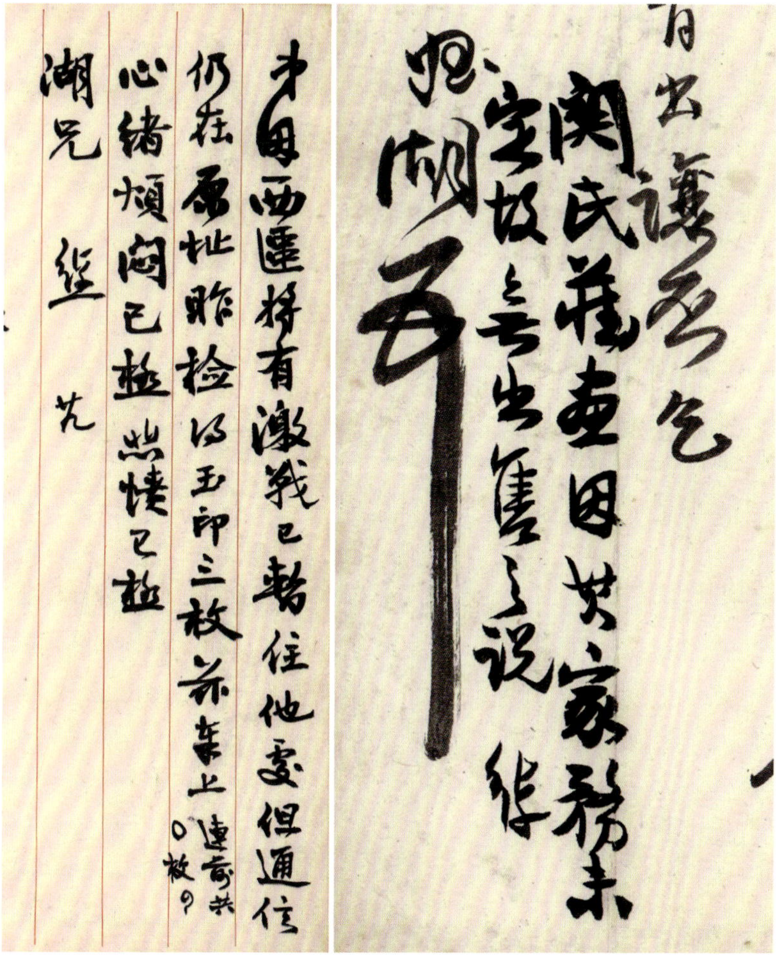

有出讓否乞
閱氏藏畫因其家務未
定故之出售之說作
罷。湖帆弟

中國西遷將有激戰已暫往他處但通信
仍在原址昨檢得玉印三枚亦奉上（連前共〇枚）
心緒煩悶已極悲悽已極
湖兄 經先

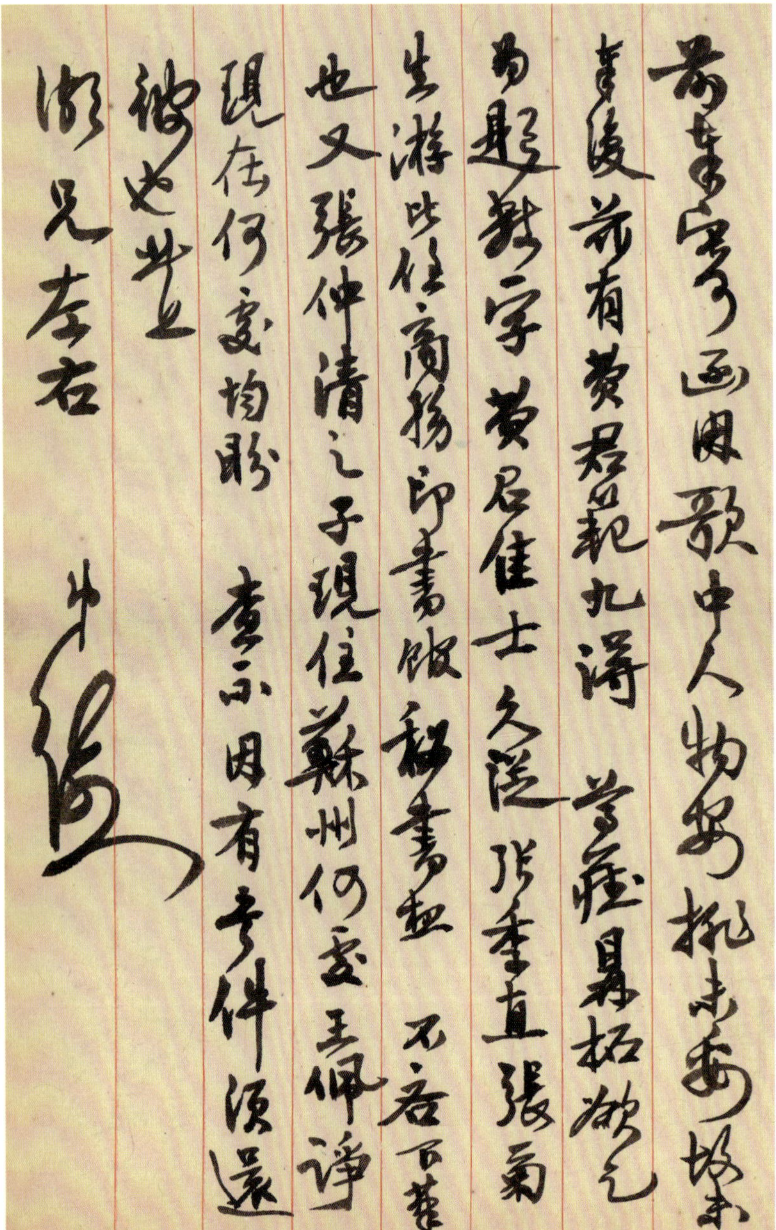

前年寄函因歌中人物安排未妥據來
讀後前有黃君超九詩嘗獲易招邀乞
為題數字黃君佳士久隱張季直張菊
生游昨任商務印書館秘書輯不啻百輩
也又張仲清之子現任蘇州何處王佩諍
現在何處均盼查示因有要件須還
示也此上
湖兄座右

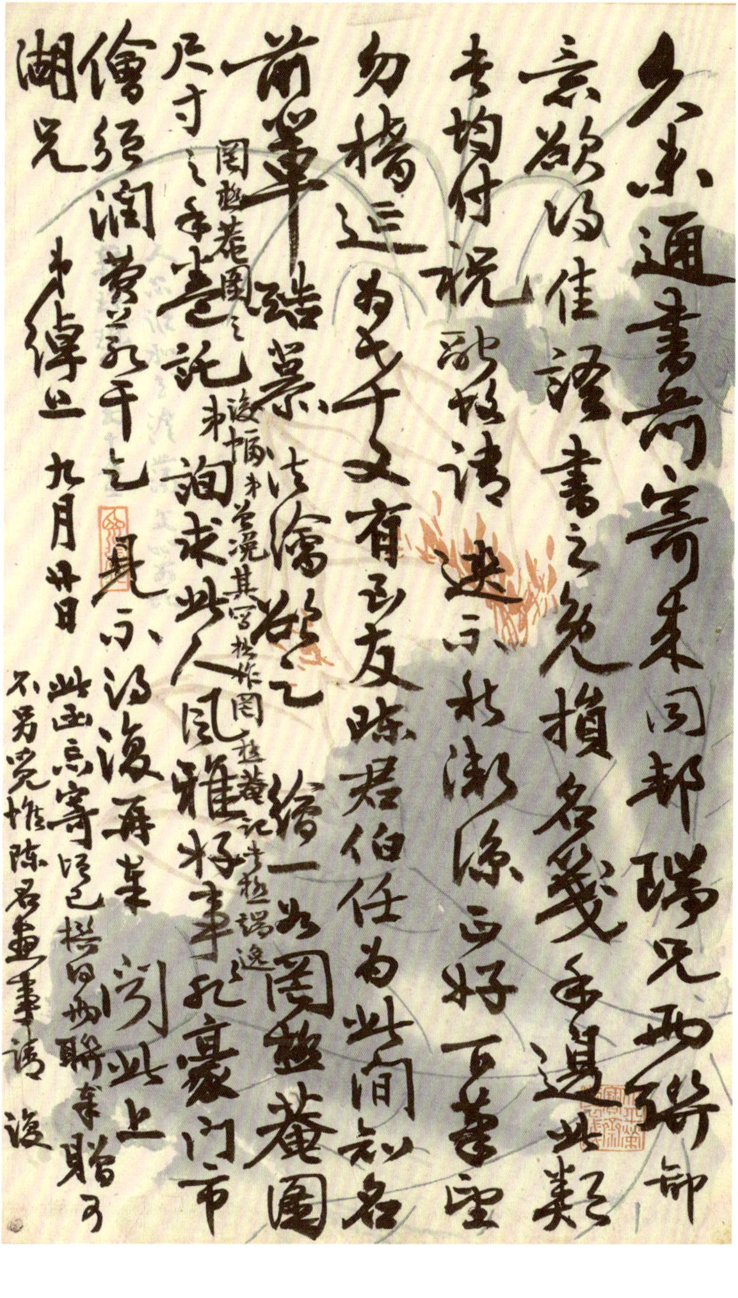
久未通書，前寄來同郡瑞兄西游節
言欲以佳語書之，免損名義，今過此類
者均付悅，設請送示於衛源，互好互書望
勿擲還。茲七千文，有至友陳君伯任，為此間知名
前輩，踏募，請繪之，繪一幅圖畫蘿園
尺寸之年望託弟詢求，此人風雅好事，兄豪門市
僧須潤費若干，乞見示，以便再集。刻此上
湖兄 弟俊卿上 九月廿日

圖趣菴圖之後一幅，弟當為其寫於作圖趣菴記，手趣瑞逸

此函乞寄陽已，擬日功聯書贈可
不另覓，推陳君畫事請復

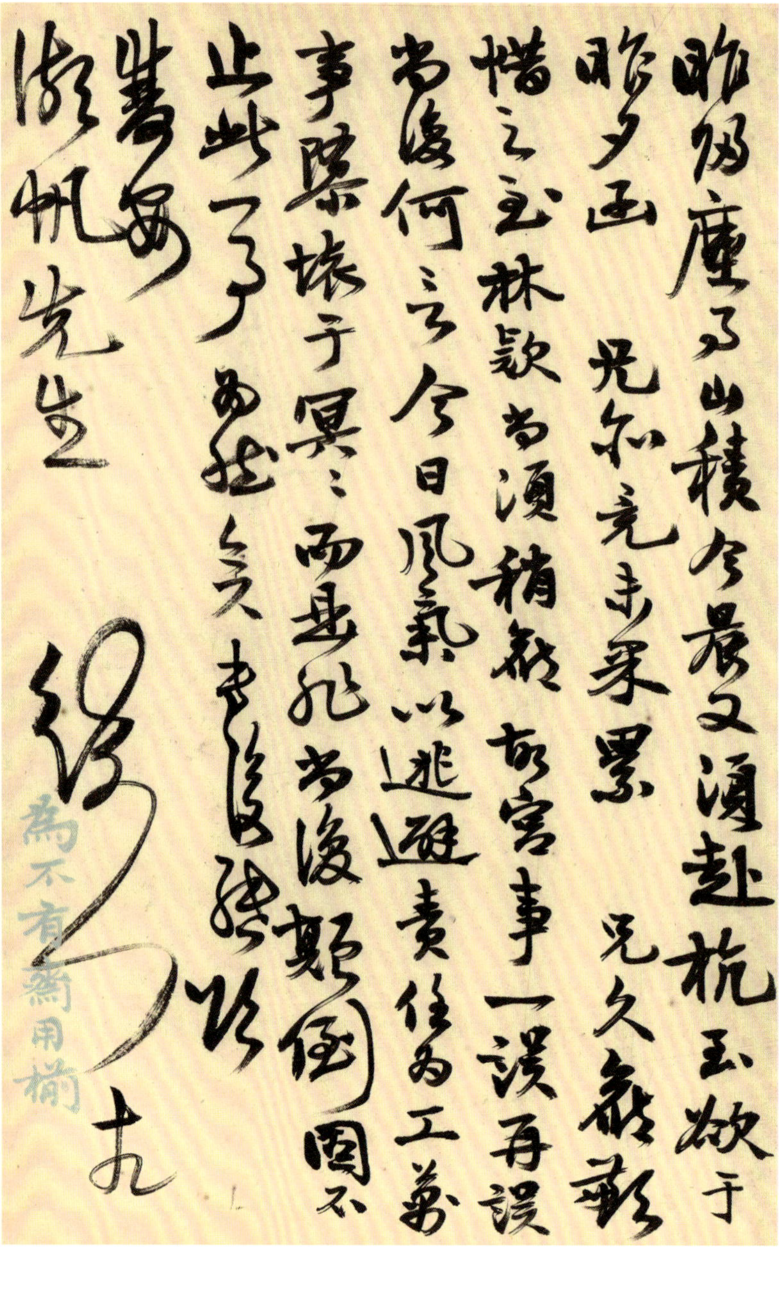
昨仍塵了山積今晨又須赴杭玉欲于
昨夕函 兄知之來累 兄久能郵
惜之至 林款尚須稍能 故宮事一誤再誤
尚復何言 今日風氣以逃避責任為工第
事隳壞于冥冥 而無非尚復輕信國不
止此了了 而拯之矣 未復能誤
甚安
湖帆先生
[illegible]九
為不有齋用箋

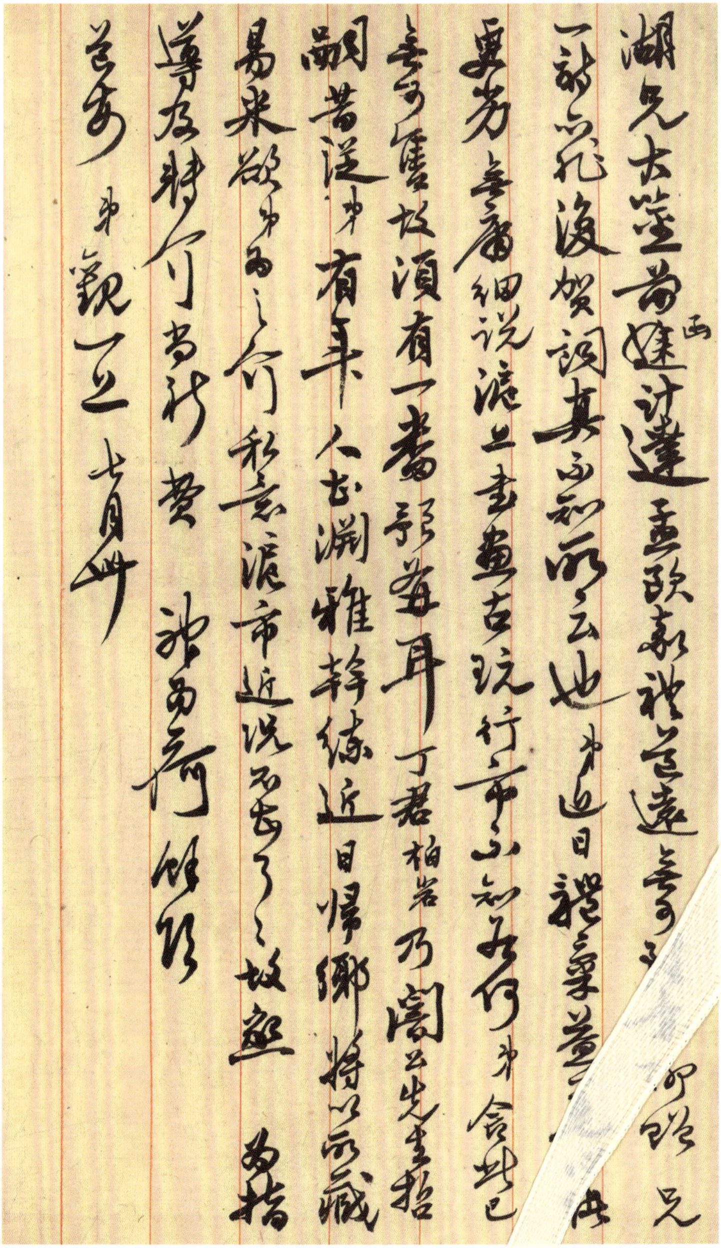
湖兄左右：前函計達，重陽嘉禮並遠……

一詞，定花後賀詞，真不知所云也。弟近日……

異方無處細說，滬上書畫古玩行市，不知如何。弟今歲已

無可售，故須有一書籍每年。丁君柏岩乃審公先生哲

嗣，昔從弟有年，人亦淵雅幹練，近日歸鄉，將以家藏

易米，欲弟為之介紹，意滬市近況不甚了了，故函為指

導，友特介之。……

著安　弟觀頓首　七月卅

【吴湖帆师友书札】·下册·第十卷

# 书札释文

○138

两示奉悉。青岛气候风景均佳，甚盼兄能来一游也。谒吴蔚老，精神甚矍铄。旬日来曾一游济南及潍县，访求古物，惜无所得。鲁东文化日即消沉，在此与智识阶级日谋恢复发扬之法，他日或有些少效果耳。九索都已转出，所南画卷题目太好，极拟作一词，惟在此并不能静，故《渡江云》《风入松》均尚未命笔，奈何！专复，敬颂湖帆兄大安。　绰上。八月三日。

○139

湖帆我兄：前上一缄计达。弟因畏热，又新居诸多不适，不得已日内作青岛之行，须月余往返。彼处有劳山之胜可以盘桓，且熟友至多，不患寂寞也。晨风庐之用款迄未承见示，此似不可再迟，兄又将忘记，则更困难矣。惠函请寄青岛胶济路局陆委员梦熊转便妥。《渡江云》尚未下笔，惭极。大作已脱稿否？近又得何佳品，可见告否？匆布，祇颂侍祺。弟绰上。　七月十一。

○140

示悉。炉式别而质逊，如价不高，当取以备一格，祈询实见示。弟于宣炉，等于兄之隋碑，势不能多出高价也。董字系摹颜鲁公及徐北海、杨凝式等，卷首有『戏鸿堂摹古』字，又戏鸿堂印章，未知与贵友藏件是一是二。冯卷率题奉上，祈转致。湖帆先生。　绰即刻

○141

惠书今始得见。一周来疟疾牵缠，寒热交攻，山崩海竭，天旋地转，困惫万分。预计非两星期不能复元。年来病日苦多，药胜于饭，自兹往，诚将为废人矣！尊恙已否转痊，为念。故宫之役，弟催趱同人而已先屡旷，奈何。四五日后，如精神好，当邀驾来一谈。恭甫计已归吴门矣。此上湖帆兄。恭绰　卅

○141

不见又经旬，弟精神稍好，但仍不耐劳，故未出门。连届审查书画，有何佳品否？日来有见谷孙否？渠前谈宋板《东南进取舆地通鉴》一书，近因需款，亦可出让，惟实价拟五竿（对外索价决不止此），缘系孤本，此数不为昂也，便中望一询示覆。此书曾藏湖州人家（丁氏宝书阁），归谷要算得所。专布，即颂大安。　湖帆我兄　绰上。　廿四。日来持戒坚否？身体如何？为念。

○142

示悉。弟在此亦颇有吟事，且自觉较前更进，所谓穷而工者欤。伟士、博山诸兄晤希致念。公辅想仍居沪，亚农闻有迁平意，信否？此间枯寂，已成习惯，尚不觉闷。偶尔编曲，随之付之弦管，亦颇有味（此唯粤中能之，戏剧及小唱多随时所编）。卖字亦有生意，足维持旅费矣，一笑。（陈君寅恪托查尊藏愙斋公某年除夕自绘事迹图，内有陈君乃祖右铭先生宝箴所题七古，乞钞出寄下。）罗君原觉为粤中金石藏家，兹索其随石拓本奉赠，度必为昔所未见也。归沪尚未有期，十余年来退飞亦已成习惯，避嚣就寂，辞富居贫，（足患湿气，不良于行。）殆为知友所同悉也。此上湖兄。　绰上。

二月八日。　何函祈转。

○143

出院后诣府，则巷堂及天井均搭木架，如中天之台，过路黑如漆，叩门久之，邻居云久已不在沪。嗣闻从者复中止扶桑之游，不知滞苏何时始返？且似不作居沪计者，究竟如何，望有以释其惑也。弟前数日因不慎挫伤腰胯骨，痛甚，已函告下期准由兄及弟轮值矣。前见李氏所藏宋仲温字，近又来询究能出价若干，弟告以五百元以外能添无几，尊意何若？祈示。《淮海词》已印好，如从者暂不来，当寄上。此上湖帆兄。　绰上。　五月四日。　前寄苏一函收到否？

○144

示悉。弟自华安归，即发疟。至今疟止而疲困万分，每日偶然下床而已，心绪劣极，了无生趣。兄尚能出门，闻之增羡。画签附上，请察收。此上湖兄。　恭绰上。　卅一。

○144

双修阁额送上，似略有松雪遗意。大联尚须他日。梁风子画片忘记带归，祈交来手。湖帆兄　绰上。

○144

北平图书馆奉赠《越缦堂日记补》一部，又《善本丛书》第一集一部，兹送请察收，祈迳复该馆为荷。盛秉筠酬费附上。（来单系十八元八△，兹去廿元，所余以后再算）。此上湖兄。绰上。廿。

○144

湖帆兄大鉴：顷晤袁守和，知美国哈佛画幅月底（阳历）须寄出，望速藻为幸。弟廿五号归沪。此上，即颂大安。　弟恭绰上。　七月十九。

○145

弟今晨赴苏，本拟与兄商定沪博物馆各手卷事，因需用甚亟也（已决定十日开幕，故七日以前必须陈列完竣）。恐兄今日或归，故留此代面。弟在沪已觅得六件，如另单，大约再有八件或十件即可敷用。最要者系七号前必须交去，（八、九两日招待市府及各董事。）方来得及陈列也。如弟未归，请迳与胡肇椿接洽，以免延阁。余不一一。即颂湖兄大安。　弟绰上。　五日。

○146

至苏留三日，不料忽有堕车之厄，致伤腰膂。赶归调治，今尚僵痛，杖而后行。明日（十一）审查续提书画，弟因是恐不能到（已电告金甫）。且同时为中英庚款开董事会，弟已旷功三月，此次不能不到，时间亦极冲突也。惟审查人太少亦不宜，望与杨金甫兄速商办法为幸。此上湖帆兄。　恭绰上。　十日。　梁画囊一件附还。

○147

迭函计达。玉展已定旧历新年初二，各件盼早日交妥便带港（葱玉藏品尤所欣盼）。命题跋语匆匆录呈，殊不足为此名绘增重也。此画近百十年流传之绪能查出叙明，似更有价值。不知最近系由何处散出，度或尚不便宣布，则只叙以前经过可耳。此上湖帆我兄。　恭绰上。　一月廿九。

○148

旬前上缄未得复，不知尊体是否欠佳，良念。兹有一事拟奉商者：香港大学于本年旧历年终拟开一古玉展览会，弟现参与其事。同人均甚仰慕恒轩藏物，籍资号召。尊藏前有出让之意，此次颇属良机（港督及中外藏家颇有嗜此者），不知有意与否？如愿出陈，则运送等等尚非难事，望即赐复是荷。（先示大意及出品名称尤感。能尽数出陈，则声誉易腾，观听尤异。）其余应行注意之点，弟自必顾到，度亦必能信弟之办事可相当周妥也。专此，即上湖兄。　叚上。　十二月廿八。

○149

示悉。弟之出山，纯为友谊关系。弟屡次登台，皆缘与人共患难，实则宦情素淡，今度尤毫无所图，一切以无我相临之，或有入水不濡之果。日来忙极，然尤能作书与君，足征学养之有素也，一笑。巨来事已托吴铁城，宜属往谒，渠居沪以就近为便也。余事容徐图之。姜册已收。此上湖帆兄。绰　一月三夕。

古青遂作古，可痛。弟临行犹及一面，遂成永诀矣。博山来函询炉事，弟于其三炉均欲之，然并无定见，且千万不能受其馈送，必须交换，否则作罢可耳，请代复。

○150

苏会成绩颇佳，精品不少，兄不可不一看也。蒋、陈诸君托代恳尊藏特品仍即日送会，会期度必延展也。此上湖兄。恭绰上。　二月廿二。

○151

连日小极，又虑从者未归，故未走诣。惠函已悉，须面谈才能商榷一切，一二日间当谋一晤耳。（弟因售木器事曾托超然为力。弟此数月支出太多，如木器售出，可还弟数千金，则顿形松动，方易他顾。望晤超然一促之。）专复，即颂大安。湖帆我兄　恭绰上。　六月廿六。　前者胡若愚求画直幅，记已由弟交去，不知如何，渠坚称未得，兹又千里托人来恳。不得已再为呈上，恳挥翰是感。此人尚在可交之列也。

○ 152

示悉。顷自京归，暂不外出，兄暇能来一清谈否？ 湖帆先生　恭绰　十日。

○ 152

多日未晤为念。前谈及之《群贤小集》，未知已出手否？该书为海内孤本，友人意颇欲得之。尚祈询示为荷。余颂大安。湖帆吾兄　绰上。一月十一日。

○ 153

湖兄大鉴：《晨风》一集重费清神，感甚。所有各用费切恳示知，以便奉赵，虑再迟兄将遗忘也。《渡江云》已作否？弟近因移居，心绪不宁，尚未下笔。午节已近，苏地有何书画出现？弟颇欲收关于佛教之物品，书画外如铜玉磁漆、角骨竹木，以逮石刻木雕，均无不可，切乞代为留意，至幸。此请大安。　恭绰上。　六月十二。

○ 154

示悉。本欲来谈，遵示暂缓。顾荫亭在苏未晤。此届全国美展，弟兴趣不过尔尔，恐须稍缓才能决定宗旨。此刻姑复以活络话可耳。尊恙如何？至念。大千回苏一夕即北归。苏地开甚么文艺会、唯生会，甚闹忙，弟皆未与。文献展览实值得一看。此间佛教法宝馆正在筹备，请秉筠刻二印章，如下式（尺寸照此）：『法宝馆章』『法宝馆收藏经典法物之印记』，以朱文玉箸篆为宜。印章亦请秉筠代觅，价不必高，但希望从速耳。此上湖兄。　弟绰上。　廿四。

○ ○ 155/156

两函奉悉。拟欲面谈，趋访又不值。昨因肠胃不适，至今精神疲困，故以函达。马叔平之院长系属代理，关防文卷均在北平，增请专门委员之文书须在北平办理。此次检查，系限于疑有霉湿之箱，打开一看，如无霉湿，即行封固，势不能逐件细看。又开看之事系院中职员动手，监视者从旁监视，不准动手，并非尽人可看也。弟此数日未晤叔平，因其一早赴天主堂街，弟下午又怕出门，且报载检查已毕（大约因并无霉湿之故），前议只可作罢。鄙意以后机缘甚多，不必急在一时也。马叔平住一品香（号数不记）。余颂大安。湖兄大鉴。　弟绰上。　廿八。

○ 156

《山海》石刻连新刻年月一石鄙意共付八十元，祈转商见复。如承同意，并望另开一发票交下，以便付款。此上湖兄。恭绰上。　十七。

○ 156

明日（六号）午十二时，请贵舍便饭。座皆熟人，并祈代切约公辅（因不知住处）为幸。前送上刻石字须用甚急，不知曾否与议定办法及动手？此上湖兄。　恭绰。　五日。

○157

前日晤谈，匆匆未罄所怀。葱玉之件迄未告一段落，日前谷孙来取续后送阅一批物件，弟已还之，但留古德书札一册，名为留阅。兄前此曾有以此件作为清结欠息而另行转期之说，弟并无异议，但前途迄不履行，此册作价千金以外，已不为廉，如前途不愿，则请另定一办法，或先以现金还息款，或刻日清还本息，或如何抵还本息，均无不可，总期有一结束。须知种种提高皆系弟不愿执行契约，如照原据文字，此刻本无须有何商榷也。幸共明鄙意为荷。此上湖兄。 绰上。

○157

承示葱玉函，已悉。弟并非以放款为业之人，亦向不营谋人之藏物，此事因兄说及，故姑且从事。其实弟并无此余款，可不待还也。时局如斯，身边不能一无现金，故极望此次能收得若干，此系弟之内容，并无对人意味，自亦无所谓苛迫，第深企兄助弟解此困难耳。弟近年并不甚购物，兄亦知其详，实缘素性硁硁，不工东挪西凑，月前因闻葱玉近况，不得已想出两全之法，希望其归还一半，在弟已甚竭力，如不能办到，则只可另商。再，渠拟出让之品，可否请其先示一单，（望多写数种，亦不限于在弟处者，且不必限于书画也。）因或者有友人可要，则一举可以两得也。此上湖帆兄。 知名拜。

扇面勉应命，尚以为可教否？

○158

复示悉。葱玉处未知有无复音？弟意最低限数将元明古德册作为抵付欠息，余再商议，免得牵丝攀藤，望洽，但不必明告前途也。交通大学招生已发榜，陈、徐二生已否入选？祈示。此上湖兄。 弟绰上。 九月十三。 李后主《临江仙》词后有和者数人，兄何妨亦和一首？

○159

示悉。馆中款又早罄，续领未到，故须解决一两批才能及其他也。在苏见所藏宋官司窑大盘甚好，未知拟得价若干，祈示。馆中正缺较大件之磁器，惟不能出高价耳。 湖帆先生 绰上 七月八日。

○160

昨日与王、陈二位整理登记表约一千分，下午复到会核对各出品，改正说明，至八时归家，可谓勇矣。兄处成绩何如？昨归途本欲来一谈，因天晚，肚子不许可。兹将移交尊处之登记表送上（系由典籍中抽出者，故曰『移』。此表皆已编总号，可与会中送尊处之表混合，不妨也），祈汇办。前日送上之白杏乃燕京特产，香味特佳，计已试。但食时必宜先用火油一擦，免有微稚。此上湖兄 绰上 廿四。

○160

示悉。书画更换事邦达大体均已接洽，希再指导之。其提要即须赶做，好在更换后另储一室，或较易卷舒，故虽急而非最急，不过亦不能缓耳。徐、陈事已函黎，并另托钟院长从旁帮助，惟二生应考何科，未承开示，此为最要关键，容到苏询明再补告校中可耳。此上湖兄。 弟绰上。 弟今晨赴苏，约十四回。

161/162

示悉。《山水窩画史摘要》仅一小册，乃摘录前人论画之文（皆见《佩文斋书画谱》及他书者），及历代画家，每代十人八人，了无精采。如欲充数，可代做提要二三行，不值得钞录也。《观澜阁书画题跋录》却颇有价值（略等《吴越所见书画录》），但有三册不易钞。此为姚石子出品，鄙意不如以后借钞，当不为难，目下尚可有十天八天余裕，如诗初有便来申，设法钞录，省得以后再借亦好。馆中写手极缺，苦未能代钞也（原函附缴）。兄惠函已皆收到，画竹事决非如此简单，过奖非所以攻错也。时局无可言者。弟天天吃陈皮佛手汤，否则胸次结轖难受。为会事精神不继，已注射十二次，今又逢此，直是与老夫为难，奈何！南开事弟曾作一诗，因闻讯后百脉沸腾，怕生病，故吟哦以舒之耳。白鹤江人啸傲青邱，望之若仙，其实仙不仙亦皆心理作用，彼平津难民望吾辈岂不若仙耶！遂其所嗜而乐之不疲，即仙矣。吾辈并拆烂污之气概而无之，宜其终日烦闷也。虚斋病况不知如何？高年本可虑，心绪度亦不佳，况有挂帆人耶！（胜之先生不知住何处，弟久欲一晤，乃竟无缘，奇极。）湖公左右　绰上。　二日。

163

连旬忙碌，稍感疲乏，尚略有兴味。昨晨炮响甚于催租，心绪为之阑珊。明日准到苏，稍息，约三四日归。在苏尚须与王、陈诸君商办器籍提要也。葱玉事兹附上一帐，为计算根据。事已至此，弟决无苛求之意，不过弟向不会做生意，故购件有入无出，非目下经济状况所许，不知兄及谷老有无妙计，可以双方顾全？（即是弟欲收得现金若干，此现金不定，望前途自出，或有转换之策最好。）尚祈筹示是幸。此上湖兄。
弟绰上　七月九日。

164

市估送来秦石权，难别真赝，送请鉴定示覆。尊体日来如何？至念。弟尚形疲惫，加以苦热，奈何。此上湖兄。恭绰上。七月十九。　真义莲花又盛开，尊画尚未交卷，不识嫂夫人肯命笔为此花生色否？石章一，请盛秉筠刻『叶恭绰奉赠』五字。

164

昨送上之秦石权售者急欲取归，法眼鉴定如何？祈示，并将原物交来车带返为幸。顾园千叶莲写真兹附上旧纸三张，祈公与静淑夫人各绘（横幅）一幅，另一纸乞转冯超翁，恳其法绘。弟拟请八人或十人各绘此莲一幅（集为一册），亦佳话也。今夕希望驾临华安，可以一谈。此上湖老。　恭绰上。　廿日。

○164

顷谈为快。谷孙图卷久未交卷，兹率成一律，尚不至过于肤泛，祈转致是荷。博山宣炉事幸为进行。此上丑簃先生。

恭绰上。

○164

顷到觉林，尚早而懒于行动，不知兄能早来（即来）一谈否？亦尚有一二事思单独晤语也。

○165/○166

今晨扶病奉谒，因欲面商一事，值高卧未敢惊寝，故以函达。缘沪市博物馆受苏杭之感染，欲于七月七日（沪市十周纪念）开一文献展览会。兹事颇繁复，且鉴于苏杭已事，首注意于会务之组织，命意欲组一常务理事会，以馆长主任共三人暨外约若干人（以四五人为限）组织之。现沪市通志馆必须有一人在内，上海县知事亦须在内，此外拟请专家二三位能负责而在行者加入，意欲推兄，故来征同意，尚祈示复（因须即发表）。此外兄意中有何人（书画方面不必再找，须真正于文献能征集者），亦恳蚤示，沪市范围跨青浦、南汇、华亭、宝山，凡涉及上四县（文献）亦可加入也。此请大安。

弟恭绰上。　七日。

○167

庞君带来佳作，佩甚。弟等在此亦颇有歪诗，惜君不懂粤语，未由写贡。（如婹、那哼，徒令粤人瞠目耳。）此外每星期做诗钟一场，则樊山、实甫所望尘莫及矣。近见出土镜数种（一溜金，二平脱，皆精极），为向所未见者。又广州人家流出之物，其贱如泥，以无钱无胆（须到彼购），不能购也。噫，文物尽矣！余事无可言者。闻博山收得佳物甚多，信否？修竹庐老程赫然为省府科员，想必恭喜发财矣。此上丑兄。无极。　十一月十四。

○168

湖帆我兄左右：别将匝月，良深怀想。到港到省，日与画家词家往还，且有考古学者多人，日为文酒之会，较在沪转为有趣。（沤社有开否？）政治已绝不谈矣。此间画家缺少好颜料，欲求兄代购蓝、绿、红各色之最佳者，挂号寄来，封面请写广州市二沙岛颐养园天风楼高奇峰转弟便得，该价示知照奉。余不一一，即颂大安。　弟绰上。　四月八日。

○169

两得来函，语意烦闷，又不知内容，殊郁郁。大抵为词讼耶？恐怖耶？希示一两字即明矣。吴词佩谢，惟『一岁三迁』字样，往昔曾见弹文，未知可以变易否？不论何字，似均胜此也。（请以尊意商之瞿。）《东坡引》曾否属稿？弟以难见长未问津也。年终有何佳书画经目否？如数百元内之物，弟尚可收耳。　湖帆兄。　绰上。　十四。

### 170/171

两示奉悉。各磁器似多可入选，不妨取来（由馆），请周子静审定（弟前所看见系一对大盘）。玉器亦在需要，前此曾请检出以备进行，因未得覆音，故未再提耳。葱玉事弟因恨市侩掮客之作恶，故拟打破之，乃曾函彼示意而未得覆，因置之。弟非放款为生，亦非钱多为患，更无巧偷豪夺之意，不知葱玉何以必昵就市侩，甘受其抑勒，殊所不解。如兄意欲从中撮合，弟恰有新售出（津）地价可以挪移，但须早决，否则做别用矣。至各件以九友易项、董及化度，当无不可。不知郁台六段卷可否易以宋元明大德（各高僧）手翰？如此则一李息斋、二妙严寺、三元四家、四大德手翰、五九友轴，其条件均易商榷。兄或者迳函葱玉详述一切，抑由兄面商葱玉，均候裁酌。弟不甚愿掮客经手，徒长刁风。如兄认为非此不可，亦不坚持。其实友好间何事不可面议耶。　湖兄鉴。知不具。

### 172

再：画中九友前途前后来九件，尚缺其一（梅村、龙友、尔唯、僧弥、孟阳、檀园、烟客、润甫、香光）。葱玉前曾云廉州付裱未竣，当以他廉州充之，大约行程匆遽忘之耳，附闻以资接洽。顷承电示，李息斋及四像均在尊处，弟思不如归沪再取，故未来迎。余颂湖兄暑安。　绰上。　十四。

劳山风景不可不一看。春秋佳日宜往游，避暑却不过尔尔。

### 173

昨晚葱玉电话述及某之冥顽，同深发指，今而后知钱是好东西也。葱玉云一切已托兄办理，弟明晨八时即上船，今日希望一切办妥交弟为荷。天热，兄又无电话汽车，办此必困难，但实逼处此，只可偏劳，多多费神矣。如何？仍盼先示梗概。此上湖兄。　弟绰上。　七月十四晨。

### 174

大示奉悉。何君尚未见面，闻近日景况亦不佳，未必有此力量，不知以前曾否谈过？尊处索价若干，祈示梗概为幸。无竞居士有人查系金朝人，名王竞，号无竞居士，为翰林承旨，乞本此再为详查见示为感。大千有来港信，不知何时成行。此间知音恐稀，只能作漫游耳。此上湖兄。　弟恭绰上。五月五日。

### 175

昨函计达。顷见有旧拓《唐故大将军樊兴残碑》，樊乃贞观时人，未知是否陪葬昭陵，其碑拓是否罕见？此碑字体近褚，但无书者姓名，故欲一考。兄研精昭陵石刻，计必有以诒我也。尹默诗册存沪舍，决不致失，但须弟归乃能检出耳。作曲事固缘无聊，亦因欲实验前此随作随唱之理想，说不到浅斟之乐，近且不见两月余矣。此上湖帆兄。　绰上。　五月八日。

○176

有人以垢道人画来求售，弟觉其墨不入纸，又与其寻常之渴笔不同，特送请鉴定示覆。此请大安。湖兄左右　弟恭绰上　九月七日。　中大事要进行否？

○176

颜料送上，请鉴定。所注价值乃每一两之价，非每一包之价也。前云窗格纸不佳，兹送去桑皮纸，请试之（公一张，嫂夫人一张，选青一张，均直幅），草草数笔便得，不求精也。此上湖兄。　绰上。　十四。

○176

明夕（卅号）七时，请惠临鄙斋晚饭，同座冒鹤亭、龙榆生诸公，公辅亦在座，务祈早临为幸。此上湖兄。　弟绰上。廿九。

○176

晤公辅并祈代约，□另函矣。

○176

示悉。蝶可谓知我者。近贫固未至如洗，但已不能不量入为出，盖亦虑蹈大千诸人之辙也。今岁支出已超过预算太多，所事愧无余力，望婉覆为幸。　两知。

○177

顷有人送董香光画扇，索价八十元，物佳，似不贵，兹送阅，公如有意，可与谐价也。又：陈庆年相片乞交郑君照绘。此相得来不易，千万勿失。又：郑君前此所用之纸篇幅太狭四围，望属其展宽半寸，庶便装裱。此上湖帆兄。　恭绰上。五夕。

○178

到此逾旬，不欲与人往返。所居背山面海，尚能养静，然惊弦喘月，心绪可知。京周曾一面，已他往矣。在海岸曾见葱玉，未谈话。此间消息亦不确实，萦念无可慰释。吴门情况了无所知，能见示否？此间有一书画展览会，多周文治物，钱舜举《梨花卷》在焉（纸本），真精品，余无足述者。弟一时未必他往，望来信稍慰寂寥为幸。此上湖兄。　弟玉上。十二月八日。

○179

示悉。弟体中稍好，惟尚未敢出门及多说话。医云弟体质正与戒烟者相同，可异也。蛰居甚闷，兄如有兴，盍来一谈，（兹饬车来接。）画莲不急急也。此上湖兄。　恭绰上。十日。

○179

送上马和之人物一轴，此件经弟细审，笔墨纸均可到南宋，但一、无款，二、宋牧仲收藏印记似不可靠，三、阮氏印记乃假者，四、『神品』图书上有挖去人名痕迹，以此犹疑不决，望即赐审定见覆为幸。此上湖帆兄。　绰上。　廿二。

○180

昨始自苏归，同人多问候执事，市博书画现缺卷子（柜的下层宜于摊开手卷），可否改调卷子？祈卓夺示覆为幸。附上纱窗纸幅（长方），欲乞贤伉俪各作画一帧，随意命笔可耳，因纸不佳，又长年暴露易损也。此上湖帆兄。　恭绰上。四日。　又一帧祈代乞季迁画。

○181

前途至此时尚无信来，明日即星期矣。事应如何办，一言可决，即有困难，但可明言，何以如此不爽快耶！弟明日本拟至苏半日（因登记事），因此牵滞。此上湖兄。　绰上

十一，四时。

○182

苏州画家吴华源程度如何？祈示覆为幸。（不致宣布。）

湖兄　绰

○182

再：葱玉处前日去一函，亦无回音，不知以弟为何如人。有何善法，乞示。

○183

示悉。各纸乃苏寓纱窗所用，已详前函。纸乃一律，不便更改，并请不必用心，随便几笔可矣。顾莲前已交下，重出固甚佳也。末批书画望速办，昨往看已张挂大半，尚适观，惟缺手卷耳。此上湖兄。　绰上。　八日。

○184

湖兄大鉴：敬恳者，旧属何志杭籍隶吴门，兹其太夫人（在沪）逝世，欲权厝平江公所，须有苏籍人为之证明，敢烦兄写一信（能加添一位更好。）（请在熟人中想出，即由兄代署名，便中告知本人可耳。）交来手带回更好，因明日即拟出殡也。此请晚安。　弟恭绰上。

○184

子清函阅毕见还。二十号拟约子清、子彝午饭，籍以会谈，候确定再奉闻。　湖兄　绰上。　十八。

○185

有人送吴竹来，绢残甚，画似尚可，但无从定其真赝，希法眼一炤示覆。弟廿七八始归。此上湖兄。　绰上。

○185

［……］商如何。尊况极念，青山固不值钱，姑效小说的话复一语如下：『留得青山在，不怕没柴烧。』呵呵。　湖兄遐上。　四月六日。

○186

昨自苏归，子清托带正社画集二册，祈收。袁守和来函云：送哈佛大学之画系请兄及大千、心畬等命笔。又附来出版物目录，请选示以便馈赠云云。弟意国外留名乃属佳事，如不费事，似可许之。尊意如何，请复以便转答。此上湖兄。恭绰上。　廿八。

○187/○195

湖帆足下：得书数日，以精神困惫不能作答。尊旨所及，二年以来已代筹甚熟，然实苦无闲也。今日四海困穷，已至穷奇浑混，倒行逆施之会，何处容吾辈生活！弟之勉不饥饿，全恃平日绝少浪费，否则亦将沿门托钵。设果如此，何以自葆其贞素乎？此弟之所以久历宝山，勉持介节而兢兢却自维生计，不欲不得已而枉尺直寻也。兄之情况与弟不同，行年四十而始欲谋生计，此固事之至难者，既不能为雅侩以取剩余价值，又不能为簿书期会奔走之事，然则何一而可？艺术家古今中外本例为贫子，但恐未有如今之甚者。人既罕悦学，更不必附庸风雅，有力者之养士，又别有其所谓士。吾国今

○○
187/195

日固无张士信、顾阿瑛、马佩兮，亦何处觅莫索理尼、史他林耶？故走头无路宜也，宜也！然终不能束手待毙，则惟有择其所可者而勉强从事。作奸犯科，固所不宜，污体辱亲、行险侥幸，有时亦不能免。至究择何术，则视本人环境所许、才分所及及性习所适，难以一言尽也。乾脯亦非甚可耻之事，宜若可为，第大海茫茫，何从捞摸，顷固言矣，何处觅养士其人者。且宦海变迁，有如电影、昙花，槿艳更复无常。九牛二虎之力以得之，其失或不及一瞬，则亦徒增忉怛已耳。君秉性疏朗，艺事外再去学徒，匪但不能，且徒失其故步，故实地工作亦无可从事。陈彦通情况略与公等，窘实过之，今为教授年余，亦聊足楮柱。但公之情况，恐非一百八十之月廪所能敷衍，且亦未必能坐拥皋比，则此路又复不通。如仅恃干薪，岂成长策？故依弟愚见，尊况已至彻底加以筹划之时（其实已迟），府上情形苦不深知，无从代计，第就大体论，似应将房地一律售去，然后节省支出以图持久。古物多出少入，或竟迁回苏地（其实无居沪之必要），额支至少可省一半，则一切较易支应。其世俗无谓酬应，可省则省之，不必问习俗如何，最多嘲骂几句，亦无关宏旨，艺术家岂以取乡党容悦为安身立命者耶！至于痼疾戒心，此则在善为因应，或竟痛予湔涤，度亦非至难事。总之，今再不打算，则前途荆棘可想而知，失今不图，悔益无及。行年五六十而寻途乞食，境固难堪，抑艺术何从得进，是则区区一生之所努力，亦等于付之流水，此目如何得瞑耶？辱相知久，不能说谎，又素好贡其戆直，故此覼缕，即不谓然，度亦不致怪责也。

○○
187/195

弟年十七即离家谋食，正所谓备尝艰难险阻，今衣食粗足，又稍储玩物，已十分满足，长日炎炎，惟以人民困苦、亲故终窭为忧，但苦于力薄，无以□助，若缘此而再为政治活动，则又类从井救人。且做官岂定发财耶，往昔可致巨富之机缘，不知失去若干，然从不悔恨，盖本非志之所在也。装穷固可不必，而固穷则当自勉。第七年居沪，费力已甚，故此有迁居吴门之意，亦冀诸从撙节，较易支持。吴门寓公甚多，且人情尚未离谱，以是亦深愿良友之易于聚首也。如何？尚希往复。病榻书此，心为憬然，惟乞莹察，不宜。并颂秋祺无量。

弟绰拜。　十一月十六日枕上。

再：鄙意以迁吴较可持久，非谓从此不图进展，不过宜谋进可以战、退可以守耳，勿误会。又及。

○
196

湖帆兄大鉴：今午奉诣，知从者赴苏，未知何日归也。此行盼将莽瓦带沪，又博山炉并盼同来。本非亟亟，不过天冷易于烧擦，故欲乘机从事耳。余颂大安。　恭绰上。　廿日。

○
196

湖兄大鉴：前函计达。各玉器如能即达，盼交冯幼伟（中国银行）带来，因其必坐头等舱也。如交冯，可令舍间高（仆）景明往找冯接洽办理。此请大安。　弟霞上。　一月廿五。

○
196

项卷送至，乞属定之整治。两帐单祈交下，又《珊瑚》祈续借十余册。此上湖兄。　绰上。　十六。

196

前奉手书，嗣晤孔达，知兄所虑出于误会，计季迁已转达，故未奉复。苏州情况不言可想，三年心力营此菟裘，如付劫灰，能无恋惜！且藏书存籍亦数十年精神所寄，如亦荡尽，殊难为怀也。此上湖兄。　绰上。　十一月廿。

197

湖兄左右：近日子荆之感情绪如何？尊体不强，极望勿过摧抑也。兹有二事不得不溷渎左右者：一、张葱玉昨又有信来催理押件，此事弟不归沪，实无从办理，其迁延之责，弟亦不能负，因早已过期也，不过在朋友情谊上终为稍阙，望善为说辞，并将附函妥转为托；二、前此雷君轼托画之件，弟早告知府上有事恐须稍迟，兹渠又来询。弟与彼系新交，又以广告性质关系，乞早日绘寄，了此手续。以上二节，祈拨冗一办是荷。此间日来风声鹤唳，迁徙者多，弟以无处可去，仍主在此苦捱。且此地一时亦决无危险，故仍非常静定，惟经济已生恐慌矣。专布，即颂道安。

前此有函托觅韩世忠墓碑拓本。又《国光艺刊》封面请交邦达，计洽，乞复示为盼。

198

湖兄大鉴：前函计达。拙作未足表扬万一，聊应急需而已。雷君轼之画已来催了五六次，弟与渠系初交，不好意思再延，望即交卷为感。又：月前曾请兄代觅韩蕲王墓碑拓本较旧者一份，计在记珠，尚祈设法代觅为荷。又：前写交徐邦达《国光艺刊》封面有否交去？祈示。如未，当补书寄上。此请大安。弟绰上。　九月廿四。

199/200

不晤一月，弟已病二次，今又感冒。弟他事不足与公比，惟善病差相似也。《画友歌》屡次修改，对人选终难允惬。作诗尚须讲情面，揣人心理，不如其已，故已搁之多日矣。天寒不能外出，想公正同，竟未由晤叙，沉闷之极。弟近拟将词稿付印（尚不及百首），已经制版，封面题签非兄不可，望如下列即予写下，感荷之至。专布，即颂大安。　弟绰上。一月廿三。

《遐庵词甲稿》，吴〇〇题。

再，孙邦瑞先生不知住何处，弟拟赠彼《清代学者像传》一部也。贾似道所书『花下琴峰』四字石刻记在吴门，不知系在何家，兄当知之，望示。

再，弟在港时曾浼人绘杜鹃花卷，彼中名流题遍。兹拟再绘第二卷，未知请何人绘画为当。前卷系绘杜鹃花树连山炤海，兹拟绘花树六七株，红、白、紫均备。弟意恳人绘画，须其有此逸兴者，不知小蝶能画花卉否？弟颇喜王郑元素夫人之画，但渠近日未知作画与否？赵叔孺则极少作画，此外正在卖画之人弟又不欲烦彼，致妨其工作也。

201

应记杭州旧酒痕，六朝烟水气犹存。春风鬓影琴台畔，隽绝相如犊鼻裈。　赠杭州德馨馆酒保徐嘉才。　遐翁二十五年十一月六日。

202/204

今日因客至未毕其辞。依弟之经验，既只系胃易发酵，则治理尚未极难。第一须慎选食物，万不可任从偏嗜，凡寒滞及易发酵之物，一概戒绝。（辛酸反不妨略进，以其可戟刺胃壁。）每饭宜食陈米、炒米及煎炒小菜，内皆加姜汁及陈皮，洋山芋、白薯等等宜切戒，大、小豆芽宜切戒，花生少食，甜橙等少食，凡水果宜熟食。食须顿数多而每顿分量少。清茶切戒，能不饮茶最好，否则以炒米、炒麦代茶。食青菜必加姜。面包勿多食。此外作柔软运动，戒气恼亦极要。平常每日推拿亦有用，手指不灵不可听之，须多摩擦屈伸。总之多劳力少劳心。吾人不可自视太高，然亦不可太低。五百年名世挺生，千万人翘然独出，皆非易事，如此悠忽，殊有对不起天地父母之感。弟体本不佳，且万念俱灰，然决不自断丧，为仇者快、恩者痛。兄切宜奋发，从精神上谋更生，体自强矣。至世间一切事，不论社会、家庭，随宜因应，过而不留，无须多所芥蒂。数年来弟之经过殆亦极人间之怫抑，然居然渡过，正恃此耳。欲言之事甚多，兄外出既觉劳，弟又闭关，只有电谈笔谈两法，故匆遽写此。 湖兄大鉴。

弟观一上。 十一月二日。 再，弟已出润格，并列刘定之为收件处，请便中告之。如渠未收到润格，当补送也。

205

日前奉上楷字一包，计已阅毕（如嫌定名次之烦，即不定亦可），望即交来手带回，因须待发表也。闻不日开汤饼筵，想必极一时之盛，连日苦思贺礼，尚未得当，奈何！ 湖兄

弟绰上。 十四。

205

此包各楷均系征得者，弟已看过，其所取次第已叠好，请勿弄乱。兄所取次第，祈另用颜色笔书于纸背为荷。约三五日当令人来取。 湖兄大鉴。 绰上。

205

前闻有泽阑之戚，偶然来去，不染尘氛，此亦无足悲恋，尚盼洒然处之为宜。近日不知作何消遣？弟则仍逐日整理清词，及辑编五代文，未间断，但甚感劳神，精力究逊于前矣。雪斋卖画闻成绩甚好，弟未与把晤，计已行矣。两扇面山水计动笔，应定何价，并祈核夺。（扇面系弟自有。）此上湖兄。

绰上。 五月五日。

206

示悉。善觉扇面乃荣宝经手而另由友人转托者，其人对公极仰慕，又虑能事不受促迫，以为由弟转致可冀速藻，故尔奉烦。至一切手续，本另由荣宝接洽也。刘、赵二卷业已题好，因欲检对『龚翠岩』图章，因循未办，故尔稽迟。日间有何妥便可交，即当附奉。此复湖兄。 绰上。 六日。

207

荣宝扇面弟意欲与兄合作两三件，或兄画而弟书，或兄作木石而弟补竹，统祈示遵。弟处尚有空白扇面，如需用可送上也。狄藏佳品无多（或尚未见），兄不到亦无所谓，暇再面罄。来月闻当返吴门，确否？此上湖兄。 弟绰上。

廿七。

207

扇二附上，乞画山水。定价若干，祈核示。（双行字势不能多作，故定价须稍高，又泥金扇面亦弟所出，公之山水作价若干，三者合而为全扇之定价。其单行字之价可稍减，扇面质亦稍次，亦恳公连山水价核示。）日来有三起扇面展览，弟意不可太迟，拟于新历下月一定开始。此上湖兄。　弟绰上。廿三。

208

日前上书未得复，良念。火宅游戏本无实相，一切只可随缘，否则徒自苦耳（自苦仍未必有人同情）。人事纷纭，弟勘之颇透，故尚有今日，否则何以自处。窃愿不必因空花而再增幻果耳。荣宝帐已交来，窃以意为分析，兹附上支票伍仟一佰元，祈查收见覆是幸。其向尊处直接之件，另由其直接计算，不在此列也。此上湖兄。　绰上。　十八。

209

广告办法不知尊意如何，尚未见报，或尚有斟酌耶？展览事弟尚拟作泥金扇面小楷，而请公绘山水，共二把，公意主两面皆金，抑主绘于白面，望示，因弟均有现成者也。又：弟前藏焦理堂《红薇翠竹词稿》手卷，记兄曾借阅，仿佛已归还，但遍觅不得，不知是否尚在尊处？便中祈留意一查，不亟亟也。令爱出阁，弟送刻丝团扇折，扇面挂饶二，为添妆用，已装好，有便即带上，似尚不落套。日来妹婿严君遽而谢世，心绪殊劣。此上湖兄。　弟绰上。　十二。

210/213

旬日来甚念尊况，然不克一面。偶念弟数年来处之怫逆，略同于兄，又加以颠沛，然勉能应付者，一、向来兢业，二、略能排解，三、遇事退一步想，且打穿过后壁故也。人生眷属聚合本系因缘，缘尽则离。所谓缘者，本兼善恶恩怨，儒家以齐家为要道，故希望父慈子孝、兄友弟恭，造成和美之家庭，此自有其至理，然事实上能办到者有几？加以思想潮流之激荡，经济环境之诱逼，处今之世，已决无理想家庭之可言。愚卅年来家居如旅舍（本来亦旅舍耳），故一切尚勉能忍受，第心绪恶劣，已难言宣。窃谓世局如斯，只求身心稍为安乐，他可不必认真。至于财产，乃至嗜好收藏，皆身外物，付之行云流水可耳。如我辈者大概尚无饿死之虞（饿死事实不小。饿半日已难过，弟已经饿过一日，不甚好受也，一笑），则一切相机因应，以求无事可耳。呕气固可不必，著相尤属无谓，譬如人家遇盗贼，固不大愤恨也。此乃阅历谈，非风凉话。稍暇得一晤，再面罄种种。此布，即颂大安。

湖兄侍史　弟绰上。　十一。　请告杨君，扇面已写好。

**214/216**

示悉。弟一月病困，饮食皆不舒。医言为卌年肝郁之果。此肝郁所自致，言之长矣。业根未尽，不易撒手，或恐老寿而不，则益无聊。（星相皆言吾寿过八十。）君尚有烟霞餐嗽，弟则愧然而已。无聊闲气尚复不少，用心之事一件不能做，劳神劳形者亦然，要此朽木何用！（《风池精舍图》欲寻一引首，两月未办，他可知矣。）偶作书画，尚是自遣一法，昼热夜闇，又复阻之，奈何。忠孙、恭甫皆久未见。亚农已迁回苏州，不再来矣，洒脱明敏，真享福者。（卫乐一屋售五百万，立以易金，即此已逾千五百矣。）森事已屡示意于魏，似无返响，只可听之，另拟他法。子清遭燕去梁空之戚，似不能无介介，失音恐系肺疾，非止酒容，若然，则不易治矣。《梅影画笺》印制甚好，舍此等事更无可赏心者。清词至今未编成，其他亦然。昔人谓勋名著作皆须靠运气，诚不诬也。此复湖兄。绰上。九月一日。再，近有人拟得兄与弟合作画一幅，山水弟不能画，如作松竹石之类可否？润资如何计法，祈示。

**216**

承赐先著，至荷，黄士陵（穆甫，卷一末页）乃安徽黟县人，曾客广东，但未入籍，有便似宜更正。此上湖兄。弟绰上。廿五。

**217/218**

示悉。医疗自须以医言为准，前言不过以经验奉供参考而已。弟遇气闷胃胀时，服陈皮、白芍或旧普洱茶甚有效，饵砂仁、豆蔻亦有效，并请参酌。不过胃汁是否减少最关紧要，若然须从养肝及胆入手，治胃无用也。大痴卷已题一诗（天晴方送还），聊抒感想。孙君邦瑞已闻其名，赵则未知。刘定之久未见面，援公之例，推公之爱，姑列其名，亦以装池究为高手，难免与有往来耳。近日此间可靠之裱匠为何，望示我。润格兹奉上一束，望为分布。各收件处已交去（系由曹禄堂分送），不过如有人再一接洽（请杨君跑一趟，何如？）则较佳耳。尊书有人云大字极佳，但弟未见，至尺牍似仍是前数年风味也。弟书则豪未见进步，以兴会精神均大减，濡染亦差耳。旧拓玉佛题字奉上一纸，祈赐存。余不一一。湖兄大鉴。绰上。

**219/220**

秋湄猝逝，竟未临其丧。弟近年每于生死之际，辄作数日恶，比者犹甚。每于见闻所及、情绪所激，辄发怔忡晕眩，心摇摇不自持。虽丁此时局，全归为福，然似尚有未了之责，即修持努力犹未纯熟是也。故送死一事，视为畏途，庆吊胥蠲，甘受责备而已。年来故交之去如风扫叶，此亦四序相推必然之理，曹子桓所云既伤逝者，行自念也，因此万念皆灰，待尽视息。月前有赠资亲友之举，启事附供一噱。闭关之所，现未觅妥，但系时间问题耳。自昔慧业文人每以此为归宿，

○220

弥天四海，舍此何依。所憾结习难忘，犹多文字一障，不久或并此抛去矣。平生流转孽海，无一日不在悲苦中，一切思之烂熟。前谈售物事，不专为愚打算，亦冀兄有所警悟也。兄秘藏过我，将来作何安顿？虚斋耄而因循，恐成天籁之劫。古愚、翰臣前车可鉴，如何如何。专布，即颂湖兄道履。

绰上。　三月十三。　《凤池精舍图》本留此微尘，为蠲忿忘忧之用，且吾二人间似不可无一物以供后人考索，故企望甚切。能及时见赐，可胜感幸。

○221

启事：

余今年六十四矣。少承仲骞公之训，向慕昔人志不在温饱之语，服官从政，凡四十年，未尝一日不兢兢自持，恶衣菲食，痛自刻励。先人素无遗产，民五以后，余以一身肩同祖以下三房赡养、教育、婚嫁、丧葬之费，亦既竭其绵力，加以资助社会慈善、文化教育诸需，以迄量助亲朋，所耗亦巨。中岁蹉跎政海，备历艰虞，向不治家人生产，流转颠沛，损失益多。素耽禅悦，民十五迁沪后，本拟于江浙风景地得一棲隐之区，便谢绝人事，一意清修。不料世变迭生，家庭多故，菟裘难卜，横逆纷乘，托迹九龙，几死于炮火之下。今者精神日惫，已无复用世之心。薪水所资，恃售文字，虽窘困颇甚，犹能自食其力。未为盗贼与乞丐，即此生之幸也。四十年来积资有限，所存书画古物本以供研求考索之资，著述无成，多藏可戒，近亦强半易米。余无子，又未立嗣，桑女近况可念。弟侄辈皆殊清苦，

○221

同祖三房孤寡及妹辈散居各地。值时局纷扰，生计良艰，恒深轸注。余向不主亲友凭藉权势以营私利，故咸处脂而不能润，戚鄙挚好多患窭贫，静言思之，亦殊愧怅。今将剩余书画古物设法出售，以供养老追远及刻书济人之用，或别定保存计划，以后再行定夺。以前江北薄田、沪上房地，前已售应急需，吴门一宅，弃同敝屣矣。望请亲友以后各自努力，视余为已死，断离形神上各联系，令余得安心修持，打叠己事，余从此不再问世务及家务矣。昔诸葛亮有言：不使身后有余赀。六祖则云：本来无一物。年逾周甲，撒手便行，此后可无所恋，惟拟之庞居士沉财物于江流，犹有愧耳。

○222

数日不见，不审体中何如？骤寒，可畏也。日来工作甚忙，已感肆应之烦，决于新历明正加价矣。昨偶有《后画中九友》之咏，录供一笑。本来尚有可列入者，如陈小蝶、萧厔泉……限于九人，变为遗珠，拟再设法广之。今早薛保伦来，带到孙君所赐先人遗作，感谢之至，祈先为致意，甚欲得晤叙也。专布，即颂大安。湖兄左右　弟绰上。　十一月卅。检得佳宣，拟奉赠，有便再奉上。

223/224

示悉。意中人物本不止此，然扩充名额则又不足动人，故去取极费斟酌，梅村同时画家亦本不止此，当时亦助兴之作耳。在今日作此诗，人将疑为含有评骘之意，易生是非。弟意或再作一首，名为《续画中九友歌》，而将日前所作称为《今画中九友歌》，亦一法也，但再觅七人（连萧、陈而九）亦颇不易。鄙意汤定之可列入，（如连已故者，则尚有三数人也），君意中尚有何人乎？邓非孝先，乃粤中邓芬号诵先者，今日粤画家中惟此人最有望，惜其性情疏纵，故有世人欲杀之语，若群碧楼则语不相称矣。以上望示覆为幸。又，写大字之大墨以何家为较佳，亦祈示悉，因坊墨太劣，直不能用也。（许姬传之展览会有何佳品？） 湖兄左右 弟绰上。 七日。

225/226

《后画中九友歌》：湘潭布衣白石仙，艺得于天人不传，落笔便欲垂千年。［齐白石］新安的派心通玄，驱使水石凌云烟，老来万选同青钱。［黄宾虹］吷庵长须时自妍，胶山绢海纷游畋，已吐糟粕忘蹄筌。［夏鉴丞］名公之孙今郑虔，闭关封笔时高眠，望门求者空流涎。［吴湖帆］ 更有嵩隐冯超然，俾夜作画耘砚田，画佛涌现心头莲。［冯超然］王孙萃锦甘寒氈，子固大涤相后先，上与马夏同周旋。［溥心畬］越园避兵穷益坚，有如空谷馨兰荃，妙技静似珠藏渊。［余越园］三生好梦迷大千，息影高踞青城巅，不数襄阳虹月船。［张大千］晏殊风致疑松圆，日视纸墨宵管弦，世人欲杀谁相怜。［邓诵先］ 遐庵稿

227

荣宝来扇，属合作画竹，弟已照润例告以共七百五十元。（墨费等在外。未收。）兹将弟所画好者交其带去，请润色修补，俾成完璧，幸甚。此上湖兄。 绰上。

228

书画集印成，敬奉两册求教。明知功力未至而漫然印行，此中情绪亦可念耳。严寒益闷，一切无可言者。此上湖兄。遐翁

229

有不情之请者：钟姬永持相从患难中，亦略解文墨，于公钦仰甚至，久欲乞赐一小叶法绘而无间启齿。兹弟欲践所诺，特奉上旧纸一番，乞赐山水或莲花，使其珍藏。纸之尺寸须归一律，故请勿失去或易他纸。幸荷幸荷。不知徐班索女士尚肯为人画莲否？亦欲乞得一幅也。

230

久不面矣。前闻将往访张伯驹，拟得其同来，嗣知未往，遂又成幻影。前属题角花笺，久搁案头，兹匆匆题就奉上，聊以纪事而已。原附角花笺并附上，此一批文玩经此一来，遂永不叙用，正老氏所谓无用之用，盖一用即失其价值矣。鄙人今日身世亦颇似之耶，一笑。闻请绘荷花已就，能交来手带下是盼。（并望一询超然，如亦已绘就，一并交下，籍省再跑一趟。）此上湖兄。 弟绰上。 拙作《汇稿》及亲友所编年谱奉一部祈教。

○231

此后村词残本，强村翁刊行《后村长短句》时曾见之，虽非全璧，然字句多胜他本，且传世宋刊无第二本，固极可珍也。后村平生志行恢广，颉颃稼轩，词亦相类。集中《游蒲涧和菊坡韵》至于再三，所感深矣。菊坡词世不多见，兹录其原作于左，可称笙磬同音也。《水调歌头》（帅蜀作）崔与之　万里云间戍，立马剑门关。乱山极目无际，直北是长安。人苦百年涂炭，鬼哭三边锋镝，天道久应还。手写留屯奏，炯炯寸心丹。　对青灯，搔白发，漏声残。老来勋业未就，妨却一身闲。蒲涧清泉白石，梅岭绿阴青子，怪我旧盟寒。烽火平安夜，归梦绕家山。　遐庵叶恭绰识

○23

昨耗数小时，剧不称名，殊近唐捐。向谓畹华等等剧似好墨卷，能取科第而不足名家，梅党闻之瞠然，但无以难也。虬髯客变成赤面红须，一切动作略有豪气，而不足以状具有韬略之英雄，则以演者胸中未知张仲坚为何等样人耳。此与《霸王别姬》之项羽总扮不好同一原因，君谓何如？先曾祖词一卷送呈，卷端两序可证文字因缘，亦非偶尔。董志题词尚未下笔，拙速可哂。　湖帆先生　绰上。　廿九夕。

○233

《董美人墓志》题词勉强拟就，平凡已极，姑塞责耳。书纸不知如何失去，望别赐以便贡丑。余颂道安。　湖帆先生恭绰上。　六日。

○233

董、马两志题辞勉就奉呈，殊不能工。附上卷子二，乞为加墨，未敢云交换利益，亦冀为存殁光宠耳。　湖帆先生道席　恭绰上。　十一日。

○234

示悉。兹再钞呈。但尊稿绝不一示，而索弟写其二，未免不公，务望将大作《芳草渡》示我。听少楼未知感想如何，弟恒以为绝作，惜此度不能往看耳，沪人能赏之者度亦不多也。《词趣图》求速藻，感感。此上湖帆兄。　绰上。　五日。

○235

芳草渡　病院冬深，忽闻燕语，以清真此调赋之，并依四声及原韵　息瘁羽，甚暝色平林，听呼新侣。镇一枝栖处，宵长惯感零雨。霜枕寒思苦。禁堂前愁诉。殢梦醒又带疏钟，月下归去。　回顾转蓬万里，岁晚天南同雁路。漫提起、雕梁旧影，仙妆见窥户。海山在望，费几许、营巢情绪。冻岸曲，怅引轻鸥自舞。

○236

示悉。弟迁杭冗累，昨始归沪。大作感谢，兹遵示呈上。（不必重书，请补书可耳。）题董志词不审有无大疵，尚盼磨勘。十年不作词，下笔无有是处。至『短梦低徊今昔』句，乃用原志中『昔今悲故，今故悲新』意，此二句原旨似谓亡者睹生人之悼痛，当为之悲，近人有为亡悼诗者（代亡者悼存者），即此意也。不知尊意以为如何？　湖帆先生左右　恭绰上。廿六。

○237

昨函计达。舍侄辈欲求海内名家各画《遐庵词趣图》为弟寿，其在沪一部分仍须由弟求乞，兹送上染色罗纹纸一幅，敢祈染翰。此纸本不甚适用，舍侄不在行，已用此纸请别位画好，故只得从同，轻渎为歉。博山昆仲赐画昨始得见，厚贶何以为报，希先代谢是荷。余颂湖帆我兄大安。　弟绰上。
十一月六日。

○238

湖帆吾兄：连日欲走谈，未果。兹有致张仲清一纸，望寄去。岁暮有何佳况？曾见何妙迹否？余颂大安。　弟恭绰上。

○238

昨函忘将格纸附上，兹再补之。精神不贯，可见一斑矣。《淮海词》序跋，大作断不可少，千万勿却，朱古老已允作一跋矣。
湖帆我兄　绰上。　九日。

○239

示悉。长财决无此事，弟虽向不畏难，但于此不感兴味，且亦无意义也。归沪亦稀，情怀可想，统不足为高人道耳。陈巨来事尚未得当，鄙意邹君秉文处局面宏阔，极易设法，兄与有素，何不切托？弟非推托，实缘亟欲有以拯其困耳。
湖帆兄　绰　廿二。

○240

奉大词，工甚，但愧不克当耳。仲清词亦刻意经营，苦无脑力，不能和一字，焦灼之至。赐书序文因系石印，笔画须加粗肥，否则恐漫漶。又有一处似宜再酌，谨再奉上，屡渎为歉。余颂大安。　湖帆我兄　绰上。　廿八。

○241

昨函忘附次公词，兹奉上。冒鹤汀有《霓裳中序第一》一阕，尚未见也。《淮海词》大序千万请勿吝玉，能手写尤佳，（附上纸格。字大小不论，只须外廓不逾此格耳。）盖石印本须手写，而难得好手也。余不一一，即颂大安。（闻从者将赴苏州，不知何日？）湖帆先生。　绰上。　七日。

○242/○244

复示悉。五十元弟亦模糊，如不能证明，即充公留作公益可也。弟生日本不妨小集，宴乐清谈，惟一、弟尚在病中，届时未能出院；二、朋僚各方欲来沪者多已力止之，故不愿再有举动，致形厚薄；三、弟身世间感触甚多，念之不欢，故不愿提起；因此惟有躲避。俟弟出院，当设法找一清静处所叙会一日（限于六七人），胜于喧闹多多矣。是日弟家中亦绝无举动也。次公寄一词来，兹奉阅，倘承大笔渲染，定不让次专美，何幸如之，但不敢请耳。再，《淮海词》因补辑校订，稿迄未定，然所差无几。此书自谓可以对得住少游，惟细思兄必须有一序或跋，望即秉笔，不求长篇，能一星期内交下最感。附件备参考，（尚有数表正在抄誊，未及附上。）惟切乞交回，无副本也。《清代学者象传》兄如未定购，弟当奉赠一部，祈示为荷。余颂大安。　弟绰上。　十一月七日。

○245

廿一号（即明日）午十二时，请惠临望平街觉林便饭，同座多谈艺之士，可一畅胸怀也。祝枝山小册鄙意颇欲得之，不知公能见让并玉成否？不情之请，不见讶否？余颂大安。
湖帆吾兄　弟绰上。　十月廿日。

○245

昨夕偶检出姜实节画册，又有他件。（古董客送阅者。）大驾今日上午十时能过我一观否？否则明晨亦佳，因今午饭后须外出也。　湖帆兄　绰上。　十日。

○245

题词四易稿而终不佳，只可就此贡丑，功力所限，不可强也。张仲清处近已往复两函，渠意仍须推他人分任，并云有所见已告瞿安，望细询瞿兄是何言语，即见告为幸，余颂大安。　湖帆我兄。　绰上。　十二月廿七。

○245

书版会弟出品五种，兹送上，（连浮签）请察收代送。至何日陈列，悉听尊便，但请于一月一号前通知该会。（浮签须先送交。）外清单一纸，希察存。余颂大安。　湖帆吾兄　绰上。　廿九。

○246

《疏影词》苦思累日，不能凑泊，奈何。亦缘题目太出色，故不能有出色之作耳。潘君所藏小象拟胡林翼、罗泽南两人及娄东十老，均要彩本，不知可否托其代拍，由弟出资？又，瞿安先生不知已否来沪？弟欲往访之也。前请代觅《滂喜斋藏书记》，并盼早惠。余颂大安。　湖帆吾兄　绰上。　十二月十八。

○247

日前惠临失迓。弟因饮食关系又迁医院，去市益远矣。所画各象亦有须商酌者，然非候弟回舍不能料理（尚有续画之象），尊垫五十番兹奉还，祈察收。院中无事，又不能用心，欲假隋碑廿种一玩（决不致损失），祈封交舍下即可收到。余不一一。祗颂湖帆我兄秋安。　弟绰上。　十月十七。

○248

顷归自白门，（赴栖霞商修塔事。）奉示敬悉。已收集草目，尚未付印，因逐日有新收者，不能收口。现第一步系汇集藏目，然后就所需要者分别借用，未知可否请苏地诸公就家藏者先为录目见示（其需用者当随时奉阅？）其有特别须访求之本，再随时奉请设法，似较简易，不审尊意以为如何？附呈决议案一件，请留存。又：征书启四份备分送知友，统祈鉴察。（曹元忠之《云瓿词》敬希代觅。）余颂大安。　湖帆吾兄　绰上。　十一月廿九。

○249

斯叶可勿扫，留待款重阳。美人迢递千里，露白复葭苍。百辈推排待尽，万古消沉向此，醉睡复何乡。篱菊亦憔悴，弄影一丝黄。　济无楫，飞无羽，渡无梁。一楼突兀眼底，诗界尚金汤。差喜群贤毕至，非我佳人莫解，九辩费篇章。寄谢旧时雁，寥廓已高翔。　扫叶楼重阳追赋。

○250

示悉。有数事须奉闻者：一、张仲清一函祈交去，并接洽，看有无须商议之事。一、吴瞿庵自作词暨苏地诸公自作词盼为搜集，并盼诸公转为搜集（此兼指生存者）。一、娄东十老等摄影盼设法取来。一、兄手所征赴比出品如有未交来者，望催。一、题图须稍缓，盖近日忙极，又精神不济也。湖帆兄鉴。　绰上。　廿四。

○251

黄慰萱来，奉示拜悉。渠云刻工每字八分或一角，弟曾在苏刻碑，价五分，不知黄之刻资可减否？又碑石亦拟托其代办，统望转知。极力克己，定一廉价，省得另找他人。仲清来书询抄词给值事，弟前已复之，不知何以未收到。（以下请告仲清先生。）此间抄费系每千二角五至三角，苏地或可稍省。惟抄写务用处中格式，以免复写之烦。又，《滂喜斋藏书记》许我已三个月，幸勿再忘记为盼。此上湖帆吾兄。绰上。　二月廿六。　又，瞿庵及诸公所作词并盼代催速寄。顷奉大函，敬悉艮庐《九珠词》及王藏目均收。《思萱图》尚未题，忙及懒均有之。弟新有所得，颇足诧兄也。

○252

顷函计达。伯母六十生辰，无以为敬，秀才人情薄乎云雨。以夜间所书，光线晃眩，字乃益丑，奈何。　外词目一束祈代致王佩诤先生为幸。此上湖帆吾兄。　绰上。　四日。

○253

湖帆我兄：前寄苏一缄计达。闻大驾不久回沪，所有前函奉布各节，敬乞费神为感，因此外无人可托也。弟年事不忙，惟其他工作完全如故，故颇疲敝。此展画件共一百廿余件，今日送交褚处矣。有致陈佩忍函，望饬送，因前曾邮函，未覆，虑其迁居也。专布，即颂春安。　恭绰上。　二月三日。

○254

苏垣相左为惜。是夕适有小事须了，否则当滞苏，与公畅游，兼访当地诸贤豪也。旅苏邓孝先、宗子戴二君藏词闻颇多，可否设法抄一目录？曹君直元忠之《云瓿词》能代觅得否？又，《滂喜斋藏书记》乞再觅一部。琐渎为歉。余颂秋安。致陈佩忍函祈饬送，渠住胥门朱家园四十号。湖帆先生　绰上。　十一月六日。　赵章草签已题而不佳。前承开示诸词集，望在苏检出带沪为企，又及。

○255

前日函计达。昨汇集赴比作品，计百三十余幅，成绩尚好。大作足称冠冕，此外亦极见精采。超然仕女佚丽而有静气，殊不易到也。前请代索吴瞿庵及金松岑自作词，望为代促。又，宗、邓暨他家藏词目亦望设法取得，此皆为苏地选词用，不过非见其目不能定重复否，此属不能省之手续，非有他也。又此举于汇编词学书目亦有帮助。从者何时归沪，弟恐在此过阴历年矣。仲清函祈转。余颂湖帆先生侍安。　绰上。　廿六。

## 256

大示奉悉。归元恭及明代人亦拟摄之，或者共摄一张较大者，何如？大作细腻熨贴。『'艳说斜阳侣'之'艳'字似不甚稳，易之何如？』故宫博物院所藏《淮海词》景印本已寄到，尊藏务望赐假一校，至荷。从者何日归沪耶？碑石价与刻价计已与前商订矣。专布。即颂大安。『本拟来苏叩祝，兼访诸友，不料适有冗累相妨，致不果，歉怅之至。』湖帆吾兄　弟绰上。八日。

## 257

示悉。昆山名贤象请全照，六名臣只要胡林翼、罗泽南，至张公来象已有之矣。黄蔚萱处望再与商一廉价，（刻价、石价）因事属公家，不能不力求核实也。（略详前函）。一张二吴词已收到，兹遵将张稿寄还，祈转致。专复，即颂大安。湖帆吾兄　绰上。　三月二夕。祈询陈子清美术展览会古代书画之出品人清单，现急待用，望其速行找出交下。抄词格纸印好即送。

## 258/259

大示奉悉。王佩诤藏词目可由台从带沪，惟阳历廿一号褚民谊请公吃饭，望期前归沪为企。苏地诸词流所作望就近征取，盖藉公在苏催促，远胜函索也。张、王字卷甚欲快睹（弟亦新有所得，觌面再谈），弟数年前有买明人字之癖，故所得不少，惟南中此事不值钱，则又闻之索然矣。嘱书件当遵办。娄东十老只须相头，不必全身摄影也。专复，祇颂湖帆先生春禧。　绰　二月九日。

再，弟有数石碑（大约有碑三大块），拟在苏刻，欲求介绍一石工价廉技精者。又苏地石材不知如何觅法，并盼详示，盖石材觅得，方可照尺寸排字也。至托至托。　绰又及。

## 259

易寅村前此屡拟奉访，兹又来约。后日上午可否偕其来府？祈示。又陈巨来履历希速交一份。此上湖帆兄。　绰上。二月廿八夕。

## 260

昨函计达。弟今日行矣。月来精神渫越，急欲离此环境。此去或作安南印度之游，一增亡国经验。归期未能预定，良晤何时，思之惘惘。邵格之墨，千祈托谷孙代留，交换物品现不及商办，但弟必不至绰烂污，并希兄为保证是荷。　湖帆我兄　绰上。　三月五日。　陈子清证书一件奉上。巨来须赶快到差。

## 261

迭函计达。柏林美展筹备处公函奉上，希察收。北平新到剧迹书画多件（怀素《苦笋帖》、赵松雪《道德经》、马远山水卷等），公久不归，将减眼福矣。近鹤亭来，亦深盼驾回也。词社曾开两次，拈词系《天香》《塞垣春》，弟只交《天香》一卷耳。余不一一，即颂湖帆兄冬安。　恭绰上。十一月廿六。

## 262

大笔送上。昨函请代觅各家画片，可否请王君一为搜集或翻照？因须用极急也。此请大安。　弟绰上。　廿四。小孩病如何？今日词集人不多，拈调为《早梅芳近》。

262

顷来值高卧，未敢惊寝。瞿、钱诸人字卷一，祈交刘君装池。又，王元章《梅花》乃旧藏物，弟颇有疑心，祈为鉴定。（题识则多不可恃。）此上湖兄。　绰上。　廿六。

263

顷谈为快。褚函奉上。今日议定每星期六（下午三时）同人于祖韩处讨论一次，下星期望前往为荷。又，同人意此次出品注重大青绿（因合西人眼光嗜好），鄙意兄已画之一幅可用，只须再别出手眼，得一惊人之作，便可增光坛坫矣。又，仲清选词处已告公渚具函，请再另函相托。又，已嘱公渚送上空白征求函廿份，请随时填用可也。　湖帆吾兄　绰上。　十四夕。

264/265

失迎为歉，且不知瞿安先生同莅，尤怅怅也。渠不知常来沪否？来沪时幸祈见告，甚欲一谈也。叶小鸾小影不识可否觅一照片以便重摹？若能睹原本则更妙矣，乞一询瞿安兄是幸。子清兄扇兹送还。印章祈刻『遐庵眼福』四字。梅谱题词是否限于《疏影》一调，能从宽否？　湖帆先生　绰上。廿五。

近拟编《后箧中词》，补谭氏之遗，并收现代之作。尊藏清代及近人词集，或单词片什，倘承录示，不胜感幸。此数月拟专办此以寄放心，尚希惠助是荷。又及。又拟编关于词学书目，不分存佚均收。如承指示一切，尤所盼幸。

266

夷初函奉阅。该纸望即径寄（须挂号，否则易失），扇面能并寄尤佳。前为友人约观家藏玉器，承允之数日后定期，未知何日可以偕其奉诣，尚乞示我。余颂大安。　湖帆先生　恭绰　廿八。

267

示悉。昨到卡德路备面覆，不料未遇也。敦煌唐写《法华经》甚多，大约配齐一部尚非至难，闻友人曾有为之者。开皇一卷价太昂（记系千元），至多值二百元耳。（如有图画或系有名之人，又当别论。）弟携回一卷，字颇佳，乃唐经生为宫中写经，此卷如索价不昂，当为兄留之。惟前途颇有生意经，不易应付，可为叹笑也。　湖帆兄　绰　八夕。

268

潘君来函及请柬送阅，弟已复以可到矣，因改期恐又延搁也。务请携尊藏共赏，并带佳笔墨备题识。承赐云母粉等，希交来手为感。余颂湖帆吾兄世大人安。　弟绰上。　十五。

268

临川李氏旧藏初出土《刁遵碑》索价三百六十元。物似甚佳，送呈清赏，如愿留当再与议价也。　湖帆兄　绰　六日。

○269

不见两旬，良念。词社三集未交卷，偶拈《芳草渡》一阕（依原韵及四声又清浊），费时半月，煞费经营，乃吃力仍不讨好，姑呈一笑，试评骘之。此调本难，或不致在五名后耳。尊作务乞见示，以资启发，盼甚。近因统筹用直工款，记不清曾付曾慰萱若干（账目散在舍下），祈一函询示复为感。许伯明太夫人生日系何时，（系何姓，年六十抑七十），乞并示。又，《遐庵词趣图》舍侄急于付裱，能速惠否？并盼。此上湖兄。

绰　卅一。

○270

芳草渡　病院冬深，忽闻燕语，用清真调赋之，并依原韵及四声。息倅羽，甚瞑色平林，听呼新侣。镇一枝栖处，宵长惯感零雨。霜枕寒思苦。禁堂前愁诉。殢梦醒，又带疏钟，月下归去。回顾转蓬万里，岁晚天南同雁路。漫提起、雕梁旧影，仙妆见窥户。海山在望，费几许、营巢情绪。冻岸曲，怅引轻鸥自舞。　恭绰漫稿

○271

古老所编《沧海遗音》已将刻竣。李孟符岳瑞之《郢云词》乞书一封面，依《彊村丛书》之篇幅大小可也，并望即交下。梁仲异属题卷子及《惠灵法师碑》等三种并希交来手。此上湖兄。　恭绰上。　一月廿二。

○272

湖帆兄鉴：今晨至府，则大驾已行矣。本拟请兄带一花圈送潘府，兹不得已专人另送。又，王酉室字三页请代送博山，此非宣炉交换品，另请询博山欲得何物为宣炉之换品，弟不欲虚受巨惠也。又，王佩诤处弟三函去，不得覆，望一询之。此请大安。　恭绰上。附《桂游录》四册。请以一册送佩诤，一册送张仲清，一册送宗子岱，一册送邓孝先。

○272

今日少有不适，又车夫告假，张君到时，可否乞偕同来舍？已另检得《秋月捕鱼图》，又石恪《春宵透漏》，可供清赏也。湖帆兄　绰上。　即日。

○273

好事近　以董思白画禅室印章为湖帆四十寿，媵以小词。画派衍华亭，衣钵香光能继。合与名章授荫，证南宗三昧。高斋玄赏喜同心，休滴砚山泪。愿比石交长久，共龙华佳会。恭绰上。

○273

今晨扣门，值高卧，遂归。画客张子鹤持冬心画及《兰亭》来，《兰亭》有宋仲渔长跋，特嘱送阅。又旧纸数张，可留则留之。渠亦能觅旧纸，大千所得，亦渠等所搜罗也。湖帆兄　绰上。

○274

《中国绘画史》之插图现尚未觅齐，而杨某携清单而去，卅日杳无消息。现急需觅者：石涛、石溪、八大、新罗及清代诸名家，不知有何法可以觅得。弟日来忙而兼病，业已筋疲力倦，只可求助于左右矣（巨来印章今日须陈列）。《汝帖》已否取回？并念。　湖帆兄　绰上。　十一。

○275

日前惠临，适外出。弟因高奇峰之死忙至不堪。兄等恐又要去苏，最好今日下午五时能来舍一观该二件珍品。弟因受人之托，急欲得巨眼一评定也。　湖帆兄　绰　十一月三日。　外件请交庞。

○276

昨谈为快。即夕摒挡。各画片已有端绪，惟新罗一张嫌未精。又，戴文进画未得，文与可亦无，拟即照此寄出矣。《良友》登尊画，尚索玉照一张，附小传百余字，并祈即惠为感。湖帆先生。　弟绰上　二日　又：拓金石人在沪否？

○277

前请惠照片一张、略历一通以应《良友》之请，兹因急待出版，望即交下是荷。此上湖帆先生。　恭绰上。　六日。

○277

正社出品送上。叔雍来函祈转邹百耐为感。　湖帆兄　绰

○278

湖兄大鉴：奉示悉。雷君画请用双款，并乞用国产纸。（并非与他人作品合挂，但希用国产纸耳。）日前由舍间送上毛诗三数，计已收到矣。沈尹翁竟未晤及，因不知住处也。弟近日懒与兄同，而故居僻远，故往来者罕晤面，只未服黑饭耳。古玉须俟妥便，未敢率尔。恭父近况良以为念，何以一至于此！不知有回苏料理之可能否？此复，即颂大安。　弟恭绰上。　五月廿一。　孔达函祈即转，因不知其住址也。

○279

弟今午拟往南翔猗园一游。因尚有余时，欲一谒胜之先生，祈将其住址示知为幸。文心事颇难交卷，因弟经济状况，此一两月内拟不为大宗支出也。　湖帆兄　绰上。　卅一。

○280

卧病三日，昨始断定系肠热症，此病最麻烦，须卧床静养一月以上。麋鹿之性，殊非所堪。宁波同乡会因是未由再往。请告伯渊，渠有事可径函弟也。弟头脑颇清，惟不能起坐耳。　湖兄　绰上。　五日榻上书。

○281

湖兄大鉴：前示奉悉。葱玉之件因不在手边，可否请其拟一办法见示（连本息数目及拟让各件之每件价目），以便斟酌。日来有友人欲求法绘，乞将润例赐示。（计三尺条幅一，又约润一尺册页十二幅。）前乞代觅各金扇面并祈速办为祷。此请大安。　弟恭绰上。　三月廿一。

○281

顷归，明午后返苏作寒山之游，不及走诣。商函附上，希径复之可耳。　湖翁道长　绰上。　十月廿三。

○
282/283

墓碑及横额今日已另付邮径寄尊处，收到祈复，因恐有失误也。横额地位写不下年月，只可缺之，如需要，乞开示尺寸，以便补写。又，吴字因略小，故另写，然总不甚满意，初意颇欲作瘗鹤体，复乃不类，缘矜持反不佳耳。此间书画家尚有数人，容向索题，绿草云史件计已寄上矣。墓志何时惠下？当精书以报。惟纸格乞画好寄下（纸宜薄，易寄），以此间并能画格者无之也。余不一一，即颂大安。 湖兄左右 弟绰上。 十二月九日。 尊体近日何如？千万为时为艺术自卫，奉倩不可学也。 弘治本《石林集》舍间无之。韩碑前数年甚易觅，或托王佩诤、潘景郑、陈子彝，似较伯渊更专门。

再，此间现筹开广东文物展览会，将于阴历过年开幕，凡广东文物及与广东有关者，均在搜集之列，如实物不能出陈，则摄影拓本均可。兄可否拨冗一为计画，俾此会增光。弟现充此会主任，正颇旁皇也。友好中何物可出陈者，并祈代为接洽。知兄心绪不好，然藉此排遣，似亦一法。奉倩生活非宜，即亡者亦不愿如是。（上有老亲，下有子女，应制哀自玉。）希重念之。 绰上。

○
284

示悉。封面先已写好，兹照来纸再写，候择用。墓碑写好即寄。承赐莽铙及雷氏求画尚未收到，其人似渐不可靠，以后望有物勿交其手，至此二件已令舍下追问，当不致无下落也，兄亦不妨向之追问，使彼胆怯。徐蔚士兄来函奉悉，已属郭君士亮谒蔚士兄请教，来时祈指示一切是荷。 此上湖兄。 弟绰上。 十二月四日。

○
285

二月午十二时，请偕博山、伯渊来舍便饭，（望并约之。）久未晤，甚思一谈也。此上湖兄。 绰上。 十一月一日。

○
285

吴祖培送来拟做各笔清单，弟意兼毫可只做五紫五羊一种，此外有何增减，乞审定交回。此上湖帆兄。 恭绰上。即日。

○
286

命题之件，兹勉成一词请正。昨晤云史，知渠早已交卷矣。此间尚可觅三数题者，望寄四份来为幸。日前奉到手书，属书墓碑等，经郑重将来函另藏一处，今竟觅不得，望别示其详，以便写奉。又雷君之件尚未奉到，不审已交舍间否？小鹣之逝，闻之怆然，此才遂不永年，可为艺林一哭。孔达近寓何处，所刊书已出版否？徐蔚士兄来函已收，谢谢。此上湖兄。 弟绰上。 十一月廿三。

○
287

示悉。近缘患病，又苦热，殊无聊。兄遇虽穷，尚有妻子友朋之乐，衲为在家僧而实无家，况味可想。勉自排遣，惟作诗画。近习山水，又每星期作诗钟，屡次抡元，足傲苏州人也。润格无现成者，其价与前（在沪）刊者同，如有生意，请为招揽，当有康密顺奉赠，呵呵！北行足救目前，惟至多恐不能过毛诗之数，旅费总要用百余，仅以半赡家，是否生意经，（又，以弟经验，孤身作客实颇苦，兄恐较弟更不惯也。）尚请斟酌。时局有转机，何时实现则未卜耳。此复丑翁。 暇翁 词笺写上。此作颇得意，盖沈郁而跌宕也。

288

袁象三帧、又郑所画者一幅、袁荣叟信一封，统祈妥交郑君细阅另绘为感，其家既刻意求真，吾辈不应草草也。《美术丛书》关于制琴人部分之作祈检示（或别有他书）。此上湖帆兄。　绰上。　三日。

289/290

示悉。弟欲得佳绘，原因甚多，近以种种感触，乃亟求了此心愿，想当怜而见许。至所以绘此园之故，兄定了然，可无赘论矣。明代曾有凤池园之名（亦吴中事），今吾园易主，似袭用亦无不宜，或改为凤池精舍亦可，统请卓夺，至内容是否要实写，抑仅具园林大概，均无不可，祈择与惬而趣合者为之，不必拘于形象也。再，莽铙觅不得，而莽尺却觅得二，皆君赐，应以奉告也。近日从事清理典籍藏物，颇极冗忙，回溯前尘，时增怅触。人生得失，固不必太计较，但至欲保区区所爱者（指物而言）而不得，亦殊堪太息也。博山兄闻迁居，有一函乞转。王君重民来晤，希有以教之。余颂湖兄大安。　弟绰上。　二月廿八。

291

前夕得饫家庖为谢。钱椒黄妃塔文拟借一抄，（在灵峰华严石拓内），祈赐下为感。又，某君手稿内有论姜白石年代一段（中引吴潜云云）亦乞抄示。　湖帆兄　绰上。

292

今日报载书版展览会筹备决议数条，弟于此事颇热心，而苦不能努力，深盼兄及同人广为征集，以弥弟之憾如何。小鹣未知何日归沪？余不一一。　湖帆吾兄　绰上。十五。　弟欲集此届选词诸公小照，共绘为一图。现先征集摄影，祈向仲清、佩诤、巍成、瞿安各索一六寸照片，并请兄亦赐一照，至托至托。

293

日来郎媛所患就痊否？为念。弟今夕赴京，二三日归。葱玉恽画照片已来，现尚缺董其昌、傅青主、华嵒、王昱（东庄）、黎简、戴熙、汤贻汾诸家（此外或尚有应列入者），极盼兄能拨冗代觅，因再迟则寄德付印实来不及也。又，前交谷孙处之《汝帖》，弟询其能出何价，未得复，亦乞切询见复。如无意要则将原件交兄手为盼。　湖帆兄　绰上。

又，北平书估送来蹇斋公手书《古籀补》之补文，据云所补者并未再付刊，兹送上一阅，如有意留再问价可也。又及。

294

昨由舍间转到赐画、《建康集》及《岩下放言》，至谢。《岩下》似出近日传抄，《建康》则旧抄无疑也，惜不得旧刻本一校耳。苏宅契影本一纸寄上，望即交伟士兄进行为荷。尊体近日如何？千万望自珍摄。吾国真正艺人有限，不可不自重也。此上湖兄。　弟绰上。　三月廿九。

294

封面书上，如不合尚可再写也。《修墓记》一册奉赠，本拟刻石，因须费至七百万，故尔改图。余两册便中祈交藜青兄。此上湖兄。　绰上。

○294

前承赐书并寄下画册，诸公盛意非言可谢，祈先一一代致鄙忱为幸。画笔皆精（伟士兄先未闻作画，殆亦近日所习耶），二少年尤喜有进步。所惜季迁夫人无以见惠，弟向赏其笔力挺纵，可以大成也。葱事已结，故未另复。舍侄本非经手，又事隔多年，彼此均有记忆不清处，故难免隔阂。即如廉州本未交来，彼此均已忘却（葱有函可证，近始觅得），乃多费如许笔舌，殊为可笑也。此复湖兄。弟绰上。

○295

袁守和有信来催送美哈佛大学画幅，恐忘，特提请注意，并希速藻。秉筠有来否？各拓件如齐，希先交下。（原物由弟自取）。此上湖帆兄。绰上。廿九。

○295

洛阳白马寺修理工程需要上等颜料（如银朱、云青之类），拟赴苏购买，祈指示牌号、地点及何人可以介绍，即复为盼。湖帆先生　恭绰上。廿三。

○295

昨谈为快。葱玉款本息均未付，前说定付息而转期，今又将两月矣，息亦未来，尚祈切催为幸。此上湖兄。弟绰上。三月廿三。

○295

所遇都非实，寻枝不味根。水风宁有性，汤火漫惊魂。怀鸩心非痗，冥鸿爪失痕。移山浑羡汝，愚守望生孙。湖帆将娶儿媳赋寄　观一

○296/○297

两奉手示，敬悉。前承属书潘夫人墓志，久未见寄稿，正切驰念，不便奉询。前荷示及，此亦徐公挂剑之义，必然如命。希即将原稿及行款、尺寸等详示（不必寄纸），谨当竭所能从事也。《凤池精舍卷》意中拟假山（拟石林也）、池台、枫、桃、梅、柳、罗汉松、栝、桐竹之类，另一佛堂，此外皆不拘，随意点泼可也。至其名称，因石林公为凤池乡人，虽明代曾有人称凤池园先，然明非袭用，且含述祖德之意，当无碍耳。跋语中望引及此，更为完美。此上湖兄。弟绰上。卅、八、九。

○298/○300

去冬奉一书，未及复而战事发，所居正在火线，流离惊恐，困顿万端，一病至今，未能痊愈。兼以一切在军政之下，诸艰肆应，人事纷纠复因之迭出。客子畏人，至今杜门谢客，凡四阅月未外出一步，大半光阴消磨于卧榻，生趣已尽。昔人所谓夜台情味，谅亦如斯。本以饰巾待尽之身，加以坐席难安之境，未知此后尚有机会一见昔时良友否（恭甫、子清、伟士、谷孙、博山、超然、小蝶、秋湄、亚农诸公均时在念中，未能通讯），思之黯然。来函语多怆戚，本拟有所奉慰，今则君恐不知何以慰我矣。今夏将临，不知令郎嘉礼何日举行？如须有何执事，不妨仍用贱名而属人代理，似于情法均所允洽。他日福禄鸳鸯和谐昌炽，亦老朽（此二字渐渐名实相符矣）慰情之一事耳。孟劬词集亦收到，望代谢榆生，因不知其住址也。墓志必书且必精书，弟须待可精书时方敢下笔，免辜盛嘱。《凤池精舍图》亦望勿忘夙诺，因此园已成空中楼阁，冀得一画为纪念，想沈石田当不吝神楼一图也。此间

物价之昂骇人听闻（鸡蛋每枚五六角，即法币三元左右，余类推），势将不能再居，而环境尚未许他适（他处亦无可居者），不久度成枯鱼。（古玩字画出售不易，银行每月至多取三百元，可售得零钞二百左右，仅敷购鸡蛋六十余枚而已。）平生极困之时，尚未历过此境（已穷而亲友不穷，尚有办法，今则六亲同运矣），且尚有不少亲友须接济者，奈何奈何。闷极，惟有念佛出世之念因之益炽，熊鱼山、钱邦芑、金道隐其吾师乎。春宵不寐，力疾书此，即讯湖兄兴居。　弟遐上。四月十日。　惠函请照信封所书地址。近拟法名观一。

## 301/302

奉书诵至『少活一天是一天罢了』一句，不禁泪涔涔下。昨今两日，皆食不下咽。呜呼！此固真情感也，昔人所谓气类之感，即此是耶？吾之心理亦何以异是。君尚有两姊督促医疗，子女承欢，今且娶媳；余则无可言矣，此更不足为外人道也。证婚极所愿，但势恐难以成行，届时请忠孙代表，好极。道远无以为贺，有便当检赠一二小品为欧郎存念耳。自前岁家庭之变，损失无数，至今未能清查，已确知失去者亦不少。烟云过眼，不欲过萦怀抱，惟近颇欲售以自给，势非检点不可。乃病躯及环境殆并此不能，转不如君之晤言一室，犹可目击道存也，伤哉！神昏心痛，不能多写。专复，即颂痊安。　湖帆仁弟左右　小兄观一上。　数月来左思右想，归宿当在空门，故预拟此法号。熊鱼山、钱邦芑或犹可几及欤？每怀挚谊，无可形容，今依俗例，以此称君。忝附友于之谊，想不弃也。又及。

## 303

湖兄大鉴：前得寄词目，诸事纷纭，未再覆。弟到广州后，本拟杜门，并亲友不见，以省烦扰（到港经三小时即入省，以港中政论纷呶，恐惹是非也），不料适逢其会，省府改组，逐膻之辈以为弟处亦有路径，反增无限麻烦，因此开罪于人不少。盖弟方避嚣不暇，而人以开阁延宾期我，岂有满足之可能？因拟避之香港、澳门。港既诸多不便，澳更生活困难，且缺乏医药，遂成坐困。闻沪上尚有以弟作政治活动相揣者，此真怪事。弟非毫无政治资本之人，廿年来因不欲活动，备受苦痛，甘之不悔，岂至今日始为阉宦思春！且放浪多年，今日之舞台岂吾辈所能搬演，弟虽愚昧，何至并此不解。兄但思弟在省方闭户之不暇，即不必论其他矣。（弟至今未出门一次，欲谒墓尚不成功。亦未下楼，更未赴港、赴澳门。）仲温见访二次，无法拒绝，因此各当道来者遂多，且皆深悉弟之生活及一切言动。沪上谰言不知何自，闻尹默且如此说，则真不知我矣！此间经济市面极呆，一无生发，字亦难卖，阴历年将过不去（亲友尚多要我接济）。幸天气较暖，血压渐低，尿中蛋白亦减。弟本粤人，大约尚应有居住之自由（如以为居沪方妥，则系视广州为异地。须知广州今尚属我国，且弟未离广州一步也），如尹默以为弟还乡有罪，抑别有何证认弟为有何不合，不妨直告，否则似应先审后断，更不应多为宣告，致悠悠之口以为尹默熟人尚如此说，反成坐实也。兄前介绍之陈某，弟因其竞选情形甚复杂，且其来时弟方疲困万分，故不克晤面。闻其大有怨言，不知此谣系此人所造否。兄亦宜防之，因其人向欠诚笃也。弟因广州无寸田尺宅，

303

来时本拟改向港澳卜居，嗣察知不宜，遂暂中止。然居此大感纷扰，已致进退维谷。如尹默以为居乡尚属不宜，则请以朋友之谊示一方针，但须为弟之病体及经济状况所许可（现已月需三千万至四千万矣）。弟三年久病，已濒于死，一切是非毁誉利害均可不计，但如未死，不能不生存。目下但求不饿及病不加重，已甚苦矣。本欲往南华寺出家，但吃不了那种苦，且土匪遍地；欲往南洋西洋，均无此力，奈何！尤有应言者，弟系广东省文献会主任委员，此行亦含有整理该会及促进工作之意味（近因此项工作亦甚忙也），不知此亦有甚不合否？望兄向尹默婉达一切，询其谣诼之所由，俾弟可以防杜，不胜感盼。余颂大安。　弟绰上。　一月廿一。

304/305

前日似有数事忘言，顷忆其一，特以函告。弟所辑清代学者象尚有未绘者，前以沪上画手不合，不得已远求之燕市，往返甚劳。前闻朱梅村兄近殚精此道，如肯从事，则大省力矣。不审其功力究竟如何，又有余暇否，有兴趣否？望兄代为斟酌见示。画人像系极费工事，故不敢轻易浼人耳。刘卷细看，精工中有气韵，即其绢素亦非宋代不能，至其名称，未见题跋，不知别有根据否？又各跋对无刘之题署一点亦罕交代。不知尊意何若？并示为企。季迁夫人画杜鹃，望其成一横幅（高约八九寸，横约二尺），庶可装一手卷，不要斗方式，祈转恳是荷。新润格奉上一阅，时促，又屡闻清恙，故不及奉商耳。封面已付印，大约一月后可装成。此上湖兄。　绰上。　二月六日。

306/308

昨谈为快。在苏所言坚、传、怜三韵，诗已做就，器却未来。此器之式不记如何，望示，因弟亦拟强绘一瓶奉贻也。书画第一批清单望即交下，以便订定提出，时促，不能再延矣。再有奉商者：第因尊况关系，深愧谋而不忠，兹谬拟一补救办法，希酌。弟每年平均购古物约三四千元，近因慎重与节约，已日逐少购。惟铜、玉二者，颇拟照尊意每式备其一。尊藏较精之品如可出让者，且知为弟所无者（铜、玉所缺均不少。尊藏之某小钟能让人乎），可否检选若干，以折中定价（如何定法，弟主张面谈，彼此可不客气也），俾弟可量力从事，似尚为两得。惟数目过巨，则非弟所能胜耳。率陈幸谅，余颂大安。　湖兄左右　弟绰上。　廿九。

309

示悉。金笺未收到。《联珠集》及碑字写上，碑字三，请择用，有一『顾』字之『隹』写漫漶，如用，可用粉朱钩清。又，在此颇思真洞庭枇杷，可否代索藜青觅少许，托天津路二号中国航空公司刘总经理敬宜空运，声明系弟所要便得。但须先有接洽，免稽延致腐烂，谢甚。此上湖兄。　弟绰上。六月廿六。

310/312

诵书惘然。昨已闻博山之噩耗，不甚感悼。清才雅望，遂尔消沦。苏龛所谓『只是生离死别忙』，吾近况亦殊似之。一月前，渠亲送《藏书家尺牍》来，言笑如昨，已成永隔，真难为怀矣。家事能撇开则撇开，毋为作茧自缚。当此时局，有何可以计较。身之不存，烦恼何寄，不过不能不为愚痴者

310/312

可怜耳。（此愚痴包括爱我者、恨我者、害我者。）山水扇面弟已许荣宝必能促公交卷，望必全弟之信。此外冀有暇完成《凤池精舍》余必不再啰唣矣。然绘画似可因寄托而祛烦闷，故亦劝公不必封笔也。　湖兄左右　绰上。　七日。

313

天雨，赵家庄之游只可作罢。《词学杂志》第二册须用苏书《大江东去词》拓本，乞检下，以便拍印。　湖帆兄　绰上。　十五。

313

舍间鼠子跳梁，不胜其扰。尊处有治鼠小猫，求赐一只为感（不要大的，因养不熟），能交去手更好。此上吴湖翁。　暇翁

314

王佩诤之子颉龕于本月十五号结婚，属代约执事光临（不发帖），特为代达。弟今夕入京，十五或能来苏也。此上湖兄。　恭绰上。　八日。

315

弟因西区将有激战，已暂住他处，但通信仍在原址。昨检得玉印三枚，兹奉上（连前共〇枚）。心绪烦闷已极，悲愤已极！　湖兄　绰上。　廿九。

315

关氏藏书因其家务未定，故无出售之说。　绰

316

前奉寄函，因歌中人物安排未妥，故未奉复。兹有费君范九，得尊藏鼎拓，欲乞为题数字。费君佳士，久从张季直、张菊生游，此任商务印书馆秘书，想不吝下笔也。又，张仲清之子现住苏州何处，王佩诤现在何处，均盼查示，因有书件须还彼也。此上湖兄左右。　弟绰上。

317

久未通书。前寄来邦瑞兄两联，鄙意欲得佳语书之，免损名笺。手边此类书均付祝融，故请选示。秋渐凉，正好下笔，望勿稽延为幸。又有至友陈君伯任，为此间知名前辈，酷慕法绘，欲乞绘一如《罔极庵图》尺寸之手卷（《罔极庵图》之后幅弟曾浼其写拙作《罔极庵记》，书极端逸），托弟询求。此人风雅好事，非豪门市侩。须润费若干乞见示，得复再奉闻。此上湖兄。　弟绰上。　九月廿日。　此函忘寄。顷已撰得两联奉赠，可不另觅。惟陈君画事请复。

318

昨归，尘事山积，今晨又须赴杭，至欲于昨夕函兄亦竟未果，累兄久候，歉惜之至。林款尚须稍候。故宫事一误再误，尚复何言。今日风气以逃避责任为工，万事坠坏于冥冥，而是非尚复颠倒，固不止此一事为然矣。专复，祇颂双安。　湖帆先生　绰上。　十九。

319

湖兄大鉴：前函计达。孟欧嘉礼道远无可致意，聊赠兄一诗，亦非复贺词，真不知所云也。弟近日体气益差，心绪更劣，无庸细说。沪上书画古玩行市不知如何，弟舍此已无可售，故须有一番预备耳。丁君柏岩乃闇公先生哲嗣，昔从弟有年，人甚渊雅干练，近日归乡，将以所藏易米，欲弟为之介。私意沪市近况不甚了了，故恳为指导及转介，尚祈费神为荷。余颂道安。　弟观一上。　七月卅。

责任编辑　　章腊梅　刘翠云
装帧设计　　王　晟
责任校对　　杨轩飞
责任出版　　张荣胜

**图书在版编目（CIP）数据**

吴湖帆师友书札 / 梁颖整理 . -- 杭州 : 中国美术学院出版社 , 2022.12
(艺术鉴藏丛书 / 范景中主编)
ISBN 978-7-5503-2939-3

Ⅰ . ①吴… Ⅱ . ①梁… Ⅲ . ①吴湖帆（1894-1968）—书信集 Ⅳ . ① K825.72

中国版本图书馆 CIP 数据核字 (2022) 第 237382 号

## 吴湖帆师友书札

梁 颖　整理

出 品 人　　祝平凡
出版发行　　中国美术学院出版社
地　　址　　中国 · 杭州南山路 218 号　邮政编码 310002
网　　址　　http://www.caapress.com
经　　销　　全国新华书店
印　　刷　　杭州捷派印务有限公司
版　　次　　2022 年 12 月第 1 版
印　　次　　2022 年 12 月第 1 次印刷
开　　本　　787mm×1092mm　1/16
印　　张　　62.75
字　　数　　780 千
图　　数　　796 幅
印　　数　　0001—2000
书　　号　　ISBN 978-7-5503-2939-3
定　　价　　398.00元（全三册）